微观经济学

卢照坤 徐娜 主编

南开大学出版社
天津

图书在版编目(CIP)数据

微观经济学 / 卢照坤，徐娜主编. —天津：南开大学出版社，2014.2（2016.1重印）
ISBN 978-7-310-04366-8

Ⅰ.①微… Ⅱ.①卢…②徐… Ⅲ.①微观经济学 Ⅳ.①F016

中国版本图书馆CIP数据核字（2013）第293696号

版权所有　侵权必究

南开大学出版社出版发行
出版人：孙克强
地址：天津市南开区卫津路94号　　邮政编码：300071
营销部电话：(022)23508339　23500755
营销部传真：(022)23508542　邮购部电话：(022)23502200
*
天津泰宇印务有限公司印刷
全国各地新华书店经销
*
2014年2月第1版　2016年1月第2次印刷
260×185毫米　16开本　20.5印张　2插页　495千字
定价：36.00元

如遇图书印装质量问题，请与本社营销部联系调换，电话：(022)23507125

前　言

微观经济学作为西方经济学的一个组成部分，是普通高校经济类、管理类学生的必修课。该课程主要是面向大学生全面介绍个体的经济行为以及市场结构与均衡等理论知识，为学生以后学习经管类专业课程打下坚实的基础。

微观经济学研究的核心问题无疑是市场价格的决定与变化情况。为了研究价格的形成，我们使用了很多研究方法，其中就包括图形和公式。因此，建议读者在使用本书的时候要特别注意从图形和公式入手，并且以此作为脉络，探寻各章节之间的内在关联。为此，读者提前准备和掌握一些简单的微积分知识对于学习微观经济学是很重要的。

本书继承了西方经济学家在相关方面已有的学术成果和传统，同时也增加了西方发达国家近年来最新理论的进展情况，保证了理论的及时更新。另外，在编排上，本书力求与我国老一辈经济学家已有的同类教材在框架上保持一致，在内容上又避免雷同，尽量体现自己独有的特色。

本书的特色之一就是，为了让经济理论本身更加通俗易懂，我们加入了大量的经济学案例分析。案例分析教学方法是我们许多教师在多年的教学过程中总结出来的方法，是学习微观经济学行之有效的方法，能够帮助学生更快更容易地掌握相关知识。

本书一共分为十五章，各章节负责人如下：卢照坤，第一、九章；王文玲，第二、三、四章；于丽艳，第五、六、七章；赵雅玲，第八章第二、三节以及第十、十一章；贺小莉，第八章第一节以及第十二章；李春花，第十三、十四、十五章。全书由卢照坤、徐娜统一审稿。

由于编者水平所限，本书中依然可能有疏漏和不当之处，诚盼读者以及学界前辈和同人不吝指正。

编　者
2014 年 1 月于天津科技大学

目　　录

第一章　微观经济学导论 ··· 1
　　第一节　西方经济学的研究对象 ··· 1
　　第二节　微观经济学的产生与发展 ·· 7
　　第三节　微观经济学的研究方法 ·· 13
　　第四节　微观经济学的基本假设 ·· 17

第二章　需求、供给与供求均衡 ··· 22
　　第一节　需求原理 ··· 23
　　第二节　供给原理 ··· 25
　　第三节　供求均衡 ··· 27
　　第四节　需求弹性与供给弹性 ··· 31
　　第五节　供求理论与政府政策 ··· 39

第三章　消费者均衡 ·· 45
　　第一节　效用理论概述 ··· 45
　　第二节　基数效用论与消费者均衡 ·· 47
　　第三节　序数效用论与消费者均衡 ·· 55

第四章　消费者均衡的变动 ··· 64
　　第一节　价格变化对消费者均衡的影响 ·· 64
　　第二节　收入变化与消费者选择 ··· 67
　　第三节　替代效应和收入效应 ·· 69
　　第四节　税收与消费者选择 ··· 73
　　第五节　跨时期的消费者选择 ·· 75

第五章　生产者均衡 ··· 82
　　第一节　企业的目标 ·· 83
　　第二节　企业的本质 ·· 84
　　第三节　生产函数与技术 ·· 86
　　第四节　生产者均衡 ·· 98
　　第五节　规模报酬 ·· 101

第六章　生产者成本分析 ·· 107
　　第一节　生产成本概述 ··· 107
　　第二节　短期成本函数 ··· 112
　　第三节　长期成本函数 ··· 119

第四节　收益与利润最大化 124
第七章　完全竞争市场分析 132
　　第一节　市场结构及其特征 133
　　第二节　完全竞争市场概述 134
　　第三节　完全竞争市场的厂商均衡 138
第八章　不完全竞争市场分析 150
　　第一节　完全垄断市场的厂商均衡 151
　　第二节　垄断竞争市场的厂商均衡 161
　　第三节　寡头垄断市场的厂商均衡 167
第九章　博弈论 179
　　第一节　博弈论概述 180
　　第二节　完全信息静态博弈 185
　　第三节　完全信息动态博弈 196
　　第四节　不完全信息博弈 204
第十章　要素市场分析 213
　　第一节　完全竞争条件下的要素市场分析 214
　　第二节　不完全竞争条件下的要素市场分析 228
第十一章　一般均衡与福利经济学 235
　　第一节　一般均衡分析 236
　　第二节　福利经济学 246
第十二章　垄断行为与管制 262
　　第一节　垄断市场的效率评价 263
　　第二节　对垄断的管制 266
第十三章　信息不对称 275
　　第一节　信息不对称概述 276
　　第二节　逆向选择与解决 277
　　第三节　道德风险与解决 282
　　第四节　委托—代理问题与激励机制 285
第十四章　外部性 289
　　第一节　外部性概述 290
　　第二节　外部性与资源配置无效率 291
　　第三节　外部性的矫正—政府管制与可交易的污染许可证 294
　　第四节　产权与科斯定理 299
　　第五节　自愿支付与合并 302
第十五章　公共产品 307
　　第一节　公共产品的概述 308
　　第二节　公共产品与市场失灵 313
　　第三节　公共决策与政府失灵 319

第一章

微观经济学导论

> ◇ **内容提要** ◇
>
> 本章主要介绍什么是西方经济学、西方经济学的研究对象和发展历程，以使学生对现代西方经济学有一个概括的了解；其中，着重介绍微观经济学的产生、发展，微观经济学与价格机制的关系，微观经济学的研究方法和基本假设。

第一节 西方经济学的研究对象

西方经济学作为经济管理类的基础必修课，既有鲜明的历史特色，又有非常实用的现代特色。一般地说，西方经济学是研究社会经济问题的一门社会科学，而要具体了解西方经济学及其研究对象，就必须首先从生活中的选择与决策谈起。

案例 1.1　人生离不开选择

关于作出决策的第一课可以归纳为一句谚语："天下没有白吃的午餐。"为了得到我们喜爱的一件东西，通常就不得不放弃另一件我们喜爱的东西。作出决策要求我们在一个目标与另一个目标之间有所取舍。

我们考虑一个学生必须决定如何配置她的最宝贵的资源——时间。她可以把所有的时间用于学习经济学，可以把所有的时间用于学习心理学，她也可以把时间分配在这两个学科上。她把某一个小时用于学习一门课时，就必须放弃本来可以学习另一门课的一小时。

而且，对于她用于学习一门课的每一个小时，她都要放弃本来可用于睡眠、骑车、看电视或打工赚点零花钱的时间。

还可以考虑父母决定如何使用自己的家庭收入。他们可以购买食物、衣服或全家度假。或者他们也可以为退休或孩子的大学教育储蓄一部分收入。当他们选择把额外的一美元用于上述物品中的一种时，他们在某种其他物品上就要少花一美元。

当人们组成社会时，他们面临各种不同的交替关系。典型的交替关系是清洁的环境和高收入水平之间的交替关系。要求企业减少污染的法律增加了生产物品与劳务的成本。由于成本高，结果这些企业赚的利润少了，支付的工资低了，收取的价格高了，或者是这三种结果的某种结合。因此，尽管污染管制给予我们的好处是更清洁的环境，以及由此引起的健康水平提高，但其代价是企业所有者、工人和消费者的收入减少。

社会面临的另一种交替关系是效率与平等之间的交替。效率是指社会能从其稀缺的资源中得到最多的东西。平等是指这些资源的成果公平地分配给社会成员。换句话说，效率是指经济蛋糕的大小，而平等是指如何分割这块蛋糕。在设计政府政策的时候，这两个目标往往是不一致的。

例如，我们来考虑目的在于实现更平等地分配经济福利的政策。某些这类政策，例如，福利制度或失业保障制度，是要帮助那些最需要帮助的社会成员。另一些政策，例如，个人所得税，是要求经济上成功的人士对政府的支持比其他人更多。虽然这些政策对实现更大平等有好处，但它以降低效率为代价。当政府把富人的收入再分配给穷人时，就减少了对辛勤工作的奖励；结果，人们生产的物品与劳务也少了。换句话说，当政府想要把经济蛋糕切为更均等的小块时，这块蛋糕也就变小了。

认识到人们面临交替关系本身并没有告诉我们，人们将会或应该作出什么决策。一个学生不应该仅仅由于要增加用于学习经济学的时间而放弃心理学的学习。社会不应该仅仅由于环境控制降低了我们的物质生活水平而不再保护环境，也不应该仅仅由于帮助穷人扭曲了工作激励而忽视了穷人。然而，认识到生活中的交替关系是重要的，因为人们只有了解他们可以得到的选择，才能作出良好的决策。

资料来源：梁小民.微观经济学纵横谈

一、什么是西方经济学

西方经济学常常被认为是一门研究如何有效地分配和利用有限的资源，以最大限度地满足人们的需要的学科，即西方经济学的研究对象是资源的最佳配置。这一定义的实质是基于人类欲望的不可满足性与经济资源的相对稀缺性，这是经济社会所面对的基本事实。人类社会产生伊始，就面临着一个基本矛盾，这就是人类需要的无限性和满足需要的手段即资源的稀缺性之间的矛盾，也就是选择与决策的问题。

1. 需要的无限性

需要也叫欲望，人类的需要就是人们想要得到的任何东西，包括物品、劳务、娱乐、旅游和一定质量的生活环境等。美国心理学家马斯洛（Maslow）认为，每个人都有一个必须被满足的需要层次，其范围从基本的生理需要到自我实现，分为五个层次。

各层次需要的基本含义如下：

（1）生理上的需要

这是人类维持自身生存的最基本要求，包括饥、渴、衣、住、行方面的要求。如果这些需要得不到满足，人类的生存就成了问题。在这个意义上说，生理需要是推动人们行动的最强大的动力。

（2）安全上的需要

这是人类要求保障自身安全、摆脱失业和丧失财产威胁、避免人身伤害等方面的需要。马斯洛认为，整个有机体是一个追求安全的机制，人的感受器官和效应器官主要是寻求安全的工具，甚至可以把科学和人生观都看成是满足安全需要的一部分。

（3）感情上的需要

这一层次的需要包括两个方面的内容：一是友爱的需要，即人人都需要伙伴之间、同事之间的关系融洽或保持友谊和忠诚；人人都希望得到爱情，希望爱别人，也渴望接受别人的爱。二是归属的需要，即人都有一种归属于一个群体的感情，希望成为群体中的一员，并相互关心和照顾。感情上的需要比生理上的需要来得细致，它和一个人的生理特性、经历、教育、宗教信仰都有关系。

（4）尊重的需要

人人都希望自己有稳定的社会地位，要求个人的能力和成就得到社会的承认。尊重的需要又可分为内部尊重和外部尊重。内部尊重是指一个人希望在各种不同情境中有实力、能胜任、充满信心、能独立自主。总之，内部尊重就是人的自尊。外部尊重是指一个人希望受到别人的尊重、信赖和高度评价。马斯洛认为，尊重需要得到满足，能使人对自己充满信心，对社会满怀热情，体验到自己活着的用处和价值。

（5）自我实现的需要

这是最高层次的需要，是指实现个人理想、抱负，发挥个人的能力到最大程度，完成与自己的能力相称的一切事情的需要。也就是说，人必须干称职的工作，这样才会使他们感到最大的快乐。马斯洛提出，为满足自我实现需要所采取的途径是因人而异的。自我实现的需要是在努力发掘自己的潜力，使自己越来越成为自己所期望的人物。

一般地说，同一个人在一定时期内对同一种物品（比如说面包或牛奶）的需要是有限的，但从总体上看，人类的需要或欲望是无限的：有黑白电视机的人想换成彩色电视机，有了普通彩色电视机，又希望得到平面直角和大屏幕彩电；步行的人想得到一辆自行车，骑自行车的人想驾驶摩托车，有了摩托车的人又希望开小汽车；游览了本国名胜古迹的人希望周游世界，居住在地球上的人又企望遨游太空。原有的一种需要满足了，一种新的需要又产生了。

2. 资源的稀缺性

人类的需要是无限多样、永无止境的，而社会满足需要的手段即资源是稀缺的。所谓资源就是用来生产出产品的劳务、设备和材料等。资源分为经济资源和自由取用资源，前者是稀缺的,以至要使用它就必须付出一定的代价;后者如空气,其数量是如此丰富以至于人们不付分文便可以得到它。判断一种资源是经济资源还是自由取用资源的标准是价格。经济资源要求有一个大于零的价格,而自由取用资源则无价格。用于生产和提供各种产品或服务的经济资源叫作投入或生产要素。现代西方经济学家通常把经济资源或生产要素分为四种类型,即劳动、土地、资本和企业家才能。

在现实社会中,几乎没有什么资源丰富到可以使任何人无需付出任何代价就能得到,国人曾经以为可以放心使用的清洁空气现在已经被污染,如今也许只有阳光是唯一剩下的自由资源。而相对于人的需要来说,绝大多数资源都是数量有限的或稀缺的经济资源。这种资源的稀缺性决定了人类的需要只能得到部分的满足,而不可能完全得到满足。

3. 西方经济学是选择的科学

由于资源的稀缺性是任何社会和任何时代都存在的一个基本事实,所以如何利用稀缺的资源以满足人们的需要,也就成了任何社会都共同面临的基本经济问题,而经济学正是为了研究这一基本经济问题的需要而产生的。一般地说,西方经济学就是研究如何实现资源的最佳配置以使人类的需要得到最大限度满足的一门社会科学。

如果资源是无限的,能够无限量地生产每一种产品,每个社会成员都能随心所欲地得到他所需要的任何东西,那就不存在任何经济问题了。面对资源的稀缺,人们就必须对现有的资源的使用去向作出选择,是用于生产 X 还是 Y;由于收入有限,是用于购买 A 还是 B;由于时间有限,必须决定去做 S 还是 T。稀缺本身就隐含着选择,选择就是要决定用有限的资源去满足无限欲望中的哪些欲望。这就是说,我们拥有的资源不能满足所有的欲望,必须按一定的原则决定先满足哪些欲望,后满足哪些欲望。由于稀缺性迫使我们作出选择,所以西方经济学又被称为"选择的科学"。从这种意义上说,西方经济学也是一门研究人类社会面对稀缺性如何作出选择,并预测影响选择的条件是如何变化的科学。

在作出选择时,一个重要的原则就是要使从这种选择中所得到的收益与为此而付出的代价相平衡。在尽可能的范围内实现这种平衡,就是最优化或经济化。最优化或经济化就是最好地利用有限的资源。所以,最优化或经济化是作出选择的基本原则。

二、作出选择的机会成本

经济学家们常常爱议论"大炮与黄油"问题。大炮代表军用品,是保卫一个国家的国防所必不可少的。黄油代表民用品,是提高一国国民生活水平所必需的。"大炮与黄油"的问题也是一个社会如何配置自己的稀缺资源的问题。

任何一个国家都希望有无限多的大炮与黄油,这就是欲望的无限性。但任何一个社会用于生产大炮与黄油的资源总是有限的,这就是社会所面临的稀缺性。因此,任何一个社会都要决定生产多少大炮与黄油,这就是社会所面临的选择问题。作出选择并不是无代价的。在资源既定的情况下,多生产一单位大炮,就要少生产若干单位黄油。稀缺的资源只能用于有限的用途。而某个资源一旦使用于某种用途,就必须放弃其他的所有用途,而为此放弃的最大收益,就成为该资源用于某种用途的机会成本。为多生产一单位大炮所放弃的黄油数量就是生产大炮的机会成本。

因为"大炮与黄油"问题概括了经济学的内容,所以各个社会都要解决"大炮与黄油"问题。第二次世界大战以后,苏联为了和美国争夺霸权,把有限的资源用于大炮——军事装备与火箭的生产等,使得人民生活水平长期低下,长期缺乏黄油——匈牙利经济学家称之为"短缺经济"。第二次世界大战中,美国作为"民主的兵工厂"(美国总统罗斯福名言),向反法西斯国家提供武器,也把相当多的资源用于生产"大炮"。大炮增加,黄油减少,因此,美国战时对许多物品实行管制。无论出于什么目的生产更多的大炮,都要求经济的集中决策——苏联的计划经济,或美国的战时经济管制。这些体制都可以集中资源不计成本地达到某种目的——苏联的霸权以及美国的反法西斯。但代价是黄油的减少,人民生活水平的下降。

在市场经济中,我们研究价格机制如何决定大炮与黄油的生产,以使社会福利达到最大化。整个经济学都是从解决大炮与黄油问题开始的,解决这个问题的关键是作出选择,而选择的依据则是机会成本。具体来说,如果在众多选择中,你的某个选择能够使得机会成本最低,那么这个选择就是最佳选择。

三、西方经济学研究的基本问题

任何一种社会经济体系都面临着如何把相对稀缺的经济资源有效率地分配和使用的问题。不同的经济体系或相同的经济体系,其社会经济运行机制可能千差万别,但任何社会都面临三大基本经济问题:生产什么(what to produce)、如何生产(how to produce)和为谁生产(for whom to produce)。这也正是西方经济学需要研究的基本问题。

1. 生产什么

"生产什么"是生产什么产品与劳务,各生产多少。因为资源是有限的,社会不可能同时生产出满足人们需要的所有商品和劳务,所以社会必须做出生产什么以及生产多少的抉择。例如,只有一定量的土地与其他资源,是用来生产粮食以满足对于食物的欲望,还是用来修建高尔夫球场以满足对于运动的欲望?应该用这有限的土地生产多少粮食、修建多少高尔夫球场?这就是"生产什么"的问题。这也是面对稀缺性存在,人类必须进行选择的具体内容之一。

在市场经济条件下,这一职能由价格机制来完成。一定时期内,厂商必将生产那些消费者愿意支付并且可以补偿其最低成本的、价格足够高的商品。一般地讲,消费者愿意和能够支付的商品的价格越高,厂商生产的该商品就越多;反之,则该商品减产。若牛奶价格上升而鸡蛋价格下降,则会传递给生产者一个信号,促使其多养奶牛而少养鸡。

2. 如何生产

"如何生产"是用什么方法来生产出产品与劳务。生产方法实际就是如何对各种生产要素进行组合。例如,是选择多用资本少用劳动的资本密集型方法来生产,还是选择少用资本多用劳动的劳动密集型方法来生产?资源稀缺性的存在,使社会始终面临如何组织生产的问题。"如何生产"就是要决定在若干种资源的组合方式中使用哪一种效率更高。

价格机制必定促使厂商以最小成本投入，以最有效率的生产方法使用资源，生产社会需要和能够支付其价格的商品。资源的价格反映了其相对稀缺的程度。当某种资源的价格上升了，厂商会节约使用或使用可替代的廉价资源，以使其商品生产的成本最小。

3. 为谁生产

"为谁生产"是生产出来的产品与劳务如何分配给社会集团和个人。这种分配决定了不同的社会集团与个人在有限的资源中可以获得多大的份额。那么，一个国家是希望财富集中在少数人手里，还是希望财富平均地分配，或是希望懒惰者吃穿得很好呢？因此，"为谁生产"的问题实质上就是国民收入的分配和消费问题。

产品如何在社会成员中分配，在市场体制下也是由价格机制完成的。有技术技能或能够从其拥有的其他资源中获取更多收入的人，将愿意支付货币以引导生产者生产他所需要的商品，即社会将为拥有更多"货币选票"的人生产。

四、西方经济学的地位和作用

经济学在整个社会科学中的地位如何？为什么要学习经济学？对于这些问题，许多著名的经济学家都作了精辟的阐述。

现代西方主流经济学的代表人物，美国著名经济学家萨缪尔逊（Samuelson）说："经济学是一门可以把文、理二科的优点加以合并的学科。两个世纪以来，有教养的人认为政治经济学是论述人类生活利益本身的。与此同时，经济学的一些原理又显示了欧几里得几何学的某些逻辑之美。"不容置疑，对于经济发展和合乎人道的经济增长的新兴趣，对于富国强民和经济迅速起飞的迫切愿望，已使经济学这门最古老的艺术、最新颖的科学，在世界各国成为一门引人入胜和具有重大意义的学科。这无论对一般市民还是对华尔街的老板们来说，都是如此。

20 世纪西方著名的经济学家凯恩斯（Keynes）曾经说过："经济学家的思想无论是否正确，其力量之大都超过对它们的通常理解。事实上，世界总是受这些思想统治的。许多自以为不受任何理论影响的实践家却往往是某个已故经济学家的奴隶。"

马克思（Marx）也曾指出过："法的关系正像国家的形式一样，既不能从它们本身的关系来理解，相反，它们根源于物质生活关系的总和，黑格尔按照 18 世纪的英国人和法国人的先例，称之为'市民社会'，而对市民社会的解剖应该到政治经济学中去寻求。"正是由于意识到政治经济学在整个社会科学中所占有的重要地位，马克思才把他的研究领域由最初的法学、历史和哲学最终转移到政治经济学，并以毕生的精力写出了一部改变了无产阶级历史命运的政治经济学巨著——《资本论》。

经济学之所以具有这种力量，是因为它在人们生活中起着重要的作用：它能帮助我们认识我们社会的性质和组织机构，参加有关重大的公共政策的讨论，并为企业和其他经济单位的决策行为提供指导。没有系统学习过经济学的人，甚至没有足够的条件来考虑国家事务。人们要成为一个行之有效的行政官员、认真负责的公民以及聪明的消费者，必须懂得一些经济学知识。

第二节　微观经济学的产生与发展

经济生活是人类为生存和发展而不断进行的物质资料生产、分配、交换和消费的活动，它是人类全部活动的最重要的一面。在经济活动中，人们不断提出和分析问题，总结经验，提高认识，形成看法。人们对经济生活在头脑中的思维反映形成了经济思想。思想变成文字，然后逐步推动了经济理论的产生与发展。

一、经济学的发展历程

从古代到现代，西方许多思想家、经济学家对人类的经济活动进行认识、分析、研究，他们著书立说，总结和提出了具有科学价值的思想和观点。

1. 现代经济学的诞生

英文的"economy"（经济）是从希腊语"家庭管理"的含义演化而来的，西方最早流传下来的专门论述经济的第一本著作是古希腊思想家色诺芬（Xenophon）所写的《经济论》。他最早使用"经济"一词，把经济看作是奴隶主庄园的家庭管理。色诺芬把财富看成是具有使用价值的东西，物品除具有使用价值外，还可以换取其他所需要的东西，具有交换价值。他认为农业是其他技艺的母亲和保姆。他看到一个人不可能精通一切技艺，劳动分工是必需的。色诺芬对经济生活的观察、认识所得出的有益观点，开创了经济研究的先河。

西方中世纪（西欧封建统治时代，5世纪至17世纪中叶），宗教神学思想占支配地位。观察经济生活、分析经济现象以是否符合神学的信条和教义作为判断是非对错的依据，因此中世纪教会思想家不可能对经济研究提出创见。

18世纪出现的重农学派重视农业，认为农业是一国财富的来源。重农学派强调只有农业是唯一的生产部门，土地生产出来的产品才是社会财富，农业才能创造新财富。工业没有增加或创造出新财富，各种生产资料和劳动耗费相加，只变更或组合已有物质财富形态，商业只变更其市场的时间、地点。二者不创造物质，都是不生产的。

经济学作为一门独立的学科，是与资本主义生产方式的形成同时产生的。重商主义是对资本主义生产方式最早的理论考察，是以研究交换为中心的经济理论。重商主义用商人的眼光和观点来考察社会经济的一切现象，把金银看成是财富的唯一形态，把从流通领域，主要是从对外贸易中获取更多的金银财富作为经济研究的内容和目的。

1776年，英国古典经济学家亚当·斯密（Adam Smith）的巨著《论国民财富的性质和原因的研究》（简称《国富论》）的出版，标志着现代经济学的诞生。二百多年来，经济学经历了许多发展阶段，斯密、马歇尔、凯恩斯、萨缪尔逊等改造并发展了经济学。

2. 西方经济学与政治经济学

在 19 世纪，经济学通常被叫作政治经济学。"政治经济学"（political economy）这一名称始见于法国重商主义者蒙克莱田（Montchretien）在 1615 年发表的题为《献给皇上皇后的政治经济学论》。英法两国早期的经济学家，大都把他们的经济学著作题名为"政治经济学"。如李嘉图（Ricardo）的《政治经济学及赋税原理》、斯图亚特（Steuart）的《政治经济学原理研究》、马尔萨斯（Malthus）的《政治经济学原理》、萨伊（Says）的《政治经济学概论》、西斯蒙第（Sismondi）的《政治经济学新原理》等，即使是马克思的《资本论》，其副标题也用的是"政治经济学批判"。法国经济学家夏尔·季德（Charles Gide）等人指出：现在通常认为"政治经济学"这一概念中的"政治"这个形容词是不必要的，并试图用"经济科学"或"社会经济学"等名称来代替。在 1755 年《大百科全书》中卢梭（Rousseau）写的关于"政治经济学"的一篇论文，把政治学与经济学混在一起，说明它不是完全无意义的。论文认为政治经济学总是涉及国家的事务方面，特别是涉及人民的物质福利方面[①]。

关于西方经济学与政治经济学之间到底有什么区别，目前在经济学界没有明确而统一的界定，但应该指出的一点是，不同的作者在使用"经济学"或"政治经济学"这一概念时，往往赋予它们不同的含义和内容：在中国和其他社会主义国家的大学中，"政治经济学"一词通常特指马克思主义经济学，非马克思主义经济学则被统称为西方经济学。

西方经济学（western economics）是指流行于西欧和北美资本主义发达国家的经济理论和政策主张，是这些国家的经济学者关于市场经济中商品和劳务的生产、分配、交换、消费以及这些经济过程的相互联系的系统理论，也是有关市场经济运行和国家调节的理论体系。本书研究的主要是西方经济学，其具体内容又分为微观经济学和宏观经济学。

3. 微观经济学与宏观经济学的划分

现代西方经济学根据其具体考察的领域和角度的不同，通常被分为微观经济学（microeconomics）和宏观经济学（macroeconomics）。

微观经济学研究的是单个经济决策单位（如消费者、厂商和资源所有者）的经济行为，它所考察的是单个商品市场上的价格和供求是如何变动的，单个消费者的消费行为受哪些因素的制约，单个生产者的成本、价格和产量是如何决定的，收入如何在各个资源所有者之间进行分配等。概括地说，微观经济学就是要研究消费者对各种商品的需求与生产者对市场的供给如何决定每一种商品的数量及价格，生产要素的供给和需求如何决定每一种生产要素的使用量和价格以及相应的收入分配。

宏观经济学是研究整个国民经济活动的，它分析的是诸如一国国民生产总值和国民收入的变动及其与社会就业、经济周期波动、通货膨胀、经济增长、财政金融之间的关系等问题，考察诸如国民生产总值、国民收入、总投资数量、总消费支出、银行信贷总额、货币发行量及物价总水平等国民经济中有关经济总量的变动，所以宏观经济分析亦称总量分

---

① 参见夏尔·季德等著：《经济学说史》上册，商务印书馆，1986 年版，第 13 页。

析。微观经济学与宏观经济学的比较如表1-1所示。

表1-1 微观经济学与宏观经济学比较

名 称	微观经济学	宏观经济学
别 名	小经济学 个体经济学 价格理论	大经济学 总体经济学 收入理论
研究方法	个量分析法	总量分析法
研究对象	从个体入手研究 市场行为	从总体入手研究 一国经济运行
研究中心	市场价格	国民收入
主要目标	个体利益最大	社会福利最大

从微观的角度和宏观的角度进行经济分析所形成的经济学说，是相对创立的经济学领域，但其划分并不是一开始就考虑经济学的研究界限和范围而想出来的。它们是在经济学的历史辩证地发展过程中，在相互抗争中诞生的。经济学的完善与发展都具有一定的历史渊源，都是在前人理论的基础上演进的。

二、微观经济学的发展历程

下面介绍微观经济学的发展历程，宏观经济学方面的分析留待《宏观经济学》一书介绍。微观经济分析采用个量分析方法阐明市场运行中经济变量（如单个商品的供给、需求、价格等）间的相互关系。从古典经济理论到现代经济理论，微观经济理论不断地发展完善。

1. 古典经济理论

不少古典学派的经济学家，如英国的配第（Petty）、法国的布阿吉尔布尔（Boisguilbert）以及亚当·斯密、大卫·李嘉图等人在研究资本主义生产方式下的经济活动时，把个别商品的价值形成和决定、个别市场价格的决定和变动，作为重要的研究对象。

斯密天才地认识到，在商品交易中，若交易双方的交换是自愿的，只有在他们都相信可以从中得益时，才会做成交易。而只有在自愿交易中即在自由市场上出现的价格才能够协调千百万人的活动。他认为人们各自谋求自身利益，却能使每个人都得益。他惊人地发现，经济秩序可以作为许多各自谋求自身利益的人的行动的非有意识的结果而产生。斯密实际上已经论及了价格在市场运行中、在资源配置中的重要功能。马克思在讲价值规律时曾借用斯密的话讲："这种关系就像古代命运之神一样逍遥于环球之上，用看不见的手分配人间的幸福和灾难。"

2. 新古典经济理论

19世纪70年代后，资本主义生产方式从自由竞争开始向垄断过渡，科技革命和生产力的发展推进了企业的生产经营管理。企业注意改进生产技术、降低成本，并运用价格体系扩大销路。这一时期的经济理论从古典学派较重视供给方面转向了需求方面,注重研究市场供求关系。

由于自然科学的发展和影响,数量分析,特别是边际增量分析和统计分析方法以及均衡概念也都应用到经济学科中来,形成了经济分析方法上的重大变革。资本主义生产的集中和大公司企业的产生和发展,为运用新的数量分析和统计方法对企业单位进行微观研究提供了有利条件。这为现代微观经济学成为独立学科奠定了基础。

这一时期,奥地利学派的门格尔(Menger)、英国的杰文斯(Jevons)和瑞士的瓦尔拉斯(Warlas)提出了"边际效用"价值论,认为"效用"是价值的源泉,而"边际效用"则是衡量价值的尺度。这一理论成为微观经济中需求理论的理论支柱。

新古典学派的主要代表人物是马歇尔。他在1890年出版了《经济学原理》一书,集效用价值论和早期的生产费用价值论之大成,建立了均衡价格理论,成为现代微观经济学的奠基者。

美国经济学家克拉克(Clark)于1899年出版的《财富与分配》一书中,最先明确提出并系统阐述了边际生产力理论。从此,以边际生产力理论为基础的要素价格和收入分配理论成为现代微观经济学中最有影响的一种分配理论。

3. 现代微观经济学的确立

新古典学派的微观经济分析都以完全竞争为理论前提,任何个别厂商被假定为对市场无能为力,这就难以解释现实经济中的垄断现象。

1933年,美国经济学家张伯伦(Chamberlin)出版了《垄断竞争理论》一书;同年,英国经济学家琼·罗宾逊(John Robinson)出版了《不完全竞争经济学》一书。他们主要从两个方面对马歇尔的均衡价格理论提出了批评:一是将完全竞争作为市场运行分析的假定前提与以垄断为主的实际经济情况不相符;二是均衡价格理论并没有揭示市场运行的决定性规律。他们一方面把不同形式的垄断作为分析市场运行规律的主要假定前提,另一方面又以厂商的利润最大化来说明市场运行规律,指出市场供求均衡状态是由厂商利润最大化(边际成本等于边际收益)决定的。只有厂商达到了利润最大化,供给才能稳定在某个水平上,均衡点才能确定。因此,决定市场运行的基本规律不是供求均衡,而是边际成本与边际收益的均衡。这样,他们将市场运行的分析从马歇尔的以"部门"为基础转变为以企业为基础,从而建立了以厂商行为分析为基础的市场理论。

1939年,英国经济学家希克斯(Hicks)出版了《价值与资本》一书,对效用的研究提出了"无差异曲线"的序数效用分析,大大丰富了微观经济学和福利经济学。在马歇尔均衡价格理论和克拉克边际生产力的分配理论基础上,补充了厂商理论和无差异曲线分析,此时现代微观经济学基本建立起独立的体系。

4. 现代微观经济学的发展

第二次世界大战之后,现代经济学在方法和理论上有进一步的发展。随着现代科技的发展、公司企业的扩大、经营管理的进步、计算机和先进设备的广泛应用,作为企业管理学科基础的厂商理论和微观经济学数量分析大为加强,广泛应用边际分析方法,侧重分析各种经济变量的增量之间的关系,大量应用数理方法和统计方法。在理论上,现代微观经济学扩充了福利经济理论。

福利经济理论由瑞士洛桑学派经济学家瓦尔拉斯和帕累托(Pareto)创立于19世纪70年代,20世纪30年代希克斯的无差异曲线分析将福利经济学大大推进一步。这一理论在战后得到补充和完善。福利经济学中的福利是指整体社会的经济福利,探求个人福利之总和的社会福利如何达到极大化。福利经济学既涉及个人更涉及社会,与微观、宏观都有关。但福利经济学是以单个消费者和单个厂商的行为作为出发点来考察社会经济运行,故一般将福利经济学归类于微观经济学中。

随着西方经济的发展,实际经济运行中的信息不完全、交易中的信息不对称、生产和消费中的外在性、垄断所造成的寻租和技术低效等实际问题,造成价格机制对资源配置功能的严重失灵。20世纪下半叶,经济学家对信息不对称、外在性等问题的研究,对解决市场失灵的政府微观经济职能和政策的探讨,以及在此基础上建立起来的信息不完全和信息不对称理论、博弈论、风险理论、外部效应等理论,极大地丰富了微观经济学的整体内容。

案例1.2　亚当·斯密的悖论

在1776年的《国富论》中,亚当·斯密断言:当人们尽量为自己获得更多的物质利益,并且这样做不受阻碍时,他们最终共同使社会受益,即使那不是他们的目的。这是怎么一回事呢?

这是亚当·斯密(1723—1790)在《国富论》中提出的重要论题。亚当·斯密写道:"个体生产者只想达到自己的目标,他这样做时,像其他许多情况下一样,由一只看不见的手引导他去促进一种结果出现,而这个结果并不是他所追求的东西。"亚当·斯密悖论一直是经济学的核心矛盾,二百多年来它一直推动着经济学的发展。这一理论的效力不断受到宗教权威、经济学之外的理论思想家和经济学家自身的挑战。虽然如此,"看不见的手"这一悖论使人类行为合理化,且在20世纪越来越多地指导西方甚至非西方国家的经济和政治生活。另外,斯密更一般的见解,即总体收益的结果也许有别于创造收益的个体意向,已经被诺贝尔奖获得者、经济学家肯尼斯·阿罗称为"使经济思想注入对社会进程一般理解的最重要、最具智慧的贡献"。这个重要的极具智慧的想法是正确的吗?

亚当·斯密与其他启蒙思想家(17世纪后期到18世纪后期)一道尝试着将人们从教会教条束缚和诸如骄傲、嫉妒之类的情感中解放出来,而这些在历史上曾使人类行为被扭曲。通过强调无私和来世相对于世俗生活的重要性,教会教义遏制了人类状况的暂时进步。僧侣们看到了社会底层和普通的人们为这种需要被束缚的情感左右。斯密相信,教会教义也维系一个上流社会,而该社会无助于商业活动。使牧师和其他人忧心的激情除傲慢和嫉妒外还包括愤怒,以及对荣誉或报复的欲望。他们的担忧是有根据的,因为历史上这种激情已经导致损坏政治经济稳定的争战杀伐。自从中世纪以来,商业活动就遭受僧侣和智者们的诋毁,但却受到下等人的推崇,并且这种态度在欧洲创国阶段广为流传。贪婪和欲望由被称为重商主义的一套政府强制规则所控制。斯密对个人物质利益追求的社会利益影响的强调,是对那种认为社会由僧侣式的禁欲主义和国家干预理念引导的思想的冲击。国家干预理念认为社会的破坏性激情必须由规章、制度和政府的强行干预来控制。相反，斯密认为，人们有一种嗜好去交易、交换，用物去换取另一物。这种嗜好表示出人们的判断和谨慎，它会受到社会法律和道德的规范。

因此斯密寻求使遭受严厉批评的行为社会合法化的途径，因为对于这一行为在整个系统范围内的影响，别人仅看见了混乱，他却看见了秩序与和谐。斯密用"看不见的手"去解释合理计算个人物质利益将怎样导致竞争，竞争转而为整个经济体系带来高额的产出和收入，并为社会创造物质财富。斯密将这一自我调整的过程视作上帝为社会和谐创造的一条自然规则，它应为人类发现并应代替重商主义的制度规则。简而言之，斯密试图找到一条适用于经济的普遍的自然法则，它将代替自中世纪以来指导思考经济的人为规则。他相信，政府的商业政策妨碍了为全社会生产最适宜的物质产品所需的变化。个人利益可以被信赖，因为每个人被假定能很好地衡量它，即使斯密承认人类动机的多样性与重要性，他仍相信个人物质利益占支配地位，只能产生社会和谐。

无论怎样，个人的物质利益仅是多种动机的一个；这一事实为斯密"看不见的手"分析带来了一个问题：我们怎样才能确保在一组产生"看不见的手"的转换关系中的任何一点是个人物质利益而不是其他动机占支配地位？对斯密来说这是个问题，因为他没有区分全部效用和边际效用。后来的新古典经济学家做到了这一点。

资料来源：平狄克.微观经济学

三、微观经济学与价格机制

微观经济学分析单个基本经济单位的经济行为，剖析和阐明经济体系基本功能赖以实现的价格机制，所以微观经济学常常被称为价格理论。

价格机制（mechanism of price）是指价格对市场经济运行的调节功能。在竞争的市场经济中，供给与需求就像一把剪刀的两个刀刃一样相互作用，决定了产品、劳务以及生产要素的价格。价格波动又自动调节商品和要素的供求运行，配置资源，使市场自动达到均衡。

产品和劳务的价格由产品市场决定，生产要素的价格由要素市场决定，价格调节着每个市场中的供给与需求。若价格信号对供给者有利，厂商将向市场投放更多的产品和劳务，居民提供更多的要素；若价格信号对需求者有利，厂商将购买更多的要素，居民将购买更多的商品或劳务。基本经济单位根据价格信号进行抉择。

价格调节市场运行，影响要素流动，决定资源和产品的分配。微观经济学对市场基本功能（即通过市场配置资源，实现生产什么，生产多少，如何生产和为谁生产）的分析，集中在市场运行的价格机制上。经济分析中的市场（market）被定义为买主和卖主的聚会，其内涵是从供给和需求运行的结构出发，把市场概括为基本经济单位为买卖商品、劳务、要素而进行交换的网络。

案例1.3 市场经济和计划经济

我们经济生活中有两种主要的经济组织形式：市场经济和计划经济。所谓市场经济是指这样一种经济组织形式，即单个消费者和企业通过市场相互发生作用，来决定经济组织的三个基本问题：生产什么、如何生产和为谁生产。所谓计划经济是指这样一个制度，其资源的分配由政府来决定，要求个人和企业按照国家经济计划行事。

亚当·斯密把市场机制比喻为"看不见的手"。所谓"看不见的手"，是指当每个人追求他自私自利的目标时，他好像被一只看不见的手引导着去实现最好的公共福利。家庭和企业在市场上相互交易，他们仿佛被一只"看不见的手"所指引，引导着社会资源的合理配置。

政府和其他机构根本不需要干预社会资源的配置，"看不见的手"就能做到这一点。

经济学家常说，市场具有比任何权力更绝对的权威。1992年诺贝尔经济学奖得主加里·贝克尔认为，国营企业应该民营化。过去十几年来，经营不善的国企转为民营已经成为世界潮流。美国将邮政民营化了；英国在撒切尔当政期间，就将原来由政府经营的航天、汽车、电子通信甚至铁路转为民营，成效显著。我们的民航、铁路、电力等为什么就不能姓"民"？为什么不能像食品、家电、服装等行业，取消政府管制，取消那么多的"局"、"部"呢？

那么，在市场机制作用下，政府有什么作用呢？根据微观经济学，政府的作用体现在两方面：一是提高效率；二是促进公平。在提高效率方面，主要体现在三个方面：一是政府有必要利用法律手段维持一个竞争的市场环境，如反垄断法、反不正当竞争法等；二是解决外部性问题，如污染，政府可通过环境保护来增加经济福利；三是提供公共物品，如国防及法治、支持纯科学和公众健康等。在促进公平方面，主要是指政府通过再分配政策来缩小收入差距，来保障人民的基本生活需要。再分配政策包括：一是累进税制，即收入越高，税率也越高；二是转移支付制度，如失业保险制度、对低收入阶层给予消费补贴，如提供食品补贴、经济适用房等。

摘自"经济学阶梯教室：价格到底谁说了算"，2003年

第三节 微观经济学的研究方法

经济分析不仅是为了描述人类经济生活，更重要的是为了发现支配经济运行的内在经济规律。为揭示经济运行中各种相关经济变量间的内在联系，经济学也要运用一定的方法来研究资源的配置与利用问题。微观经济学的研究从不同的分析视角，主要采用了实证分析与规范分析、均衡分析、静态与动态分析、经济模型分析等方法。

一、实证分析与规范分析

究竟是仅仅描述经济现象还是对经济现象作出价值判断,从这个角度可以把对经济现象的分析分为实证分析(positive analysis)和规范分析(normative analysis)。用实证方法来分析经济问题称为实证经济学(positive economics),而用规范方法来分析经济问题称为规范经济学(normative economics)。

1. 实证分析

实证分析就是描述经济现象"是什么"以及社会经济问题"实际上是如何解决的",或者说,实证分析就是揭示有关经济变量之间的函数关系和因果关系。它回答的问题是:如果作出了某种选择,将会带来什么样的后果。实证分析是在观察事实的基础上,运用科学的抽象法,通过分析推理,分析经济体系运行机制,得出理论命题。其研究目的在于揭示经济过程本身,而不过问其结果的可取性和不可取性。

实证分析并没有试图设立一些标准来决定什么好或什么坏,什么应该或什么不应该,避开了伦理和价值判断。实证经济分析只涉及一些客观或正面的陈述,这些陈述可以被事实所证实。

2. 规范分析

规范分析则是研究经济活动"应该是什么"以及社会经济问题"应该是怎样解决的",或者说,规范分析根据一定的价值判断,提出评价体系运行的标准并研究怎样才能符合这些标准。它回答的问题是:为了带来某种后果,应该作出什么样的选择。当经济学家说什么应该或什么不应该时,他说出的是一些主观意见,而这些意见更常常被称为规范的说明或"价值的判断"。

3. 实证分析与规范分析的关系

实证分析独立于规范分析,而规范基于实证和社会价值判断之上。实证中的争论常常可以通过更详细和更完善的资料研究得出一致的结论;而规范分析涉及伦理和价值判断,很难就经济分析中的争论问题达成一致意见。

一般地说,微观经济学主要采用的是实证分析方法。但由于近些年来福利经济学日益受到重视,微观经济学的规范分析色彩,特别是在分配理论中似乎有所加强,但还不如宏观经济学那样显著。而福利经济学和制度经济学,则基本上采用的是规范分析方法。西方学者常常把实证经济学比喻为"天文学",而把规范经济学比喻为"占星学"。因为前者只研究经济运行的规律而不对其作出评价,正如天文学只研究天体运行规律,对天文现象本身不进行评价一样;而后者则要对经济活动作出价值判断,正如占星学要根据星象,预言吉凶祸福一样。但在西方经济学界,除少数人主张经济学应该成为像自然科学一样的纯实证科学外,大多数人还是认为经济学既要采用实证分析方法,又要采用规范分析方法。

二、均衡分析

均衡（equilibrium）即平衡，是物理学中的一个概念，指的是作用在质点上的合力（或矢量和）为零时的状况。在平衡状态下的物体，除非受到外力的扰动，否则就没有线加速度或角加速度，它会一直处于平衡状态。

经济中的均衡是指当经济决策单位意识到重新调整资源配置方式或购买方式已不能获得更多利益，从而不再改变其经济行为时的状况。而均衡分析（equilibrium analysis）就是假定经济变量中的自变量为已知的和固定不变的，然后考察因变量达到均衡状态时所出现的情况以及实现均衡的条件。

均衡分析包括一般均衡分析和局部均衡分析。按照一般均衡分析，一种商品的价格不仅取决于它本身的供给和需求状况，也要受到其他商品的价格和供求状况的影响。因此一种商品的价格和供求的均衡，只有在所有商品的价格和供求都达到均衡时才能决定。而按照局部均衡分析，当考察一种商品的价格如何由供求两种力量的作用而达到均衡时，总是假定"其他条件不变"，即假定一种商品的均衡价格只取决于这种商品本身的供求状况，而不受其他商品的价格和供求状况的影响。

三、静态分析和动态分析

在经济分析中，有时只分析某一时间点的经济状况，有时分析经济状况的变化过程。从这个角度，经济分析可分为静态分析（static analysis）、比较静态分析（comparatively static analysis）和动态分析（dynamic analysis）。

1. 静态分析

静态分析是与均衡分析密切联系的，是分析经济现象的均衡状态以及有关的经济变量达到均衡状态所需具备的条件，但并不论及达到均衡状态的过程。应用静态分析方法的经济学，被称为静态经济学。例如，假定对某种商品的需求状况和供给状况为已知，就可据此找出该商品的需求和供给达到均衡（相等）时应有的价格（即均衡价格）和产出（即均衡产量）。只要上述供求状况不变，由此达到的均衡价格和均衡产量就会处于静止不变状态。

2. 比较静态分析

比较静态分析是在原有的已知条件发生了变化的情况下，考察或比较在这些条件变化以后均衡状态相应到底发生了什么样的变化，但并不论及怎样从原来的均衡状态过渡到新的均衡状态的实际变化过程。应用这种方法分析的经济学，被称为比较静态经济学（comparatively static economics）。例如，假定由于人们的嗜好发生了变化，以致对某商品的需求有所提高，则在供给状况保持不变的情况下，当该商品的供求达到新的均衡时，其价格和产量都将比以前有所提高。可见，比较静态分析仅仅是就个别经济现象一次变动的前后以及两个或两个以上的均衡位置进行分析研究，而完全抛开了对转变期间和变动过程本身的分析。换句话说,所谓"比较"静态分析,就是比较一个变动过程的起点和落点。

3. 动态分析

与上述两种分析方法不同,动态分析则是要考察经济活动的实际发展和变化的过程,它在假定人口、生产技术、资本数量、生产组织和消费者偏好等因素在时间过程中是发生变化的情况下,研究这些因素的变化如何影响一个经济体系的运动发展。因为动态分析方法要求经济变量所属的时间必须明显地表示出来,并且认为某些经济变量在某一时间点上的数值,要受到以前时间点上有关经济变量数值的制约,这就需要把经济运行过程划分为连续的分析"期间",以便考察有关经济变量在继起的各个期间的变化情况。采用动态分析方法的经济学,称为动态经济学(dynamic economics)。

四、经济模型分析

经济学家在研究经济问题时,其基本程序是建立模型。一个模型是由能够从中推演出某些结论和预测的若干假定组成的。经济模型(economic model)是指用来描述与所研究的经济现象有关的经济变量之间相互关系的理论结构,它既可以用文字来说明,也可以用数学公式来表示,还可以用几何图形来表示。

1. 经济模型的建立

由于任何经济现象都是由许多复杂的因素和变量决定的,所以要建立一个模型,就必须进行抽象、简化和假定。只有去掉大量无关紧要的、非本质的、外在的因素和信息,才能发现经济现象的本质和内在的、主要的东西。这对于任何科学研究来说都是必要的:有关原子和分子的化学理论,来自对外界物理现象的抽象;而有关真空和无摩擦力平面的物理理论,则舍掉了空气压力和摩擦力。企图一下子便了解一切,必然会由于来自我们周围世界大量混杂的信息而遭到失败。要获得对某种事物因果联系的正确认识,就必须放弃某些无关的或外在的因素和零散的信息。

经济分析常常借助于经济模型。经济模型是经济理论的简明表述,是抽掉次要因素、规定典型环境以突出主要经济变量关系的一种方法,或者说是建立对某一经济问题看法的缩影。模型力图简明,因为世界太复杂,模型不可能包罗万象。模型简单到什么程度也没有固定标准。如果模型太简单,则容易偏离目标;太复杂,则会钻进牛角,陷入困境。

模型的假设条件常与现实不符,但必须是现实的简化和概括。经济模型或理论常常来自现实的观察,所以模型或理论需要回到现实中去验证。若经济模型在现实中被否定,那就应该放弃这种模型,重新设计并建立新模型。经济学研究方法的科学性并非指一个模型是否与现实完全相符,重要的是看模型能否准确地解释和预测现实的经济问题。

2. 归纳分析和演绎分析

归纳分析(induction analysis)是指把观察到的实际资料分门别类加以整理,然后考虑它们之间的因果关系,概括出经验性的结论。通过对经济活动的反复观察和思考,从中可以提炼影响经济活动的主要因素并建立相关的变量关系，经济模型的建立就是通过归纳分析得来的。

归纳分析的缺点是无法确信他们确定的原则是否百分之百地可靠。因此，可用演绎分析（deduction analysis）来证实归纳分析得出的结论，建立的经济模型通过演绎得到验证。

演绎分析是从假设的条件着手，通过一系列逻辑推理从假设中引出结论，确定原则。经济分析采取演绎分析首先要确定所研究的有实际意义的经济问题，选择接近实际情况的假设条件。因为观察市场反应不是个别人的反应，大量的市场交易意味着行为方式的形成。如果假设一个普通消费者在安排他的收入时其行为是合乎情理的，那么他试图从其收入中获取最大的满足就非常合理了。其次是在假设的前提上进行逻辑推理，证实从假设条件中得到的结论，确定所研究问题中各种因素之间的逻辑关系并把它表达为经济原则。最后是验证结论是否正确地反映和预测了现实经济问题。如果不是，这个理论还需要修改。

第四节　微观经济学的基本假设

微观经济学理论的建立是以一定的假设条件作为前提的，微观经济分析也需要一些假设条件。在微观经济分析中，根据所研究的问题和所要建立的模型的不同需要，一般存在三个假设条件。

一、经济人假设

在众多不同经济理论的各自不同的假设条件中，有一个假设条件是所有的模型均具备的一个基本假设条件，就是"经济人"假设。

在经济学里，"经济人"也称为"理性人"。经济学家指出，所谓的"理性人"的假设是对在经济社会中从事经济活动的所有人的基本特征的一个一般性的抽象。这个被抽象出来的基本特征就是：每一个从事经济活动的人都是利己的。也可以说，每一个从事经济活动的人所采取的经济行为都是力图以自己的最小经济代价去获得自己的最大经济利益。西方经济学家认为，在任何经济活动中，只有这样的人才是"合乎理性的人"，否则，就是非理性的人。

按照经济人的假设，市场中每一个人的行为都是力图以自己最小的经济代价去追求自身利益最大化的过程。无论是买者还是卖者都是如此。而追求自身利益最大化的过程就是买者和卖者（我们称之为微观主体）对自身资源进行有效配置的过程，更进一步地说，就是市场机制通过对微观主体的诱导进而引起对资源配置的过程。供求双方追求自身利益最大化的结果就会形成市场的动态均衡——我们称之为市场均衡。于是，以均衡过程为核心就形成了微观经济学的基本分析思路。

例如，消费者的动机是在一定收入水平下获取最大的满足，为此他要根据其利益进行理智的选择；厂商的动机在于追求最大利润，为此他要根据市场运行中信息的不同而不断修改其经营计划。"经济人"这一假定条件是全部微观经济学进行逻辑演绎的最基本理论前提。

最具代表性的"经济人"假说来自亚当·斯密的国富论：

"每个人都在力图应用他的资本，来使其产品能得到最大的价值。一般地说，他并不企图增进公共福利，也不知道他所增进的公共福利为多少。他所追求的仅仅是他个人的安乐，仅仅是他个人的利益。在这样做时，有一只看不见的手（invisible hand）引导他去促进一种目标，而这种目标决不是他所追求的东西。由于追逐他自己的利益，他经常促进了社会利益，其效果要比他真正想促进社会利益时所得到的效果更大。"

一般来说，经济人具备以下特征："经济人"以利己为原则；"经济人"服从"看不见的手"的指挥；"经济人"是经济活动的参与者，不应该受到批评。

二、完全竞争假设

传统微观经济理论以完全竞争为重要前提条件，来演绎价格机制对资源最佳配置的有效性。具体来说，完全竞争假设是指经济主体在没有任何政府干预的完全竞争的市场结构下，追求自身利益的最大化。价格机制是传递供求信息的经济机制，信息完全具体体现在自由波动的价格上。只有做到信息完全，才能实现完全竞争假设的情况。

三、市场出清假设

一般来说，市场出清是指在市场调节供给和需求的过程中，市场机制能够自动地消除超额供给（供给大于需求）或超额需求（供给小于需求），也就是市场在短期内自发地趋于供给等于需求的均衡状态。在均衡的价格水平上，市场上的意愿供给等于意愿需求。

市场出清假设的本质就是，无论劳动市场上的工资还是产品市场上的价格都具有充分的灵活性，可以根据供求情况迅速进行调整。有了这种灵活性，产品市场和劳动市场都不会存在超额供给。因为一旦产品市场出现超额供给，价格就会下降，直至商品价格降到使买者愿意购买为止；如果劳动市场出现超额供给，工资就会下降，直至工资降到使雇主愿意为所有想工作的失业者提供工作为止。因此，每一个市场都处于或趋向于供求相等的一般均衡状态。

市场出清假设与前两个基本前提假设具有明确的因果关系，是前两者的逻辑推论。现代经济学的发展围绕着这三个基本前提假设而展开，从以上三个基本前提假设出发，通过数学演绎推理，得出结论。

案例1.4　理性成就快乐：像经济学家那样思考

在日常生活中，每个人其实都在自觉不自觉地运用着经济学知识。比如，在自由市场里买东西，我们喜欢与小商小贩讨价还价；到银行存钱，我们要想好是存定期还是活期。

经济学对日常生活到底有多大作用，有一则关于经济学家和数学家的故事可以参考。

故事说的是三个经济学家和三个数学家一起乘火车去旅行。数学家讥笑经济学家没有真才实学，弄出的学问还摆了一堆诸如"人都是理性的"之类的假设条件；而经济学家则笑话数学家们过于迂腐，脑子不会拐弯，缺乏理性选择。最后经济学家和数学家打赌看谁完成旅行花的钱最少。三个数学家于是每个人买了一张票上车，而三个经济学家却只买了一张火车票。列车员来查票时，三个经济学家就躲到了厕所里，列车员敲厕所门查票时，经济学家们从门缝里递出一张票说，买了票了，就这样蒙混过关了。三个数学家一看经济学们这样就省了两张票钱，很不服气，于是在回程时也如法炮制，只买了一张票，可三个经济学家一张票也没有买就跟着上了车。数学家们心想，一张票也没买，看你们怎么混过去。等到列车员开始查票的时候，三个数学家也像经济学家们上次一样，躲到厕所里去了，而经济学家们却坐在座位上没动。过了一会儿，厕所门外响起了敲门声，并传来了查票的声音。数学家们乖乖地递出车票，却不见查票员把票递回来。原来是经济学家们冒充查票员，把数学家们的票骗走，躲到另外一个厕所去了。数学家们最后还是被列车员查到了，乖乖地补了三张票，而经济学家们却只掏了一张票的钱，就完成了这次往返旅行。

这个故事经常被经济学教授们当作笑话讲给刚入门的大学生听，以此来激发学生们学习经济学的兴趣。但在包括经济学初学者在内的大多数人看来，经济学既枯燥又乏味，充满了统计数字和专业术语，远没有这则故事生动有趣；而且经济学总是与货币有割舍不断的联系，因此，人们普遍以为，经济学的主题内容是货币。其实，这是一种误解。经济学真正的主题内容是理性，其隐而不彰的深刻内涵就是人们理性地采取行动的事实。经济学关于理性的假设是针对个人而不是团体。经济学是理解人们行为的方法，它源自这样的假设：每个人不仅有自己的目标，而且还会主动地选择正确的方式来实现这些目标。这样的假设虽然未必总是正确，但很实用。在这样的假设下发展出来的经济学，不仅有实用价值，能够指导我们的日常生活，而且这样的学问本身也由于充满了理性而足以娱人心智，令人乐而忘返。尽管我们在日常生活中时常有意无意地运用了一些经济学知识，但如果对经济学知识缺乏基本的了解，就容易在处理日常事务时理性不足，给自己的生活平添许多不必要的烦扰。比如，刚刚买回车子，没过两天，这款车子却降价了，大部分人遇到这种情况的时候都垂头丧气，心里郁闷得很；倘若前不久刚刚买了房子，该小区的房价最近却上涨了，兴高采烈是一般购房者的正常反应。这些反应虽然符合人之常情，但跌价带来的郁闷感觉却是错误的。

经济学认为，正确的反应应该是：无论是跌价，还是涨价，都应该感觉更好。经济学认为，对消费者而言，最重要的是你消费的是什么——房价、车价是多少以及其他商品的价格是多少。在价格变动以前，你所选择的商品组合（房子、车子加上用收入余款购买的其他商品）就是对你来说是最好的东西。如果价格没有改变，你会继续这样的消费组合。在价格变化以后，你仍然可以选择消费同样的商品，因为房子、车子已经属于你了，所以，你不可能因为价格变化而感觉更糟糕。但是，由于房子、车子与其他商品的最佳组合取决于房价、车价，所以，过去的商品组合仍然为最佳是不可能的。这就意味着现在还有一些更加吸引人的选择，因此，你的感觉应该更好。新的选择虽然存在，但你却更钟情于原来的最佳选择（原来的商品组合）。

在日常生活中，我们还常常烦扰于别人为什么挣得比我多，总是觉得自己得到的比应得的少，而经济学却告诉我们这样的感觉是庸人自扰，也是错误的。经济学认为别人比自己挣得多是正常的，自己得到的就是应得的，如果自己不能理性地坦然面对，只会给自己的生活带来不必要的烦扰和忧愁。

我们之所以在日常生活中遇到这样那样的烦扰，主要还是因为对经济学有一些误解，这可能是经济学说起来比较简单的缘故。"供给与需求"、"价格"、"效率"、"竞争"等都是大家耳熟能详的经济学词汇，而且这些的词汇的意思也是显而易见的，因此，很多时候，似乎人人都是经济学家。人们不敢随便在一个物理学家或数学家面前班门弄斧，但在一个经济学家面前，谁都可以就车价跌了该高兴还是该郁闷等实际问题随意发表自己的见解。其实，经济学中有许多并非显而易见的内容，并不是每个人想象的那么简单。在经济学领域，要想从"我听说过"进入到"我懂得"的境界并不是件轻而易举的事情。

因此，掌握正确的经济学知识，将经济学思考问题的方法运用到日常生活中来，使我们能够更加理性地面对生活中的各种琐事，小到油盐酱醋，大到谈婚论嫁，就会减少生活中的诸多郁闷和不快，多一些开心，多一些欢笑。

资料来源：梁小民.微观经济学纵横谈

 本章结束语

人的需要是无限的，而满足需要的手段即资源是稀缺的，因此，经济学常常被认为是一门研究如何有效地分配和利用有限的资源，以满足人们无限需要的学科，即经济学的研究对象是资源的最佳配置。经济学研究的具体问题是要解决生产什么、如何生产和为谁生产这三个问题。

经济学作为一门独立的学科是与资本主义生产方式的形成同时产生的。《国富论》的发表标志着现代经济学的诞生。现代经济学根据其具体考察的领域和角度的不同，通常被分为微观经济学和宏观经济学。从古典经济理论到现代经济理论，微观经济理论不断地发展完善。微观经济学分析单个基本经济单位的经济行为，剖析和阐明经济体系基本功能赖以实现的价格机制，所以微观经济学常常被称为价格理论。

经济学的研究从不同的分析视角，主要采用了实证分析与规范分析、均衡分析、静态与动态分析、经济模型分析等方法。实证分析描述经济现象"是什么"以及社会经济问题"实际上是如何解决的"；规范分析研究经济活动"应该是什么"以及社会经济问题"应该是怎样解决的"。均衡分析是假定经济变量中的自变量为已知的和固定不变的，然后考察因变量达到均衡状态时所出现的情况以及实现均衡的条件，均衡分析包括一般均衡分析和局部均衡分析。静态分析是分析经济现象的均衡状态以及有关的经济变量达到均衡状态所需具备的条件，但并不论及达到均衡状态的过程；比较静态分析是在原有的已知条件发生了变化的情况下，考察或比较在这些条件变化以后均衡状态相应到底发生了什么样的变化，但并不论及怎样从原来的均衡状态过渡到新的均衡状态的实际变化过程；动态分析则是要考察经济活动的实际发展和变化的过程。经济模型是指用来描述与所研究的经济现象有关的经济变量之间相互关系的理论结构，是经济理论的简明表述，是抽掉次要因素、规定典型环境以突出主要经济变量关系的一种方法。归纳分析是指把观察到的实际资料分门别类加以整理，然后考虑它们之间的因果关系，概括出经验性的结论。演绎分析是从假设的条件着手，通过一系列逻辑推理从假设中引出结论，确定原则。

在对微观经济学进行的分析推理中，常见的三大假设包括"经济人"假设、完全竞争假设和市场出清假设，其中"经济人"是最基本的假定前提。按照经济人的假设，市场中的所有个人行为都是力图以自己最小的经济代价去追求自身利益最大化的过程。无论是买者还是卖者都是如此。而追求自身利益最大化的过程就是买者和卖者（我们称之为微观主体）对自身资源进行有效配置的过程。

关键词： 经济人　资源稀缺　机会成本　价格机制

复习思考题

1. 解释下列概念：需要（欲望）、稀缺、选择；生产什么、如何生产、为谁生产；实证分析、规范分析、均衡分析、静态分析、比较静态分析、动态分析、经济模型、归纳分析和演绎分析；实证经济学、规范经济学、比较静态经济学、动态经济学；微观经济学、宏观经济学；价格机制、经济人、市场。
2. 经济系统的功能是什么？
3. 微观经济分析的基本假定前提是什么？
4. 下面几项经济分析哪些属于实证经济学的范畴，哪些属于规范经济学的范畴？
    （1）截止到 2005 年 12 月底，我国的外汇储备达到了 8189 亿美元；
    （2）与前年相比，去年的居民可支配收入略有提高；
    （3）公共汽车的票价上涨 50%，并不会引起乘客数量的大幅度减少；
    （4）1982 年 8 月，美联储把贴现率降到 10%；
    （5）个人所得税对中等收入家庭是不公平的。

第二章
需求、供给与供求均衡

◇ **内容提要** ◇

微观经济学的核心内容是价格理论,而价格理论的重要目的之一就是考察说明市场上价格机制的实际运作。有关市场最基本的经济概念就是需求、供给和价格,因此本章将集中考察有关需求和供给的有关概念,在此基础上简要说明均衡价格和均衡数量的形成;同时,为了准确度量和说明各种影响供求的因素发生变化后供求数量的变动程度,引入了弹性的概念,考察供求弹性问题。

案例 2.1 是先有蛋还是先有鸡

究竟是先产生需求再产生供给,还是先产生供给才产生需求?这有点像问"是先有蛋还是先有鸡"。我想,可能有时候是需求带动供给,很多的新产品就是在人们强烈的需求下产生的;也有时候是供给诱导需求,比如新潮的时装,常常是提供出来之后,才左右了人们的视线,引发了人们的需求。但在某一种商品的价格决定中,供给与需求就像一把剪刀的两个刀片,作用不分彼此,共同决定一种商品的价格;同时价格又像一只无形的手在市场经济中自发地调节需求与供给,调节的最后结果使市场达到了均衡——社会资源配置合理。

总之,许多的东西在经济学家眼里都成了产品,都可以从供给和需求的角度来进行分析。需求是提供产品的动力,供给是满足需求的前提。比如,要兴办教育,是因为存在大量的对"教育"产品有需求的人,而有了"教育"产品的供给,才能满足"教育"产品的需求。如果想上学的都能上学,教育资源得到充分利用,也就达到了教育市场的供求平衡。

资料来源:梁小民.微观经济学纵横谈

第一节　需求原理

一、需求及其影响因素

需求是消费者在各种可能的价格水平上愿意且能够购买的商品数量。由此可见，消费者对商品的需求由两个基本条件构成：一是对某商品的购买欲望，二是相应的支付能力。这两个条件缺少任何一个都不能构成经济学意义上的需求。

一种商品的需求是由多种因素共同决定的，影响需求的因素主要有以下几种：

1. 商品自身的价格。商品自身价格是影响消费者对某商品需求量的最重要因素。在其他条件不变情况下，需求量与商品自身价格呈反向变动关系。

2. 消费者收入。既然需求是指有支付能力的需求，则消费者的收入水平也是决定需求的重要因素。但消费者收入水平对商品需求的影响分两种情况：对于大多数商品而言，其需求会随消费者收入呈同向变化，我们称这样的商品为正常商品；而对另一些商品来说，其需求会随消费者收入呈反向变化，我们称这样的商品为低档劣质商品。

3. 消费者偏好。消费者偏好表现了消费者愿意消费商品的程度，主要指消费者在特定社会经济环境中，表现出的不同消费习惯或对商品的不同感受、口味等。比如你喜欢喝咖啡，你就会增加对咖啡的需求量。通常，因为偏好基于超越了经济学范围的心理与历史因素，经济学家们不想解释人们的偏好，但是他们要考察偏好发生变化时经济会发生什么变化。

4. 相关商品的价格。商品之间的相关关系可以分为两种：一种为替代关系，另一种为互补关系。一般可以说如果两种商品在满足消费者的某一欲望方面可以相互代替，则称这两种商品互为替代品，如牛肉和羊肉或者肉类和蛋类在满足人体营养需求方面就相互具有替代性。如果两种商品必须搭配使用才能满足消费者某种欲望，则称这两种商品互为互补品。如网球与网球拍、汽车与汽油就互为互补品。

相关商品价格是影响商品需求量的另一重要因素。比如，牛肉价格不变，羊肉价格上涨，人们就会减少相对昂贵了的羊肉的需求，而增加相对便宜的牛肉的需求；汽油的价格上涨使得使用汽车的成本增加，从而人们会减少对汽车的需求。

5. 消费者对商品未来价格的预期。消费者如果预期某商品价格将上升，则会增加对该商品的现期需求，反之，则减少现期需求。

二、需求函数与需求定律

将上述影响需求的因素综合起来，就可得到需求函数。所谓需求函数，是一定时期内，

某种商品的需求与其影响因素之间的相互关系，即

$$Q^D=F(P, I, T, P_r, P_e, \cdots) \quad (2\text{-}1)$$

其中：Q^D 表示一定时期内某种商品的需求量，P 是这种商品的价格，I 表示消费者的收入水平，T 表示消费者的偏好，P_r 表示相关商品的价格，P_e 表示消费者对这种商品的预期价格。如果我们对影响商品需求量的所有因素同时进行分析，就会使问题变得异常复杂。所以在处理这种复杂的多变量问题时，通常可以将问题简化，即一次把注意力集中在一个影响因素上，而同时假定其他影响因素保持不变。在这里，由于一种商品的价格是决定商品需求量的最基本因素，所以，我们假定其他因素不变，仅仅分析一种商品的价格对该商品需求量的影响，即把一种商品的需求量仅仅看成是这种商品的价格的函数，于是，需求函数就可以表示为：

$$Q^D=f(P) \quad (2\text{-}2)$$

一种商品的需求量与该商品价格之间的函数关系分别可以用商品的需求表和需求曲线来表示。

所谓需求表，是根据商品价格与需求量的对应关系所列成的表格。例如，表 2-1 是 2012 年某日面包的市场需求表。

表 2-1　面包的市场需求表

价格—需求量组合	A	B	C	D	E	F	G
P	1	2	3	4	5	6	7
Q^D	700	600	500	400	300	200	100

根据需求表中商品不同的价格——需求量组合在平面坐标系中绘制的曲线就是需求曲线。如图 2-1 就是一条根据表 2-1 绘制的需求曲线。在图 2-1 中，横轴 OQ 表示商品的数量，纵轴 OP 表示商品的价格。值得注意的是，微观经济分析中的需求曲线与供给曲线与数学中的习惯相反，通常以纵轴表示自变量 P，以横轴表示因变量 Q。

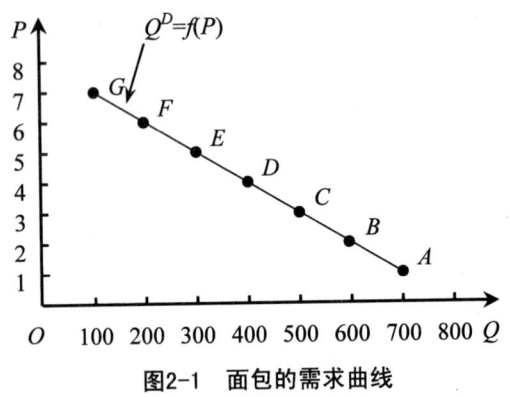

图2-1　面包的需求曲线

图 2-1 中的需求曲线是一条直线，实际上，需求曲线可以是直线型的，也可以是曲线型的。当需求函数为线性函数时，相应的需求曲线是一条直线。当需求函数为非线性函数时，相应的需求曲线是一条曲线。但在微观经济分析中，为了简化分析过程，在不影响结论的前提下，大多使用线性需求函数。线性需求函数的一般形式为：

$$Q^D=a-bP \quad (2\text{-}3)$$

其中，a、b 为常数，且 a、$b>0$。

在商品市场上，假定消费者收入、消费者偏好、其他相关商品的价格以及消费者对商品未来价格的预期等均既定不变的前提下，仅仅考察某种商品需求量与价格的相互关系。人们就会发现：某种商品价格上涨，通常会导致需求量减少；价格下降，需求量则增加。

这种商品的需求量与价格之间呈反向变动的关系，通常被称为需求定律。需求定律在坐标图中表现为一条向右下方倾斜、具有负斜率的需求曲线。

三、需求量的变化与需求水平的变化

所谓需求量的变化是指在决定需求的其他因素（如消费者的收入、偏好、相关商品的价格以及消费者对商品未来价格的预期等）不变的情况下，只是由于商品自身价格水平的变化所引起的对这种商品需求的变化。

从需求表来看，需求量的变化表现为同一个需求表内价格与购买量组合的变动。从坐标图上来看，需求量的变化表现为在同一条需求曲线上点的移动。如图 2-1 中，当面包价格由 5 元/个变为 4 元/个时，面包的日需求量由 300 个变为 400 个，表现为在同一条需求曲线上由 E 点移动到 D 点。

需求水平的变化指在商品自身价格不变的情况下，其他条件（如消费者的收入、偏好、相关商品的价格以及消费者对商品未来价格的预期等）所引起的对这种商品需求的变化。需求水平的变化是整个需求表的变化。从坐标图上来看，需求水平的变化表现为整条需求曲线的平移。如图 2-2。

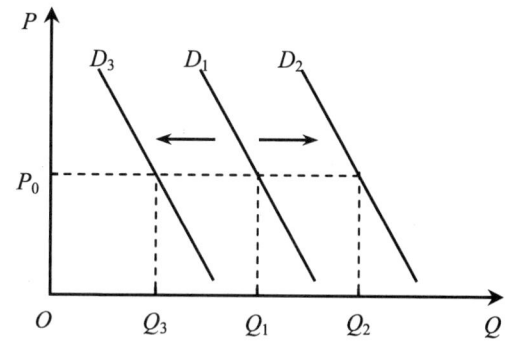

图2-2　需求水平的变化引起需求曲线平移

第二节　供给原理

一、供给及其影响因素

供给是指生产者在各种可能的价格水平上愿意且能够提供出售的商品数量。可见，作为供给也必须具备两个条件：一是生产者有出售商品的愿望；二是生产者有提供商品的能力。二者缺一不能构成有效供给。

一种商品的供给是由多种因素共同决定的，影响供给的因素主要有以下几种：

1. **商品自身价格。** 商品自身价格是影响生产者对某商品供给的最重要因素。一般来讲，商品价格越高，生产者供给量就越大；反之，价格越低，生产者提供的供给量就越小。供给量与价格呈同向变动关系。

2. **生产成本。** 在商品自身价格不变的条件下，生产成本上升会减少利润，从而使商品

的供给量减少；相反，生产成本下降会增加利润，从而使得商品的供给量增加。生产成本变化，主要来自于生产要素价格的变化和生产效率的变化。

3. 相关商品价格。一种商品的供给也会受到相关商品的影响，特别是生产过程中比较容易替代的相关商品。比如，同一块土地既可以种植玉米，也可以种植棉花，在玉米价格不变，棉花价格上涨时，就会使农户多种植相对昂贵了的棉花，而玉米的生产与供给就会相应减少。

4. 生产者对未来的预期。如果生产者对某商品的未来预期比较好，如预期商品的价格会上涨或需求增多，生产者往往会扩大生产，增加供给。如果对商品未来的预期比较悲观，如预期商品价格会下降，生产者往往会缩减生产，减少供给。

此外，对市场供给考察期的长短、政府政策、生产者从事生产的目标及自然条件等因素也影响着商品的供给。

二、供给函数与供给定律

将上述影响供给的因素综合起来，就可得到供给函数。所谓供给函数，是一定时期内，某种商品的供给与其影响因素之间的相互关系，即

$$Q^S = F(P, C, P_r, P_e, \cdots) \tag{2-4}$$

其中：Q^S 表示一定时期内某种商品的供给量，P 是这种商品的价格，C 表示该产品的生产成本，P_r 表示相关商品的价格，P_e 表示生产者对这种商品的未来价格预期。在经济分析中，一般假定其他影响因素不变，重点分析某种商品价格变化对其供给量变动的影响。这样，这种商品的供给函数就被简化为：

$$Q^S = f(P) \tag{2-5}$$

一种商品的供给量与该商品价格之间函数关系分别可以用商品的供给表和供给曲线来表示。

所谓供给表，是根据商品价格与供给量的对应关系所列成的表格。例如，表2-2是2012年某日面包的市场供给表。

表 2-2　面包的市场供给表

价格—供给量组合	A	B	C	D	E
P	2	3	4	5	6
Q^S	0	200	400	600	800

根据供给表中商品不同的价格——供给量组合在平面坐标系中绘制的曲线就是供给曲线。如图2-3就是一条根据表2-2绘制的供给曲线。

如同需求曲线一样，供给曲线可以是直线型，也可以是曲线型。如果供给函数为线性函数时，相应的供给曲线就为直线型。如果供给函数为非线性函数时，相应的供给曲线是曲线型的。在微观经济分析中，使用较多的是线性供给函数，其一般表达式为：

$$Q^S = -c + dP \tag{2-6}$$

其中，c、d 为常数，且 c、$d > 0$。

在商品市场上，假定生产成本、其他相关商品的价格以及生产者对商品未来价格的预期等均既定不变的前提下，仅仅考察某种商品供给量与价格的相互关系，人们就会发现：某种商品价格上涨，通常会导致供给量增加；价格下降，供给量则减少。这种商品的供给量与价格之间呈同向变动的关系，通常被称为供给定律。供给定律在坐标图中表现为一条向右上方倾斜、具有正斜率的供给曲线。

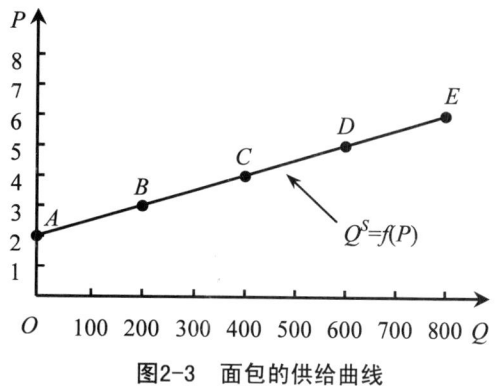

图2-3 面包的供给曲线

三、供给量的变化与供给水平的变化

所谓供给量的变化是指在决定供给的其他因素（生产成本、其他相关商品的价格以及生产者对商品未来价格的预期等）不变的情况下，只是由于商品自身价格水平的变化所引起的这种商品供给的变化。

从供给表来看，供给量的变化表现为同一个供给表内价格与供给量组合的变动。从坐标图上来看，供给量的变化表现为在同一条供给曲线上点的移动。如图2-3中，当面包价格由5元/个变为4元/个时，面包的的日供给量由600个变为400个，表现为在同一条供给曲线上由D点移动到C点。

供给水平的变化指在商品自身价格不变的情况下，其他条件（生产成本、其他相关商品的价格以及生产者对商品未来价格的预期等）变化所引起的对这种商品供给的变化。供给水平的变化是整个供给表的变化。从坐标图上来看，供给水平的变化表现为整条供给曲线的平移，如图2-4。

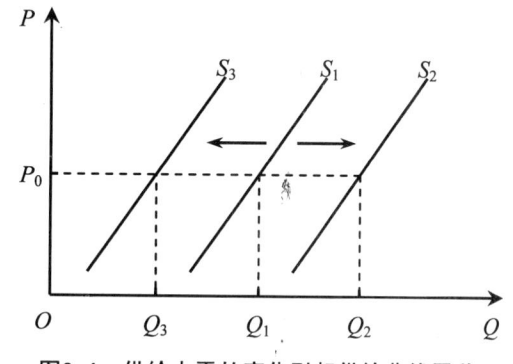

图2-4 供给水平的变化引起供给曲线平移

第三节 供求均衡

在经济社会中，各种各样的经济活动非常复杂。每一种产品，都有大量的生产者和消费者，供给和需求又在不断变动，怎样来协调如此庞杂的经济活动，使它能够有机地循环运行呢？是一只"看不见的手"在指挥。这只"看不见的手"就是价格机制。供给与需求相互作用，从而决定价格；反过来．价格又可以自动调节供给与需求，使市场达到均衡。

这种调节功能，就叫价格机制或市场机制。

一、均衡的含义

均衡原本是物理学中的一个概念，是指作用于质点的所有力的合力为零的状态。经济学中的均衡，是指经济决策者（厂商或消费者）意识到若重新调整资源配置方式或购买方式已不能获得更多利益，从而不再改变其经济行为时的状态。均衡在经济学中最一般的定义是指经济事物中有关变量在一定条件的相互作用下所达到的一种相对静止状态。

在西方经济学中，均衡是一个很重要的概念，并可分为局部均衡和一般均衡。局部均衡是假定其他条件不变时，经济体系中单个消费者、单个商品市场或要素市场、单个厂商或单个行业的均衡状态。而一般均衡，是指充分考虑所有经济变量之间关系的情况下，整个经济系统完全达到均衡状态时的状况和达到均衡的条件。

二、均衡价格的形成

所谓均衡价格是一种商品市场需求量和供给量相等时的价格，在均衡价格水平下相等的供求数量被称为均衡数量。从几何意义上来讲，供给曲线和需求曲线的交点被称为市场供求均衡点，均衡点对应的价格和相等的供求数量分别被称为均衡价格和均衡数量。如图 2-5，E 即为供求均衡点，P_E 和 Q_E 分别为对应的均衡价格与均衡数量。

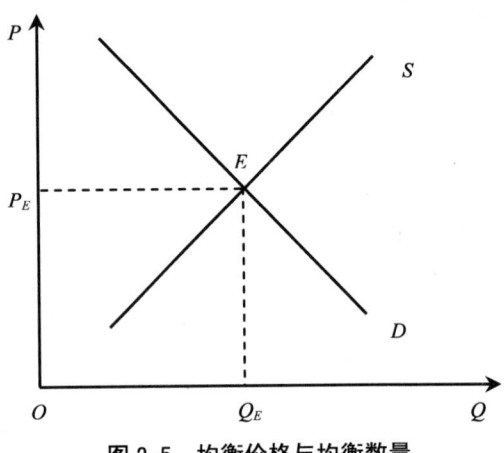

图 2-5　均衡价格与均衡数量

商品的均衡价格表现为商品市场上需求和供给这两种相反的力量共同作用的结果，它是在市场的供求力量的自发调节下形成的。当市场价格偏离均衡价格时，市场上会出现需求量和供给量不相等的非均衡状态。一般说来，在市场机制的作用下，这种供求不相等的非均衡状态会逐步消失，实际的市场价格会自动地恢复到均衡价格水平。

下面我们结合图 2-6，说明市场价格偏离均衡价格时会出现什么情况。图中，需求曲线 D 和供给曲线 S 相交于 E 点，对应的均衡价格为 P_E，均衡数量为 Q_E。当市场价格高于均衡价格为 P_H 时，商品的需求量为 Q_A，供给量为 Q_B，$Q_B>Q_A$，面对这种供过于求的市场状况，一方面会使需求者压低价格来得

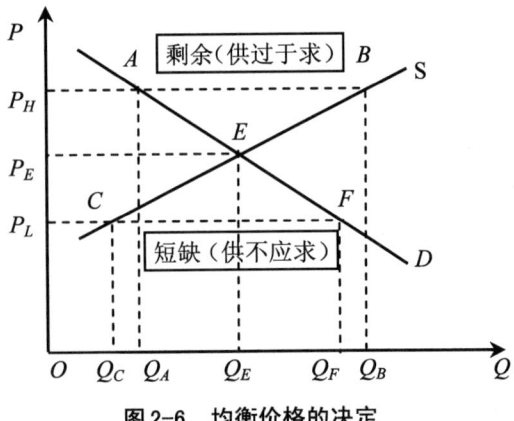

图 2-6　均衡价格的决定

到他要购买的商品量,另一方面,又会使供给者减少商品的供给量。这样,该商品的价格必然下降,一直下降到均衡价格 P_E 的水平。与此同时,随着价格下降为 P_E,商品的需求量逐步地由 Q_A 增加为 Q_E,商品的供给量逐步地由 Q_B 减少为 Q_E,从而实现供求量相等的均衡数量 Q_E。相反地,当市场价格低于均衡价格为 P_L 时,商品的需求量为 Q_F,供给量为 Q_C,$Q_C<Q_F$。面对这种供不应求的商品短缺或超额需求的市场状况,一方面,迫使需求者提高价格来得到他所要购买的商品量,另一方面,又使供给者增加商品的供给量。这样,该商品的价格必然上升,一直上升到均衡价格 P_E 的水平。在价格由 P_L 上升为 P_E 的过程中,商品的需求量逐步地由 Q_F 减少为 Q_E,商品的供给量逐步地由 Q_C 增加为 Q_E,最后达到供求量相等的均衡数量 Q_E。由此可见,当实际价格偏离时,市场上总存在着变化的力量,最终达到市场的均衡。

三、均衡价格的变动

目前我们已经知道,供给与需求共同决定市场均衡,市场均衡又决定了商品的均衡价格和均衡数量。从几何图形上看,均衡价格和均衡数量取决于供求曲线的位置。当某些事件使供给或需求曲线移动时,市场均衡就会因此而改变。

当分析某事件如何影响市场均衡时,我们通常按三个步骤进行:第一,确定该事件使得哪一条线移动或者两者都会移动;第二,确定曲线是向左移还是向右移;第三,利用供求曲线图比较原来的均衡与新的均衡,以说明这次事件如何影响均衡价格和均衡数量。

1. 需求变化对均衡的影响

假设某年夏天,天气特别炎热。这种情况如何影响冰淇淋市场呢?为了回答这个问题,我们结合图2-7按上述三个步骤进行分析:

(1)因天气炎热,人们会增加在任何一种既定价格水平下想购买的冰淇淋数量,即对冰淇淋的需求增加,但是因为天气并不直接影响生产冰淇淋的厂商,因此对冰淇淋的供给不变。

(2)由于对冰淇淋需求增加,所以,需求曲线向右平移,供给曲线不变。在图2-7中,既定的供给曲线 S 与最初的需求曲线 D_1 相交于 E_1,对应的均衡价格为 P_1,均衡数量为 Q_1。因对冰淇淋需求增加,需求曲线向右平移到 D_2,与曲线 S 相交于 E_2。

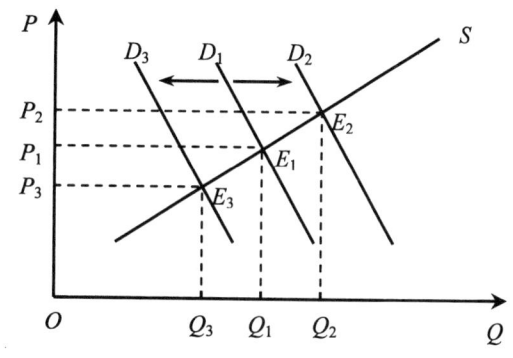

图2-7 需求变动对均衡的影响

(3)比较新的均衡与原有均衡。均衡点 E_2 对应的均衡价格 P_2 和均衡数量 Q_2 均大于均衡点 E_1 的均衡价格 P_1 和均衡数量 Q_1。

相反,如果因冬季寒冷,人们减少对冰淇淋的需求,就会使得需求曲线向左平移至 D_3,需求曲线 D_3 与供给曲线 S 相交于 E_3,比较发现均衡点 E_3 对应的均衡价格 P_3 和均衡数量

Q_3 均小于均衡点 E_1 的均衡价格 P_1 和均衡数量 Q_1。

可见，供给不变，需求变动，分别引起均衡价格和均衡数量同方向变动。

2. 供给变化对均衡的影响

假设另一个夏季，台风摧毁了部分甘蔗田，并使糖的价格上升，这一事件将如何影响冰淇淋市场呢？为了回答这个问题，我们还是结合图形（图 2-8）按上述三个步骤进行分析：

（1）作为生产要素之一，糖的价格上升导致冰淇淋的成本增加，进而使冰淇淋供给减少。但因为生产成本的增加不会直接改变消费者对冰淇淋的需求量，因此对冰淇淋的需求不变。

（2）由于冰淇淋的供给减少，所以，供给曲线向左平移，需求曲线不变。在图 2-8 中，既定的需求曲线 D 与最初的供给曲线 S_1 相交

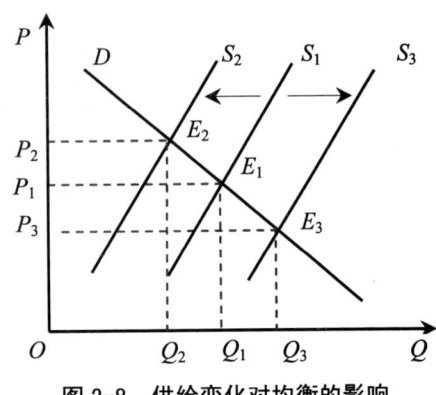

图 2-8 供给变化对均衡的影响

于 E_1，对应的均衡价格为 P_1，均衡数量为 Q_1。因冰淇淋供给减少，供给曲线向左平移到 S_2，与曲线 D 相交于 E_2。

（3）比较新的均衡与原有均衡。均衡点 E_2 对应的均衡价格 P_2 大于 E_1 的均衡价格 P_1，均衡数量 Q_2 小于均衡点 E_1 的均衡数量 Q_1。

相反，如果因生产冰淇淋的技术进步，冰淇淋生产成本下降，就会使冰淇淋供给增加，供给曲线向右平移至 S_3，S_3 与 D 曲线相交于 E_3，比较发现均衡点 E_3 对应的均衡价格 P_3 小于 E_1 的均衡价格 P_1，均衡数量 Q_3 大于均衡点 E_1 的均衡数量 Q_1。

分析可见，需求不变，供给变动引起均衡价格的反方向变动，均衡数量的同方向变动。

综上所述，可以得到供求定理：在其他条件不变的情况下，需求变动分别引起均衡价格和均衡数量的同方向变动；供给变动引起均衡价格的反方向变动，引起均衡数量的同方向变动。

3. 需求与供给同时变化对均衡的影响

如果需求和供给同时发生变动，则商品的均衡价格和均衡数量的变化是难以肯定的，这要结合需求和供给变化的具体情况来决定。这里主要有以下四种情况，见表 2-3：

表 2-3 供求曲线的移动对均衡价格和均衡数量的影响

需求变化	供给变化	均衡价格 P^*	均衡数量 Q^*
增加	增加	不确定	增加
减少	减少	不确定	减少
增加	减少	上升	不确定
减少	增加	下降	不确定

案例 2.2　　大屏幕平面电视机价格的下降

对使用液晶显示屏（LCD）的平面电视的研究开始于 20 世纪 60 年代。不过，运用这项研究生产出价格低到足以让大量消费者购买的电视机，却有令人意想不到的困难。有一名研究人员指出："我们在 20 世纪 60 年代曾经说'在 10 年时间里，我们就会有挂在墙上的电视机'。我们在 70 年代，然后是 80 年代都说过同样的话。"制造液晶显示屏电视的一项关键技术难题，是做出足够大、足够薄和足够清晰的玻璃板用作液晶显示屏。最终在 1999 年，康宁公司开发出了一项工艺，用它制造出的玻璃不到一毫米厚而且非常清楚，因为在生产过程中机器不接触它。

康宁公司的突破导致了《华尔街日报》所称的"建造新的、更好的工厂的竞赛"。生产平面显示器的企业都位于韩国、日本以及中国台湾地区。首届一指的企业是韩国的三星电子和 LG 飞利浦液晶屏公司，中国台湾的友达光电公司以及日本的夏普公司。友达光电公司 2004 年开了一家新工厂，在 240 万平方英尺的清洁房间里制造液晶显示屏。这家工厂比英特尔公司制作电脑芯片的最大一家工厂都几乎要大四倍。总共有 10 家制造液晶显示屏的工厂计划在 2004 年后期到 2005 年后期投入运营。供给的快速增加最终导致典型的大屏幕液晶显示屏电视机的价格从 2004 年秋季的 4000 美元降到 2006 年的 2000 美元，从而使全世界的需求量从 800 万台增加到 2000 万台。

资料来源：Evan Ramstad, "big display:Once a Footnote, Flat Screens Grow into Huge Industry," Wall Street Journal, August 30, 2004, p.Al; and Michael Schuman, "Flat Chance:Prices on Cool TVs Are Dropping as New Factories Come on Line," Time, October 18, 2004, pp.64-66.

第四节　　需求弹性与供给弹性

根据需求定理和供给定理，我们知道，当一种商品的价格发生变化时，会导致其需求量和供给量的变化，由此，我们通常会想到，当一种商品的价格变化 1%时，这种商品的需求量和供给量分别会变化多少百分比呢？这就是我们要讲解的弹性理论要研究的问题。

一、需求价格弹性

弹性的基本含义是因变量对自变量变化的反应敏感程度。即当自变量变化 1%时，因变量会变化百分之几，由此可以看出，弹性是两个变量各自变化比例的比值，与自变量和因变量的单位无关。具体到需求弹性，是指需求对其影响因素变化的敏感程度。在这里，我们主要研究需求价格弹性、需求收入弹性和需求交叉弹性，其中需求价格弹性是需求弹性的最重要内容。

需求价格弹性是指在其他条件不变的情况下，某种商品需求量对其价格变动反应的敏感程度，或者说，它是需求量变化的百分比与价格变化百分比的比值。计算公式为：

$$需求价格弹性系数（E_d）= -\frac{需求量变化百分比}{价格变化百分比} = -\frac{\frac{\Delta Q}{Q}}{\frac{\Delta P}{P}} = -\frac{\Delta Q}{\Delta P} \cdot \frac{P}{Q} \quad (2-7)$$

一般来讲，弹性系数可以是正数，也可以是负数，这主要取决于两个变量的变动方向。根据需求定律，需求量与价格呈反向变动关系，因此 E_d 一般为负值，但为了便于比较，通常会在公式（2-7）中加上一个负号，以使 E_d 的取值为正值。

1. 需求价格弹性的五种类型

根据 E_d 的大小，可将需求价格弹性分为如下五种情况：

（1）完全弹性：当 $E_d \to \infty$ 时，表示价格的任何变动，都会引起需求量无限的变动。在完全竞争市场上，产品价格是由很多买者的需求与很多卖者的供给共同决定的，而且是唯一的。如果有一个卖者将产品价格略为降低一点，买者就会都去买他的，需求量趋向无限。

（2）完全无弹性：当 $E_d = 0$ 时，表示不管价格如何变动，需求量恒定不变，称为完全无弹性。这种情况并不多见，但某些设备的专用零配件就属于这种情况。

（3）单一弹性（单位弹性）：当 $E_d = 1$ 时，表示价格的任何变动，都会引起需求量同等程度的变动，称为单一弹性。如果家庭预算中对某种产品的消费支出一定，即 $P \cdot Q_d = k$，这种产品就是单一弹性。

（4）富有弹性：当 $1 < E_d < \infty$ 时，表示价格的任何变动，都会引起需求量较大程度的变动，称为富有弹性。通常，高档奢侈品富有弹性。如珠宝、首饰、化妆品，本属可有可无、锦上添花之物。如果降价不仅多买，而且会多买很多；如果涨价不仅少买，而且会少买很多。需求量的变动幅度大于价格变动的幅度。

（5）缺乏弹性：当 $0 < E_d < 1$ 时，表示价格的任何变动，都会引起需求量较小程度的变动，称为缺乏弹性。通常，生活必需品缺乏弹性。如柴、米、油、盐，由于涨价会少买一些，但不会少买很多；由于降价也会多买一些，但不会多买很多。需求量的变动幅度小于价格变动的幅度。

2. 需求价格弹性的计算

需求价格弹性的计算方法有两种：一是计算需求曲线两点之间的弹性，即弧弹性；一是计算需求曲线上某一点的弹性，即点弹性。

式（2-7）属于计算弧弹性的一种方法。但这种方法存在因计算基础或计算的出发点不同而出现同一段弧上弹性系数值不同的缺陷。比如，某商品价格4元时，需求量为80；价格为5元时，需求量为40。利用公式（2-7）计算便会发现：当价格由4元上升到5元时，

$E_d = -\dfrac{40-80}{5-4} \times \dfrac{4}{80} = 2$；当价格由 5 元降为 4 元时，$E_d = -\dfrac{80-40}{4-5} \times \dfrac{5}{40} = 5$。为了避免同一段弧上不同的计算结果，通常取两点价格的平均值$(P_1+P_2)/2$ 和两点需求量的平均值$(Q_1+Q_2)/2$ 来分别代替式中的 P 值和 Q 值，因此，需求的价格弧弹性计算公式（2-7）式又可以写为：

$$E_d = -\dfrac{\dfrac{\Delta Q}{(Q_1+Q_2)/2}}{\dfrac{\Delta P}{(P_1+P_2)/2}} \tag{2-8}$$

再看一下点弹性的计算。当需求曲线上两点之间的变化量趋于无穷小时，需求价格弹性就要由点弹性来表示，即它表示需求曲线上任一点的弹性系数。在公式（2-7）的基础上，需求价格点弹性的公式为：

$$E_d = \lim_{\Delta P \to 0} -\dfrac{\Delta Q}{\Delta P} \times \dfrac{P}{Q} = -\dfrac{\mathrm{d}Q}{\mathrm{d}P} \times \dfrac{P}{Q} \tag{2-9}$$

按照经济学的习惯表示，以价格 P 作为纵轴，需求量 Q 作为横轴，则 $\dfrac{\mathrm{d}P}{\mathrm{d}Q}$ 是需求曲线上任一点的斜率，$\dfrac{\mathrm{d}Q}{\mathrm{d}P}$ 则是需求曲线斜率的倒数。这样我们就可以根据点弹性计算公式（2-9），结合图 2-9，可以得出图中 C 点的需求价格点弹性表达式：

$$E_d = \dfrac{\mathrm{d}Q}{\mathrm{d}P} \cdot \dfrac{P}{Q} = \dfrac{1}{\dfrac{\mathrm{d}P}{\mathrm{d}Q}} \cdot \dfrac{P}{Q} = \dfrac{GB}{CG} \cdot \dfrac{CG}{OG} = \dfrac{GB}{OG} = \dfrac{CB}{AC} \tag{2-10}$$

图中，线性需求曲线分别与纵横坐标轴相交于 A、B 两点，C 为线段 AB 上的任意一点，根据式（2.10）可知，线性需求曲线上任意一点将需求曲线与纵横坐标轴相交形成的线段分为上下两段，该点的需求价格点弹性即下面线段长度与上面线段长度之比。

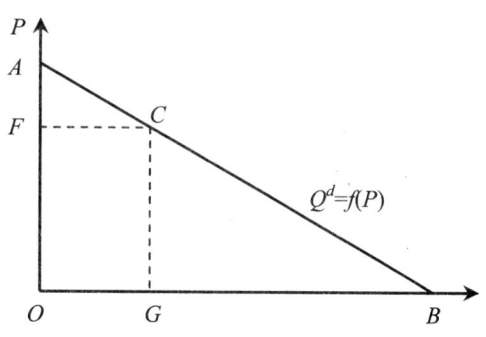

图 2-9 线性需求曲线的点弹性

现在运用上述方法分析图 2-10，在图 2-10（a）中，线性需求曲线与纵横坐标轴分别相交于 E、A 两点，点 C 是 AE 的中点。在线段 AE 上有这样一个规律：

点的位置越低，相应点的弹性系数越小；相反，位置越高，相应点的弹性系数就越大。具体来讲，中点 C 处，$E_d=1$。在线性需求曲线与横轴交点 A 处 $E_d=0$，在中点 C 以下的线段 AC 上任意一点 B 有 $0<E_d<1$，在中点 C 以上的线段 CE 上任意一点 D 有 $1<E_d<\infty$，在线性需求曲线与纵轴交点 E 处 $E_d=\infty$。

另外，在图 2-10 中的图（b）、（c）中各有一条特殊形状的需求曲线。图（b）中是一条水平的需求曲线，其上任意一点的点弹性 $E_d=\infty$。图（c）中是一条垂直的需求曲线，其上任意一点的点弹性 $E_d=0$。

如果要用几何方法求非线性需求曲线上任意一点的点弹性，我们可以通过该点做非线性需求曲线的切线，然后用与推导线性需求曲线上任一点的点弹性相类似的方法来得到。

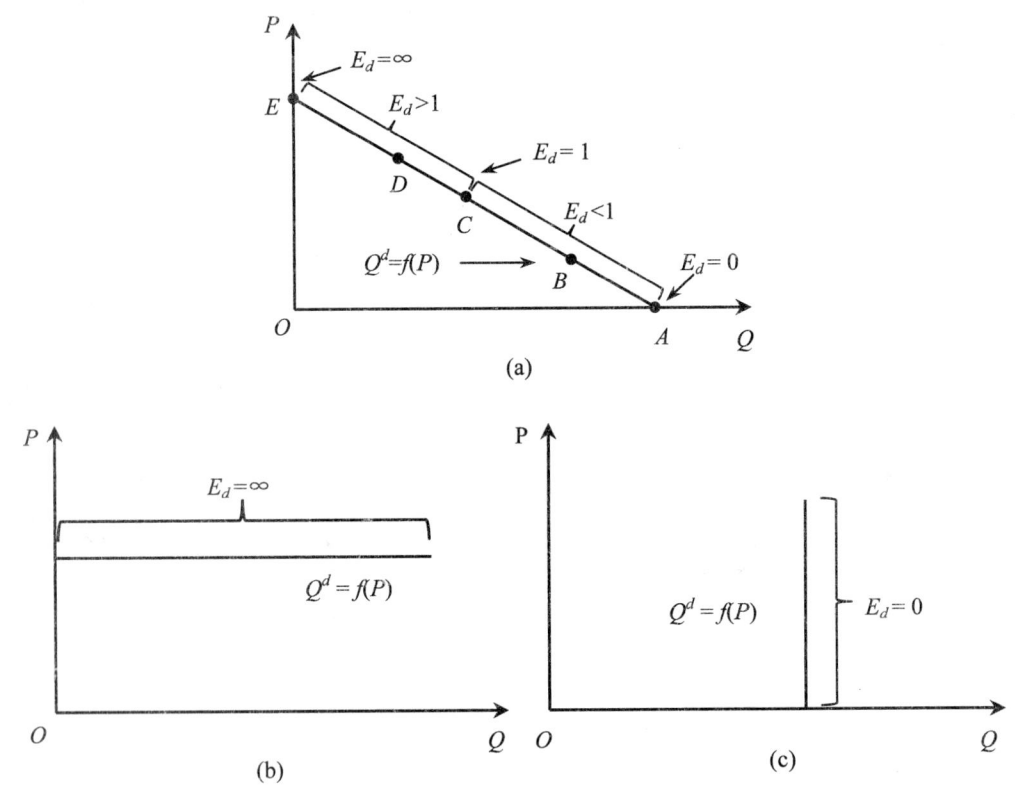

图2-10 线性需求曲线点弹性的几种情况

3. 影响需求价格弹性的因素

（1）商品的可替代性。如果某种商品有许多相近的替代品，它的需求是富有弹性的。因为如果该商品价格上涨，消费者就会少购买该商品而多购买其他替代品；如果价格下降，消费者就会放弃替代品而增加对该商品的购买量。如果某种商品几乎没有什么相近的替代品，那么消费者可能不管价格如何变动，仍坚持购买他所需要的数量，则该商品的需求缺乏弹性。

（2）商品用途的广泛性。某商品可派用途越多，其需求就越富有弹性。反之，如果某商品只有很少的用途，其需求弹性就可能就小。因为当一种多用途的商品的价格很高时，消费者将购买少量该商品并用之于最重要的用途上；如果价格下降，消费者将大量增加购买量并用之于各种可能的用途上。因而该商品的需求是富于弹性的。

（3）商品对消费者生活的重要程度。一般来讲，生活必需品的需求价格弹性较小，非必需品的需求价格弹性较大。

（4）商品支出在消费者预算支出中所占比重大小。对火柴、食盐、胡椒、蜡烛之类的商品，一般被认为需求是缺乏弹性的；这主要是由于它们在家庭开支中只占很小的比重，人们不太理会这些商品价格的变动，而按既定的需求量进行购买。反之，汽车、住房、国外旅游等几项开支占家庭预算支出的比重很大，消费者在进行这类商品或劳务购买消费中，就不得不考虑价格变动的情况。因而这类商品或劳务的需求是有弹性或富于弹性的。

（5）商品价格变化后的时间长短。消费者适应某一商品的新价格要有一定的时间。因此价格调整后时间越长，消费者越容易找到替代品，对该商品的需求就越富于弹性。反之，就越缺乏弹性。

需要指出的是，一种商品需求价格弹性的大小是各种因素综合作用的结果，因此，判断一种商品的需求弹性，需要根据具体情况进行全面的综合分析。

4. 需求价格弹性与厂商的销售收入

经济学家之所以对需求的价格弹性感兴趣，是因为它有助于说明价格变动对厂商销售收入即消费者货币总支出的影响。一般地说，价格的上升一方面会使厂商在单位商品上的销售收入增加，另一方面，根据需求定律，又会引起销售量的减少，反之亦然。那么，价格的变动对厂商的销售收入究竟会产生什么影响呢？这要取决于需求的价格弹性如何。

我们知道，厂商的销售收入等于商品单价乘以商品销售量。我们用 R 表示厂商销售收入，则有 $R=P \cdot Q$。要想知道 R 随价格 P 如何变动，我们只需知道 R 是 P 的增函数还是减函数，为此，我们可以求出

$$\frac{dR}{dP} = \frac{d(P \cdot Q)}{dP} = Q + P \cdot \frac{dQ}{dP} = Q(1 + \frac{dQ}{dP} \cdot \frac{P}{Q}) = Q(1 - E_d) \tag{2-11}$$

根据式（2-11）可得：当 $E_d<1$，$\frac{dR}{dP}>0$，即厂商的销售收入 R 与 P 呈同方向变化；当 $E_d>1$，$\frac{dR}{dP}<0$，厂商的销售收入 R 与 P 呈反方向变化；当 $E_d=1$，$\frac{dR}{dP}=0$，降价或提价对厂商的销售收入都没有影响。

案例2.3　日本人"鬼"在哪里

1987年，福建省某机械厂进口一套设备。据调查，当时有6个国家能够生产这种设备，价格在800万～1200万美元。该厂首先找日本一家企业谈判，开价800万美元，争取1000万美元成交。岂知，第一次谈判，日商就满口答应，并表示可以立即签订合同。厂长心里直打鼓："日本人这么好说话？其中必定有'鬼'！"但想来想去，货真价实，无可挑剔，便拍板敲定。

设备到货使用一年以后，许多易损零部件需要更换，厂长便请日商按合同供货。日商表示可以，但价格提高一倍（合同并未规定日后供应零部件的价格）。厂长心想这是"敲竹杠"，便设法向其他生产同类设备的国家购买，但由于不配套，最后被迫以高价向日商购买这些专用零部件。几年下来，这比当初花1200万美元买还贵。厂长气愤地骂道："日本人就是'鬼'！"

最近，这位厂长有机会学到需求价格弹性，方才恍然大悟：由于国际市场竞争激烈，成套设备的主机极富弹性，而专用零配件几乎完全无弹性。因此，日商的销售策略是先在主机上让价，把你套住以后再在零配件上提价，这叫"堤内损失堤外补"。厂长深有感慨地说："这本是经销 ABC，不能说日本人'鬼'，只能怪自己笨——无知！"。

资料来源：黎诣远.西方经济学（第1版），第56页

二、其他需求弹性

1. 需求收入弹性

需求的收入弹性是在其他条件不变情况下，消费者收入变动所引起某种商品或劳务需求量变动的程度。或者说，表示在一定时期内当消费者的收入变化百分之一时所引起的商品需求量变化的百分比。

假定某商品的需求量 Q 是消费者收入 I 的函数，即 $Q=f(I)$，则该商品的需求收入弹性为：

$$E_I = \frac{\Delta Q / Q}{\Delta I / I} = \frac{\Delta Q}{\Delta I} \cdot \frac{I}{Q} \tag{2-12}$$

$$\text{或 } E_I = \lim_{\Delta I \to 0} \frac{\Delta Q}{\Delta I} \cdot \frac{I}{Q} = \frac{dQ}{dI} \cdot \frac{I}{Q} \tag{2-13}$$

式（2-12）和式（2-13）分别是需求收入弧弹性和点弹性计算公式。

根据 E_I 的大小，能够测定家庭收入变化对需求量变动的影响程度，并且可以将各种产品分为以下两大类：

（1）正常品。一般来讲，当家庭收入提高时，会增加各种产品的需求量。当某种产品的需求量随收入的提高而增加，即需求量与收入同方向变化时，称该商品为正常品。正常品的 $E_I>0$。

其中，又可以根据 E_I 与1的大小关系，将正常品分为两种：①奢侈品：若 $E_I>1$，说明家庭收入发生相对变动时，需求量变动更大。这种产品叫奢侈品。如贵重首饰、高级化妆品等。②必需品：若 $0<E_I<1$，说明家庭收入发生相对变动时，需求量变动较小。这种产品叫必需品。如油、盐、米面等。

（2）劣等品。有些产品，当家庭收入增加时，需求量反而减少。需求量随收入增加而减少的产品，叫劣等品。如土豆、劣质香烟等，劣等品的 $E_I<0$。

在需求的收入弹性的基础上，如果具体地研究消费者用于购买食物的支出量对于消费者收入量变动的反应程度，就可以得到食物支出的收入弹性。19世纪，德国统计学家恩格尔发现：在一个国家或家庭中，随着收入的增加，食物支出在收入中所占比例会减少，被称为恩格尔定律。用弹性概念来表述恩格尔定律可以是：对于一个家庭或一个国家来说，富裕程度越高，则食物支出的收入弹性就越小；反之，则越大。许多国家经济发展过程的资料表明恩格尔定律是成立的。

2. 需求交叉弹性

需求交叉弹性是指其他条件不变情况下，某种商品的需求量对于其相关商品价格变动反应的敏感程度。或者说，表示当一种商品价格变化1%时，引起其相关商品需求量变化百分之几。

假定 X 和 Y 是一对相关商品，则用公式表示商品 X 对 Y 商品的需求交叉弹性为：

$$E_{XY} = \frac{\frac{\Delta Q_X}{Q_X}}{\frac{\Delta P_Y}{P_Y}} = \frac{\Delta Q_X}{\Delta P_Y} \cdot \frac{P_Y}{Q_X} \qquad (2-14)$$

或者

$$E_{XY} = \lim_{\Delta P_Y \to 0} \frac{\Delta Q_X}{\Delta P_Y} \cdot \frac{P_Y}{Q_X} = \frac{\mathrm{d}Q_X}{\mathrm{d}P_Y} \cdot \frac{P_Y}{Q_X} \qquad (2-15)$$

根据需求交叉弹性的取值符号，一般可以判断商品之间的相关关系：

（1）如果两种商品 X、Y 的需求交叉弹性为正值，即 $E_{XY}>0$，则 X、Y 互为替代品；

（2）如果两种商品 X、Y 的需求交叉弹性为负值，即 $E_{XY}<0$，则 X、Y 互为互补品；

（3）如果两种商品 X、Y 的需求交叉弹性为零，即 $E_{XY}=0$，可以说两种商品之间几乎没有相关性。

反过来，可以根据两种商品之间的相互关系，来判断两种商品之间需求交叉价格弹性系数的符号。如果两种商品之间为替代关系，则二者的需求交叉价格弹性系数为正值；若两种商品之间为互补关系，则二者的需求交叉价格弹性系数为负值；如果这两种商品之间无相关关系，则二者的需求交叉价格弹性系数为零。图 2-11 表明了商品 X 与商品 Y 互为替代品或互补品时，X 的需求与 Y 的价格之间的关系。

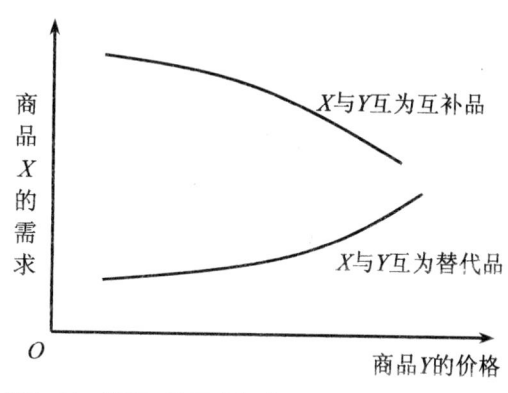

图2-11　商品X的需求与商品Y的价格之间的关系

三、供给价格弹性

1. 供给价格弹性含义

供给价格弹性是指在其他条件不变的情况下，某种商品供给量对其价格变动反应的敏感程度，或者说，它是供给量变化的百分比与价格变化百分比的比值。计算公式为：

$$\text{供给价格弹性系数}(E_s) = \frac{\text{供给量变化百分比}}{\text{价格变化百分比}} = \frac{\frac{\Delta Q}{Q}}{\frac{\Delta P}{P}} = \frac{\Delta Q}{\Delta P} \cdot \frac{P}{Q} \qquad (2-16)$$

或者 $E_s = \lim\limits_{\Delta P \to 0} \dfrac{\Delta Q}{\Delta P} \cdot \dfrac{P}{Q} = \dfrac{dQ}{dP} \cdot \dfrac{P}{Q}$ (2-17)

式（2-16）和式（2-17）分别是供给价格弧弹性和点弹性计算公式。

根据供给定律，供给量与价格呈同方向变动，因此，供给价格弹性取正值。

供给价格弹性根据 E_s 值大小也分为五种类型。$E_s>1$ 表示富有弹性；$E_s<1$ 表示缺乏弹性；$E_s=1$ 表示单位弹性或叫单一弹性；$E_s=0$ 表示完全无弹性；$E_s=\infty$ 表示完全弹性。

2. 供给价格弹性的特点

与需求价格弹性不同，供给价格弹性有如下特点：

第一，凡通过原点右边（与数量轴相交）的供给曲线缺乏弹性，即 $E_s<1$，如图 2-12 所示。

$$E_s = \dfrac{dQ}{dP} \cdot \dfrac{P}{Q} = \dfrac{CB}{AB} \cdot \dfrac{AB}{OB} = \dfrac{CB}{OB} < 1 \qquad (2\text{-}18)$$

第二，凡通过原点左边（与价格轴相交）的供给曲线富有弹性，即 $E_s>1$，如图 2-13 所示。

$$E_s = \dfrac{dQ}{dP} \cdot \dfrac{P}{Q} = \dfrac{CB}{AB} \cdot \dfrac{AB}{OB} = \dfrac{CB}{OB} > 1 \qquad (2\text{-}19)$$

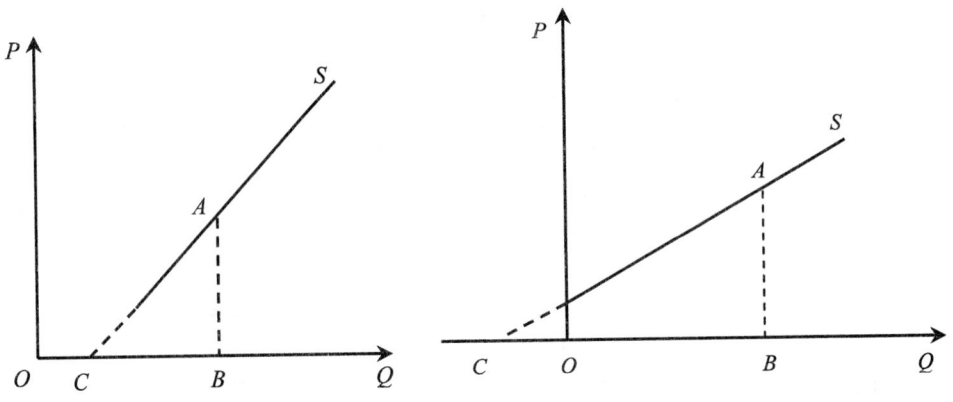

图 2-12 通过原点右侧的供给曲线弹性　　图 2-13 通过原点左侧的供给曲线弹性

第三，凡通过原点的线性供给曲线，其上任意一点的供给价格弹性相等，即 $E_s=1$。这点可以很容易根据前述方法得出。

另外，需要指出的是，凡不通过原点的线性供给曲线上各点的供给价格弹性均不相等，读者可以利用前述方法进行证明，这里不再赘述。

3. 影响供给价格弹性的因素

（1）考察时间的长短。商品生产的复杂程度不同，厂商要根据商品的价格调整商品的产量会存在不同程度的难度，并且是需要一定时间的，所以，在短期内，供给弹性是比较小的。但是，在长期内，生产规模的扩大与缩小，甚至转产，都是可以实现的，供给量可以对价格变动作出较充分的反应,供给价格弹性也就比较大。

(2) 边际成本。在其他条件不变时,如果边际成本比较大,即增加一单位的产品所导致的成本增加比较多,那么,价格的上升就会使产量增加幅度较小,这时,供给价格弹性就较小;相反,如果产量增加只引起成本的轻微提高,则意味着再进一步尽可能多生产商品是更加有利可图的,供给价格弹性可能是比较大的。

(3) 生产周期。就产品的生产周期来说,在一定的时期内,对于生产周期较短的产品,厂商可以根据市场价格的变化较及时地调整产量,供给的价格弹性相应就比较大。相反,生产周期较长的产品的供给价格弹性就往往较小。

第五节 供求理论与政府政策

一、管制价格

管制价格是指政府根据市场状况和既定政策,运用行政权力直接规定某种商品的价格并强制执行。管制价格不仅受市场影响,而且可以影响市场,从而调整供求关系,以满足国家和居民的需要。管制价格有许多类型,其中以最高限价和最低限价最为典型。

1. 最高限价

最高限价又称限制价格,是指政府为了防止物价上涨而规定某种商品的最高价格。最高限价总是低于市场的均衡价格。政府实行最高限价后的政策效应可用图2-14说明。

图中,供给曲线 S 和需求曲线 D 相交于 E,均衡价格为 P_E,均衡数量为 Q_E。现政府规定了最高限价 P_0,$P_0<P_E$,于是市场供给量 Q_1 小于需求量 Q_2,市场出现供不应求的状况。

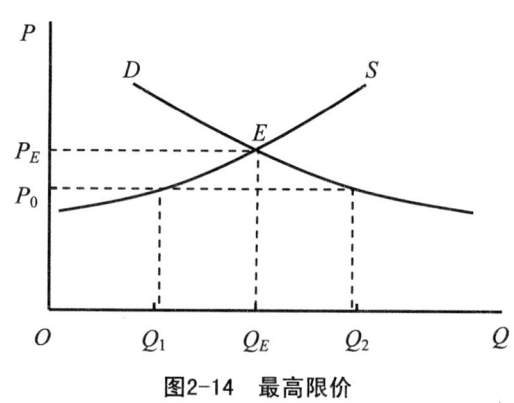

图2-14 最高限价

政府实行限制价格的目的往往是为了抑制某些商品的价格上涨,尤其是为了对付通货膨胀。有时,为了限制某些行业,特别是一些垄断性很强的公用事业的价格(如水价、电价),政府也采取限制价格的做法。但是,政府实行限制价格的做法,也会带来一些不良的影响。如市场上出现排队抢购和黑市交易;为了公平的供售限价后的短缺商品,政府不得不采取配给制;另外,生产者可能粗制滥造,降低产品质量,形成变相涨价。

案例 2.4　　加油站前的长队

1973 年石油输出国组织（OPEC）提高了世界石油市场的原油价格。由于原油是生产汽油的主要原料，较高的石油价格减少了汽油供给。加油站前的长队成为司空见惯的现象，而且，驾车人常常不得不为了买几加仑汽油而等待几个小时。

是什么导致了人们排队加油呢？大多数人将之归咎于 OPEC。的确，如果 OPEC 不提高原油价格，汽油的短缺就不会出现。但经济学家把它归咎于限制石油公司的汽油销售价格的政府管制。

图 2-15 描述了所出现的上述情况。正如（a）幅图所示，在 OPEC 提高原油价格以前，汽油的均衡价格为 P_1，低于价格上限。因此，价格管制没有影响。但当原油价格上升时，情况变了。原油价格上升增加了生产汽油的成本，并减少了汽油的供给。正如（b）幅图所示，供给曲线从 S_1 向左平移到 S_2。在一个没有管制的市场上，供给的这种移动将使汽油的均衡价格从 P_1 上升为 P_2，而且不会引起短缺。而价格上限使价格不能上升到均衡水平。在这一价格上限时，供给量为 Q_S，需求量为 Q_D。因此，供给曲线的移动引起了管制价格水平下的严重短缺。

最终，对汽油实行价格管制的法律被取消了。这项法律的制定者终于明白，他们要为美国人因排队等候买汽油而浪费的许多时间承担部分责任。现在，当原油价格变动时，汽油的价格可以自发调整，使供求达到均衡。

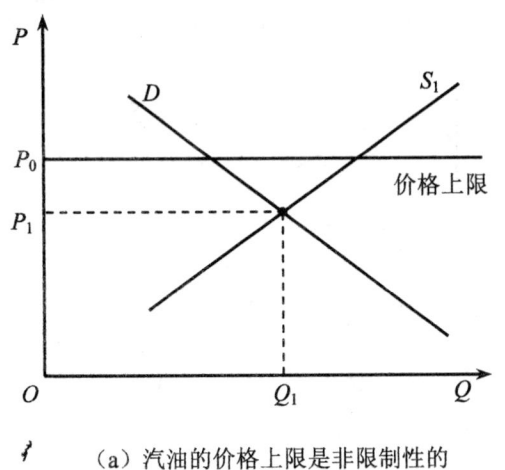
（a）汽油的价格上限是非限制性的

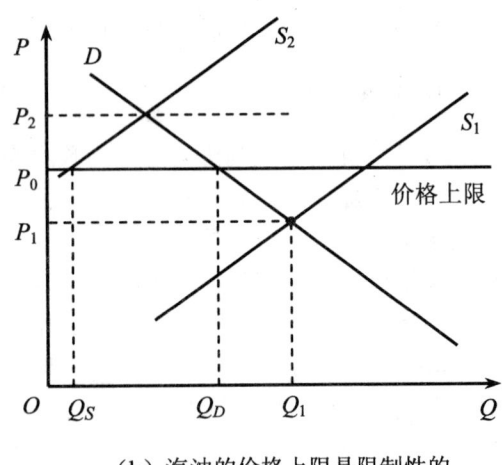
（b）汽油的价格上限是限制性的

图 2-15　有价格上限的汽油市场

资料来源：[美]曼昆著．梁小民，梁砾译．经济学原理：微观经济学分册．2009 年，118-119 页

2. 最低限价

最低限价又叫支持价格，是指政府为了支持某一行业发展而规定该行业产品的最低价格。比如，政府为了支持农业，对农产品实行支持价格。支持价格总是高于市场均衡价格。

政府实行最低限价后的政策效应可用图 2-16 说明。

图中,供给曲线 S 和需求曲线 D 相交于 E,均衡价格为 P_e,均衡数量为 Q_e。现政府规定了最低限价 P_0,$P_0 > P_e$,于是市场供给量 Q_2 大于需求量 Q_1,市场出现供过于求的状况。

实行支持价格会出现供过于求,为了不使价格下跌,政府必须采取一些对策,如可以通过限制农民的耕种面积,直接控制农产品供给量;加强科学研究工作,扩大农产品的用途,以刺激对农产品的需求;政府还可以收购市场上过剩的农产品,作为储备,供将来使用。

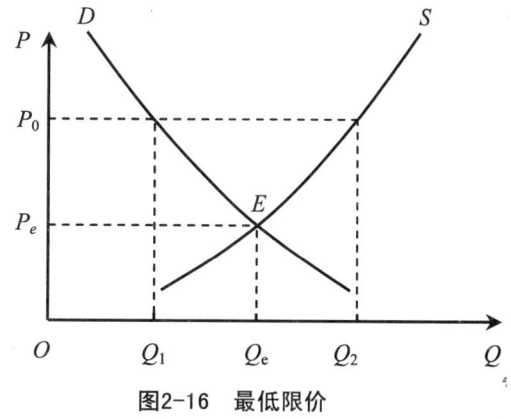

图2-16 最低限价

二、税收与补贴

政府有时不是直接对商品价格进行管制,而是通过对某种商品进行征税或补贴,从而调整供求关系,以满足国家和居民需要。

1. 供求弹性与税收负担

当政府向某种商品征税时,并不意味着商品价格增加相当于税收的数量;同时,也不意味着所有的税收将由生产者一方单独负担。

如图 2-17 所示,假定政府对每单位商品征收的税收额为 T($T=E_1G$),由于生产成本增加,则供给曲线由 S 向左平移至 S_1,均衡点由 E 变为 E_1,均衡价格由 P_0 上升到 P_d。图中税收额 $T=P_sP_d=P_sP_0+P_0P_d$。其中,均衡价格上涨导致消费者支付 P_0P_d 的税收,而生产者则负担 P_sP_0 的税收。也就是说,当政府向某种商品征税时,生产者将把这项税收额列入成本,并将其中一部分转嫁给消费者。

那么税收额是如何由生产者和消费者来负担的呢?这取决于供给弹性和需求弹性的大小。并且,供给弹性与需求弹性之比等于消费者的税收负担与生产者的税收负担之比。这可以利用图 2-17 来证明。

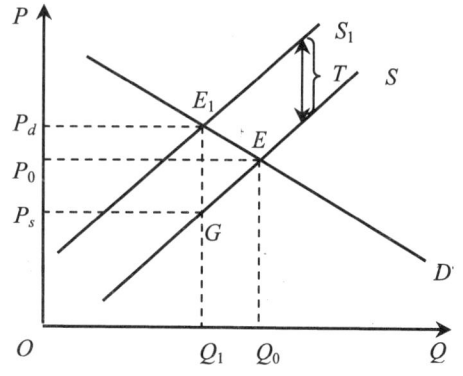

图2-17 供求弹性与税收负担

政府征税后,均衡价格由 P_0 上升到 P_d,均衡数量由 Q_0 减少到 Q_1,则

$$E_s = \frac{\Delta Q}{\Delta P} \cdot \frac{P}{Q} = \frac{Q_1Q_0}{P_sP_0} \cdot \frac{OP_0}{OQ_0}$$

$$E_d = \frac{\Delta Q}{\Delta P} \cdot \frac{P}{Q} = \frac{Q_1 Q_0}{P_0 P_d} \cdot \frac{OP_0}{OQ_0}$$

故：$\dfrac{E_s}{E_d} = \dfrac{P_0 P_d}{P_s P_0}$，即 $\dfrac{供给弹性}{需求弹性} = \dfrac{消费者的税收负担}{生产者的税收负担}$ (2-20)

由上式可知，税收分摊中，税收负担主要落在缺乏弹性的一方。

2. 供求弹性与政府补贴

在现实经济运行中，政府为了调控经济，除了利用税收杠杆外，往往还采取补贴方式，以扶持某些行业的发展。当政府向对某行业发放补贴时，并不意味着商品价格将下降相当于补贴的数量，也不意味着所有的补贴将由生产者一方独享。生产者及消费者获得的补贴数量取决于供求弹性。即

$$\frac{供给弹性}{需求弹性} = \frac{消费者享受的补贴}{生产者享受的补贴} \tag{2-21}$$

对于式（2-21）的证明，读者可以参照对式（2-20）的证明自行完成，这里不再赘述。

案例2.5　谁支付奢侈品税

1990年美国国会通过一项针对游艇、私人飞机、珠宝和豪华轿车这类奢侈品征收特别消费税的法案。该税的目的是增加那些能轻而易举承担税收负担的人的税收。由于只有富人能买得起这类奢侈品，所以，对奢侈品征税看来是向富人征税的一种合理方式。

但是，当供给与需求的力量发挥作用后，结果与国会所期望的完全不同。例如，考虑一下游艇市场，游艇的需求是极其富有弹性的。一个百万富翁很容易不买游艇而去购买更大的房子，或去欧洲度假，或留给继承人一笔数额更大的遗产。与此相比，游艇的供给是较为缺乏弹性的，至少在短期内如此。游艇工厂不能轻而易举地转向其他用途，而且，建造游艇的工人也不容易由于市场状况改变而改行。

在这种情况下，通过我们的分析可以作出一个明确的预测。由于需求富有弹性而供给缺乏弹性，税收负担主要落在供给者身上。这就是说，对游艇征税的负担主要落在建造游艇的企业和工人身上，因为最后是他们的产品价格大幅度下降了。但是，工人并不是富人。因此，这一奢侈品税的税收负担更多地落在中产阶级身上，而不是富人身上。

在该奢侈品税付诸实施后，关于其税收归宿的错误假设很快显现出来。奢侈品供给者使他们的国会议员代表意识到了他们所面临的经济困境，于是，在1993年废除了大部分奢侈品税。

资料来源：[美]曼昆著. 梁小民，梁砾译. 经济学原理：微观经济学分册. 2009年，131页

本章结束语

本章首先介绍了作为经济学最基本范畴的需求、供给和供求均衡。需求是消费者在各种可能的价格水平上愿意且能够购买的商品数量。一种商品的需求是由多种因素共同决定的，包括商品自身的价格、消费者收入、消费者偏好、相关商品的价格、消费者对商品未来价格的预期等。需求函数是一定时期内，某种商品的需求与其影响因素之间的相互关系。在经济分析中，一般假定其他因素不变，重点分析一种商品的需求量与该商品的价格之间的相互关系，即需求函数被简化为 $Q^d = f(P)$。需求量与该商品价格之间函数关系分别可以用商品的需求表和需求曲线来表示，需求曲线一般向右下方倾斜，具有负斜率，表明商品的需求量与价格之间呈反向变动的关系。

供给是指生产者在各种可能的价格水平上愿意且能够提供出售的商品数量。一种商品的供给是由多种因素共同决定的，包括商品自身价格、生产成本、相关商品价格、生产者对未来的预期等。供给函数，是一定时期内，某种商品的供给与其影响因素之间的相互关系。在经济分析中，一般假定其他影响因素不变，重点分析某种商品价格变化对其供给量变动的影响。这样，这种商品的供给函数就被简化为：$Q^s = f(P)$。供给函数分别可以用商品的供给表和供给曲线来表示，供给曲线一般向右上方倾斜，表明商品的供给量与价格之间呈同向变动的关系。

供给与需求相互作用共同决定均衡价格和均衡数量，需求变动分别引起均衡价格和均衡数量的同方向变动；供给变动引起均衡价格的反方向变动，引起均衡数量的同方向变动，即供求定理。

然后，本章又介绍了供给和需求价格弹性、需求收入弹性和需求交叉弹性。需求（供给）价格弹性是指在其他条件不变的情况下，某种商品需求（供给）量对其价格变动反应的敏感程度。供给和需求价格弹性都分别有弧弹性和点弹性之分，点弹性还可以用几何方法求得。一般来讲，供给和需求价格弹性都可以按大小归纳为五类：完全弹性、富有弹性、单位弹性、缺乏弹性和完全无弹性。对于富有需求弹性的商品，厂商的销售收入与商品价格呈反向变动；对于缺乏需求弹性的商品，厂商的销售收入与商品价格呈同向变动；对于单位弹性，厂商的销售收入不受商品价格变动的影响。我们可以根据需求收入弹性的取值，将各种产品进行分类：劣等品的需求收入弹性小于零，正常品的需求收入弹性大于零；在正常品中，必需品的需求收入弹性小于 1，而奢侈品的需求收入弹性大于 1。19 世纪，德国统计学家恩格尔发现：在一个国家或家庭中，随着收入的增加，食物支出在收入中所占比例不断下降，这被称为恩格尔定律。

根据需求交叉弹性的取值符号，一般可以判断商品之间的相关关系：如果两种商品的需求交叉弹性为正值，则它们互为替代品；如果两种商品的需求交叉弹性为负值，则二者彼此互为互补品；如果两种商品的需求交叉弹性为零，可以说两种商品之间几乎没有相关性。

最后，本章介绍了供求理论与政府政策。主要介绍了政府的价格管制、供求弹性与税收负担以及供求弹性与政府补贴。

关键词：需求　供给　均衡价格　弹性

复习思考题

1. 解释下列概念：需求；需求定理；需求量的变化与需求水平的变化；供给；供给定律；供给量的变化与供给水平的变化；均衡价格；供求定理；需求价格弹性；供给价格弹性；恩格尔定律；支持价格；限制价格。

2. 请回答下列事件对 A 型 25 英寸彩色电视机的需求会产生什么影响。

   （1）A 型 25 英寸彩色电视机价格下跌；

   （2）预期居民收入将上升；

   （3）B 型 25 英寸彩色电视机价格上升；

   （4）A 型 25 英寸彩色电视机生产企业的员工工资提高 15%；

   （5）彩色电视机及其配件进口关税下降；

   （6）新婚家庭数量有较大幅度的下降；

   （7）媒体报道新一代彩色电视机即将投放市场。

3. 请问答下列事件对产品 X 的供给有什么影响：

   （1）生产产品 X 的技术有了重大突破；

   （2）生产产品 X 的工资和材料费用上涨了；

   （3）在产品 X 的行业内，企业的数目增加了；

   （4）预计将来产品 X 的价格会逐步下降；

   （5）政府对产品 X 实行税收优惠政策。

4. 从厂商的角度分析，对于粮食和豪华轿车这两类不同商品，分别应该采取提价还是降价策略？为什么？

5. 假定某消费者关于某种商品的消费数量 Q 与收入 I 之间的函数关系为 $I=100Q^2$。求：当收入 $I=6400$ 时的需求收入点弹性。

6. X 公司和 Y 公司是行业内的两个竞争者，其产品的需求函数和销售量分别为：$P_X=1000-5Q_X$，$P_Y=1600-4Q_Y$，$Q_X=100$，$Q_Y=250$。

   （1）求 X 和 Y 当前的需求价格弹性；

   （2）假定 Y 降价后，使 Q_Y 增加到 300 单位，同时导致 Q_X 下降到 75 单位，试求 X 公司产品 X 的需求交叉价格弹性；

   （3）假定 Y 公司目标是追求销售收入最大化，你认为 Y 公司采取降价策略在经济上是否合理。

第三章

消费者均衡

◇ **内容提要** ◇

上一章对需求定律做了一般性考察,但并未给出详尽说明。本章将分析需求定律背后的消费者行为。所谓消费者行为是指消费者为了满足自己的欲望而进行购买的一种经济行为,即消费者在市场上的购买决策和购买活动。因此,消费者行为理论主要就是研究消费者在商品市场上的购买决策和购买活动的准则,以及消费者实现最大满足的均衡条件。

第一节 效用理论概述

一、效用的概念

效用是指商品满足人的欲望的能力,或者说,效用是指消费者在消费商品时所感受到的满足程度。这包括两方面的含义:一是消费者有消费某种商品的欲望;二是该商品具有满足消费者欲望的能力。效用可以分为客观效用与主观效用。微观经济学所说的效用,不是指商品的客观效用,即使用价值,而是指主观效用,即消费者对商品满足其需要或欲望能力的主观评价,因此,人们对商品有无效用和效用大小的评价经常会因人或因时空条件不同而不同。

案例 3.1 "幸福方程式"与"阿 Q 精神"

我们消费的目的是为了获得幸福。对于什么是幸福,美国的经济学家萨缪尔逊用"幸福方程式"来概括。这个"幸福方程式"就是:幸福=效用/欲望。从这个方程式中我们看到幸福与欲望成反比,也就是说人的欲望越大越不幸福。但我们知道人的欲望是无限的,那么多大的效用不也等于零吗?因此我们在分析消费者行为理论的时候,我们假定人的欲望是一定的。那么我们在理解分析效用理论时,再来思考萨缪尔逊提出的"幸福方程式",真是觉得他对幸福与欲望关系的阐述太精辟了,难怪他是诺贝尔奖的获得者。

在社会生活中对于幸福,不同的人有不同的理解,政治家把实现自己的理想和抱负作为最大的幸福;企业家把赚到更多的钱当作最大的幸福;我们教书匠把学生喜欢听自己的课作为最大的幸福;老百姓往往把平平淡淡、衣食无忧作为最大的幸福。幸福是一种感觉,自己认为幸福就是幸福。但无论是什么人,一般把拥有的财富多少看作是衡量幸福的标准,一个人的欲望水平与实际水平之间的差距越大,他就越痛苦。反之,就越幸福。"幸福方程式"使我想起了"阿 Q 精神"。

鲁迅笔下的阿 Q 形象,是用来唤醒中国老百姓的那种逆来顺受的劣根性。而我要说的是人生如果一点阿 Q 精神都没有,会感到不幸福,因此"阿 Q 精神"在一定条件下是人生获取幸福的手段。市场经济发展到今天,贫富差距越来越大,如果穷人欲望过高,那只会给自己增加痛苦。倒不如用"知足常乐",用"阿 Q 精神"来降低自己的欲望,使自己虽穷却也获得幸福自在。富人比穷人更看重财富,他会追求更富有,如果得不到,他也会感到不幸福。

"知足常乐"、"适可而止"、"随遇而安"、"退一步海阔天空"、"该阿 Q 时得阿 Q",这些说法有着深刻的经济含义,我们要为自己最大化的幸福作出理性的选择。

资料来源:梁小民.微观经济学纵横谈

二、基数效用论与序数效用论

对于如何分析效用的大小,西方经济学家先后提出了**基数效用**和**序数效用**的概念。有关消费者行为的分析,并在此基础上形成了分析消费者行为的两种方法,分别是基数效用论者的边际效用分析法和序数效用论者的无差异曲线分析法。

基数效用论的基本观点是效用的大小是可以计量的,可以用像 1、2、3、……这样的基数来表示,因此效用是可以计量并加总求和的。例如,假定对某人来说,吃一个桔子得到的满足是 4 单位,听一首歌的满足是 8 单位,那么对于这个人来讲,一首歌的效用为一个桔子效用的两倍,此时,他可以从听着歌同时吃一个桔子中总共获得 12 单位效用。

序数效用论的基本观点是效用作为一种主观心理感受无法计量,只能表示出满足程度的高低与顺序,因此,效用只能用像第一、第二、第三、……这样的序数来表示,因此效用不能被加总求和。如刚才提到的消费者认为,听歌的效用高于吃桔子的效用,或者对于他来讲，听歌的效用第一，吃桔子的效用第二。

第二节 基数效用论与消费者均衡

基数效用理论不仅认为效用可以用基数来衡量，还提出了贯穿基数效用理论的边际效用递减规律，并将其作为分析消费者行为并进一步推导消费者需求曲线的基础。

一、总效用与边际效用

总效用（total utility，TU）是指消费者在一定时间内消费一定量某种商品或商品组合所得到的总的满足程度，或者说消费者消费某种商品所获得的效用总和。它是商品消费数量的函数，即

$$TU=f(Q) \tag{3-1}$$

边际效用（marginal utility，MU）是指消费者在一定时间内增加（减少）消费一单位某种商品所带来总效用的增（减）量。$\triangle TU$ 表示总效用，$\triangle Q$ 表示商品的变动量，则：

$$MU = \frac{\Delta TU(Q)}{\Delta Q} \tag{3-2}$$

当商品增加量趋于无穷小时，则有

$$MU = \lim_{\Delta Q \to 0} \frac{\Delta TU(Q)}{\Delta Q} = \frac{\mathrm{d}TU(Q)}{\mathrm{d}Q} \tag{3-3}$$

我们看一个消费者喝果汁的例子，如表3-1所示，当该消费者消费1瓶果汁时，他所得到的效用为30，这第1瓶果汁的边际效用为30（=30-0）；当消费量由1瓶增加到2瓶时，总效用为50，消费者从新增的1瓶果汁中所获得的边际效用是20（=50-30）；消费量由2瓶增加到3瓶时，总效用为60，消费者从新增的1瓶果汁中所获得的边际效用是10（=60-50）。依此类推，当消费者消费第7瓶果汁后所得到的总效用为70，与消费6瓶相比，总效用没有增加，即第7瓶果汁的边际效用为0（=70-70）。此时，消费者对果汁的消费达到饱和点。

表 3-1 总效用和边际效用

果汁的消费量（瓶/天）	总效用（TU）	边际效用（MU）
0	0	30（=30−0）
1	30	20（=50−30）
2	50	10（=60−50）
3	60	5（=65−60）
4	65	3（=68−65）
5	68	2（=70−68）
6	70	0（=70−70）
7	70	

根据表 3-1 绘制如图 3-1 所示的总效用与边际效用曲线图，接下来我们可以探讨总效用 TU 与边际效用 MU 之间的关系：

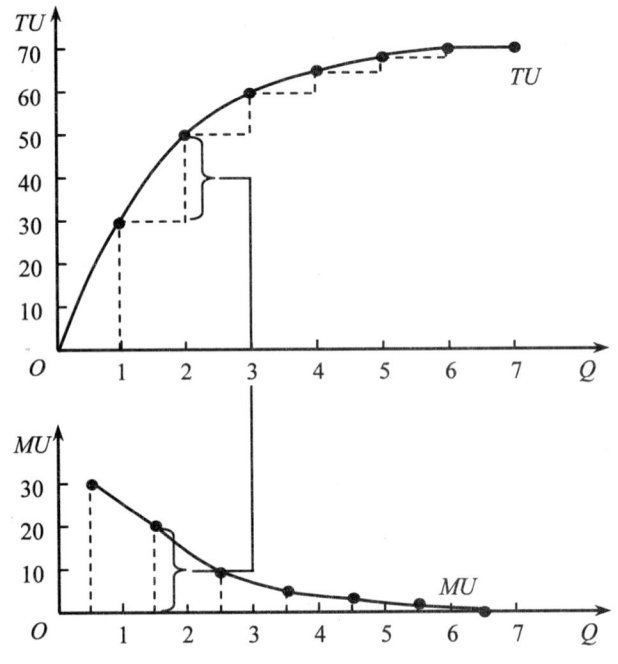

图 3-1 总效用和边际效用曲线

1. 边际效用为总效用函数的导数，而总效用为边际效用函数的积分。一定消费量的边际效用，可用总效用曲线在该消费量的斜率表示；该消费量的总效用，可用其边际效用曲线与两轴所包围的面积表示。设消费量为 n，则

$$TU_n = \int_0^n \frac{dTU}{dQ} dQ \tag{3-4}$$

因此，就总效用与边际效用来说，只知其一，便知其二。

2. 总效用曲线以递减的速度递增，凹向横轴，具有正斜率；边际效用曲线以递减的速度递减，凸向横轴，具有负斜率。

3. 当边际效用为正时，总效用处于递增状态；当边际效用为 0 时，总效用达到最佳状态；当边际效用为负时，总效用处于递减状态。

二、边际效用递减规律

边际效用递减规律是指在一定时间内，在其他商品的消费数量保持不变的条件下，随着消费者对某种商品消费量的增加，消费者从该商品连续增加的每一消费单位中所得到的效用增量即边际效用是递减的。比如：当一个人极度饥饿的时候十分需要吃东西，这时候给他一个馒头，他会感觉这个馒头特别好吃，这第一个馒头带给他的效用特别大，甚至可能救了他的命，但随着吃第二个、第三个馒头，他的饥饿程度降低，他对下一个馒头的渴望值会不断减少，即馒头带给他的边际效用越来越小，当他吃到完全不饿的时候则馒头的边际效用为零，这时如果再吃一个馒头甚至会感到不适，再继续吃的话会越来越感到不适，这时馒头就给他带来了负效用。因为类似的现象普遍存在，边际效用递减规律是一条不需要证明的公理。

 案例 3.2　　吃三个面包的感觉

美国总统罗斯福连任三届后，曾有记者问他有何感想，总统一言不发，只是拿出一块三明治面包让记者吃，这位记者不明白总统的用意，又不便问，只好吃了。接着总统拿出第二块，记者还是勉强吃了。紧接着总统拿出第三块，记者为了不撑破肚皮，赶紧婉言谢绝。这时罗斯福总统微微一笑："现在你知道我连任三届总统的滋味了吧。"这个故事揭示了经济学中的一个重要的原理：边际效用递减规律。

总效用是消费一定量某物品与劳务所带来的满足程度。边际效用是某种物品的消费量增加一单位所增加的满足程度。我们就从罗斯福总统让记者吃面包说起。假定，记者消费一个面包的总效用是 10 效用单位，两个面包的总效用为 18 个效用单位，如果记者再吃第三个面包，总效用还为 18 个效用单位。记者消费一个面包的边际效用是 10 个效用单位，两个面包的边际效用为 8 个效用单位，如果记者再吃第三个面包，边际效用为 0 个效用单位。这几个数字说明记者随着消费面包数量的增加，边际效用是递减的。为什么记者不再吃第三个面包？这是因为再吃不会增加效用。还比如，水是非常宝贵的，没水，人们就会死亡，但是你连续喝超过了你能饮用的数量时，那么多余的水就没有什么用途了，再喝边际价值几乎为零，或是在零以下。现在我们的生活富裕了，我们都有体会"天天吃着山珍海味也吃不出当年饺子的香味"。这就是边际效用递减规律。设想如果不是递减而是递增会是什么结果，吃一万个面包也不饱。吸毒就接近效用递增，毒吸得越多越上瘾。吸毒的人觉得吸毒与其他消费相比，毒品给他的享受超过了其他各种享受。所以吸毒的人会卖掉家产，抛妻弃子，宁可食不充饥、衣不遮体，毒却不可不吸。所以说，幸亏我们生活在效用递减的世界里，在购买消费达到一定数量后因效用递减就会停止下来。

资料来源：online.njtvu.com

三、货币的边际效用

基数效用论者认为，货币如同商品一样，同样具有总效用和边际效用。商品的边际效用递减规律对于货币也适用。对于一个消费者来说，随着货币收入量的不断增加，货币的边际效用是递减的。正因为如此，很过国家通过累进所得税制对低收入者不征税或者使用较低税率，对高收入者递增地实行较高税率，以试图进行收入再分配。但是，在分析消费者行为时，往往假定其货币收入是固定不变的。在这一假定下，货币的边际效用也就是不变的，也就是说，每一元钱在消费者的眼中是同等重要的。

四、消费者均衡

消费者均衡是指在商品价格和消费者收入水平既定条件下，消费者如何把有限的货币收入分配在各种商品的购买中以获得最大的效用。它反映出一个理性的消费者所采取的合理的购买行为。

那么，消费者根据什么原则购买商品，从而实现效用最大化呢？或者说消费者均衡的条件是什么呢？在基数效用论者那里，消费者实现效用最大化的均衡条件是：如果消费者的货币收入水平是固定的，市场上各种商品的价格是已知的，那么，消费者应该使自己所购买的各种商品的边际效用与价格之比相等。或者说，消费者应使自己花费在各种商品购买上的最后一元钱所带来的边际效用相等。

为分析简便起见，我们假定消费者用既定的收入 M 只购买两种商品，P_1，P_2 是这两种商品的既定价格，λ 为不变的货币的边际效用。以 X_1，X_2 分别表示商品的购买量，MU_1，MU_2 分别表示商品的边际效用，则上述的消费者效用最大化的均衡条件可以用公式表示为：

$$P_1 X_1 + P_2 X_2 = M \tag{3-5}$$

$$\frac{MU_1}{P_1} = \frac{MU_2}{P_2} = \lambda \tag{3-6}$$

式（3-5）是既定收入限制条件。式（3-6）是限制条件下消费者实现效用最大化的均衡条件，表示消费者应选择最优的商品组合，使得自己花费在各种商品上的最后一元钱所带来的边际效用相等，且等于货币的边际效用。

那么为什么当消费者实现了 $\frac{MU_1}{P_1} = \frac{MU_2}{P_2} = \lambda$ 才能获得最大效用呢？我们先从 $\frac{MU_1}{P_1} = \frac{MU_2}{P_2}$ 分析。试想，如果 $\frac{MU_1}{P_1} \neq \frac{MU_2}{P_2}$，无非有两种情况，一是 $\frac{MU_1}{P_1} > \frac{MU_2}{P_2}$，这对于消费者来讲，意味着同样的一块钱购买1商品所得到的边际效用大于用来购买2商品所得到的边际效用，此时，理性的消费者就会增加1商品的购买而减少2商品的购买，以增加总效用；另一种情况就是 $\frac{MU_1}{P_1} < \frac{MU_2}{P_2}$，这对于消费者来讲，意味着同样的一块钱购买 1 商品所得到的边际效用小于用来购买 2 商品所得到的边际效用，此时，理性的消费者就会减少 1 商品的购买而增加 2 商品的购买，进而使总效用增加；可见，只要 $\frac{MU_1}{P_1} \neq \frac{MU_2}{P_2}$，上述两种过程就会持续下去，直到 $\frac{MU_1}{P_1} = \frac{MU_2}{P_2}$ 为止，这时消费者在一定的预算约束下所能得到的总效用或满足感最大，通过减少任一商品的购买而增加另一商品的购买，再也不会使消费者的总效用增加。因此，消费者没有必要再进一步改变购买行为，因而处于均衡状态。

然后，我们再分析一下 $\frac{MU_i}{P_i} = \lambda$ $(i=1,2)$。如果 $\frac{MU_i}{P_i} \neq \lambda$，无非两种情况，一是 $\frac{MU_i}{P_i} < \lambda$，说明消费者用一元钱购买第 i 种商品所得到的边际效用小于所付出的这一元钱的边际效用，此时，理性的消费者应该减少对 i 商品的购买，才能使总效用增加；另一种情况则相反，即 $\frac{MU_i}{P_i} > \lambda$，说明消费者用一元钱购买第 i 种商品所得到的边际效用大于所付出的这一元钱的边际效用，此时，理性的消费者应该增加对 i 商品的购买，才能使总效用增加；可见，只要 $\frac{MU_i}{P_i} \neq \lambda$，以上两种过程就会持续，直到 $\frac{MU_i}{P_i} = \lambda$ 为止，消费者获得最大总效用。

以上是以消费者用既定收入 M 只购买两种商品为例，说明了在基数效用论下消费者均衡的条件，该条件可以推广为消费者消费 $n(n=1,2,3,\cdots)$ 种商品的情况，相应公式变成：

$$P_1 X_1 + P_2 X_2 + \cdots + P_n X_n = M \tag{3-7}$$

$$\frac{MU_1}{P_1} = \frac{MU_2}{P_2} = \cdots = \frac{MU_n}{P_n} = \lambda \tag{3-8}$$

 案例 3.3　　信子裙与大岛茂风衣的不同命运

曾经有一个日本电视连续剧《血疑》风靡我国。女主人公信子和她的父亲大岛茂的故事感动了许多人。精明的商家从中看出商机，上海一家服装厂推出了信子裙，北京一家服装厂推出了大岛茂风衣。但结果并不一样，上海的厂家大获其利，北京的厂家却亏损。个中原因在于不同消费者的不同行为。

消费者购买物品是为了获得效用。消费者愿意支付的价格取决于他对该物品的评价，即他感觉到的效用大小。这种效用大小取决于不同消费者的偏好。

信子裙的消费者是少女，这个消费群体的特点是追逐时尚，偏好受时尚影响而且多变。她们对时尚的追求要体现在消费上。因此，看了《血疑》后她们极为崇尚信子，穿信子裙就是她们表现自己这种偏好的方式。换句话说，穿信子裙使她们崇尚信子的心态得以表现，就得到了效用。而且，在她们看来，信子裙不同于她们已有的许多裙子，穿信子裙所带来的效用也不是其他裙子所能代替的，已有许多裙子再多买一条信子裙并不会发生边际效用递减，甚至她们对时尚的信子裙的评价还高于其他裙子，因此，愿意出高价，企业就成功了。

大岛茂风衣的消费者是中年男子。这个消费群体偏好较为稳定，受时尚影响比较小。他们也很佩服大岛茂这样的父亲，但这种佩服不会表现在模仿大岛茂穿衣服上。他们甚至还认为，穿大岛茂风衣会使人觉得傻，不符合中年人成熟的风度，大岛茂风衣不会给他们带来更多的效用，他们不会认为大岛茂风衣与其他风衣有什么差别。如果已经有风衣，就不会再买一件，因为这会引起边际效用递减。于是，他们不会买大岛茂风衣，更不会为这种风衣出高价。北京的企业就只有失败了。

不同的消费者有不同的偏好，同样的物品给不同消费者带来的效用也不同，这就是企业能从消费者行为理论中得到的启示。

资料来源：黎诣远．微观经济学．2007年，第53页

五、等边际法则

以上所论述的消费者均衡的边际效用分析，实际上是等边际法则的具体运用。所谓等边际法则（equimarginal principle）是指，假定某种资源具有多种用途，而且随着在任何一种用途上所分配的该资源的数量的增加，其边际利益（表现为边际效用及以后涉及的边际产品等）最终呈现递减的趋势，决策者如果按照该资源在每一种用途上的边际利益都相等这样的原则来配置该种资源，他就能从数量既定的该种资源中得到最大的利益。

图 3-2 说明了等边际法则的一种特殊形式，即等边际效用。就像假定用货币购买商品 1 和商品 2 两种商品一样，假定某资源有用途 A 和用途 B 两种用途。图 3-2 中，横坐标的正反向分别表示该资源分配在用途 A 和用途 B 上的数量 Q_A 和 Q_B；纵坐标表示边际效用，右半边是用途 A 的边际效用曲线 MU_A，左半边是用途 B 的边际效用曲线 MU_B。MU_A 与 MU_B 相比，距纵轴较远，与纵轴的交点也较高，

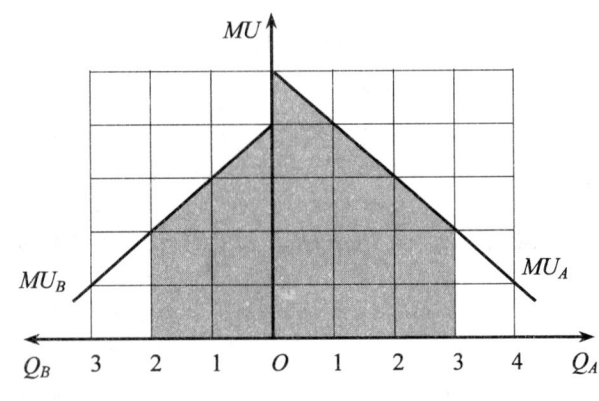

图 3-2　等边际法则的运用：等边际效用

这表明该资源在用途 A 上的任何使用量的边际效用都大于在用途 B 上的同等使用量的边际效用。

假定消费者拥有 5 单位某商品，那么，最佳的配置是将 3 单位分配到用途 A 上，将 2 单位分配到用途 B 上，因为这种配置使分配到 A、B 两种用途上的最后一单位商品的边际效用都相等，从而使消费者从 5 单位商品的消费中所获得的总效用（图 3-2 中的阴影面积）

为最大。而对这种配置的任何变动都会使总效用减少。

 案例3.4 吃自助餐的学问

假如亲朋请你吃饭，而你是个"经济人"，不知"礼仪廉耻"，或者吃自助餐，任你挑选，你将怎样进食，才能做到效用最大化？

若你挑选四种菜，并作下列效用表（单位unit）。可以看出，从你喜欢的程度来说，依次为对虾、炸肉丸、炒鸡蛋、青菜。

即使你胃口再好，也不会将这四个菜全部吃光。因为有的边际效用为负，你只能得到总效用120units。按照理性假设，你应当将每种菜吃到其边际效用为0：对虾九单位，炸肉丸八单位，炒鸡蛋七单位，青菜六单位，这样便可得到总效用130units。

如果你胃口不好只能吃十个效用单位，你也不会都吃你最喜欢的对虾，那样只能得到的总效用是45units。按照理性假设，你应当按照边际效用大小，依次选择。第一单位吃对虾，第二、三单位吃对虾和炸肉丸，第四、五、六单位吃对虾、炸肉丸、炒鸡蛋，最后再把四种菜各吃一单位。这样便可得到总效用70units。

表3-2 吃自助餐的边际效用和总效用

菜名	边际效用										总效用
	一	二	三	四	五	六	七	八	九	十	
对虾	9	8	7	6	5	4	3	2	1	0	45
炸肉丸	8	7	6	5	4	3	2	1	0	-1	35
炒鸡蛋	7	6	5	4	3	2	1	0	-1	-2	25
青菜	6	5	4	3	2	1	0	-1	-2	-3	15

资料来源：黎诣远．西方经济学（第1版）．2007年，78-79页

六、消费者剩余

1．边际效用递减与需求定律

基数效用论者以边际效用递减规律和消费者效用最大化的均衡条件为基础来推导需求定律。

商品的需求价格是指消费者在一定时期内对一定量某种商品所愿意支付的最高价格。基数效用论者认为，商品的需求价格取决于商品的边际效用。具体说，如果一定数量的某种商品的边际效用越大，则消费者愿意为其支付的价格会越高；反之，如果某商品边际效用小，则消费者会支付较低价格来购买它。由于边际效用递减，随着消费者对某种商品消费量的增多，该商品的边际效用会递减，所以消费者购买该商品愿意支付的价格也越来越低。因此，消费者买进和消费某种商品的数量与该商品价格呈反向变动，即需求定律。这一推理过程说明，需求曲线的形状是和边际效用递减规律有着密切联系的。

2. 消费者剩余

在消费者购买商品时,消费者对每一单位商品所愿意支付的价格取决于这一单位商品的边际效用,由于商品的边际效用是递减的,所以,消费者对某种商品所愿意支付的价格是逐步下降的。事实上,消费者在购买商品时是按实际的市场价格支付的。因此,消费者对每一单位商品所愿意支付的价格并不等于该商品在市场上的实际价格。于是,在消费者愿意支付的价格和实际的市场价格之间就产生了一个差额,这个差额便构成了消费者剩余的基础。消费者剩余可以描述为消费者在购买一定数量的某种商品时愿意支付的最高总价格和实际支付的总价格(市场价格)之间的差额。

例如,消费者愿意为自己消费的第一瓶果汁付出15元,愿意为第二瓶果汁付出10元,愿意为第三瓶付出5元,于是该消费者愿意为消费3瓶果汁共付出30元。但是当消费者消费3瓶果汁时,他所付出的是最后一瓶果汁的价格,即按照5元/瓶的价格共支出15元。也就是说,在前两瓶果汁的消费中该消费者得到了效用剩余。如图3-3所示,D为某消费者对某商品的需求曲线,P_0为该商品的市场价格,对应于这一价格水平,消费者将购买Q_0单位商品。该消费者愿意为

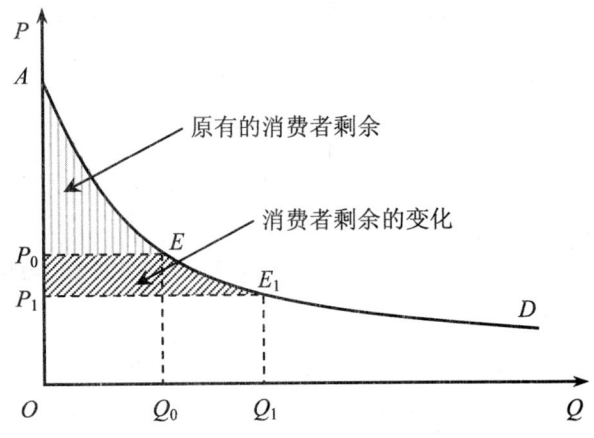

图3-3 边际效用递减与消费者剩余

Q_0的商品提供的支出为OQ_0EA,而他实际的支出为OQ_0EP_0,二者的差额即$OQ_0EA-OQ_0EP_0=AP_0E$就是消费者剩余,即图中有竖纹阴影的部分。由于边际效用的递减,消费者剩余正是消费者的满足程度超过他所要支付的那一部分。

通常,当一种商品或劳务,特别是公用事业服务的价格上涨或下降时,消费者就感到受到了损失或得到了好处,这里所说的受损或受益,就是指消费者剩余的减少或增加。仍以图3-3为例,假如商品价格由P_0下降为P_1,消费者剩余就由原来的AP_0E增加为AP_1E_1,消费者剩余增加了$P_0P_1E_1E$,即图中有斜纹阴影的部分。

消费者剩余也可以用数学公式来表示。令反需求函数为:$P^d = f(Q)$,价格为P_0时的消费者的需求量为Q_0,则消费者剩余为:

$$CS = \int_0^{Q_0} f(Q) dQ - P_0 Q_0 \qquad (3-9)$$

式(3-9)中,CS为消费者剩余(consumer's surplus)的英文简写,式子右边第一项即积分项表示消费者愿意支付的最高总金额,第二项是消费者实际支付的总金额。

第三节 序数效用论与消费者均衡

基数效用论者认为，效用可用效用单位计量。然而，序数效用论者认为效用是指人们的偏好，是一种心理活动或心理感觉，无法用具体的效用单位来衡量，而只能按先后次序来排列。序数效用论者借助无差异曲线和预算线来分析考察消费者行为，并在此基础上得出消费者的需求曲线，深入地阐述需求曲线的含义。

一、关于偏好的假定

序数效用论者提出了消费者偏好的概念。所谓偏好，是指消费者对不同商品的喜好程度或购买欲望的强烈程度。消费者之所以在相同收入、相同价格条件下购买不同的商品组合，是因为他们各自的偏好不同。为了将消费者复杂而丰富的个人偏好抽象为易于处理并具有某种程度的合理性，首先对消费者偏好做如下基本假设：

1. 偏好的完全性。即消费者对于任何两个商品或商品组合 A 和 B，消费者只能做出三种判断中的一种：对 A 商品的偏好大于对 B 商品的偏好；对 A 商品的偏好小于对 B 商品的偏好；对 A 商品的偏好和对 B 商品的偏好相同。对 A 商品和对 B 商品的偏好相同，称为对 A 商品和 B 商品无差异。

2. 偏好的可传递性。指对于任何三个商品组合 A，B 和 C，如果消费者对 A 的偏好大于 B，对 B 的偏好大于 C，那么，在 A，C 这两个组合中，消费者必定有对 A 的偏好大于 C。该假定保证了消费者的偏好是一致的，因而也是理性的。

3. 偏好的非饱和性。即如果两个商品组合的区别仅在于其中一种商品的数量不相同，那么，消费者总是偏好于含有商品数量较多的那个商品组合。这就是说，消费者对每一种商品的消费都没有达到饱和点，或者说，对于任何一种商品，消费者总是感觉多多益善。由于经济学研究的对象主要是稀缺物品，所以，不饱和性假定主要是适用于"好的东西"或对我们有用的东西，而不是"坏的东西"。在这里，"坏的东西"如空气污染、噪音等。

二、无差异曲线

1. 无差异曲线及其特征

为方便运用平面坐标图直观说明，我们假定消费者只消费 X 和 Y 两种商品。

无差异曲线是用来表示能够给消费者带来相同效用水平的两种商品的所有数量组合点的轨迹。它是一条曲线，消费者对这条线上的各种组合的偏好程度是相同的。比如，现有 X 与 Y 两种商品可供某消费者选择，表 3-3 是该消费者关于 X 与 Y 两种商品的无差异消费组合表。

表 3-3　某消费者的无差异消费组合

商品组合	商品 X 数量	商品 Y 数量
A	1	19
B	2	14
C	3	10
D	4	7
E	5	5
F	6	4

根据表 3-3 绘制的无差异曲线如图 3-4 所示。图中横轴表示 X 商品的数量，纵轴表示 Y 商品的数量，根据表 3-2 描绘出相应的六个商品组合点 A、B、C、D、E 和 F，然后用曲线把这六个点连接起来（假定 X 与 Y 两种商品数量都可以无限细分），便形成了平滑的无差异曲线 U。在图 3-4 中我们只绘制了一条无差异曲线，实际上，我们可以假定消费者的偏好程度可以无限多，这样我们可以在同一个坐标图上，根据消费者的偏好，画出一系列代表不同效用水平的无差异曲线，这具有一系列无差异曲线的图被称为无差异曲线图。

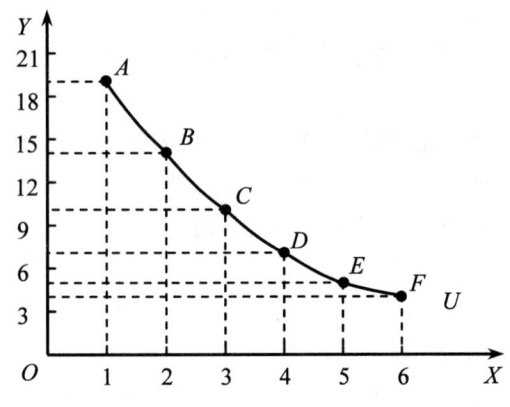

图 3-4　某消费者的无差异曲线

无差异曲线具有以下三个基本特征：

（1）在同一个平面上可以有无数条无差异曲线，离原点越远的无差异曲线代表的效用水平越高；离原点越近的代表的效用水平越低。

（2）任何两条无差异曲线不能相交。这是因为两条无差异曲线如果相交，就会产生矛盾。以图 3-5 为例，U_1 和 U_2 是任意两条无差异曲线，假定它们相交于 A 点，在无差异曲线 U_1 上，商品组合 A 与商品组合 C 的效用水平相等；而在无差异曲线 U_2 上，商品组合 A 与商品组合 B 的效用水平也相等，这样根据偏好的可传递性，商品组合 B 与商品组合 C 也就一定是提供同等程度的效用。但是，观察图中的 B 与 C 点，根据偏好的非饱和性假定，B 点的效用水平高于 C 点，这样就出现了矛盾。由此证明，假定 U_1 和 U_2 两条无差异曲线相交于 A 点是错误的。可见，

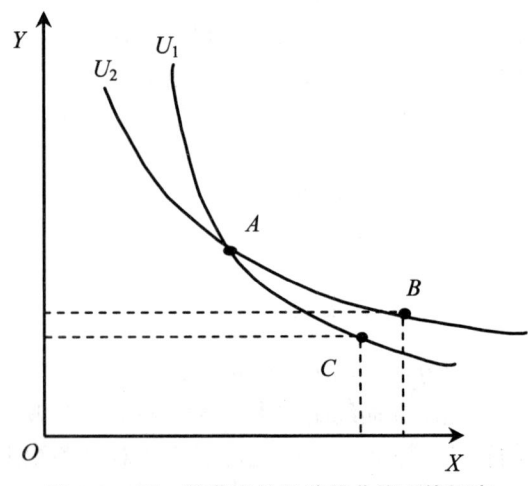

图 3-5　同一消费者的无差异曲线不能相交

无差异曲线不可能相交。

（3）无差异曲线一般是由左上方向右下方倾斜，其斜率为负值，并凸向原点。这是因为，在同一条无差异曲线上，为确保每一种商品组合给消费者带来的满足程度相同，增加一种商品的同时必须减少另一种商品。而无差异曲线凸向原点这一特征缘于商品的边际替代率递减规律，接下来对这个问题进行详细说明。

2. 边际替代率及其递减规律

如前所述，在同一条无差异曲线上，为维持同等的效用水平，增加一种商品数量的同时，必须减少另一种商品的数量。经济学家们将为了维持效用水平不变，消费者为增加一单位某种商品的消费而必须放弃的另一种商品的消费数量称为商品的边际替代率（marginal rate of substitution，缩写为 MRS）。如果用 X 商品替代 Y 商品，以 ΔX 代表 X 商品的增加量，ΔY 代表 Y 商品的减少量，MRS_{XY} 代表以 X 商品代替 Y 商品的边际替代率，则边际替代率的公式是：

$$MRS_{XY} = -\frac{\Delta Y}{\Delta X} \tag{3-10}$$

因为 ΔX 是增加量，ΔY 是减少量，所以两者的符号相反。为了使 MRS_{XY} 的计算结果为正值，以便于比较，故在公式前标上一个负号。当商品 X 的数量变化趋于无穷小时，则商品的边际替代率公式可写为：

$$MRS_{XY} = \lim_{\Delta X \to 0} -\frac{\Delta Y}{\Delta X} = -\frac{\mathrm{d}Y}{\mathrm{d}X} \tag{3-11}$$

显然，无差异曲线上某一点的边际替代率就是无差异曲线在该点斜率的绝对值。

西方经济学家指出，在两种商品替代过程中，普遍存在这样一种现象，即在维持效用水平不变的前提下，随着一种商品消费数量的连续增加，消费者为得到每一单位的这种商品所需要放弃的另一种商品的消费数量是递减的，这种现象被称为边际替代率递减规律。边际替代率递减的原因是，随着 X 商品的增加，它的边际效用在递减；随着 Y 商品的减少，它的边际效用在递增。这样，每增加一定数量的 X 商品所能代替的 Y 商品的数量就越来越少，即 X 商品以同样的数量增加时，所减少的 Y 商品越来越少。

从几何意义上讲，因为商品的边际替代率就是无差异曲线在该点斜率的绝对值，所以，边际替代率递减规律决定了无差异曲线斜率绝对值也递减，因此无差异曲线是凸向原点的。

3. 无差异曲线的特殊形状

无差异曲线表明的是：在维持效用水平不变的前提下，一种商品对另一种商品的替代程度。由边际替代率递减规律决定的无差异曲线的形状是凸向原点的，这是一般的情况。下面我们考虑两种极端的情况。

一种是完全替代品的无差异曲线，当两种商品完全替代时，意味着它们之间的替代比率是固定不变的，即边际替代率 MRS 是一个常数。相应地，无差异曲线是一条斜率不变的直线。假如某消费者认为一杯咖啡和两杯茶的效用是无差异的，即总是以1:2的比例相互替代，则消费者对这两种商品消费的无差异曲线如图3-6所示。

另一种是完全互补品的无差异曲线，意味着它们必须按固定的比例同时被使用，相应地无差异曲线为直角形状。例如，一副镜架必须与两片镜片搭配使用，才能构成一副可使用的眼镜，相应地，无差异曲线如图 3-7 所示。无差异曲线的水平部分表明，对于一副镜架而言，只需相应的两片镜片，任何多余的镜片都不会增加任何效用，也就是说，消费者不会放弃任何一副镜架去替换多余无用的镜片，此时 $MRS=0$。无差异曲线的垂直部分表明，对于两片镜片而言，只需相应的一副镜架，任何多余的镜架都不会增加任何效用，也就是说，消费者会放弃任何多余的镜片，此时 $MRS=\infty$。

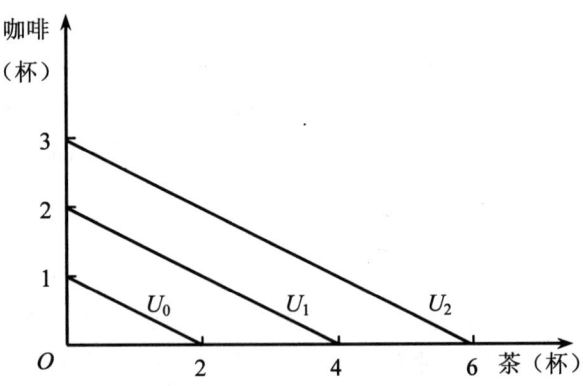

图 3-6 完全替代品的无差异曲线

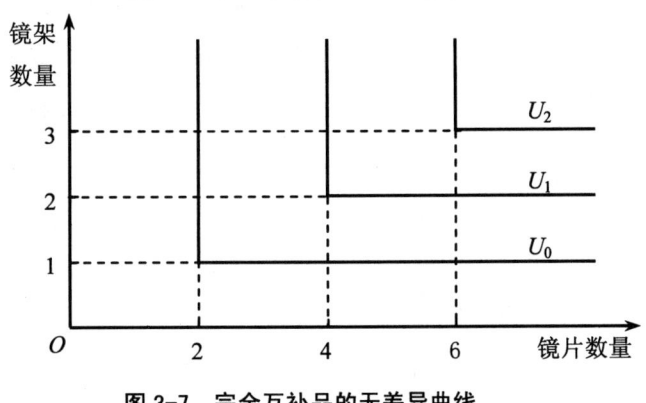

图 3-7 完全互补品的无差异曲线

三、预算线

无差异曲线描绘了消费者对商品的偏好（主观评价），但要分析消费者的实际消费行为，还需考察决定消费的客观因素，即包括商品价格及消费者收入在内的预算约束。为此，需要引进预算线作为分析工具。

1. 预算线含义

预算线又称预算约束线、消费可能线和价格线，是指在消费者收入和商品价格既定条件下，消费者的全部收入所能购买到的两种商品的各种组合点的轨迹。

例如：设消费者用既定收入 M 来购买 X、Y 两种商品，P_X、P_Y 为 X、Y 商品的单价，X、Y 分别表示两种商品的数量，则预算线方程为：

$$P_X \cdot X + P_Y \cdot Y = M \tag{3-12}$$

该式表示，消费者的全部收入等于他购买 X 和 Y 两种商品的总支出。根据式（3-12）绘制的预算线如图 3-8 中的线段 AB。图中横轴表示 X 商品的购买量，纵轴表示 Y 商品的购买量，我们可以把（3-12）式改写成如下形式：

$$Y = \frac{M}{P_Y} - \frac{P_X}{P_Y} X \tag{3-13}$$

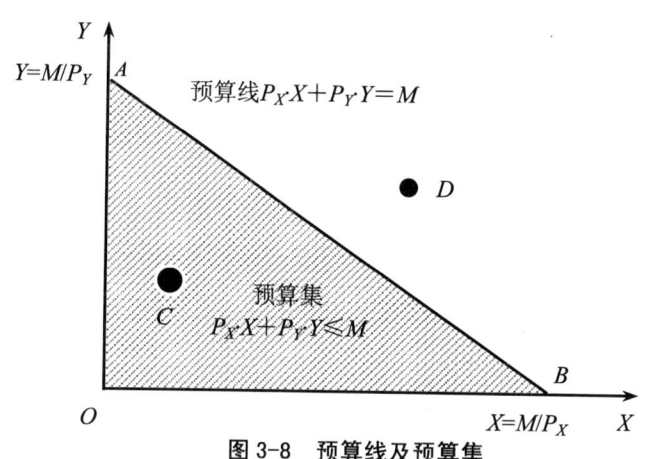

图 3-8 预算线及预算集

(3-13)式告诉我们,预算线斜率为 $-\dfrac{P_X}{P_Y}$,纵截距为 $\dfrac{M}{P_Y}$。

另外,从图 3-8 中可以看到,预算线 AB 把平面坐标图划分为三个区域:预算线 AB 以内的区域中的任何一点 C,表示消费者的全部收入在购买该点的商品组合以后还有剩余。预算线 AB 以外的区域中的任何一点,如 D 点,表示消费者利用全部收入都不可能实现的商品购买的组合点。只有预算线 AB 上的任何一点,才是消费者的全部收入刚好花完所能购买到的商品组合点。图中阴影部分(即由预算线 AB 与纵横坐标轴围成的三角区域)被称为消费者的预算可行集或预算空间。

2. 预算线变动

从前面的分析可知,只要给定消费者的收入 M 和两种商品的价格 P_X 和 P_Y,则相应的预算线的位置和形状也就定了。因为,预算线的横、纵截距分别为 $\dfrac{M}{P_X}$ 和 $\dfrac{M}{P_Y}$,预算线的斜率为 $-\dfrac{P_X}{P_Y}$。因此,在消费者收入 M、商品价格 P_X 和 P_Y 这三个变量中,只要一个变量发生变化,就可能使原来的预算线发生变动。

(1) 消费者收入变动对预算线的影响

根据式(3-13)可知,如果两种商品的价格都保持不变,当消费者的收入从 M 变为 M' 时,预算线的斜率 $-\dfrac{P_X}{P_Y}$ 并未发生变化;但其在纵、横坐标轴上的截距改变了,分别由 $\dfrac{M}{P_Y}$ 和 $\dfrac{M}{P_X}$ 变为了 $\dfrac{M'}{P_Y}$ 和 $\dfrac{M'}{P_X}$。所以说预算线此时发生了平移:若是消费者的收入增加了,即 $M'>M$,预算线向右上方平移;反之,消费者的收入减少引起预算线向左下方平移。如图 3-9 所示。

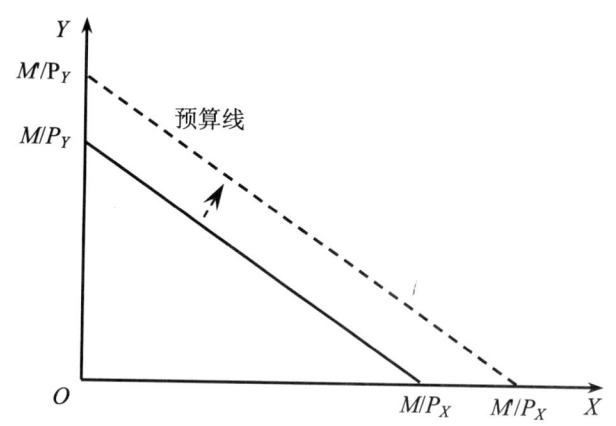

图 3-9 消费者收入变动对预算线的影响

(2) 商品的价格变动对预算线的影响

以商品 X 的价格变动为例。根据式(3-13)可知,如果消费者的收入不变,商品 X 的

价格从 P_X 变为 P_X'，预算线在纵轴的截距不变，仍为 $\dfrac{M}{P_Y}$，但预算线的斜率却由 $-\dfrac{P_X}{P_Y}$ 变为 $-\dfrac{P_X'}{P_Y}$，横截距由 $\dfrac{M}{P_X}$ 变为 $\dfrac{M}{P_X'}$。可见，预算线是以其在纵轴上的交点为中心转动。若是商品 X 的价格降低了，即 $P_X'<P_X$，预算线的斜率绝对值变

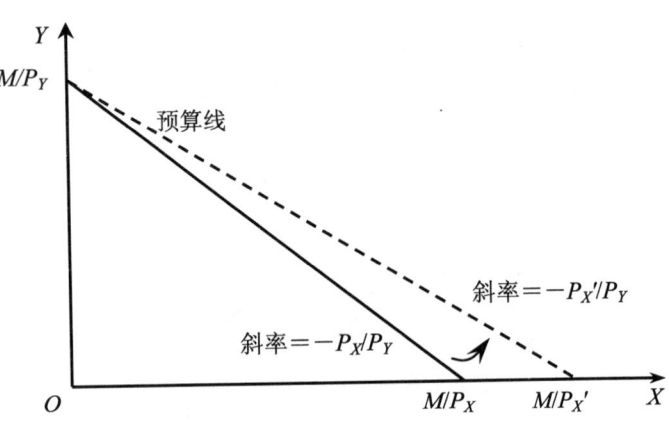

图 3-10　商品价格变动对预算线的影响

小，横截距变大了，预算线会变得平坦；反之，预算线会变得陡峭。如图 3-10 所示。

消费者的收入和商品价格同时变化的情况即是上两种情况的综合，这里不再赘述。

四、序数效用论消费者均衡的条件

无差异曲线代表的是消费者对不同商品组合的主观态度，而预算线约束则显示了消费者有支付能力的商品消费的客观条件。为了说明消费者在既定收入和价格前提下获得最大限度的满足，必须把消费者的无差异曲线和预算线结合起来考虑。

下面，我们利用图 3-11 具体分析序数效用论者消费者的均衡。因为消费者收入和商品 X 与 Y 的价格既定，因此确定了预算线 AB；对于某消费者来讲，会有无数条无差异曲线表明他对两种商品的全部偏好，为了简便起见，我们把这无数条无差异曲线分为三类，一类是与既定预算线相交的无差异曲线，我们用 U_1 来代表，图中，U_1 与既定预算线 AB 相交于 C、D 两点；另一类是与既定预算线 AB 相切的无差异曲线，这样的曲线实际上只有一条，我们用 U_2 来表示，

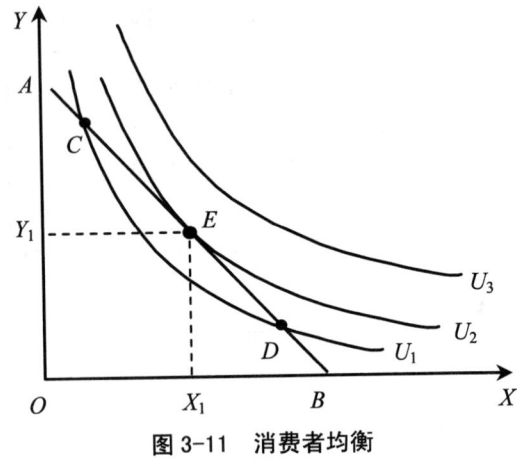

图 3-11　消费者均衡

U_2 与 AB 相切于 E 点；第三类是与既定预算线没有任何交集的无差异曲线，用 U_3 来代表。就对消费者的满足程度而言，$U_1<U_2<U_3$。

面对图中的一条预算线和三条无差异曲线，我们说，只有预算线 AB 与无差异曲线 U_2 的相切点 E，才是消费者在给定约束下能获得最大效用的均衡点。在均衡点 E 处，相应的最优购买组合为 (X_1, Y_1)。那么，为什么在 E 点才是消费者效用最大化的均衡点呢？从图中可以看出，U_3 所代表的效用水平虽高，但是它位于预算线 AB 与纵横坐标轴围成的预算

可行集之外，是消费者现有购买力无法达到的。同理，U_2 上除 E 点之外的点也是现有购买力无法达到的。再看 U_1，U_1 虽然与 AB 相交于 C、D 两点，弧 CD 上的所有点所代表的购买组合，虽然现有购买力都能实现，但 U_1 所代表的效用水平明显低于 U_2，所以理性的消费者不会选取 U_1 上的点所代表的商品组合。显然，只有既定的预算线 AB 与无差异曲线 U_2 相切的切点 E，才是消费者在既定收入条件下，效用最大化的均衡点。

以上我们借助几何图形分析了消费者达到均衡状态的条件，即消费者要实现效用最大化，必须选择既定的预算线与无差异曲线中的某一条无差异曲线相切的切点所代表的商品组合。在预算线与无差异曲线的切点上，预算线的斜率等于无差异曲线的斜率。同时，由（3-10）式知，无差异曲线上任一点的商品边际替代率等于无差异曲线在相应点的斜率的绝对值；由（3-13）式知预算线的斜率的绝对值等于两种商品价格之比。从而我们可得：

$$MRS_{XY} = \frac{P_X}{P_Y} \tag{3-14}$$

另外，在无差异曲线的分析中，因为无差异曲线每个点的效用水平相同，那么该消费者从增加商品 X 的消费中所获得的效用应该等于从减少商品 Y 的消费中所减少的效用，即有：

$$|MU_X \cdot \Delta X| = |MU_Y \cdot \Delta Y| \tag{3-15}$$

因为 ΔY 为负值，所以将其前面加上一个负号。将上式可改写为：

$$-\frac{\Delta Y}{\Delta X} = \frac{MU_X}{MU_Y}$$

又因为有 $MRS_{XY} = -\frac{\Delta Y}{\Delta X}$，所以：

$$MRS_{XY} = \frac{MU_X}{MU_Y} \tag{3-16}$$

根据式（3-14）和（3-16）可得序数效用论者消费者效用最大化均衡条件为：

$$\frac{MU_X}{MU_Y} = \frac{P_X}{P_Y} \tag{3-17}$$

或者

$$\frac{MU_X}{P_X} = \frac{MU_Y}{P_Y} \tag{3-18}$$

显然，两种分析方法得到的消费者均衡条件是相同的，以序数效用理论为基础的消费者行为理论和以基数效用理论为基础的消费者行为理论并没有本质的差别。

案例 3.5　把每 1 分钱都用在刀刃上

消费者均衡就是消费者购买商品的边际效用与货币的边际效用相等。这就是说，消费者的每一元钱的边际效用和用一元钱买到的商品的边际效用相等。假定一元钱的边际效用是 5 个效用单位，一件上衣的边际效用是 50 个效用单位，消费者愿意用 10 元钱购买这件上衣，因为这时的一元钱的边际效用与用于一件上衣的一元钱的边际效用相等。此时消费者实现了消费者均衡，也可以说实现了消费（满足）的最大化。低于或大于10元钱，都没有实现消费者均衡。我们可以简单地说，在你收入既定而且商品价格既定的情况下，花钱最少得到的满足程度最大就实现了消费者均衡。

我们前边讲到商品的连续消费边际效用递减，其实货币的边际效用也是递减的。在收入既定的情况下，你持有货币越多，购买物品就越少，这时货币的边际效用下降，而物品的边际效用在增加，明智的消费者就应该把一部分货币用于购物，增加他的总效用；反过来，消费者则卖出商品，增加货币的持有，也能提高他的总效用。通俗地说，假定你有稳定的职业收入，你银行存款有50万元，但你非常节俭，吃、穿、住都处于温饱水平。实际上这50万元足以使你实现小康生活。要想实现消费者均衡，你应该用这50万元的一部分去购房，用一部分去买一些档次高的服装，在银行也要有一些积蓄；相反，如果你没有积蓄，购物欲望非常强，见到新的服装款式，甚至借钱去买，买的服装很多，而效用降低，如遇到一些家庭风险，没有一点积蓄，就会使生活陷入困境。

经济学家的消费者均衡的理论看似难懂，其实一个理性的消费者，他的消费行为已经遵循了消费者均衡的理论。比如，你在现有的收入和储蓄下是买房还是买车，你会作出合理的选择；你走进超市，见到如此之多的琳琅满目的物品，你会选择你最需要的；你去买服装肯定不会买回你已有的服装。所以说，经济学是选择的经济学，而选择就是在你资源（货币）有限的情况下，实现消费满足的最大化，使每一元钱都用在刀刃上，这样就实现了消费者均衡。

资料来源：online.njtvu.com

本章结束语

效用是商品满足人的欲望的能力，分为总效用和边际效用。每一个消费者的消费行为都与两个因素密切相关：一个是消费者的主观愿望，就是消费者对不同商品的偏好；另一个是消费者的客观条件，即消费者的收入和面临的商品价格，它决定消费者消费商品的种类和数量。一个理性的消费者就是要在客观条件一定的情况下使自己的主观愿望得到最大限度的满足。

分析消费者行为的理论分为基数效用论和序数效用论，其中，基数效用论者用边际效用分析法研究消费者行为；序数效用论者用无差异曲线分析研究消费者行为。在当代西方经济学中，占主导地位的是序数效用论者的分析方法。

基数效用论者的边际效用递减规律是指：在一定时期内其他条件不变的前提下，随着消费者对某种商品消费量的增加，消费者从该商品连续增加的每一消费单位中所得到的效用增量即边际效用是递减的。也就是说，边际效用曲线是向右下方倾斜的。据此，在边际效用递减规律基础上推导出的消费者的个人需求曲线也是向右下方倾斜的。

序数效用论者以无差异曲线和预算线作为分析工具来分析消费者行为。在商品价格、消费者收入和消费者偏好既定条件下,消费者唯一的一条预算线与无差异曲线组中的一条无差异曲线相切的切点就是消费者均衡点。在均衡点上,预算线与无差异曲线斜率相等。均衡点的经济含义是:消费者应该使自己花费在每种商品购买上的最后一块钱所带来的边际效用相等,这样,该消费者就实现了在既定收入、价格和偏好条件下的最大效用。

关键词: 边际效用　等边际法则　预算线　无差异曲线　消费者均衡

复习思考题

1. 解释以下概念:效用;边际效用;边际效用递减规律;消费者剩余;消费者均衡;无差异曲线;边际替代率;预算线。

2. 水是人类生存、发展必不可少的资源,钻石并不影响人类的生存,但为什么钻石的价格要远远高于水的价格?请用本章学过的内容进行解释。

3. 对贫困人群的救济通常有两种方法:一种是发放衣物和食品等生活必需品,另一种是按照救济物品的市场价格发放现金。请分析哪一种方法会给被救济的人群带来更大的效用。

4. 请用边际效用理论解释为什么需求曲线向右下方倾斜。

5. 已知某消费者每年用于商品 X 和商品 Y 的收入是540元,两商品的价格分别是 $P_X=20$ 元, $P_Y=30$ 元,该消费者的效用函数是 $U=3XY^2$,该消费者每年购买这两种商品的数量应各是多少?每年从中获得的总效用是多少?

6. 假设总效用函数为 $TU=50X-0.5X^2+100Y-Y^2$,某消费者总收入为672, $P_X=4$,求:

(1) Y 的需求函数;

(2) 如果 $P_Y=14$,该消费者将购买多少 X?

第四章

消费者均衡的变动

> ◇ **内容提要** ◇
>
> 如上一章所述,既定的预算线与无差异曲线相切的切点处是消费者获得最大效用的均衡点。而预算线是由 X 和 Y 两种商品价格以及消费者收入三个因素共同确定的,这三个因素其中的一个发生变化,就可能导致预算线发生变化,进而导致消费者均衡点发生变化。本章将首先考察商品价格变化和消费者收入变化对消费者均衡的影响,并在此基础上分别推导出消费者的需求曲线和恩格尔曲线。然后,介绍税收对消费者选择的影响以及消费者的跨时期选择。

第一节 价格变化对消费者均衡的影响

一、价格—消费曲线

如图 4-1 所示,横轴代表商品 X,纵轴代表商品 Y,假设在初始状态下,预算线 AB 与无差异曲线 U 相切于效用最大化均衡点 E。当其他条件不变时,X 商品降价,不变收入能够购买到 X 商品的数量增加,能够购买到 Y 商品的数量不变,因此,预算线在纵轴上的截距不变,它与横轴的交点由 B 移动到 B_1,预算线变得更为平坦,新的预算线 AB_1 和相应的无差异曲线 U_1 形成新的均衡点 E_1;同理,当 X 商品价格上升,既定收入买到的 X 商品数量会减少,预算线变得相对陡峭,新的预算线 AB_2 与无差异曲线 U_2 形成均衡点 E_2。依此类推，随着 X 价格的变化，形成若干类似 E、E_1、E_2 的消费者均衡点，将它们连接便构成价格—消费曲线（price-consumption curve, PCC）。

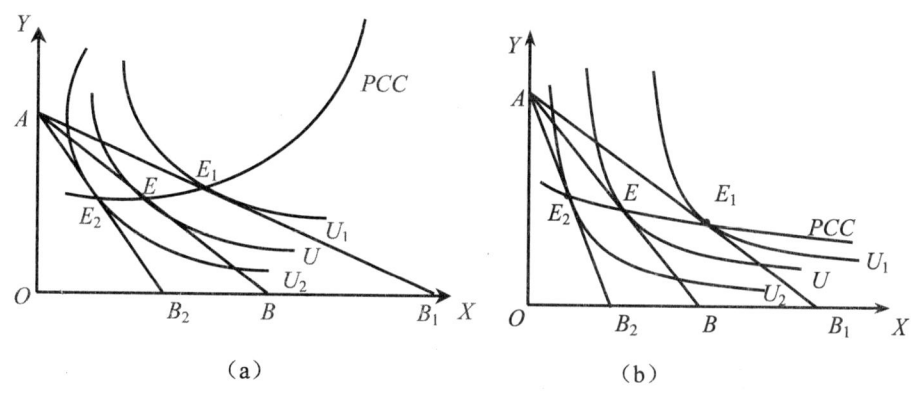

图 4-1　价格—消费曲线

价格—消费曲线不仅反映了在消费者偏好和货币收入保持不变情况下，由于商品价格变化所引起的消费者均衡点的变化，而且借助价格—消费曲线的走势可以判断出两种商品的相互关系。图 4-1（a）反映了两种商品具有互补关系，而图 4-1（b）反映了两种商品具有替代关系。

二、消费者的个人需求曲线

经济学家之所以对价格—消费曲线感兴趣，一个主要原因是它能够用来推导所论及商品的消费者个人需求曲线。因为价格—消费曲线反映商品价格变动、商品数量组合变动的情况，而个人需求曲线则表示在消费者偏好、货币收入及其他商品价格不变情况下，消费者在某种商品不同价格水平上所购买的该商品的具体数量，所以二者有着十分密切的联系。

如图 4-2 所示，价格消费曲线 PCC 上的各个均衡点 E_1、E_2、E_3……与纵轴的水平距离实际上代表了在 X 商品不同价格水平上，消费者的最佳购买数量。即 X 商品价格为 P_1 时，对应的预算线为 AB_1，与无差异曲线 U_1 相切于 E_1，消费者最佳购买量是 Q_1；X 商品价格为 P_2 时，对应的预算线为 AB_2，与无差异曲线 U_2 相切于 E_2，消费者最佳购买量是 Q_2……依此类推下去，就可以得到 X 商品每个价格水平与消费者的最佳购买量之间的一一对应关系，把二者之间的对应值分别描绘在图 4-2 的下部，即可得到该消费者对 X 商品的个人需求曲线 D。由图 4-2 可见，序数效用论者所推导的需求曲线一般是向右下方倾斜的，表示商品的需求量与价格呈反向变动关系。而且还表达了需求曲线上与每一价格水平对应的需求量都是可以给消费者带来最大效用的均衡数量。

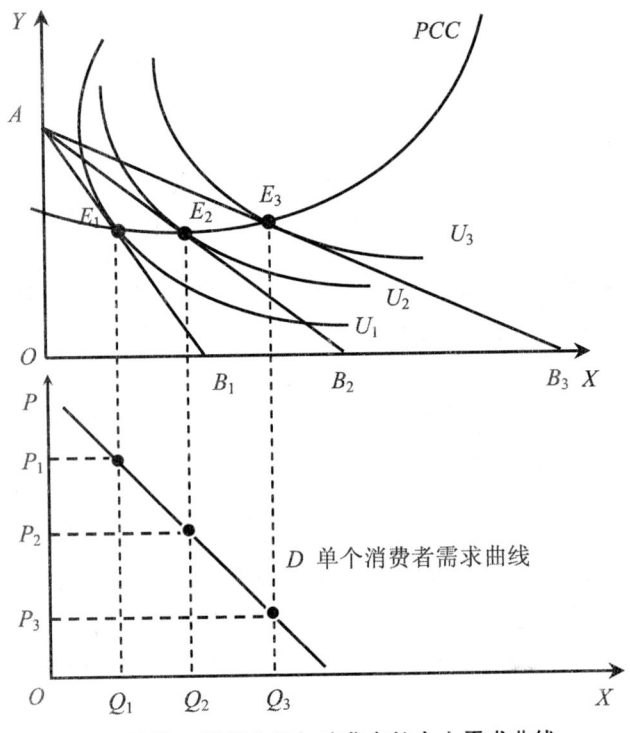

图 4-2 价格—消费曲线与消费者的个人需求曲线

三、从单个消费者需求曲线到市场需求曲线

一种商品的市场需求是指在一定时期内各种不同的价格下所有消费者对某商品的需求数量。因此，一种商品的市场需求不仅取决于每个消费者的需求函数，还取决于该市场中所有消费者的数目。

假定某种商品市场上有 n 个消费者，他们都具有不同的个人需求函数 $Q_i^d = f_i(P)(i=1,2,\cdots,n)$，则该商品的市场需求函数为：

$$Q^d = \sum_{i=1}^{n} f_i(P) = F(P)$$

可见，一种商品的市场需求量是每个价格水平上的该商品的所有个人需求量的加总。由此可以得知，只要知道某商品市场上每个消费者的需求曲线，就可以通过水平加总的方法得到该商品的市场需求曲线。并且，如同单个消费者的需求曲线一样，市场需求曲线一般也是向右下方倾斜的。市场需求曲线表示某商品市场在一定时期内，在各种不同价格水平上所有消费者愿意而且能够购买的该商品的数量。更重要的是，市场需求曲线上每个点都表示在相应的价格水平上可以给全体消费者带来最大效用水平或满足程度的市场需求量。

第二节 收入变化与消费者选择

一、收入—消费曲线

前面我们已经学过,在其他条件不变时(包括消费者的偏好以及商品的价格等保持不变),消费者的货币收入变化,就会使预算线向右或向左平移。我们将在消费者偏好和商品价格不变情况下,与消费者不同收入水平相联系的消费者效用最大化的均衡点的轨迹称为收入—消费曲线。

如图4-3所示,在 X 和 Y 两种商品价格不变的情况下,由于消费者的货币收入增加,从而使预算线从 Y_1X_1 平移至 Y_2X_2、Y_3X_3……并分别与无差异曲线 U_1、U_2、U_3……相切于 E_1、E_2、E_3……点。连接预算线与无差异曲线相切的各个切点(即消费者均衡点)E_1、E_2、E_3……形成的曲线就是收入—消费曲线(income-consumption curve,ICC)。收入—消费曲线不仅反映收入变动后消费者对某种商品需求变动的情况,而且依据其走势可以判断出商品类型。我们把需求量与消费者收入呈同方向变化的商品称为正常商品;把需求量与消费者收入呈反方向变化的商品称为劣质商品。图4-3(a)中的 ICC 曲线向右上方倾斜,说明 Y 和 X 两种商品都是正常商品。而图4-3(b)中的 ICC 曲线先是向右上方倾斜,紧接着又向左上方弯曲,表明 Y 和 X 两种商品中,Y 是正常商品,X 商品在消费者收入较低时是正常商品,而在较高的收入水平上它却属于劣质商品。

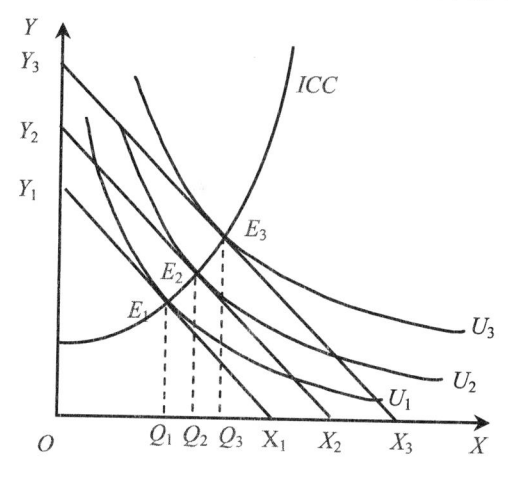

(a)

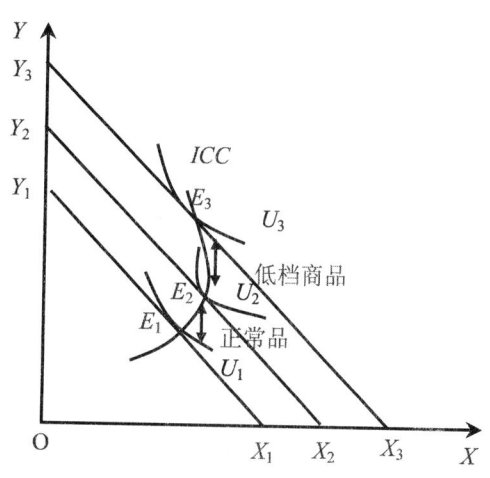

(b)

图4-3 收入—消费曲线

二、恩格尔曲线

正如由价格—消费曲线可以推导出需求曲线一样，利用收入—消费曲线可以推导出恩格尔曲线（engel curve, EC）。恩格尔曲线是以德国统计学家恩斯特·恩格尔（Ernst Engel）的名字命名的，表示消费者在每一收入水平对某商品的需求量。与恩格尔曲线相对应的函数关系为 $Q=f(M)$，其中，M 为收入水平，Q 为对 X 商品的需求量。

图 4-3 中消费者不同收入水平和 X、Y 商品的需求量之间存在着一一对应关系，把这种一一对应的收入和需求量的组合单独描绘在以收入水平做纵轴，以商品需求量做横轴的坐标系中，就得到相应的恩格尔曲线。如图 4-4，即为图 4-3 中该消费者的 X 商品的恩格尔曲线。

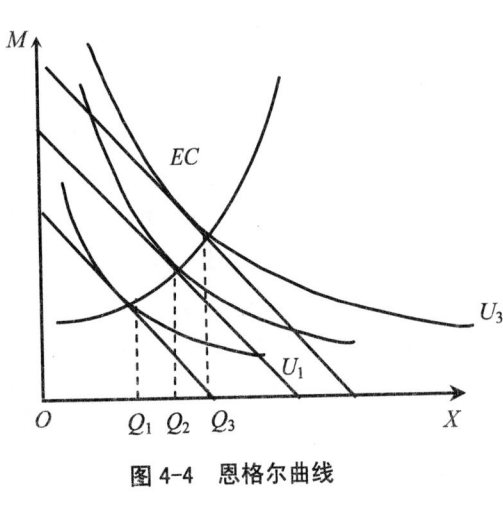

图 4-4　恩格尔曲线

恩格尔曲线的形状取决于特定商品的性质、消费者的偏好以及保持不变的价格水平。例如，图 4-5 中，(a)与(b)的恩格尔曲线都向右上方倾斜，表明商品 X 的消费量随收入的增加而增加，说明 X 是正常商品，其中(a)图的恩格尔曲线其增长率是递减，一般地说，生活必需品的需求量和收入之间的关系就是如此；而(b)图曲线则表明，商品 X 的消费量也随收入的增加而增加，但其增长率是递增的，一般地说，高档消费品与收入之间的关系便是如此。图 4-5(c)中，恩格尔曲线先向右上方倾斜而后又向左上方弯曲，说明 X 商品在消费者收入较低时是正常商品，而当收入达到一定程度时，则成为低档商品。

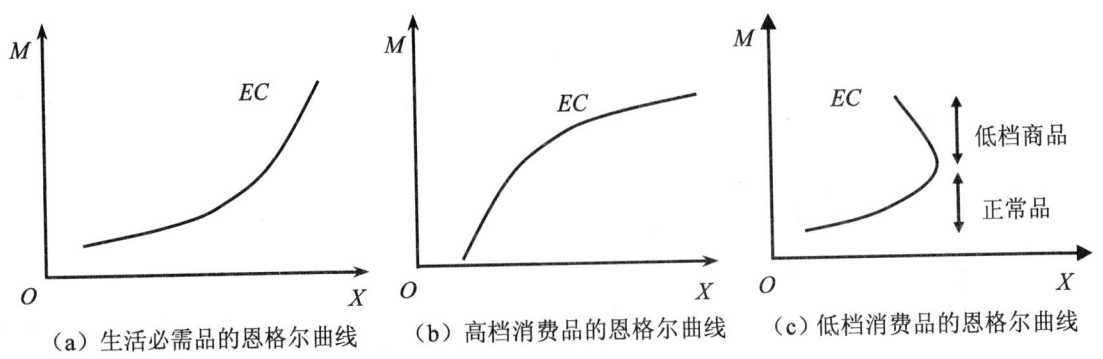

(a) 生活必需品的恩格尔曲线　　(b) 高档消费品的恩格尔曲线　　(c) 低档消费品的恩格尔曲线

图4-5　不同形状的恩格尔曲线

另外，恩格尔还根据有关家庭的调查资料，得出低收入家庭用于食品消费的支出大于其他消费支出，而高收入家庭用于食品消费的支出小于其他消费支出，即在一个家庭或国家中，食品支出在收入中所占比重随着收入的增加而减少，这被称为恩格尔定律。食品消费占总支出的比重则称为恩格尔系数。恩格尔系数的高低常被用来作为衡量一个国家或地区居民消费水平的重要标志，一般认为，其数值越小就说明居民消费水平越高。恩格尔系数超过50%的经济是处于维持温饱的生计经济，而小于30%的经济是富裕经济。

第三节 替代效应和收入效应

消费者价格—消费曲线分析表明，一种商品的价格变化会引起该商品的需求量变化，这种价格变动对消费者均衡的影响被称为价格效应（price effect）。价格效应可分解为替代效应（substitution effect）和收入效应（income effect）两部分，它是这两部分共同作用的结果。

一、替代效应和收入效应的含义

当一种商品的价格发生变化时，会对消费者产生两种影响：一是一种商品的价格变化会使消费者的实际收入水平发生变化。例如，在消费者购买商品 X 和商品 Y 两种商品的情况下，X 商品价格下降时，对于消费者来说，虽然名义货币收入不变，但是现有的货币收入的购买力增强了，也就是说实际收入水平提高了。实际收入水平的提高，会使消费者增加对这两种商品的购买量，从而达到更高的效用水平，这就是收入效应。可见，收入效应改变消费者的效用水平。二是一种商品价格变化会使商品的相对价格发生变化。例如，在消费者购买商品 X 和商品 Y 两种商品的情况下，商品 X 价格的下降，使得商品 X 相对于价格不变的商品 Y 来说，较以前便宜了。商品相对价格的变化，会使消费者增加对相对便宜了的商品 X 的购买而减少对商品 Y 的购买，这就是替代效应。显然，替代效应不改变消费者的效用水平。以上是以 X 商品价格下降为例进行说明，当然，也可以分析商品 X 的价格提高时的收入效应和替代效应，只是情况刚好相反。

综上所述，一种商品价格变动所引起的该商品需求量变动的总效应可以被分解为替代效应和收入效应两个部分，即：总效应 = 收入效应+替代效应。其中，由商品价格变动所引起的消费者实际收入水平变动，然后由实际收入水平变动引起的商品需求量的变动，称为收入效应；由商品的价格变动引起商品相对价格变动，进而由商品相对价格变动所引起的商品需求量的变化，称为替代效应。收入效应会使消费者效用水平发生变化，替代效应则不改变消费者的效用水平。

二、正常商品的替代效应与收入效应

下面我们借助图4-6分析正常商品价格下降时的替代效应和收入效应。

图中,横轴代表商品 X,纵轴代表商品 Y,X 商品降价前预算线为 AB,无差异曲线为 U_1,两者切点为消费者均衡点 E_1,消费者购买 X 商品数量为 X_1。如果商品 X 降价,Y 价格不变,预算线变为 AB_1,和相应的无差异曲线相切于新的消费者均衡点 E_3,此时消费者对 X 的需求量变为 X_3。为考察消费者效用水平不变时对 X 商品的购买量,我们可以用新的价格比率为斜率画一条与 AB_1 平行的预算线 FG,与原无差异曲线相切于点 E_2,E_2 是在消费

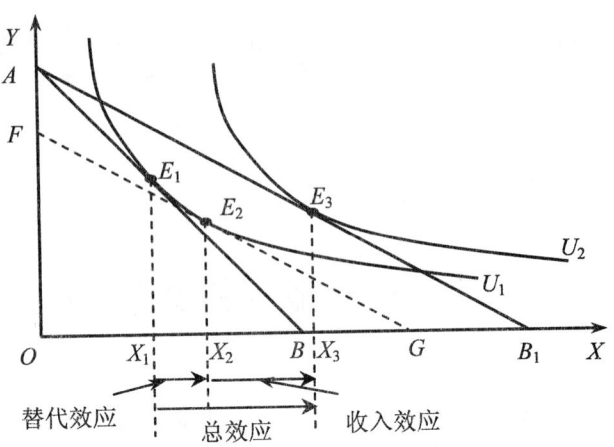

图4-6 正常商品的替代效应和收入效应

者效用水平不变条件下的消费者均衡点,此时,消费者购买商品 X 的数量为 X_2。由此,我们可以分别考察总效应、收入效应和替代效应。

总效应是指其他条件不变,某一种商品价格变动后,消费者从一个均衡点移到另一个均衡点时对商品需求的总变动。从图中看就是从均衡点 E_1 变为 E_3,购买 X 商品数量从 X_1 增加到 X_3,总效应为 X_1X_3。总效应与价格呈反向变动。

替代效应是指其他条件不变时,某一种商品价格变动,效用保持不变时,引起的需求量的变化。从图中看就是均衡点由 E_1 变为 E_2,购买 X 商品数量从 X_1 增加到 X_2,替代效应为 X_1X_2。替代效应与价格呈反向变动。

收入效应是指其他条件不变时,某一种商品价格变动,由商品价格变化带来收入效用水平变化,从而引起的需求量的变化。从图中看就是均衡点由 E_2 变为 E_3,购买 X 商品数量从 X_2 增加到 X_3,收入效应为 X_2X_3。收入效应与价格呈反向变动。

综上所述,对于正常商品来说,替代效应与价格成反方向的变动,收入效应也与价格成反方向的变动,在它们的共同作用下,总效应必定与价格成反方向的变动。正因为如此,正常物品的需求曲线是向右下方倾斜的。

三、低档物品的替代效应和收入效应

和正常商品相反,低档商品的需求量与消费者的收入水平呈反方向变动,即低档商品的需求量随消费者收入水平的提高而减少,随消费者收入水平下降而增加。低档品的收入效应和替代效应如图 4-7:

商品 X 和 Y 在原有价格水平下,由预算线 AB 和无差异曲线 U_1 相切形成的消费者均衡点为 E_1,对商品 X 的需求量为 X_1;当商品 X 价格下降时,由新的预算线 AB_1 与无差异曲线 U_2 相切形成的新的消费者均衡点为 E_3,对商品 X 的消费由 X_1 增加为 X_3,这段被称为总效应。将总效应分解来看,X 价格下降,在消费者效用水平不变的条件下,原有的无差异曲线 U_1 与用新的价格比率为斜率做出的与 AB_1 平行的预算线 FG 相切,确定的消费均衡点

为 E_2，使得消费者对商品 X 的消费由 X_1 增加为 X_2，即替代效应为 X_1X_2，与价格呈反向变动；价格降低相当于消费者的实际收入增加时，由于 X 为低档品，随着收入增加消费者对 X 商品需求量会减少，即 E_3 点在 E_2 点左边，对商品 X 的消费增加量为负值，即收入效应为 X_2X_3，收入效应与价格呈同向变动。

综上所述，对于低档物品来说，替代效应与价格成反方向的变动，收入效应与价格成同方向的变动。而且，在大多数的场合，收入效应的作用小于替代效应的作用，所以，总效应与价格成反方向的变动，相应的需求曲线是向右下方倾斜的。

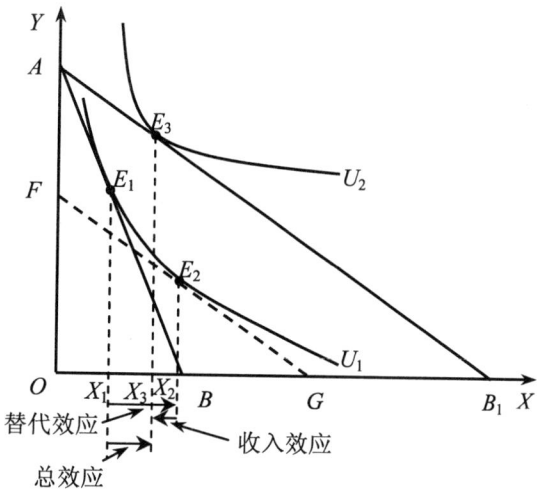

图4-7 低档商品的替代效应和收入效应

但是，在少数场合，某些低档物品的收入效应的作用会大于替代效应的作用，于是，就会出现与需求曲线向右下方倾斜不符的现象。这类物品就是吉芬商品。

四、吉芬商品的替代效应与收入效应

英国人吉芬于19世纪发现，1845年爱尔兰发生灾荒，土豆价格上升，但是土豆需求量反而增加了。这一现象在当时被称为"吉芬"难题。这类需求量与价格呈同方向变动的特殊商品也因此被称做吉芬商品。

那么为什么吉芬商品的需求曲线向右上方倾斜呢？下面用图分析这个问题。在对劣质商品的分析中我们发现，如果负的收入效应足够大，超过了替代效应的正的作用，那么价格变化的总效应也就变为负的了。图4-8中总效应 X_1X_3 为负，替代效应为 X_1X_2，收入效应 X_2X_3 为负值。吉芬商品作为低档品，其替代效应与商品价格呈反向变动，其收入效应与商品价格呈同向变动。但吉芬商品的收入效应超过了替代效应，这使得其总效应与商品价格呈同向变动关系。因此其需求曲线向右上方倾斜。

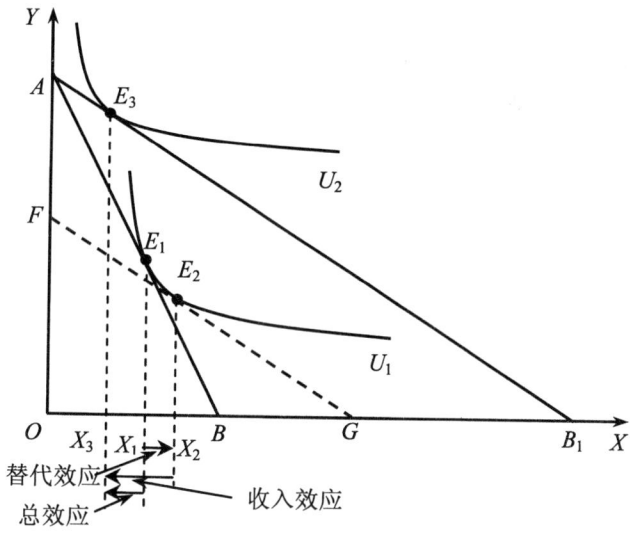

图4-8 吉芬商品的替代效应和收入效应

五、替代效应、收入效应与价格的关系

经过上面的分析,我们得到商品的替代效应、收入效应与价格的关系,如表4-1所示。

表4-1 替代效应、收入效应与价格的关系

商品类别	替代效应与价格的关系	收入效应与价格的关系	总效应与价格的关系
正常商品	反方向变化	反方向变化	反方向变化
非吉芬商品的劣质商品	反方向变化	同方向变化	反方向变化
吉芬商品	反方向变化	同方向变化	同方向变化

案例4.1 保姆赚"小费"的故事

一位朋友为特别爱哭泣的小孩伤透了脑筋。为此两口子想了不少办法,但收效甚微,经过一段时间的摸索,最后总算找到了偏方:小孩特别爱吃一种小颗粒糖,也爱玩,所以每当小宝贝快要哭的时候,破一两个欢乐球或吃几粒糖,小孩很快就会安静下来,若多些球或糖,小孩甚至还会高兴得手舞足蹈。要是不让宝贝哭,每周至少得破费大致54元,包括购买105个价格为0.25元的欢乐球和约280粒价格为0.1元的糖。

有一天,他们从保姆市场雇了一保姆专门照顾小孩,基本要求是不能让宝贝哭,当然每周的预算仍然是54元左右。在主人的帮助下,保姆很快学会了如何买球和糖以及对付小孩哭泣的招数。然而,一个多月以后,欢乐球降价了,由原来的0.25元降到0.15元。保姆当然很高兴,因为现在虽然买280粒仍需28元,但买105个欢乐球不需要26元了,而只需要16元,每周就可以省出10元。但保姆没有把省出的钱交还给主人,而是进了自己的腰包,算是赚点"小费"。就这样,降价后保姆每次花约44元买105个球和280粒糖,并赚10元小费,主人全然不知。日复一日,循环往复,但保姆总琢磨着,既然球降价了,为什么不多买点球,而少买点糖。经过不断尝试,她觉得花上44元,买145个球和220粒糖效果最好,不仅能制止小孩哭泣,有时还会看到小孩的笑脸。

一次周末,保姆利用每周给的一天假,到正在上经济系研究生的哥哥处串门,并洋洋得意地把在主人家的故事一五一十讲给哥哥听。哥哥听后,觉得挺有意思,夸妹妹有心计,但仔细想想,心计还不够,因为让小孩高兴当然好,但这并不是妹妹的本职工作,她完全可以在不让小孩哭泣的前提下,更好地组合球与糖,省出更多的钱,赚更多的"小费"。经此点拨,妹妹觉得言之有理。回去之后,又经过不断尝试,她每次买大约140个球和210粒糖,花费约42元,就能保证小孩不哭。结果,每次可赚约12元"小费",比哥哥点拨前多赚2元。转眼间已是春节临近,保姆打算回家过年,期间只能由主人替代去买东西和照顾小孩。她知道,如果主人去买东西,必使其赚"小费"之事暴露无余。为此,她以退为进,开始将每次能省出的12元分文不要,即把主人所给的54元全部购买球和糖。至于购买的数量,经尝试,最后觉得每周买180个球和270粒糖能使小孩最高兴。见此情景,主

人当然非常高兴,夸保姆很能干,而保姆就将球降价的事告诉主人,还得了个"诚实"的美名。

这虽然只是一个保姆赚"小费"的故事,却揭示了消费中包括的替代效应和收入效应原理,有趣的是还体现了 Slutsky 和 Hicks 两种分解方法。在此不妨假设小孩不哭为低的无差异曲线 1,小孩高兴为较高的无差异曲线 2,而小孩最高兴为无差异曲线 3。起初在糖和球的价格分别是 0.25 元和 0.1 元的条件下,总预算为 54 元就达到了无差异曲线 1,糖和球的均衡量分别为 105 个和 280 粒。当球的价格降至 0.15 元后,理性的保姆经过调整商品组合,不仅赚了 10 元"小费",还使小孩的效用提高到无差异曲线 2。事实上,在这里体现了 Slutsky 分解方法,这 10 元"小费"是 Slutsky 补偿预算线下形成的成本差额,球由 105 增至 145,这增加的 40 就是球的替代效应。后来在哥哥的指点下,她又调整了商品组合,体现了 Hicks 分解方法。所赚 12 元"小费"就是 Hicks 补偿预算线下形成的补偿变量,而球的均衡数量由降价的 105 增至 140 个,这增加的 35 就是替代效应。最后,由于怕暴露目标保姆放弃所能得到的"小费",达到了最高的无差异曲线 3 的效用水平,球的均衡数量达到了 180 个,比降价前增加了 75 个,这就是欢乐球的全部降价效应。很显然,采用不同的分解方法,收入效应也是不一样的,Slutsky 和 Hicks 分解的结果分别是 35 和 40。

由此可以看出,Slutsky 和 Hicks 两种分解方法的总效应是一样的,但由于补偿预算线的不同,导致了两者的替代效应和收入效应各异,前者替代效应大于后者,而收入效应则相反,但两者差异很小,所以结果大同小异。

案例来源:曲辰."保姆赚'小费'的故事".经济学消息报,2001 年 12 月 28 日

第四节 税收与消费者选择

一、税收的种类

税种分类方法是多种多样的,这里我们只探讨以计税依据为标准划分出的比例税和定额税给消费者选择和效用带来的影响。比例税是指消费者在购买一单位某种商品 X 时,除了支付价格 P_X 外,还须按价格的一定比例负税 t,通常表现为根据商品的消费量课征的消费税;定额税是指无论消费者如何选择商品组合,政府一律征收固定的税收 T,通常表现为对收入课征的所得税。

二、比例税对消费者选择的影响

首先我们分析比例税。假定消费者只消费 X 和 Y 两种商品的简单情况,初始的预算约

束为

$$P_X X + P_Y Y = M \tag{4-1}$$

如果我们按 X 商品价格的一定比例对每单位 X 商品征税 t，此时，新的预算约束为

$$(P_X + t) X + P_Y Y = M \tag{4-2}$$

这时，比例税使消费者面临的 X 商品价格提高。图 4-9 揭示了这种价格变化如何影响需求。对 X 商品征税前，消费者的预算线为 AB，与无差异曲线为 U_1 相切于均衡点 E_1，在 E_1 点消费者对 X、Y 两种商品的消费组合为 (X_1, Y_1)，此时消费者获得了最大效用。对 X 商品征税后，X 商品的价格提高，预算线 AB 内旋至 AB'，与新的无差异曲线 U_2 相切于新均衡点 E_2。对应的 X、Y 两种商品的消费组合为 (X_2, Y_2)，并且 (X_2, Y_2) 必满足

$$(P_X + t) X_2 + P_Y Y_2 = M \tag{4-3}$$

通过这种课税，政府收入将增加 $T = t X_2$。

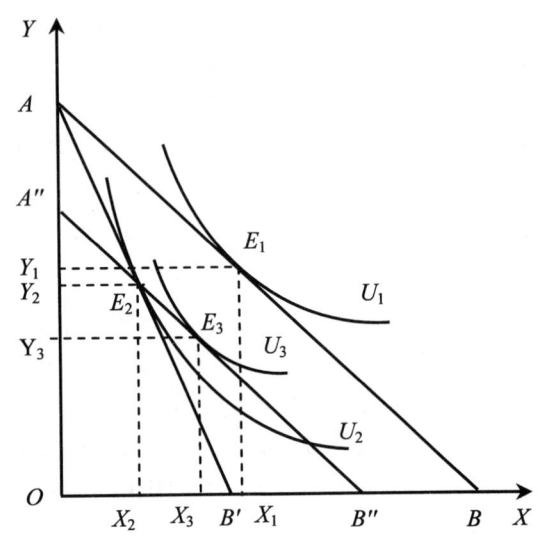

图 4-9 比例税、定额税对消费者选择的影响

三、定额税对消费者选择的影响

现在，我们探讨一下政府向该消费者征收相同数量的定额税的情况。此时，预算约束的形式将为

$$P_X X + P_Y Y = M - T \tag{4-4}$$

进一步，以 tX_2 替代掉 T，上式变为

$$P_X X + P_Y Y = M - tX_2 \tag{4-5}$$

在图 4-9 中，预算线（4-5）处在什么位置呢？很明显，预算线（4-5）与初始预算线具有相同的斜率 $-\dfrac{P_X}{P_Y}$，但问题是要确定它的具体位置。可以证明，预算线（4-5）必定经过点 $E_2(X_2, Y_2)$，检验方法是将 (X_2, Y_2) 代入预算约束式（4-5）中，看它是否满足约束条件。代入后得到方程

$$P_X X_2 + P_Y Y_2 = M - tX_2 \tag{4-6}$$

（4-6）式恰好是（4-3）式经过整理后的形式，且我们已知（4-3）式是正确的。这就证实了 $E_2(X_2, Y_2)$ 位于预算线（4-5）上。因此我们可以通过 $E_2(X_2, Y_2)$ 以 $-\dfrac{P_X}{P_Y}$ 的斜率作出与预算线 AB 相平行的新预算线，即图中的 $A''B''$。

$E_2(X_2, Y_2)$ 在预算线 $A''B''$ 上，表示 E_2 的商品组合是消费者能够负担的选择。但是，它是否是最优选择呢？答案显然是否定的。因为在 $E_2(X_2, Y_2)$ 点上，边际替代率为

$-\frac{(P_X+t)}{P_Y}$，但定额税却让我们按照 $-\frac{P_X}{P_Y}$ 的比率进行交换。这样，预算线 $A''B''$ 就与无差异曲线 U_2 在 $E_2(X_2, Y_2)$ 点相交。这意味着预算线 $A''B''$ 上会有一个点比 $E_2(X_2, Y_2)$ 更受消费者偏好。该点即为预算线 $A''B''$ 与无差异曲线 U_3 相切的切点 $E_3(X_3, Y_3)$，显然 E_3 的效用水平高于 E_2。

综上我们可以得到如下结论：（1）无论哪种税收形式，都会使有关商品的消费量下降，但在比例税下，该商品消费量下降得更多；（2）无论哪种税收形式都使消费者的实际收入下降，从而降低了消费者能够达到的最高效用水平，但如果两者给政府带来的收入相等，则定额税要优于比例税，因此大多数经济学家倾向于所得税形式的定额税（与消费选择无关），而不欢迎生产税或消费税这样的比例税。这是因为比例税造成了商品相对价格的扭曲，使生产者和消费者接受错误的价格引导，因而带来了低效率。

第五节 跨时期的消费者选择

一、跨时期选择的含义

消费者不仅可以在不同的商品组合中作出选择，而且可以在不同时期的消费中进行安排，有些人喜欢储蓄以期未来可以消费更多，有些人则寅吃卯粮，愿意借钱来增加当前消费。

消费者对即期消费和将来消费的不同态度（即消费者借钱或储蓄的决策）就是一个跨时期选择的问题。

二、跨时期选择与资本市场

消费者决定现在消费多少和为将来消费而储蓄多少时，会面对跨时期的预算约束。这里的预算约束是指消费者面对自己的收入可以支出多少用于消费和储蓄的限制。预算约束衡量了可以用于现在与未来消费的总资源。

假设一个消费者一生可以分为当期与未来两个时期，当期与未来的收入分别是是 M_1 和 M_2，该消费者可以选择借贷和储蓄，因此，该消费者两个时期的消费可以大于或小于该时期的收入。市场利率（假设储蓄与借钱的利率相同）为 r。现在考虑两个时期的收入如何限制两个时期的消费。

如图 4-10 中，横轴表示当期消费，纵轴表示未来消费，预算线为 MN，其中，未来共可消费 $M_1(1+r)+M_2$，当期共可消费 $M_1+M_2/(1+r)$。预算约束线斜率 OM/ON，即当期消费相对于未来消费的"价格"为 $(1+r)$。既不借钱也无储蓄的消费组合点我们称之为秉赋点，

在图中用 A 表示。消费者均衡点为 E。此时，消费者心目中未来消费对当前消费的边际替代率正好等于 $(1+r)$，达到效用最大。

如果没有资本市场，消费者只能选择秉赋点，可见存在资本市场时，消费者获得更大效用。消费者的最佳储蓄值为 TQ。

三、利率变动的替代效应与收入效应

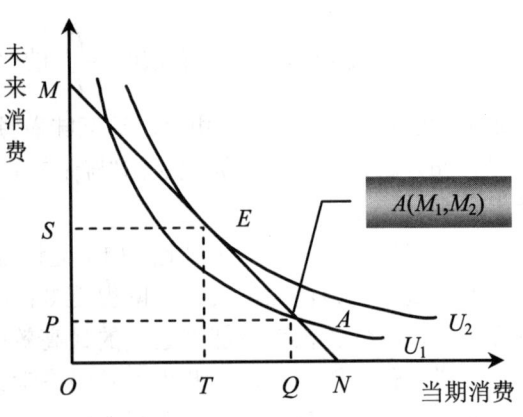

图 4-10 跨时期选择与资本市场

以上讨论了在固定利率下某消费者如何在即期消费和未来消费之间做出选择，考虑了个人偏好之后，他最后选择了 E 点。现在分别讨论当利率变动时对储蓄者和借款者做出决策的影响，并且将发现他们做出的最后决策是利率变动的收入效应和替代效应共同作用的结果。

图 4-11 表示某储蓄者在年轻时工作并为退休而储蓄的情况。纵轴给出了未来消费，横轴表示当期的消费。利率增加后，先考虑两种极端的情况：如果他选择把所有的可支配收入都用于当期的消费则对他没有影响，对应于曲线上的 C 点；如果他把所有的可支配收入都留作未来的消费时，能得到更大的收益，对应于 B_2 点，最终的结果是使预算约束线由 BC 顺时针旋转到 B_2C。将这个变化分解成两步：首先，保持该储蓄者的效用不变，即利率变化后他仍然在同一条无差异曲线上。预算约束线由 BC 移

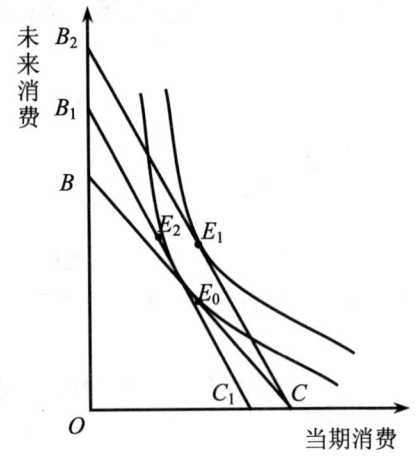

图4-11 利率提高对储蓄者的收入效应和替代效应

动到 B_1C_1 表示了这一变化。导致这一变化的原因是储蓄率的提高改变了当期消费与未来消费之间的相对价格。当期消费一单位的货币相对于未来更贵了。这种效应被称为替代效应。他选择从 E_0 移动到 E_2，即替代效应使当期消费减少，而储蓄更多。另外，更高的利率意味着他的处境更好，因为他从储蓄中得到的更多。利率提高后他实际的预算约束线为 B_2C，平行于 B_1C_1。因为相对价格不变，只是效用水平提高了，该储蓄者感觉变得更富有。他选择从 E_2 移动到 E_1。这种效应被称为收入效应，即收入效应使他现在消费更多，而储蓄减少。

由此可见，替代效应和收入效应的作用方向相反。替代效应使储蓄者的储蓄更多，收入效应使他储蓄更少，净效应是不确定的，在图 4-11 的例子中储蓄有少量增加。

现在考察某借款者在利率变动时作出的反应。假设银行愿意借钱给他是因为他有一份可继承的财产作为保障。图 4-12 表示了他的预算约束，横轴表示继承遗产前的消费，纵轴表示继承遗产后的消费。

假设利率增加，预算约束线将再一次由 BC 顺时针旋转到 BC_2，但这次它是围绕纵轴上的 B 点旋转。如果借款人选择现在不进行任何消费，因而不用借钱，他也不会受利率变动的影响。但现在他决定在继承遗产前就进行消费，因此他必须借钱。如果利率提高了，他不得不支付更高的利息，他的处境变得更坏。最初他选择 E_0 点，现在他选择 E_1 点。同样，可将这一变化过程分解为两步：第一步是替代效应由 E_0 到 E_2。这是利率提高后，保持借款人在同一条无差异曲线上移动的足够收入的情况下，预算约束线 B_1C_1 和无差异曲线相切

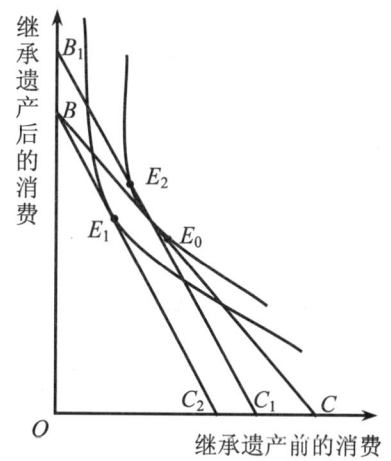

图4-12 利率提高对借款者的收入效应和替代效应

得到的结果。第二步是收入效应由 E_2 到 E_1 的移动，即收入减少而利率不变的情形下，预算约束线 BC_2 和新的无差异曲线相切的结果。由此可见，收入效应和替代效应对于借款者来说作用方向相互加强。在更高的利率下，收入效应和替代效应都使当前的消费更少，而在未来消费的更多。

四、储蓄曲线

对未来消费来说，由于收入效应和替代效应的作用是同方向的，可以断定，利率上升后，原来的储蓄者会增加未来的消费。复杂的是当期的消费，由于收入效应和替代效应符号相反，很难判断当期的消费或储蓄是上升还是下降。

一般来讲，对一个储蓄者来说，在低利率水平，利率上升的替代效应大于收入效应，因此，随着利率上升，当期消费减少，储蓄增加；而在高利率水平，则有可能收入效应超过替代效应，这样，随着利率上升，当前消费反而增加，储蓄则相应减少。利率和储蓄的相互关系，可以用储蓄曲线表示。如图 4-13。

综上，我们可以得到利率上升的价格效应。

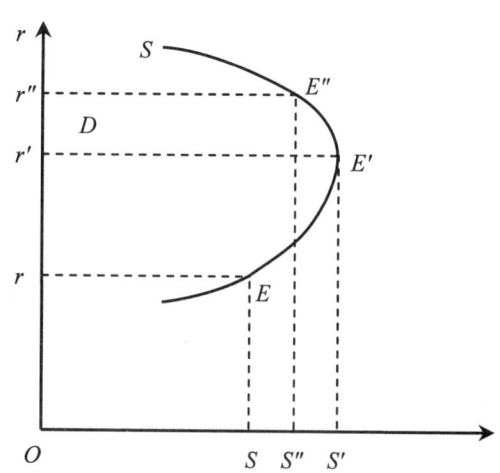

图4-13 利率与储蓄曲线的关系

表 4-2 利率上升的价格效应

	收入效应	替代效应	价格效应
当期消费	正	负	负/正
未来消费	正	正	正

附录

斯勒茨基替代效应及斯勒茨基方程

希克斯（Hicks）替代效应和斯勒茨基（Slutsky）替代效应分别以两位经济学家希克斯和斯勒茨基的名字命名。前文讨论的替代效应都属于希克斯替代效用。接下来我们分析斯勒茨基替代效应，并与希克斯效应进行比较，在此基础上讨论斯勒茨基方程。

1. 两种替代效应的比较

希克斯替代效应指的是在商品价格变动后，维持原效用水平的情况下，商品需求量的变化。斯勒茨基替代效应指的是在商品价格变动后，使用购买原商品组合所必须付出的货币收入情况下，对商品需求量的变化[①]。

如图 4-14 所示，商品 Y 的价格不变，商品 X 的价格下降前，消费者的均衡商品组合处于 A 点（I_0 与 U_0 的切点），消费者购买 X_0 数量的商品 X；商品 X 的价格下降后，消费者的均衡商品组合移动到 B 点（I_1 与 U_2 的切点），消费者购买 X_1 数量的商品 X。

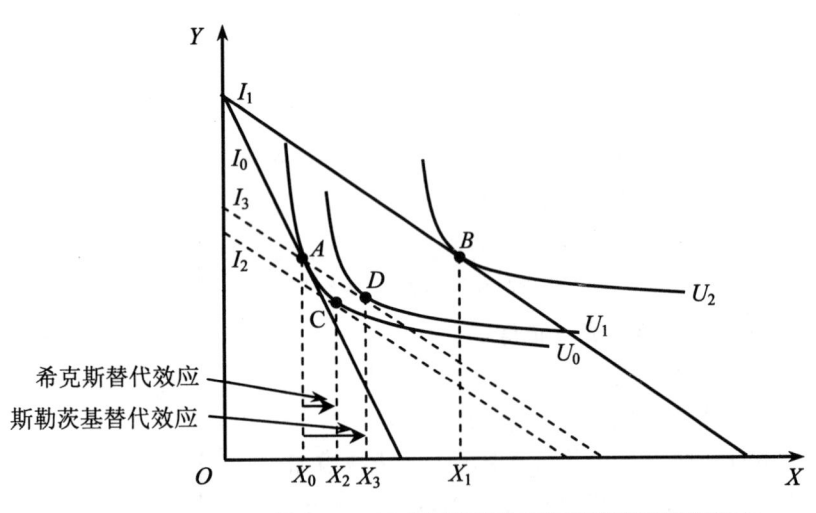

图 4-14　希克斯替代效应与斯勒茨基替代效应

价格变动的总效应使商品 X 的需求量增加了 (X_1-X_0)，这其中包括了替代效应和收入效应的作用。

先考虑希克斯替代效应。希克斯替代效应中，要保持商品 X 价格变化前的效用水平不变，即仍为 U_0。画一条与预算线 I_1 平行且与无差异曲线 U_0 相切的预算线 I_2，预算线 I_2 与无差异曲线 U_0 相切于 C 点，即消费者均衡点为 C 点，希克斯替代效应的作用使商品 X 的

[①] 我们可以看到，希克斯替代效应中，消费者花费的货币收入是能够保持原效用水平的货币量；而斯勒茨基替代效应中，消费者花费的货币收入是能够购买原商品组合的货币量。

需求量增加了 $(X_2 - X_0)$。

再来考虑斯勒茨基替代效应。斯勒茨基替代效应中，应使消费者在新的价格下能够购买商品 X 价格变化前的商品组合（即图中 A 点处的商品组合）。通过画一条过 A 点且与 I_1 平行的预算线 I_3，则存在一条与预算线 I_3 相切的无差异曲线，即图中的无差异曲线 U_1。U_1 是在预算线 I_3 约束下消费者能够达到的最大效用曲线，它位于无差异曲线 U_0 之上[①]、无差异曲线 U_2 之下。此时，消费者的均衡点为 D 点，斯勒茨基替代效应的作用使商品 X 的需求量增加了 $(X_3 - X_0)$。因为 $(X_3 - X_0)$ 大于 $(X_2 - X_0)$ 且变化方向相同，所以斯勒茨基替代效应要大于希克斯替代效应。

2. 斯勒茨基方程

下面我们用数学方法来讨论斯勒茨基方程（Slutsky equation）。

令消费者的货币收入为 I；商品 X 价格变动前的价格为 P'_X，变动后的价格为 P'_X；商品 Y 的价格不变，为 P_Y。

商品 X 降价前，价格水平为 (P_X, P_Y)，均衡商品组合为 (x_0, y_0)，支付的货币收入为：

$$I = P_X \cdot x_0 + P_Y \cdot y_0 \tag{4-7}$$

价格变动后，价格水平为 (P'_X, P_Y)，要使消费者仍然能够购买商品组合 (x_0, y_0)，则支付的货币收入应为：

$$I' = P'_X \cdot x_0 + P_Y \cdot y_0 \tag{4-8}$$

那么，如果要在价格变动后仍然保持消费者购买力不变（即保持能够正好购买原商品组合的货币收入），货币收入的变化量应为式（4-7）减去式（4-8），得：

$$\Delta I = x_0 \cdot (P_X - P'_X) \tag{4-9}$$

斯勒茨基替代效应就是在预算约束分别为 I' 和 I 的情况下，商品 X 的价格从 P_X 变为 P'_X 时，消费者对商品 X 需求量的变化。令 $X(P_X, P_Y, I)$ 表示商品 X 价格变动前货币收入为 I 时对商品 X 的需求量，$X(P'_X, P_Y, I')$ 表示商品 X 价格变动后货币收入为 I' 时对商品 X 的需求量，那么，斯勒茨基替代效应 ΔX^S 为：

$$\Delta X^S = X(P'_X, P_Y, I') - X(P_X, P_Y, I) \tag{4-10}$$

斯勒茨基收入效应就是在商品 X 的价格变化以后，即在价格水平为 (P'_X, P_Y) 的前提下，消费者的收入从 I' 变化到 I 时对商品 X 需求量的变化。令 $X(P'_X, P_Y, I)$ 表示商品 X 价格变动后货币收入为 I 时对商品 X 的需求量，那么，斯勒茨基收入效应 ΔX^I 为：

$$\Delta X^I = X(P'_X, P_Y, I) - X(P'_X, P_Y, I') \tag{4-11}$$

根据式（4-10）和式（4-11），价格变动的总效应 ΔX 应为：

$$\begin{aligned} \Delta X &= \Delta X^S + \Delta X^I \\ &= \left[X(P'_X, P_Y, I') - X(P_X, P_Y, I) \right] + \left[X(P'_X, P_Y, I) - X(P'_X, P_Y, I') \right] \\ &= X(P'_X, P_Y, I) - X(P_X, P_Y, I) \end{aligned} \tag{4-12}$$

[①] 在无差异曲线凸向原点的情况下，由于预算线 I_3 与无差异曲线 U_0 相割，可知与 I_3 相切的无差异曲线一定位于 U_0 之上。

式（4-12）就称为斯勒茨基方程或斯勒茨基等式。斯勒茨基方程的作用在于它将价格变动的总效应分解为替代效应和收入效应。

当商品 X 价格下降时，ΔX^S 总是正值，即商品 X 的需求量总是增加的；ΔX^I 的符号是不确定的。当商品 X 是正常商品时，ΔX^I 也取正值，则总效应 ΔX 的值是正的；当商品 X 是非吉芬商品的劣质商品时，ΔX^I 取负值，但 ΔX^I 的绝对值小于 ΔX^S，则总效应 ΔX 的值也是正的；当商品 X 是吉芬商品时，ΔX^I 取负值，并且 ΔX^I 的绝对值大于 ΔX^S，则总效应 ΔX 的值是负的①。如果商品 X 的价格上升，分析结果正好与上述相反。

本章结束语

本章首先由消费者效用最大化均衡点出发，推导得到与某种商品不同价格水平相联系的消费者效用最大化的均衡点的轨迹，即价格—消费曲线，并由价格—消费曲线出发，进一步推导出消费者的需求曲线，消费者的需求曲线一般是向右下方倾斜的。其次，由消费者效用最大化均衡点出发，得到与消费者不同收入水平相联系的消费者效用最大化的均衡点的轨迹，即收入—消费曲线，并由收入—消费曲线出发，进一步推导出恩格尔曲线。再次，说明商品价格变动的总效用分为替代效应和收入效应两部分，任何商品的替代效应与价格都呈反向变动关系，正常商品的收入效应与价格呈反向变动关系，而劣质商品的收入效应与价格呈同向变动关系。于是，对正常品来讲，总效应与价格呈反向变动关系，即正常品需求曲线向右下方倾斜；对于劣等品来讲，大多数劣等品的替代效应大于收入效应，总效应与价格呈反向变动，需求曲线也向右下方倾斜，但是对于劣等商品中的吉芬商品而言，它们的替代效应小于收入效应，导致吉芬商品的总效应与价格呈同向变动关系，其需求曲线向右上方倾斜。最后，本章还介绍了税收对消费者选择的影响及消费者的跨时期选择。

关键词： 价格—消费曲线　收入—消费曲线　替代效应　收入效应　跨时期选择

复习思考题

1. 解释以下概念：价格—消费曲线；收入—消费曲线；恩格尔曲线；恩格尔系数；恩格尔定律；收入效应；替代效应；吉芬商品。

2. 利用价格—消费曲线推导需求曲线。

3. 假设某一典型消费者对两种商品 X、Y 的效用函数是 $TU=X_2Y_2$，其收入为 500 元，商品价格为 $P_X=2$ 元，$P_Y=5$ 元，请回答以下问题：

（1）消费者 A 对两种商品的最优购买量。

（2）如果消费者 A 缴纳 100 元给某个公共组织用于改善社会生产条件，使 X 商品价格降为 1 元，它的缴费是否合理？

---

① 注意，因为对替代效应和收入效应的定义的区别，这里的正常商品与劣质商品的范围与希克斯价格效应中定义的范围有所不同；吉芬商品的定义是一致的。

（3）计算在维持消费者 A 的收入 500 元不变时，由于 X 价格从 2 元降低到 1 元时的收入效应和替代效应。

4. 一个消费者，最初他是一个储蓄者，并且即使利率下跌后，他仍然是一个储蓄者。在利率变动后，这个消费者境况是变好还是变坏？如果这个消费者在利率变动后转变为一个借款者，他的境况是变好还是变坏？

第五章

生产者均衡

> ◇ **内容提要** ◇
>
> 本章和下章将分析供给曲线背后的生产者行为,并从对生产者行为的分析中推导出供给曲线。一个以追求最大利润为目标的厂商,必将以最低成本的生产要素组合,即以最佳要素投入组合来进行生产。所以,分析生产者行为,首先考察厂商如何组织资源,投入要素,进行生产。本章介绍厂商生产理论,下一章将在此基础上讨论厂商成本理论。

案例 5.1 分工与专业化

亚当·斯密在其名著《国民财富的性质和原因的研究》中根据他对一个扣针厂的参观描述了一个例子。斯密所看到的工人之间的专业化和引起的规模经济给他留下了深刻的印象。他写道:

"一个人抽铁丝,另一个人拉直,第三个人截断,第四个人削尖,第五个人磨光顶端以便安装圆头;做圆头要求有两三道不同的操作;装圆头是一项专门的业务,把针涂白是另一项;甚至将扣针装进纸盒中也是一门职业。"

斯密说,由于这种专业化,扣针厂每个工人每天生产几千枚针。他得出的结论是,如果工人选择分开工作,而不是作为一个专业工作者团队,"那他们肯定不能每人每天制造出 20 枚扣针,或许连一枚也造不出来"。换句话说,由于专业化,大扣针厂可以比小扣针厂实现更高的人均产量和每枚扣针更低的平均成本。

斯密在扣针厂观察到的专业化在现在经济中普遍存在。例如,如果你想盖一个房子,你可以自己努力去做每一件事。但大多数人找建筑商,建筑商又雇佣木匠、瓦匠、电工、油漆工和许多其他类型工人。这些工人专门从事某种工作,而且,这使他们比作为通用型工人时做得更好。实际上，运用专业化实现规模经济是现代社会像现在一样繁荣的一个原因。

资料来源：曼昆著．经济学原理（微观经济学分册）（第 6 版），第 278 页

第一节 企业的目标

在西方经济学中，生产者称为企业或厂商，它是能够做出统一生产决策的生产商品或劳务的经济单位。

一、生产与企业的定义

生产是指把投入变为产出的行为。企业进行生产的过程就是从生产要素的投入到产品的产出的过程。生产要素的类型一般被划分为以下四种：
- 劳动（L）：指人类在生产过程中提供的体力和智力的总和。
- 土地（N）：包括土地和地上、地下的一切自然资源。
- 资本（K）：包括资本品（实物形态）和货币资本（货币形态）。
- 企业家才能（E）：指企业家组织建立和经营管理企业的才能。

但在生产函数的分析中，经常要考虑的是资本和劳动两个要素。这里所说的产出是指生产出来的商品或劳务，在分析生产理论时，产出也常常被称做产量或产品。

企业就是指实现投入变为产出的行为者。需要说明的是，这里所说的企业是提供商品和劳务的主体，作为市场上的供给者，不仅从事生产活动，也从事销售活动。这意味着生产和销售两个过程是合在一起的，统称为产品的供给。另外，企业是能够独立作出决策的经营单位，其决策主要以市场情况作为依据。

企业的规模可大可小，可以拥有几百万亿元资产和几十万工人，也可以只有几千元资产和几个人甚至一个人；企业的形式是多种多样的，可以是工厂、农户、银行，也可以是医院、学校。总之，它是指一个能够作出独立决策行为的经济组织。

二、企业的目标

为了理解企业所作的决策，我们必须了解他们想要做什么。可以想象，企业主开办企业可能是出于以下几方面的考虑：为世界提供相应的商品，来满足他人的需要；企业主对他所从事的行业的热爱；更加可能的情况是企业主仅仅是为了赚钱。西方经济学家通常假设，企业的目标是利润最大化，而且，他们发现这个假设在大多数情况下都能很好地发挥作用。

显然，利润最大化是一个合理的、基本接近于现实的假定。只不过经济学家作出这样

的假定,并不意味着企业在任何情况下(特别是在短期)都总是力图使利润最大化,而是指企业在长期内使折算为现值的利润达到最大限度。尽管现代公司的发言人常常声称,利润并非他们所追求的唯一目标,比如,树立一个良好的有益于社会的雇主形象,增加或至少保持市场的占有份额等,同样是企业所追求的目标。但是,只要看到这些目标不过是争取长期利润的手段,那么,利润最大化仍然可以看作是符合现实的假定。

当然,获取利润一般需要时间和精力,如果企业的所有者同时也是管理者,他们有时或许为了闲暇而宁愿牺牲利润。在这种场合,假定这些所有者像消费者一样追求效用最大化则是更确切的,因为效用是他们的利润和闲暇的函数。

经济学家之所以对利润最大化的企业理论感兴趣,是由于它为希望使利润最大化的企业提供了行为准则。即使一个企业不想使利润最大化,这一理论也可以说明该企业由于采取某种行为会带来多大损失。在下面的分析中,我们仍然使用企业生产的目标是追求利润最大化这一基本假设。

第二节 企业的本质

一、企业的组织形式

企业主要有三种组织形式:个人企业、合伙制企业和公司制企业。

个人企业是单个人独资经营的企业组织。个人企业是历史上最早出现的企业制度形式,也是企业组织最传统、最简单的形式,业主拥有企业完整的所有者权利和绝对的经营权威。个人企业决策自由灵活,因为规模小而易于管理。但个人企业往往受个人财产和管理能力的限制,较难持续、快速地发展。

合伙制企业是指由两个以上的人合资经营、共负盈亏的企业组织。大多数合伙制企业都以协议的形式规定合资人的责任和利益。同个人企业相比,合伙制企业规模较大,分工和专业化得到加强,但由于多人参与管理,不利于协调,合伙人之间缺乏稳定性,在一定程度上仍限制了生产的进一步发展。

公司制企业也叫股份制企业,是按照法律程序建立和经营的具有法人资格的企业组织,是现代企业最重要的组织形式。公司由股东(即出资者)所有,公司的控制权归董事会监督下的总经理,所有权与管理权分离。与前两种企业相比,公司有利于筹集大量资金,且风险相对分散。公司制企业资金雄厚,有利于实现规模生产,也有利于进一步强化分工和专业化;而且公司的组织形式相对稳定,有利于生产的长期发展。但公司组织往往可能由于规模庞大,且所有权与管理权分离,给内部的管理和协调带来一定的困难。

表 5-1　企业的组织形式及优缺点

企业类型	优点	缺点
个人企业	容易建立 决策过程简单 只交个人所得税	决策不受约束 所有者承担无限责任 企业随所有者的死亡而结束
合伙制	容易建立 决策多样化 合伙人退出仍可存在 只交个人所得税	形成统一意见困难 所有者承担无限责任 合伙人退出引起资本短缺
公司制	所有者承担有限责任 筹资容易 所有权和管理权分离	管理体系复杂、决策缓慢 要交公司所得税和个人所得税

二、企业的本质

交易成本是企业围绕着交易所产生的成本。如：企业签约，监督和执行契约的成本，企业签约时面临的偶然因素所带来的损失。这些偶然因素太多而无法写入契约。

企业作为生产的一种组织形式，在一定程度上是为降低交易成本而对市场的一种替代。市场上的交易成本较高，企业可使市场交易内部化。有的交易在企业内部进行成本更低，也就是企业有着降低交易成本的作用。同时，有些交易必须在市场上进行，因为交易成本更小。不完全信息使得不确定性和信息不对称存在，从而导致了生产交易成本，进而使市场和企业并存。

市场的优势：（1）规模经济和降低成本；（2）提供中间产品的中间供应商面临着众多的厂商需求者，所以销售额比较稳定；（3）中间产品供应商之间的竞争迫使其努力地降低成本。

企业的优势：（1）企业自己生产部分中间产品，降低部分交易成本；（2）某些特殊的专业化设备必须在内部专门生产；（3）企业长期雇佣部分专业人员比从市场上购买相应的产品或服务更有利。

但是，企业在运行过程中，由于信息不对称等原因，企业会产生内部特有的交易成本：企业内部的多种契约、监督和激励机制需要成本；企业规模过大导致信息传递过程中的缺损；隐瞒信息、制造虚假信息等。所以，企业的扩张是有限的。企业扩张的界限是：内部交易成本=市场交易成本。

第三节 生产函数与技术

生产者行为理论是由生产理论与成本理论构成的,前者用来说明投入与产出之间的物质技术关系,后者用来说明厂商的成本与收益之间的经济关系。生产函数就是用来说明投入与产出之间的物质技术关系的。

一、生产函数的概念

我们先给出生产函数的概念,并对具体形式的生产函数举例分析。在了解技术与投入的基础上,考察短期生产函数与长期生产函数的划分原则。

1. 生产函数的定义

生产函数(production function)是指每个时期内所使用的各种生产要素投入的数量与该时期内所能生产的某种商品的最大量之间的关系。更具体地说,生产函数是表示从不同的生产要素组合中所能取得的最大产量的图表或公式。生产函数概括了一定时点上现有的技术的性质,从而表明了厂商必须加以考虑的技术限制。

在生产过程中投入的生产要素多种多样,我们在上节中将其概括为劳动、资本、土地和企业家才能。用 Q 表示产量,L 表示劳动,K 表示资本,N 表示土地,E 表示企业家才能,则生产函数可表示为:

$$Q = f(L, K, N, E) \tag{5-1}$$

为了分析简便,现假设投入的生产要素只有劳动(L)和资本(K)两种,这时,生产函数就为:

$$Q = f(L, K) \tag{5-2}$$

关于生产函数应注意以下三点:第一,生产函数说明某一时期投入的生产要素流量和产出的产品流量之间的关系,它是从某个特定时期来考察的,如果时期不同,生产函数也可能不同;第二,一种生产函数取决于一定的技术水平,如果技术水平提高了,用同样的生产要素投入量可以生产出更多的产量,生产函数将随之改变;第三,要生产一定数量的产品,生产要素投入量的比例通常是可以变动的。

2. 具体的生产函数举例

A. 固定投入比例生产函数

固定投入比例生产函数是指在每一个产量水平上任何一对要素投入量之间的比例都是固定的生产函数。假定生产中只使用劳动(L)和资本(K)两种生产要素,则固定投入比例生产函数通常写为:

$$Q = \text{Min}\left(\frac{L}{U}, \frac{K}{V}\right)$$

其中，Q 表示一种产品的产量，U 和 V 分别为固定的劳动和资本的生产技术系数，各表示生产一单位产品所需的固定的劳动的投入量和资本的投入量。该生产函数表示：产量 Q 取决于 $\frac{L}{U}$ 和 $\frac{K}{V}$ 这两个比值中较小的一个。这是因为 Q 的生产被假定为必须按照 L 和 K 之间的固定比例进行，当一种生产要素数量固定时，另一种生产要素数量再多，也不能增加产量。

该生产函数一般又假定劳动（L）和资本（K）两种生产要素都满足最小的要素投入组合的要求，则有：

$$Q = \frac{L}{U} = \frac{K}{V}$$

即 $\frac{K}{L} = \frac{V}{U}$。

上式表示两种生产要素的固定投入比例等于两种生产要素的固定生产技术系数之比。就固定投入比例生产函数而言，当产量发生变化时，各要素的投入量以相同的比例发生变化，故各要素的投入量之间的比例维持不变。

B. 柯布—道格拉斯生产函数

柯布—道格拉斯生产函数是由数学家柯布和经济学家道格拉斯于 20 世纪 30 年代初共同提出的。该生产函数的一般形式为：

$$Q = AL^{\alpha}K^{\beta}$$

其中，A、α、β 均为参数，$0<\alpha<1$，$0<\beta<1$。

参数 α、β 的经济含义是：

（1）当 $\alpha+\beta=1$ 时，α、β 各表示劳动和资本在生产过程中的相对重要性，α 为劳动所得在总产量中所占份额，β 为资本所得在总产量中所占份额。

（2）根据 α、β 之和，判断规模报酬。当 $\alpha+\beta>1$，则为规模报酬递增；当 $\alpha+\beta=1$，则为规模报酬不变；当 $\alpha+\beta<1$，则为规模报酬递减。

3. 技术系数

由上述生产函数可见，不同产品的生产可能需要不同的要素配合比例，这种比例被称为技术系数（technological coefficient）。不同产品生产的技术系数是不同的。如果生产某种产品所要求的各种生产要素的配合比例是可以改变的，那么，它的生产函数就是具有可变技术系数的生产函数。如果生产某种产品所要求的各种生产要素的配合比例是不能改变的，那么，生产函数就是具有固定技术系数的生产函数。一般地，生产过程中各种生产要素的配合比例是可以变动的。

需要注意的是，生产函数的前提条件是一定时期内既定的技术水平。任何一个厂商都只能在现有的技术水平所允许的范围内进行活动，一旦生产技术水平变化，原有生产函数就会变化，从而形成新的生产函数。

4. 短期与长期

生产有短期和长期之分。在生产的特定时期内如果至少有一种生产要素的投入量保持不变，厂商只能变动一部分投入要素，这段生产期间被称为短期（short run）。在生产的一个足够长的时期，厂商能够变动所有的要素投入，这段足够长的时间期被称为长期（long run）。长期只有可变要素投入而没有不变要素投入。一般来说，由于厂商的工厂和设备是最难以迅速改变的生产要素，所以，短期通常被定义为厂商的工厂和设备固定不变的时期。而所谓在长期内，厂商可以根据外部环境的任何变化对各种生产要素的投入量作出全面的调整。

显然，生产的长短期之分并不是指一段规定时间，不同行业、不同企业可使所有投入要素变动的时间长短不同。所以，经济分析中的长短之分是以能否变动所有投入要素为划分依据的。因此，生产函数依据生产过程长短不同而具有不同的表现形式，即短期生产函数和长期生产函数。

二、短期生产函数

在短期内，我们假定资本作为一种不变投入要素，通过分析具有可变技术系数的生产函数，介绍生产函数的有关概念。

1. 短期生产函数的概念

厂商在一定技术条件下用劳动和资本生产一种产品，厂商的可变投入只有劳动，资本为不变投入，此时短期生产函数可写成：

$$Q = f(L, \overline{K}) \tag{5-3}$$

式中，Q 表示产量，L 表示劳动，$\overline{K}$ 表示资本。式（5-3）考查的就是只有一种可变投入的生产函数，借助它来讨论投入与产出的关系。

2. 总产量、平均产量和边际产量

首先我们要说明总产量 TP、平均产量 AP 和边际产量 MP 这三个概念。

在一定技术条件下，一种投入或生产要素的总产量（total product）就是从一定量该种生产要素中所获得的产量的总和。对于式（5-3）而言，资本的投入量不变，用 TP 表示劳动的总产量，则：

$$TP = Q = f(L, \overline{K}) \tag{5-4}$$

劳动的平均产量（average product）指平均每个单位劳动所生产的产量，等于劳动生产的总产量除以劳动的投入量。用 AP 表示劳动的平均产量，则：

$$AP = \frac{TP}{L} = \frac{f(L, \overline{K})}{L} \tag{5-5}$$

每增加一单位劳动所引起的总产量变动,被称为劳动的边际产量(marginal product),用 MP 表示,则:

$$MP = \frac{\Delta TP}{\Delta L} \tag{5-6}$$

如果劳动数量可以无限分割,当总产量函数为连续函数且可以求导时,则边际产量可写为:

$$MP = \lim_{\Delta L \to 0} \frac{\Delta TP}{\Delta L} = \frac{\mathrm{d}TP}{\mathrm{d}L} \tag{5-7}$$

一条简单的短期生产函数可通过设定的生产函数的列表和生产函数曲线进行分析。在资本投入固定不变时,投入不同量的劳动所得到的总产量、平均产量和边际产量,如表5-2所示。

表5-2 只有劳动作为可变投入时的生产函数举例

劳动量	总产量（TP）	平均产量（AP）	边际产量（MP）
0	0	0	0
1	8	6	8
2	20	10	12
3	36	12	16
4	48	12	12
5	55	11	7
6	60	10	5
7	60	8.6	0
8	56	7	-4

根据表中变量间的对应关系可以绘制出短期生产函数曲线,即总产量曲线、平均产量曲线和边际产量曲线,如图5-1所示。

案例5.2 在土地上施肥量越多越好吗

早在1771年英国农学家杨格就用在若干相同的地块上施以不同量肥料的实验,证明了肥料施用量与产量增加之间存在着这种边际产量递减的关系。这不是偶然的现象而是经验性规律。假如农民在一亩土地上撒一把化肥能增加产量1公斤,撒两把化肥增产3公斤,但一把一把化肥的增产效果会越来越差,过量的施肥量甚至会导致土壤板结、粮食减产。边际产量递减规律是从社会生产实践和科学实验中总结出来的,在现实生活的绝大多数生产过程中都是适用的。如果是边际产量递增,那么全世界有一亩土地就能养活全世界所有的人,那才是不可思议的了。

用两种(或两种以上)生产要素相结合生产一种产品时,如果其中一种要素是可以变动的,那么,在其他条件不变的情况下,随着这一可变要素连续地等量增加,其边际产量开始会出现递增的现象,但在达到一定数量后,会呈现递减现象。这就是经济学中著名的边际产量递减规律。边际产量递减规律提示我们，在一定的条件下，高投入未必带来高产出，因此要注意投入的合理限度，寻找最佳的投入数量。在现实生活中边际产量递减的例子很多，目前我国的就业压力很大，其实也是这个规律作用的结果，如果是边际产量递增我们就不会有失业问题了。

摘自 blog.sina.com.cn

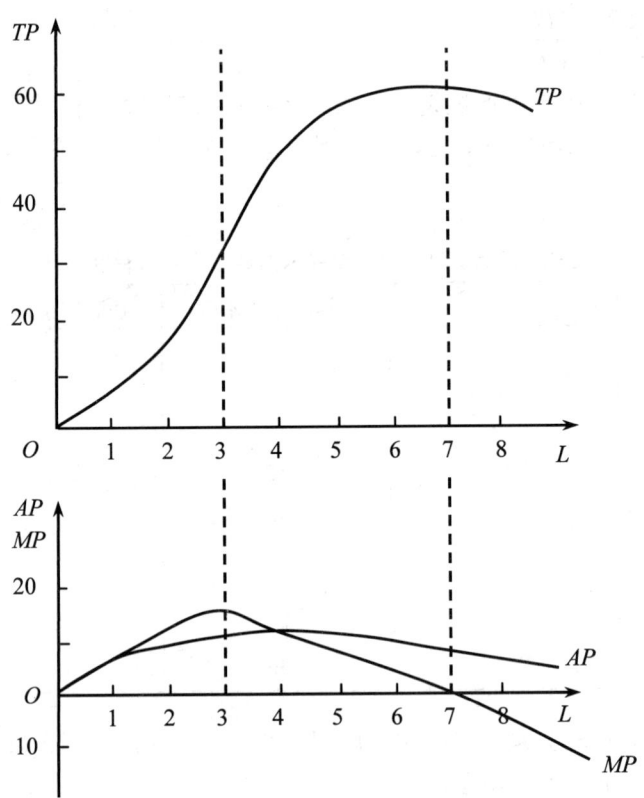

图 5-1　劳动的总产量、平均产量和边际产量

3. 边际报酬递减规律

由表 5-2 和图 5-1 可以清楚地看到，对只有一种可变投入的生产函数来说，边际产量具有最终下降的特征，即具有边际报酬递减的特征。就是说，在其他要素投入量保持不变的情况下，如果连续追加相同数量的某种生产要素，其产量的增量在达到某一点后会下降，即可变生产要素的边际产量会递减，对一种可变生产要素的生产函数来说，边际产量表现出先上升而最终下降的规律。这就是边际报酬递减规律。从图 5-1 中可以看出，当劳动的投入量达到 3 单位后，劳动的边际产量开始下降。

边际报酬递减规律存在的原因是：随着可变要素投入量的增加，可变要素的投入量与固定要素的投入量之间的比例在发生变化。在可变要素的投入量增加的最初阶段，相对于固定要素的投入量来说，可变要素的投入量过少，因此，随着可变要素投入量的增加，其边际产量递增，当可变要素投入量与固定要素投入量的配合比例恰当时，边际产量达到最大。如果再继续增加可变要素的投入量，由于其他要素的数量是固定的，可变要素就相对过多，于是边际产量就必然递减。也就是说，在产品的生产过程中，不变要素投入和可变要素投入之间存在着一个最佳组合比例。由于不变要素投入量总是存在的，随着可变要素投入量逐渐增加，生产要素的组合逐渐接近最佳组合比例，可变要素的边际产量递增。生产要素的组合达到最佳组合比例时，可变要素的边际产量达到最大值。此后，随着可变要素投入量继续增加，生产要素的组合逐渐偏离最佳组合比例，可变要素的边际产量递减。

边际报酬递减规律决定了边际产量曲线呈先升后降的特征。

关于边际报酬递减规律应说明以下几点：第一，该规律只是一个经验的概括，而不是物理学或生物学规律的推演，但它对于现实中大多数生产函数都是适用的；第二，这一规律以技术不变为假定前提，它不能预示在技术变化时增加一单位生产要素所产生的影响；第三，它假定至少有一种生产要素或投入的数量保持不变，它不适用于所有的生产要素按相同比例增加时的情况；第四，当然，改变所使用的生产要素的比例必须是可能的，或者说，生产函数的技术系数必须是可变的。

案例 5.3   中国人养活自己靠的是农业技术进步

边际产量递减规律早在 18 世纪就由经济学家提出，有人把这一规律应用到农业领域却描述出一幅人类前景悲惨的画面来：因为耕地等自然资源毕竟是有限的，要增产粮食最终只能依靠劳动力的增加，但边际产量递减规律表明，劳动力投入带来的边际粮食产量递减，于是人口不断增长的必然结果是，人类不能养活自己。无独有偶，1994 年，一位叫莱斯特·布朗的人重复类似悲观的预言，发表了一本题为《谁来养活中国》的小册子，宣称人口众多的中国将面临粮食短缺，进而引发全球粮价猛涨的危机。杞人忧天的布朗是否知道袁隆平的名字，他利用科学技术发明了杂交水稻，使每亩单产达到了 405 公斤，小麦从 50 公斤提高到目前的 700 公斤。中国有出色的农业科学家，中国人养活自己靠的是农业技术进步。布朗先生实在是用错了边际产量递减规律。要记住边际产量递减规律是有条件的。

著名经济学家克拉克较早地发现了这一规律，他曾指出，"知识是唯一不遵守效益递减规律的工具"。如美国微软公司为开发第一套视窗软件投入了 5000 万美元，其额外生产上千万套只需复制即可，成本几乎可以不计，但仍能以与第一套同样的价格发行，这样，在新经济部门，就出现了不同于传统产业部门的"边际效益递增"的情况。

边际产量递减规律适用的条件是在技术水平不变的情况下（其他条件不变），随着这一可变要素连续地等量增加，其边际产量开始会出现递增的现象，但在达到一定数量后，会呈现递减现象。如果技术等其他条件发生了变化，由于信息等高科技产业以知识为基础，而知识具有可共享、可重复使用、可低成本复制、可发展等特点，对其使用和改进越多，其创造的价值越大，"边际效益递增"。这一观点是对新古典微观经济学的巨大挑战。

资料来源：梁小民主编．西方经济学

4. 平均产量、边际产量与总产量的关系

上述可变要素的边际产量、平均产量和总产量之间的关系可通过几何测定的方法得到说明。图 5-2 所描述的是一条相对于一个可变要素比如劳动的总产量曲线。我们先来看劳动的边际产量是如何测定的。曲线上任何一点的斜率(即该点的切线的斜率)为 $\dfrac{\mathrm{d}TP}{\mathrm{d}L}$,这就是劳动在该点的边际产量值。所以,我们可以通过计算总产量曲线上任一点的切线的斜率,来测定相对于该点的可

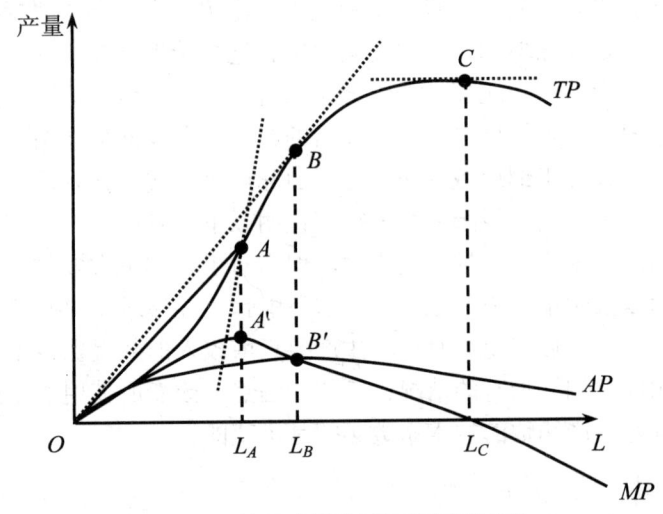

图 5-2　边际产量和平均产量的测定

变要素的边际产量。例如,TP 曲线上 A 点的斜率最大,此时边际产量也达到最大值,即 TP 曲线上 A 点的斜率值;TP 曲线上 C 点的斜率为零,边际产量此时也为零。

下面再来看劳动的平均产量是如何测定的。既然可变要素的平均产量等于总产量除以可变要素的投入量,即 $\dfrac{TP}{L}$。所以,平均产量就等于该点连接原点的直线的斜率。例如,对于 TP 曲线上的 A 点,直线 OA 的斜率就是 A 点的平均产量;TP 曲线上通过 B 点连接 O 点所得的直线的斜率最大,即此时劳动的平均产量达到最大值。

从以上分析中可以得出三点结论:(1)总产量曲线上通过 A 点的切线最陡,其斜率最大,这意味着当劳动的投入量为 L_A 时,其边际产量最高;在总产量曲线上的 C 点,其切线的斜率等于零,这表明当劳动的投入量为 L_C 时,边际产量为零,总产量最大。(2)在连接原点与总产量曲线上的某一点的直线中,直线 OB 的斜率最大,所以在 B 点,平均产量最高。(3)直线 OB 和 B 点的切线重合,即两线的斜率相等,这表明在 B 点上,劳动的边际产量与平均产量相等[①]。

5. 可变要素使用量的合理区间

为了确定一种可变要素的合理使用量,经济学家习惯上把可变要素投入量与产量的变化分为三个阶段,如图 5-3 所示。

第 I 阶段是劳动量从零到 L_1,这一阶段内,劳动的平均产量是递增的。因为劳动的边际产量均高于平均产量,显然,此时进一步扩大可变要素的投入量从而使产量扩大是有利可图的,至少到平均产量达到最高点 L_1 时为止。也就是说,可变要素投入增加至平均产量

---

① 也就是说,当平均产量最大时,边际产量与平均产量相等。这表明了一个简单的数学理论:如果总量的增量(即边际量)大于平均量,平均量将增加;如果总量的增量小于平均量,平均量将减少。

达到最大。在此阶段，总产量和平均产量都是递增的，所以理性的生产者不会选择减少这一阶段的劳动投入量，而会继续增加劳动投入量。

第Ⅱ阶段是劳动量从 L_1 到 L_2，平均产量开始递减至边际产量为零。这一阶段内，劳动的边际产量低于平均产量，但边际产量仍是正的。此时因为劳动的平均产量开始下降，但由于劳动的边际产量大于零，总产量仍然增加。劳动量为 L_2 时，总产量达到最大。

第Ⅲ阶段是劳动量大于 L_2，总产量开始递减，边际产量为负。这一阶段内，劳动的

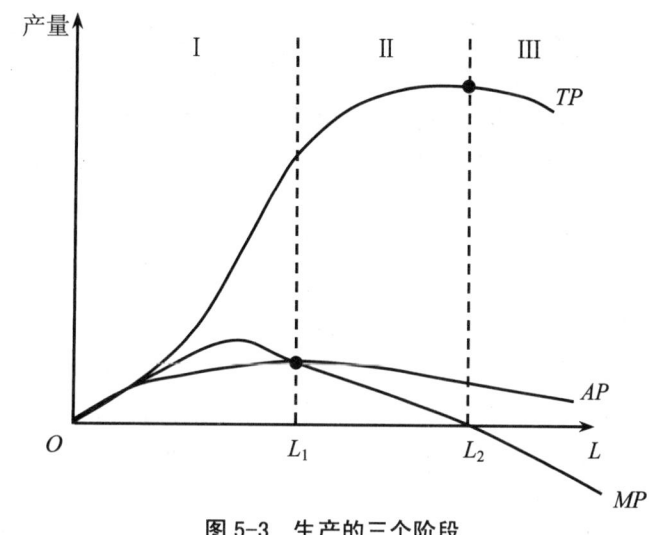

图 5-3　生产的三个阶段

边际产量小于零，此时的总产量、平均产量和边际产量都是下降的。所以理性的生产者不会选择增加这一阶段的劳动投入量，而是会减少劳动投入量。

第Ⅰ阶段内，只要生产要素的价格和产品的价格给定不变，一个有理性的生产者通常不会把可变要素的投入量限制在这一阶段内。同样地，一个有理性的生产者也不会在第Ⅲ阶段进行生产，这意味着相对于固定要素来说，可变要素的投入量过多了，即使其费用为零，增加其使用量也有害无利。在这种情况下，厂商减少其可变要素的投入量，反而会使总产量扩大。只有第Ⅱ阶段，才是可变要素投入量的合理区间，在这一阶段，厂商可以投入较多的劳动获得更多的收益，避免投入过多的劳动而产生不必要的损失，存在利润最大化的可能性。当然，一个有理性的生产者究竟将其可变投入的使用量具体确定在这一区间的哪一点上，则要根据产品价格和要素价格水平而定。

三、长期生产函数

1. 两种可变生产要素的生产函数

在生产理论中，通常以两种可变生产要素的生产函数来考察长期生产。假定生产者使用劳动和资本两种可变生产要素生产一种产品，则两种可变生产要素的长期生产函数可以写为：

$$Q=f(L,K) \tag{5-8}$$

2. 等产量曲线

一个既定的产量可以用两种要素的不同组合生产出来。因此，两种可变投入的生产函数也可以用一组等产量曲线来表示。

厂商生产某一数量的产品时，两种生产要素可以相互替代。这样，为生产一定产量的产品，厂商可对两种生产要素进行不同数量的组合。等产量曲线（isoquant curve）是指在技术水平不变条件下，生产同一产量的两种可变生产要素投入量的各种不同组合的轨迹。等产量曲线分析方法与需求理论中的无差异曲线分析方法类似，不同的是等产量曲线代表生产函数，反映的是投入产出的物质技术关系。

以常数 Q^* 表示既定的产量水平，则与等产量曲线对应的生产函数为：

$$Q^* = f(L,K) \tag{5-9}$$

如图 5-4 中，纵轴表示资本 K，横轴表示劳动 L，K 与 L 都是可变要素，图中的三条曲线分别代表可生产出 Q_0、Q_1 和 Q_2 单位产量的劳动与资本的各种有效的组合。每一条等产量曲线上任何一点所表示的要素投入组合所产出的产品数量相等。例如，Q_0 上的 A 点与 B 点相比，要素投入组合分别为 (L_1, K_1)；(L_2, K_2)，但产出量相等，都为 Q_0。

3. 等产量曲线的特征

第一，等产量曲线通常向右下方倾斜，其斜率为负。这是因为等

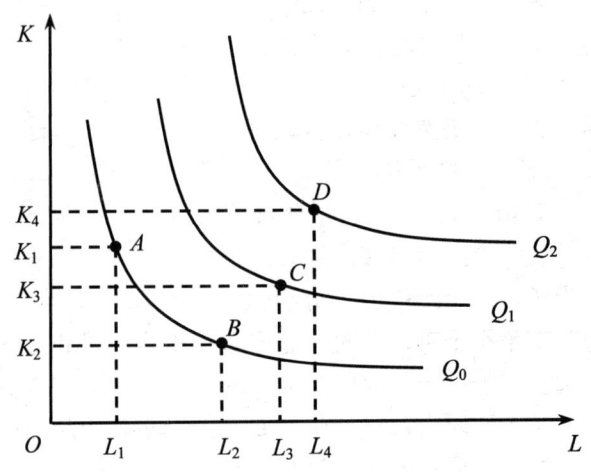

图 5-4　等产量曲线图

产量曲线上的每一个点通常都代表着能生产同一产量的两种要素的有效组合，这意味着增加一单位某种要素的使用量，要保持产量不变，就必须相应地减少另一种要素的投入量，如果不是这样的话，则说明这一点所代表的投入组合是无效率的。

第二，同一等产量曲线图上的任意两条等产量曲线不能相交，因为这显然与不同的等产量曲线代表不同的产量水平相矛盾。

第三，不同的等产量曲线代表的产量不等，在同一坐标系平面上，一定技术条件下可有无数条等产量曲线，等产量曲线离原点越远所表示的产量水平越高。例如，等产量曲线 Q_2 表示的产量水平高于等产量曲线 Q_1，所以 D 点的产出高于 C 点；等产量曲线 Q_1 表示的产量水平高于等产量曲线 Q_0，所以 C 点的产出高于 A 点和 B 点。

第四，等产量曲线凸向原点，其斜率是递减的，之所以如此，是因为边际技术替代率具有递减规律。

显然，等产量曲线的几何特征与第二章所分析的无差异曲线是基本相同的，而且通过后面的分析我们将看到，等产量曲线在生产者行为分析中所起的作用，与无差异曲线在消费者行为分析中所起的作用，也是同等重要的。二者的不同点在于，无差异曲线所反映的是消费者对不同商品组合所产生的效用大小的主观评价，而等产量曲线则代表着投入与产出之间的客观的物质技术关系。

4. 射线

在等产量曲线图中，从坐标原点出发引一条射线，那么，这条射线所代表的就是具有相同比例的所有劳动和资本的组合，射线的斜率就等于劳动与资本的这一不变比例。如图 5-5 所示的射线 $OABC$，该射线上的每一点都代表着用相同比例的不同投入组合所生产的不同产量，随着由原点向较高产量水平方向的移动，所用的每种投入的绝对量都在增加，但二者之间的比例保持不变。这里要特别注意射线与等产量曲线的区别：等产量曲线表示的就是固定的而不是变化的产量水平。

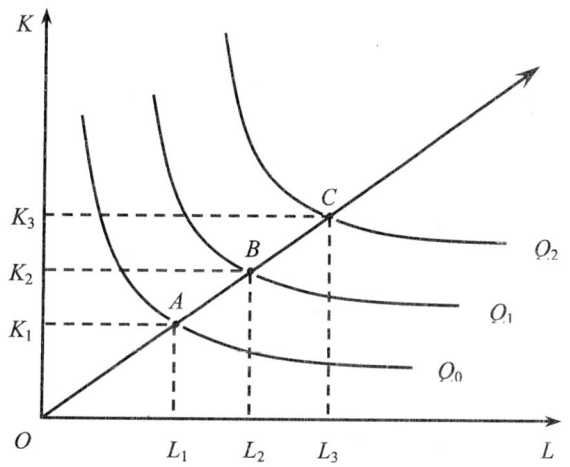

图 5-5 射线与投入组合不变

顺便指出，等产量曲线也可以用来表示具有固定技术系数即投入比例固定不变的生产函数。如图 5-6 所示，资本与劳动之间必须保持的比例就是射线 OR 的斜率。其等产量曲线为直角，这表明当一种生产要素增加而另一种生产要素保持不变时，其产量不会增加。换句话说，当一种生产要素保持不变时，另外一种生产要素的边际产量为零。

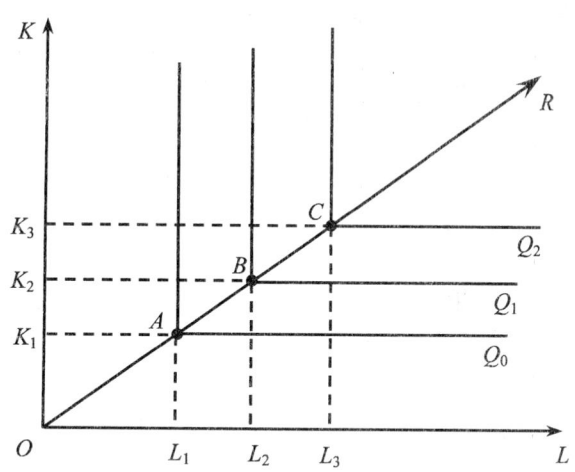

图 5-6 射线与投入比例固定不变的生产函数

案例 5.4　小麦的生产函数

在美国的大型农场中，粮食的生产一般是资本密集型的，其中包含了大量的资本投资，如建筑物、设备等，以及少量的劳动投入；但是，粮食的生产也可以采用精耕细作的方式，用较少的资本、较多的人力来完成。描述农业生产过程的方式之一是用一条（或多条）等产量线，描绘出生产出特定产量的投入组合。下面便是一例，其中的生产函数是统计估计的结果。

下图中的等产量线对应 13800 蒲式耳的小麦年产量，它与生产函数相关，利用这条等产量线，农场主可以决定在雇佣劳动和使用机器之间何者更合算。假设农场的经营状况目前处于 A 点，劳动投入 L 为 500 小时，资本投入 K 为 100 机时，农场主决定减少机器的使用时间。为了得到相同的年产量，他必须多投入 260 小时的劳动。

我们可以通过不同的劳动资本组合得到 13800 蒲式耳的小麦年产量。A 点代表资本密集型的生产，B 点更倾向于劳动密集型，A 和 B 之间的边际技术替代率为 10/260=0.04。

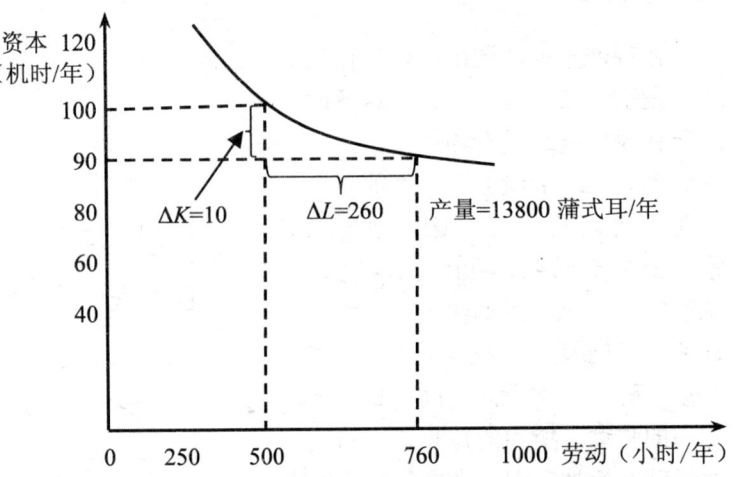

图 5-7 小麦生产函数的等产量线

农场主的这个尝试使他逐步了解了小麦的生产函数的等产量线的形状，比较图中的 A（L=500, K=100）与 B（L=760, K=90），它们都位于等产量线上，农场主发现边际技术替代率等于 0.04[$-\Delta K/\Delta L = -(-10)/260=0.04$]。

MRTS 使农场主知道增加劳动投入与减少机器使用之间的权衡关系。因为 MRTS 远小于 1，农场主明白当工人的工资等于机器运行的成本时，他将付出更多的资本（在目前的生产水平上，他必须以 260 单位的劳动去替代 10 单位的资本）。事实上，农场主知道，除非劳动的价格比机器单位时间的使用成本低廉得多，否则，他的生产方式应更趋向于资本密集型。

这个例子已经表明，了解等产量线和边际技术替代率对一个经理人员而言是十分有益的，它同时说明了为什么在劳动相对昂贵的加拿大和美国，生产大多处于 MRTS（资本—劳动比）比较高的阶段，而一些劳动力成本较低廉的发展中国家，则处于较低的 MRTS（较低的资本—劳动比）阶段。劳动/资本的具体组合取决于投入品的价格。

资料来源：平狄克. 微观经济学（第七版），第 198—199 页

5. 边际技术替代率

正如图 5-4 所示，大多数等产量曲线之所以是凸向原点的，这是因为边际技术替代率是递减的。所谓边际技术替代率（marginal rate of technical substitution，用 MRTS 表示）是指，在技术水平不变的条件下，维持相同的产量水平，每增加一单位的某种生产要素所能替代的另一种生产要素的数量之比。例如，为了生产 100 单位的某种产品，生产者可以使用较多的劳动和较少的资本，也可以使用较少的劳动和较多的资本，前者可以看成是劳动对资本的替代，后者可以看成是资本对劳动的替代。

以 $MRTS_{LK}$ 表示劳动对资本的边际技术替代率，则有：

$$MRTS_{LK} = -\frac{\Delta K}{\Delta L} \tag{5-10}$$

式中，ΔK 和 ΔL 分别表示资本投入的变化量和劳动投入的变化量。加上负号是为了使 $MRTS$ 值在一般情况下取正值，以便于比较。

当劳动投入的数量变化趋于无穷小时，则劳动对资本的边际技术替代率可写为：

$$MRTS_{LK} = \lim_{\Delta X \to 0} -\frac{\Delta K}{\Delta L} = -\frac{dK}{dL} \tag{5-11}$$

显然，等产量曲线上某一点的边际技术替代率就是等产量曲线在该点斜率的绝对值。

边际技术替代率还可以表示为两种生产要素的边际产量之比。对于任意一条等产量曲线来说，在维持产量水平不变的前提下，当用劳动投入去代替资本投入时，由增加劳动投入量所带来的总产量的增加量和由减少资本投入量所带来的总产量的减少量必定是相等的。用 MP_L 和 MP_K 表示劳动的边际产量和资本的边际产量，即有：

$$|\Delta L \cdot MP_L| = |\Delta K \cdot MP_K| \tag{5-12}$$

整理得：

$$-\frac{\Delta K}{\Delta L} = \frac{MP_L}{MP_K} \tag{5-13}$$

由边际技术替代率的定义，可得：

$$MRTS_{LK} = -\frac{\Delta K}{\Delta L} = \frac{MP_L}{MP_K} \tag{5-14}$$

劳动对资本的边际技术替代率等于劳动的边际产量与资本的边际产量之比。

6. 边际技术替代率递减规律

边际技术替代率递减规律是指在维持产量不变的前提下，当一种生产要素的投入量不断增加时，每一单位的这种生产要素所能替代的另一种生产要素的数量是递减的。

边际技术替代率递减的原因解释为：以劳动对资本的替代为例，随着劳动对资本的不断替代，劳动的边际产量逐渐下降，而资本的边际产量逐渐上升。作为逐渐下降的劳动的边际产量与逐渐上升的资本的边际产量之比的边际技术替代率是递减的。

边际技术替代率递减的主要原因在于：任何一种产品的生产技术都要求各种要素投入之间有适当的比例，这意味着要素之间的替代是有限制的。简单地说，以劳动和资本两种要素投入为例，在劳动投入量很少和资本投入量很多的情况下，减少一些资本投入量可以很容易通过增加劳动投入量来弥补，来维持原有的产量水平不变，也就是说，劳动对资本的替代很容易，但是，在劳动投入增加到相当多的数量和资本投入减少到相当少的数量的情况下，再用劳动去替代资本将是很困难的了。

如图 5-8 所示。等产量曲线凸向原点的原因，实际上是短期生产函数分析中的边际报酬递减规律的作用。随着劳动投入量的增加，其边际产量递减；在生产要素的替代过程中，随着资本投入量的减少，其边际产量递增。这样，为保持相同的产量水平，每减少一单位资本需要增加的劳动投入量越来越多，或者说，劳动替代资本的难度越来越大。

边际技术替代率递减规律决定了等产量曲线一般是凸向原点的。但是，等产量曲线也存在着如下特殊情况：

A. 完全替代

完全替代指两种生产要素之间完全可以替代，边际技术替代率不变。等产量曲线为一条直线。

如乐器的制造，可以完全由机器制作，也可以由技艺高超的工匠借助少量的工具完成。

B. 完全不能替代

完全不能替代指两种生产要素之间的比例是固定的，不存在替代关系，即固定投入比例生产函数。等产量曲线为一条直角型的折线。

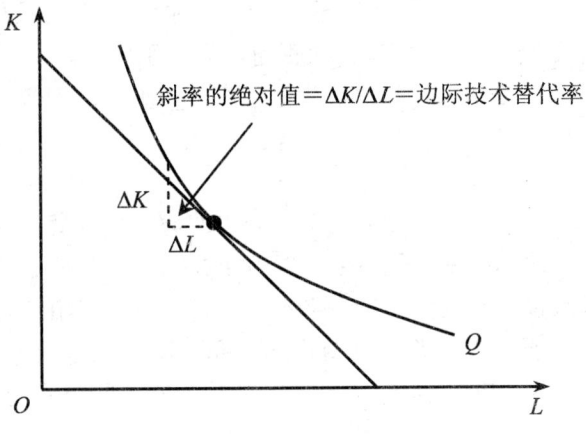

图 5-8 边际技术替代率与等产量曲线的斜率

如用风镐对人行道进行翻建，一个工人用一台风镐，一台风镐也只能由一人操作。多人一台风镐或一人多台风镐都不能增加产量。

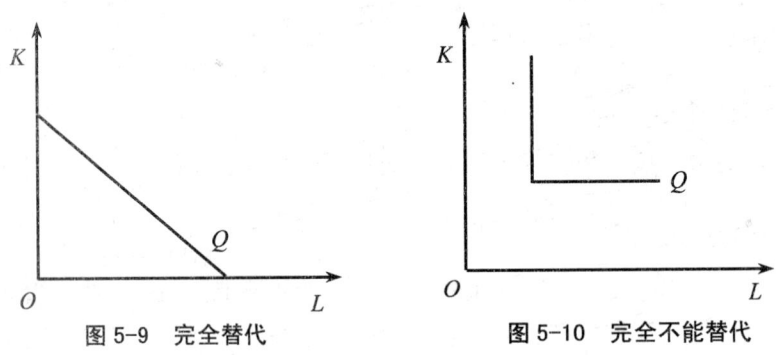

图 5-9 完全替代　　　　　图 5-10 完全不能替代

第四节　生产者均衡

本节先介绍等成本线，然后把等产量曲线和等成本线结合在一起，研究厂商如何选择最优的投入组合，从而实现在既定成本下的产量最大化，或实现既定产量下的成本最小化。

一、等成本线

厂商对投入要素的购买支付构成了厂商的生产成本。成本问题是追求利润最大化的厂商必须考虑的经济问题。在分析厂商长期的最优投入组合时，等成本线（isocost curve）是常用的一个分析投入要素成本的工具，它和效用分析中消费者的预算线非常相似。

等成本线是生产要素的价格和厂商的成本既定的条件下，厂商可以购买的两种生产要素数量最大组合所形成的曲线。假定厂商是生产要素市场上的完全竞争者，或者说，是既定的投入要素价格的接受者。如果厂商只使用劳动和资本这两种可变要素，假设资本和劳动的价格分别为 P_L、P_K，资本和劳动的投入量分别为 L 和 K，总成本为 C，那么如图 5-11 所示，有：

$$P_L \cdot L + P_K \cdot K = C \tag{5-15}$$

一般我们用：w 和 r 分别代表劳动的价格 P_L 和资本的价格 P_K；L 和 K 分别为劳动和资本的投入量。由式（5-15）整理可得：

$$K = -\frac{w}{r} \cdot L + \frac{C}{r} \tag{5-16}$$

根据上式可以得到等成本线，如图 5-11 所示。等成本线是指在既定的成本和生产要素价格条件下，生产者可以购买到的两种生产要素的各种不同数量组合的轨迹。

和预算线是消费者消费的限制条件一样，等成本线就是厂商生产的限制条件。厂商购买的劳动投入和资本投入所付出的成本，既不能大于也不能小于所拥有的货币成本。大于货币成本的实现不了，如图 5-11 中的 N 点；小于货币成本又不能实现最大产量，如图 5-11 中的 M 点；只有等成本线上的任何一点，才表示用既定的全部成本能刚好购买到的劳动和资本的最大数量组合。

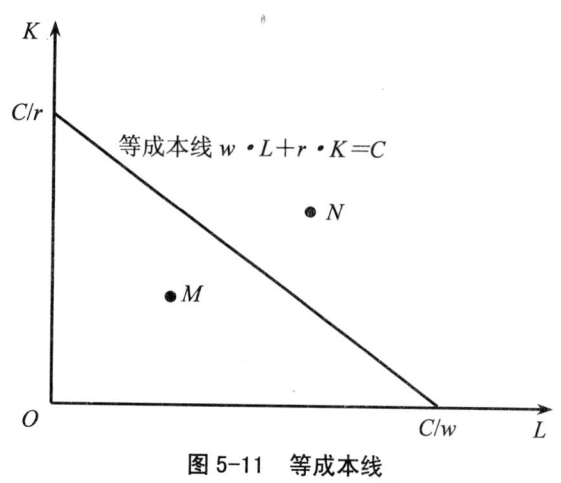

图 5-11 等成本线

在成本和投入要素价格既定的条件下，便可以得到且是唯一的一条等成本线。所以，任何关于成本和要素价格的变动，都会使等成本线发生变动。若厂商的生产支出增加或减少，等成本线将向右或向左平移；若要素价格的相对价格发生变动，则等成本线将会向右或向左旋转。关于这种变动的具体描述，与前面对预算线的分析类似。

二、最优投入组合

假定厂商投入的成本和产品价格不变，利润最大化就可以看作是产量最大化或可看作是成本的最小化。这样，厂商选择最佳投入组合原则就可以设定为成本既定条件下的产量最大化或产量既定条件下的成本最小化。

1. 成本既定条件下的产量最大

如图 5-12 所示，有一条等成本线 C 和三条等产量曲线 Q_0，Q_1，Q_2。等成本线 C 与其中一条等产量曲线 Q_1 相切于 E 点，该点就是生产者的均衡点。

为什么 E 点是均衡点呢？对于产量水平高于 Q_1 的等产量曲线来说，如等产量曲线 Q_2，与等成本线 C 既无交点也无切点，这表明在既定成本条件下无法实现等产量曲线 Q_2，与等

成本线 C 既无交点也无切点，这表明在既定成本条件下无法实现等产量曲线 Q_2 所代表的产量；对于产量水平低于 Q_1 的等产量曲线来说，如等产量曲线 Q_0，虽然与等成本线 C 相交于 A 点和 B 点，但此时厂商在不增加成本的情况下，沿着既定的等成本线 C 由 A 点向 E 点或由 B 点向 E 点移动来改变投入要素的数量组合，就可以增加产量。所以，在投入成本既定的条件下，厂商的产量最大点，或者说，生产者的均衡点，就是厂商既定的等成本线与其相切的那条等产量曲线的切点。

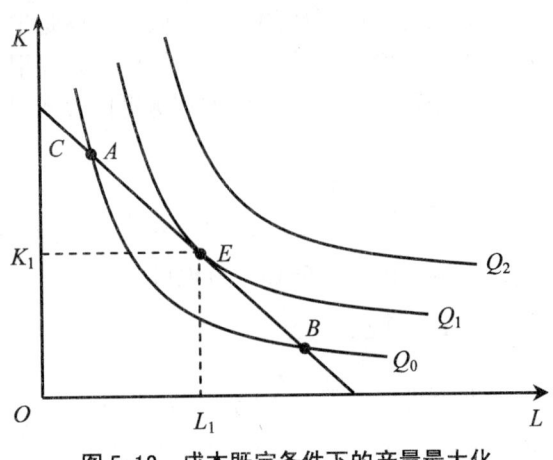

图 5-12　成本既定条件下的产量最大化

2. 产量既定条件下的成本最小

如图 5-13 所示，有三条等成本线 C_0、C_1、C_2 和一条等产量曲线 Q，其中 $C_0<C_1<C_2$。等产量曲线 Q 与其中一条等成本线 C_1 相切于 E 点，该点就是生产者的均衡点。

这是因为，等成本线 C_0 虽然表示的成本较低，但它与既定的等产量曲线 Q 既无交点也无切点，也就无法实现等产量曲线 Q 代表的产量；等成本线 C_2 虽然与既定的等产量曲线 Q 相交于 A 点和 B 点，但它表示的成本过高，沿着等产量曲线 Q 由 A 点向 E 点或由 B 点向 E

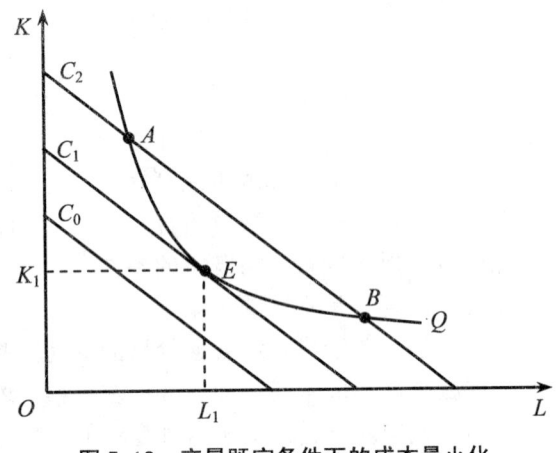

图 5-13　产量既定条件下的成本最小化

点移动，都可以获得相同的产量而成本下降。所以，在产量既定的条件下，厂商的成本最小点，或者说，生产者的均衡点，就是厂商既定的等产量曲线与其相切的那条等成本线的切点。

案例 5.5　引进自动分拣机是好事还是坏事

近年来我国邮政行业实行信件分拣自动化，引进自动分拣机代替工人分拣信件，也就是多用资本而少用劳动。假设某邮局引进一台自动分拣机，只需一人管理，每日可以处理 10 万封信件。如果用人工分拣，处理 10 万封信件需要 50 个工人。在这两种情况下都实现了技术效率。但是否实现了经济效率还涉及价格。处理 10 万封信件，无论用什么方法，收益是相同的，但成本如何则取决于机器与人工的价格。假设一台分拣机为 400 万元，使用寿命 10 年，每年折旧为 40 万元，再假设利率为每年 10%，每年利息为 40 万元，再加上分拣机每年维修费与人工费用5万元，这样使用分拣机的成本为85万元。假设每个工人工资1.4万元，50个工人共70万元，使用人工分拣成本为70万元。在这种情况下，使用自动分拣机实现了技术效率，但没有实现经济效率；而使用人工分拣既实现了技术效率，又实现了经济效率。

从上面的例子中可以看出，在实现了技术效率时，是否实现了经济效率就取决于生产要素的价格。如果仅仅从企业利润最大化的角度看，可以只考虑技术效率和经济效率。这两种效率的同时实现也就是实现了资源配置效率。当然，如果从社会角度看问题，使用哪种方法还要考虑每种方法对技术进步或就业等问题的影响。

摘自 www.lntvu.com

3. 最优投入组合的条件分析

从上面的分析中可见，成本既定条件下的产量最大化或是产量既定条件下的成本最小化，两者都是厂商必须在等产量曲线与等成本线相切的切点进行生产。在等成本线与等产量曲线相切的切点，两种生产要素的投入组合调整到了最优状态，也就是达到了生产者均衡状态。在均衡点上，等产量曲线的斜率等于等成本线的斜率，即：

$$MRTS_{LK} = \frac{w}{r} \tag{5-17}$$

式（5-17）表示：当两种生产要素的边际技术替代率与其价格之比相等时，达到了最优投入组合。反过来说，当两者不相等时，就不可能达到最优投入组合。

因为边际技术替代率可以表示为两种生产要素的边际产量之比，故式（5-18）可写为：

$$MRTS_{LK} = \frac{MP_L}{MP_K} = \frac{w}{r} \tag{5-18}$$

从而有：

$$\frac{MP_L}{w} = \frac{MP_K}{r} \tag{5-19}$$

上式表明厂商最佳投入组合（生产成本的最小化或既定成本产出的最大化），也可以表述为：两种生产要素的边际产量之比等于其价格之比，或者说，最后一单位支出成本无论用来买哪一种生产要素所获得的边际产量都相等。

第五节 规模报酬

 案例5.6　铁路业的规模报酬

20世纪以后，尽管碰到不少资金问题，铁路运输仍不断发展。规模对铁路运输业有无影响？为什么铁路仍很难与其他形式的运输进行竞争？我们可以从铁路运输的经济分析中来寻找这些问题的答案。

要研究是否存在规模经济效应，我们需要一系列的指标。首先我们可以用运输密度来度量投入，它指的是在一特定线路上每单位时间内铁路可以承运的货物吨数。产出以沿着该线路在特定时间内运输的货物总重量计。我们要问，产出与投入之间的规模报酬关系如何？起初，我们以为会有报酬递增效应，因为在运输密度增加以后，铁路管理部门可以统筹规划，制定出适宜的、富有效率的运输方案。但是，当运输密度的增加超过一定值后，会出现报酬递减，因为超负荷的运输已多得很难规划，运输速度也将有所下降。

大量研究表明，在运输密度值较小时，存在着递增报酬，但超过某一值后（这一点称为有效密度），会出现报酬递减。这种现象只有在运输密度值很大时才会出现。例如，某一研究称，在一个线路上，在运输密度达到年运量 8 万吨～10 万吨以前，都会呈现报酬递增。为了说明这些数据的实际重要性，在下表中，我们列出了美国主要铁路干线的运输密度，一些干线，如科罗拉多南方干线和联合太平洋已经达到或超过了最佳效率规模（在这一点上，报酬递增现象消失了），但还有许多铁路线上的运输密度要低于此值。

表 5-3　主要铁路干线的运输密度

单位：百万吨/英里

路线	AT与SF	巴尔的摩与俄亥俄	伯灵顿北线	芝加哥和西北线	科罗拉多南线	福德华斯与丹佛	堪萨斯城南线	密苏里太平洋	南太平洋	联合太平洋	西太平洋
密度	6.03	4.46	6.11	3.10	10.66	6.55	5.96	5.01	5.35	7.87	3.20

既然大多数公司都没有达到最佳规模，说明其进一步增长还是有优势的。确实，与密度相关的规模经济已成为解释近年来北伯灵顿铁路公司与艾奇森、托派克与圣特菲铁路公司以及联合太平洋铁路公司收购芝加哥—西北铁路公司的重要的效率依据。这些合并是否导致了市场份额的增长以及市场份额的增长是否从效益的角度来说是正当的，这些都是需要若干年后才能讨论的公共政策问题。

资料来源：R.S.平狄克，D.L.鲁宾费尔德.微观经济学（第七版），第 201-202 页

一、扩展线

在其他条件不变时，当生产的产量或成本发生变化时，厂商会重新选择最优的生产要素组合，在变化了的产量条件下实现最小成本，或在变化了的成本条件下实现最大产量。

扩展线是在生产要素的价格、生产函数和其他条件不变时，当生产成本或产量发生变化，形成的生产均衡点的轨迹。由于在扩展线上的所有的生产均衡点上边际技术替代率都相等，扩展线一定是一条等斜线。厂商必然会沿着扩展线来选择最优的生产要素组合，从而实现生产的均衡。图 5-14 中的曲线 ON 是一条扩展线。

二、规模报酬

规模报酬分析的是企业的生产规模变化与所引起的产量变化之间的关系。

通常以全部生产要素都以相同比例发生变化来定义企业的生产规模变化。相应地，规模报酬变化是指在其他条件不变的情况下，企业内部各种生产要素按相同比例变化时所带来的产量变化。

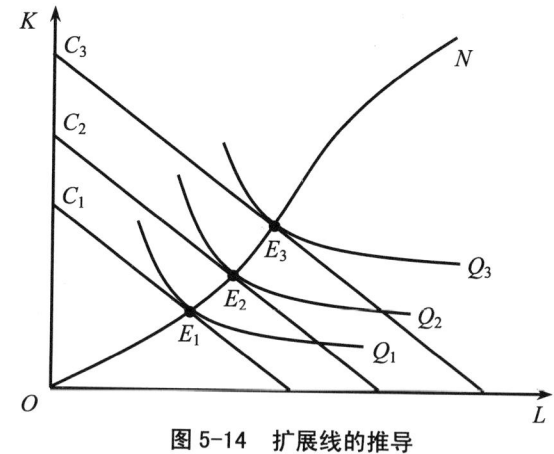

图 5-14 扩展线的推导

规模报酬变化可以分为三种情况：

规模报酬递增，指产量增加的比例大于各种生产要素增加的比例。产生规模报酬递增的主要原因是由于企业生产规模扩大所带来的生产效率的提高。

规模报酬不变，指产量增加的比例等于各种生产要素增加的比例。

规模报酬递减，指产量增加的比例小于各种生产要素增加的比例。产生规模报酬递减的主要原因是由于企业生产规模过大，使生产的各方面难以协调，从而降低了生产效率。

规模报酬变化一般呈现出如下规律：当企业从最初很小的生产规模开始逐步扩大时，面临的是规模报酬递增阶段。在企业得到了由生产规模扩大所带来的产量递增的全部好处后，一般会继续扩大生产规模，将生产保持在规模报酬不变阶段。规模报酬不变阶段可能会比较长。此后，企业若继续扩大生产规模，将进入规模报酬递减阶段。

三、规模报酬变动的原因

导致规模报酬发生变动的原因比较复杂的，我们分别对规模报酬递增和规模报酬递减的原因进行归纳分析。

1. 规模报酬递增的原因

发生规模报酬递增的因素主要有如下几个：

一是几何关系作用。一个100×100米的厂房，其使用面积为10000平方米，需要的围墙为400米；而一个100×200英尺的厂房，其使用面积比前一个大一倍，但所需建立的围墙只有600米，或者说，比前一个只需增加50%的材料。又如，管道的直径增大两倍，其流量的增加会大于两倍；载重汽车装载能力的增加也大于其自身重量的增加。

二是专业分工与协作程度的提高。较大的生产规模可以使工人提高专业化和分工的程度，并能够使用更加专门的特殊的机器和工具从事某些特殊的工作，这可以大大提高劳动生产率。

三是某些技术和投入的不可分性。有些技术和投入，如电子计算机、自动化装配线、平炉等，只能在经营规模或产量足够大时才有可能使用。所以，一个较大的工厂可能比规模相同的两个小工厂更有效率，因为它可以利用小工厂不能利用的某些技术和投入。

四是概率因素。规模报酬递增，也可能产生于概率方面的原因。例如，由于较大数量的顾客的总体行为更趋向于稳定，所以，厂商不必按照与规模扩大的同一比例增加其存货。

2. 规模报酬递减的原因

上述导致规模报酬递增的因素，其作用最终会受到限制。当生产规模达到一定点后，进一步扩大规模，其报酬或者说收益会发生递减的变化。即使是几何关系，其作用也是有限的，如随着建筑物变得越来越大，屋顶和墙壁的建造可能不得不采用更结实的材料；当管道和盒子变得更大时，也必须用更厚更坚固的材料来制造；载重汽车越重，越可能需要一种特制的底盘。

进一步说，当生产规模扩大到一定点后，协调和控制大规模经营的困难会增加，随着管理层次的增加，信息在从工人到最高管理层以及相反的传递过程中会损失或失真，通信联系的渠道会变得更加复杂和更难于把握，决策的制定需要更多的时间和补充，这类问题在所有大型组织中都会发生。这表明管理和协调大厂商的困难可能是造成规模报酬递减的一个源泉。

 本章结束语

生产是指把投入变为产出的行为。企业就是指实现投入变为产出的行为者。企业主要有三种组织形式：个人企业、合伙制企业和公司制企业。在分析企业行为时，微观经济学假定企业是以利润最大化为目标。

生产函数是指每个时期内所使用的各种生产要素的数量与该时期内所能生产的某种商品的最大量之间的关系。假设投入的生产要素只有劳动和资本两种，生产函数写为：$Q = f(L, K)$。生产一定量某种产品所要求投入的各种生产要素之间的配合比例被称为技术系数。生产有短期和长期之分，以能否变动所有投入要素为划分依据。

假定可变投入只有劳动，资本为不变投入，短期生产函数写为：$Q = f(L, \overline{K})$。总产量是指从一定量该种生产要素中所获得的产量的总和；平均产量是指平均每个单位生产要素所生产的产量，等于劳动生产的产量除以该要素的投入量；每增加一单位劳动所引起的总产量变动，被称为边际产量。边际生产力递减规律是指在其他生产要素的投入量保持不变的情况下，如果连续追加相同数量的某种生产要素，其产量的增量在达到某一点后将会下降。劳动的边际产量低于平均产量，但边际产量仍为正的生产阶段是可变要素生产的合理阶段。

长期内劳动和资本均为可变要素，生产函数为：$Q = f(L, K)$。厂商生产某一数量的产品时，两种生产要素可以相互替代。等产量曲线是指在生产技术不变时，能够生产同一产量的两种生产要素的各种有效组合的轨迹。在等产量曲线图中，从坐标原点出发的射线表示的是具有相同比例的所有劳动和资本的组合，射线的斜率就等于劳动与资本的这一不变比例。边际技术替代率是指在技术水平不变的条件下,维持相同的产量水平,每增加一单位的某种生产要素所能替代的另一种生产要素的数量之比。边际技术替代率可以表示为两种生产要素的边际产量之比。

等成本线是指在既定的成本和生产要素价格条件下生产者可以购买到的两种生产要素的各种不同数量组合的轨迹。假定厂商投入的成本和产品价格不变,利润最大化就可以看作是产量最大化或可看作是成本的最小化。此时,厂商最佳投入组合,即生产者均衡点可以表述为两种生产要素的边际产量之比等于其价格之比。

扩展线是生产技术不变的条件下厂商在长期内扩大生产规模所采用的最佳投入组合点的轨迹,是一条特殊的等斜线。规模报酬也称规模收益,指的是由规模变动所引起的产量的变动,可分为规模报酬递增、规模报酬递减和规模报酬不变三种情况。发生规模报酬递增的因素主要是几何关系作用、专业分工与协作程度的提高、某些技术和投入的不可分性以及概率因素等;规模报酬递增的因素的作用最终会受到限制,当生产规模达到一定点后,进一步扩大规模,其报酬或者说收益会发生递减的变化。

关键词: 生产函数(production function)　等产量曲线(isoquant curve)　等成本线(isocost curve)　边际技术替代率(marginal rate of technical substitution)　规模报酬(returns to scale)

复习思考题

1. 某企业在短期生产中的生产函数为 $Q=-L^3+24L^2+240L$,计算企业在下列情况下的 L 的取值范围。①在第Ⅰ阶段;②在第Ⅱ阶段;③在第Ⅲ阶段。

2. 如果某企业仅生产一种产品,并且唯一可变要素是劳动,没有固定成本。其短期生产函数为 $Q=-0.1L^3+3L^2+8L$,其中,Q 是每月的产量,单位为吨;L 是雇佣工人数,试问:
(1)欲使劳动的平均产量达到最大,该企业需要雇佣多少工人?
(2)要使劳动的边际产量达到最大,其应该雇佣多少工人?
(3)在其平均可变成本最小时,生产多少产量(Q)?

3. 已知某企业的生产函数为 $Q=5L+12K-2L^2-K^2$,其中,$P_L=3$,$P_K=6$,总成本 $TC=160$,试求该企业的最优要素组合。

4. 已知生产函数为 $Q=KL-0.5L^2-0.32K^2$,Q 表示产量,K 表示资本,L 表示劳动。令上式的 $K=10$。
(1)写出劳动的平均产量(AP_L)函数和边际产量(MP_L)函数。
(2)分别计算当总产量、平均产量和边际产量达到极大值时厂商雇佣的劳动。
(3)证明当 AP_L 达到极大时,$AP_L=MP_L=2$。

5. 边际产量曲线、总产量曲线和平均产量曲线之间存在怎样的关系?
6. 等产量曲线有哪些特征?这些特征的经济含义是什么?
7. 简述规模报酬变动规律及其成因。
8. 请比较说明消费者行为理论与生产者行为理论。
9. 某企业主管想增加聘用一单位工人来生产一批产品,那么他应该更多考虑的是劳动的平均产量还是劳动的边际产量？为什么？

10. 如果甲、乙两个地区生产同样的产品——布料，甲生产1平方米所需要的工人是5人，而乙只需要2人即可。试问：我们能否判定乙的生产效率要比甲的生产效率高？为什么？

11. 规模报酬的递增、不变和递减这三种情况与一种要素可变的报酬递增、不变和递减的三种情况的区别何在？

12. 用图形说明总产量、平均产量与边际产量的变动关系。

第六章

生产者成本分析

◇ **内容提要** ◇

我们之前考察了企业的生产技术,揭示了要素如何转化为产出的关系。本章我们将考察生产技术与投入要素的价格是如何决定企业的生产成本的。在企业生产技术既定的前提下,经营者必须决定如何进行生产。投入要素可以各种方式进行组合从而生产出等量的产出。例如,一个人可以用大量的劳动和少量的资本,也可以用少量的劳动和大量的资本,还能以其他的劳动资本组合方式来生产特定的产出。本章我们将解释成本是如何界定的,区分关注企业行为的经济学家所用的成本概念与关注企业财务报告的会计人员所用的成本概念。然后,分析企业的短期成本和长期成本。

第一节 生产成本概述

 案例 6.1　上大学值吗?

最近看到某报刊上报道,天津市投资教育的支出是全国第一,北京市私家车消费支出全国第一,上海市投资保险支出全国第一,广州市旅游支出全国第一。是否准确,我们暂且不论。我们用经济学的观点分析一下,为什么家长舍得把大把的钱花在子女教育上?

我们简单地介绍经济学所说的成本。经济学所说的成本有两种:一是实际发生的成本,即会计成本;另一个是机会成本。会计成本是厂商在生产过程中按市场价格直接支付的一切费用,这些费用一般均可以通过会计账目反映出来。利用这个原理我们计算一个大学生上大学四年的会计成本是上大学的学费、书费和生活费,按照现行价格标准,一个普通家庭培养一个大学生的这三项费用之和是 4 万元。机会成本是某种东西的成本是为了得到它而放弃的东西。大学生如果不上学,会找份工作,按照现行劳动力价格标准假如也是 4 万,也就是说,一个大学生上大学四年的机会成本已经达到 8 万元。这还没算上在未进大学校门前,家长为了让孩子接受最好的教育从小学到中学的择校费用等等。

上大学成本如此之高,为什么家长还选择让孩子上大学?因为这种选择符合经济学理论——收益的最大化原则。我们算一下上大学与不上大学一生的成本与收益。不上大学 18 岁工作,工作到 60 岁,共 42 年,平均每年收入是 1 万元,共 42 万元。上大学 22 岁工作,工作到 60 岁,共 38 年,平均收入是 2 万元,共 76 万元,减去上大学的机会成本 8 万元,剩下 68 万元。与不上大学收入比较,上大学多得到的收入是 26 万元。这还没考虑学历高所带来的名誉、地位等其他效应。为什么家长舍得在子女教育上投入,就在情理之中了。

在这里顺便纠正一个错误的说法,有人说教育是消费行为,其实教育不是消费而是投资。消费与投资的区别是消费不会给你增值一分钱,比如,你今年买一台电视,明年再卖,会大大贬值,不会增值;投资是有可能增值的,一个大学生上学尽管投资 8 万元,但是增加的收益是 26 万元。

但对一些特殊的人,情况就不是这样了。比如,一个有踢足球天分的青年,如果在高中毕业后去踢足球,每年可收入 200 万元人民币。这样,他上大学的机会成本就是 800 万元人民币。这远远高于一个大学生一生的收入。因此,有这种天才的青年,即使学校提供全额奖学金也不去上大学。这就是把机会成本作为上大学的代价。不上大学的决策就是正确的。同样,有些具备当模特气质与条件的姑娘,放弃上大学也是因为当模特时收入高,上大学机会成本太大。当你了解机会成本后,就知道为什么有些年轻人不上大学的原因了。可见,"机会成本"这个概念在我们日常生活决策中是十分重要的。

摘自 blog.sina.com.cn

一、成本的概念

经济学家对于成本的看法与财务会计人员是不同的。会计人员通常关注与回顾企业的资产和负债以及向外部使用者报告以往的财务状况,就像在年度报表中那样,因此,会计人员所度量的会计成本可能包含一些经济学家度量时所不包含的成本,也可能不包含一些经济学家度量时包含的成本。例如,会计成本包括实际发生的费用加上固定资产的折旧费用等。

经济学家面向未来,他们关心的是稀缺资源的配置。因此,他们关注将要发生的成本是多少,以及企业如何通过重组资源来降低生产成本并提高利润率。正如我们将要看到的,经济学家关心的是经济成本,也就是企业在生产中所使用的资源的成本。"经济"这个词告诉我们要区分企业可以控制的成本和不能控制的成本。这里,机会成本是一个重要的概念。

1. 机会成本

微观经济学中，影响厂商决策的成本是机会成本（opportunity cost）。资源是有限的，当一个厂商用一定的经济资源生产一定数量的某种产品时，这些资源就不能再同时被投入到其他产品的生产中，这样，因为放弃生产其他产品而可能获得的最大价值就是该经济资源生产这种产品的机会成本。

在经济学家看来，一定的资源或投入用于某种特殊生产的成本，就是用这些资源可能生产的其他产品的最大价值。例如，当我们用一定量钢铁生产汽车时，我们就必须放弃这些钢铁所能生产的其他物品；所雇佣的工人不到别处去工作，就必须付给他们足够的工资。再看一个例子，假设一个投资者有 200 万元的货币资本，可以在三种用途上做出选择：购买股票、投资房地产和办纺织厂。如果该投资者选择了办纺织厂，那就必须放弃前两种选择。假如用 200 万元购买股票可收回本息 220 万元，投资房地产预期获得的租金和销售收入是 210 万元，那么把这 200 万元办纺织厂的机会成本就是放弃购买股票可收回的 220 万元。

厂商使用一定资源生产一种产品而获得的报酬，至少必须等于这些资源用于别的用途时获得的报酬。正是这个意义上，经济分析中把厂商生产某种产品的生产成本就看作生产该产品的机会成本。

2. 显性成本和隐性成本

企业的生产成本可以分为显性成本和隐性成本两部分。显性成本是指厂商在生产要素市场上购买或租用他人所拥有的生产要素的实际支出。比如，某厂商雇佣了一定数量的工人，从银行取得了一定数量的贷款，并租用了一定数量的土地，为此，这个厂商就需要向工人支付工资，向银行支付利息，向土地出租者支付地租，这些支出构成了该厂商生产的显性成本。从机会成本的角度来看，这笔支出的总价格必须等于这些生产要素所有者将相同的生产要素使用在其他用途时所能得到的最高收入。否则，这个企业就不能购买或租用到这些生产要素，并保持对它的使用权。

隐性成本是指厂商本身自己所拥有的而且被用于该企业生产过程的那些生产要素的总价格。比如，为了进行生产，厂商除了雇佣一定数量的工人、从银行取得一定数量的贷款和租用一定数量的土地外，还投入了自己的土地和资金，并亲自管理企业。西方经济学家指出，既然借用他人的资本需要支付利息，租用他人的土地需要支付地租，雇佣他人来管理企业需要支付薪资，那么，在这个例子中，当企业使用了自有生产要素时，也应该得到报酬。但现在是厂商自己向自己支付利息、地租和薪资。所以，这笔价值就应该计入成本之中。由于这笔成本支出不如显性成本那样明显，所以称为隐性成本。隐性成本也可以从机会成本的角度来分析，企业生产的隐性成本应该按照企业自有生产要素在其他用途中所能得到的最高收入来衡量，否则，企业会把自有生产要素用于其他用途而获得更高报酬。

关于机会成本，举个例子来说，比如，我们分析一个自己经营小超市的店主，他并不给自己支付工资，尽管雇佣自己并未发生任何现金交易（这部分不反映在会计成本中），但是他自己参与经营这项活动就会产生机会成本，因为该店主可以通过在别处工作而获得一份相同的工资收入。

同样，会计人员和经济学家在如何估计一项商业活动未来的盈利能力方面是有所不同的。在估计企业未来盈利能力时，经济学家或经营者关心的是工厂的资本耗费和机器。这不仅包括购买和运营机器设备的显性成本，还包括与机器磨损相关的费用。在评价以往的经营活动时，成本会计依据税法原则来确定成本中允许计提的折旧并计算利润，然而，这些折旧计提并不能反映各个设备的实际磨损，而且各个设备的磨损也不尽相同。

案例 6.2　　为法学院新大楼选址

西北大学法学院一直坐落于芝加哥的密歇根湖畔，然而，西北大学本部位于埃文斯顿市的郊区。20 世纪 70 年代中期，法学院开始计划建造新的大楼，从而需要选择合适的位置。是应该建造在城市的原处以便与商业区的法律中介机构保持联系呢？还是应该移至埃文斯顿以便与学校的其他科系保持形式上的完整呢？

很多名人支持坐落于市区，他们认为新大楼的位置选择在市区是成本效率较高的，因为学院已经在此拥有土地，相反，若将新大楼建在埃文斯顿，则要在那里购置土地。这个论断符合经济学原理吗？

不符合，因为这犯了未能区分会计成本和机会成本的错误。从经济学观点来看，选择市区作为建筑地址是颇费代价的，因为沿湖位置的机会成本很高，这块土地出售以后足以购买埃文斯顿的土地，还会有大量的剩余。

最后，西北大学还是决定将法学院留在芝加哥。这是一个代价多么昂贵的决定呀！如果选址在芝加哥对于法学院来说是极其重要的话，那么这个决定是正确的。但是，如果该决定的做出是基于市区的土地没有成本的假定的话，这就是一个不合适的决定。

资料来源：平狄克. 微观经济学（第七版），第 207 页

3. 私人成本和社会成本

私人成本（private cost）是厂商个体生产中自身负担的成本。社会成本（social cost）是从整个社会来看厂商生产所产生的成本。以上所说的显性成本、隐性成本和正常利润还仅仅是指私人成本。然而，生产某种产品的社会成本并不总是等于私人成本。例如，对于一个将废物排放到附近河流中去的钢厂来说，其处理废物的私人成本只不过是把废物排放河中所需支付的费用。但这种行为的后果是使河水受到污染，别的厂商或消费者要使用具有一定纯净度的河水，就必须额外支付使河水净化所需的费用。在这种情况下，排放废物的社会成本就大于私人成本。

4. 利润

企业所有的显性成本和隐性成本之和构成总成本。企业的经济利润指企业的总收益和总成本之间的差额，简称企业的利润。企业所追求的最大利润，指的就是最大的经济利润，经济利润也被称为差额利润。

在西方经济学中，还需区分经济利润和正常利润。正常利润通常指企业对自己所提供的企业家才能的报酬的支付。正常利润是企业生产成本的一部分，它以隐性成本的形式计入成本。由于正常利润属于成本，所以，经济利润中不包括正常利润。又由于企业的经济利润等于总收益减去总成本，所以，当企业的经济利润为零时，企业仍然得到其全部正常利润。

总结以上成本和利润的关系为：

经济成本＝显性成本＋隐性成本＝会计成本＋隐性成本

会计利润＝总收益－显性成本＝总收益－会计成本

经济利润＝总收益－经济成本＝总收益－（显性成本＋隐性成本）

　　　　＝总收益－（会计成本＋隐性成本）

成本理论是建立在生产理论的基础上的，我们已经知道，生产理论分为短期生产理论和长期生产理论，成本理论也分为短期成本理论和长期成本理论。由于在短期内企业根据其所要达到的产量，只能调整部分生产要素的数量而不能调整全部生产要素的数量，所以，短期成本有不变成本和可变成本之分。由于在长期内，企业根据其所要达到的产量，可以调整全部生产要素的数量，所以，长期内所有的要素成本都是可变的，长期成本没有不变成本和可变成本之分。

案例 6.3　利润在经济学家与会计师眼中是不同的

假设王先生用自己的银行存款 30 万元收购了一个小企业，如果不支取这 30 万元钱，在市场利息 5% 的情况下他每年可以赚到 1.5 万元的利息。王先生为了拥有自己的工厂，每年放弃了 1.5 万元的利息收入。这 1.5 万元就是王先生开办企业的机会成本之一。经济学家和会计师以不同的方法来看待成本。经济学家把王先生放弃的 1.5 万元也作为他企业的成本，尽管这是一种隐性成本。但是会计师并不把这 1.5 万元作为成本表示，因为在会计的账面上并没有货币流出企业去进行支付。

为了进一步说明经济学家和会计师之间的差别，我们换一个角度，如果王先生没有 30 万元，而是用自己的储蓄 10 万元，并以 5% 的利息从银行借了 20 万元。王先生的会计师只衡量显性成本，将把每年为银行贷款支付的 1 万元利息作为成本，因为这是从企业流出的货币量。与此相比，根据经济学家的看法，机会成本仍然是 1.5 万元。

现在我们再回到企业的目标——利润。由于经济学家和会计师用不同方法衡量企业的成本，他们也会用不同的方法衡量利润。经济学家衡量企业的经济利润，即企业总收益减生产所销售物品与劳务的所有机会成本。会计师衡量企业的会计利润，即企业的总收益只减企业的显性成本。

资料来源：黎诣远．微观经济学，2007 年

第二节 短期成本函数

 案例 6.4　排放费对企业投入选择的影响

钢铁厂经常建在河流之上或河边,河流不仅使企业生产所用的铁矿石的运输十分廉价,而且使其钢铁产品的运输也十分便宜。同样,河流也给企业处理生产过程中的伴随产物,所谓的排放,提供了便利。例如,钢铁厂通过将铁燧岩沉积物研磨成精度一致的细小碎粒来处理风炉所用的铁矿石。在此过程中,铁矿石就像水流一样被磁场吸引出来,从而使纯矿石进入工厂。这个过程的伴随产物——铁燧石颗粒——可以被倒入河中,从而使企业成本相对较低。相反,其他的运输方式或自己处理的企业的成本就相对较高。

由于铁燧岩颗粒是一种不可降解的废物,对植物和鱼类有害,因而环境保护局对排放征收费用——一种以向河流排放的数量计量的钢铁企业必须支付的费用。企业经营者应该如何对征收排放费作出反应,从而使生产成本最小化呢?

假定在没有管制的条件下,企业每月生产 2000 吨钢铁,其中使用资本 2000 机器小时和 10000 加仑的水(包括放回河中的铁燧岩颗粒)。企业经营者估计每机器小时成本为 40 美元,每向河中排入 1 加仑废水的成本为 10 美元。(因此,总成本为:18 万美元;资本成本 8 万美元和 10 万美元的废水排放费。)经营者将对环保局征收的每加仑废水 10 美元的排放费作出怎样的反应呢?

右图显示了成本最小化的反应。纵轴表示企业每月投入的资本的机器小时数,横轴表示每月排放的以加仑表示的废水的数量。首先,请考虑一下在没有征收排放费时企业是如何生产的。A 点表示允许企业以最低成本生产一定产量的资本投入和废水数量。由于企业追求成本最小化,A 点位于和等产量线相切的等成本线 FC 上。因为每单位资本的成本是每单位废水的 4 倍,所以等成本线的斜率为:−10 美

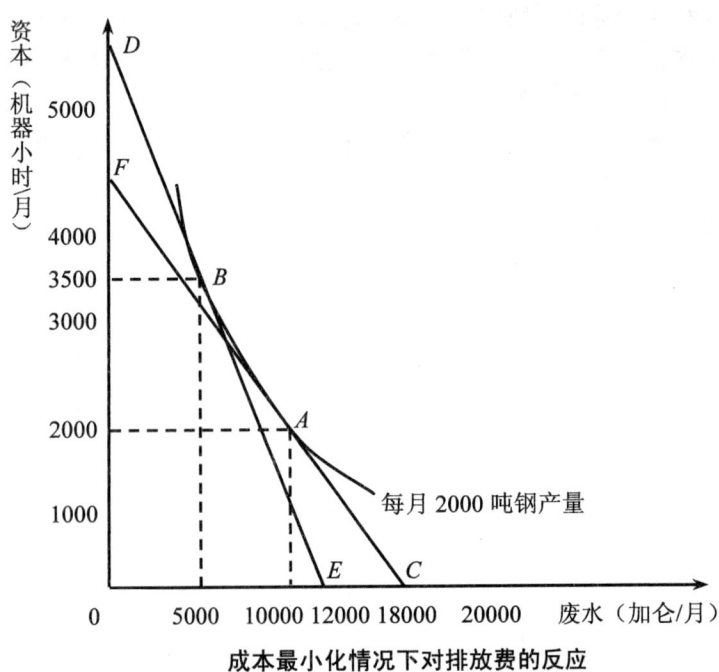

成本最小化情况下对排放费的反应

元/40 美元=0.25。

在企业排放污水而未征收费用时,它选择用 10000 加仑的废水和资本 2000 机器小时的组合在 A 点生产一定数量的产出。然而,排放费产生了废水的成本,使得等成本线由 FC 移至 DE,并且导致企业以较少的排放在 B 点生产。

当征收排放费时,废水的成本由每加仑 10 美元上升至每加仑 20 美元,因为企业对每加仑废水(成本为 10 美元)要向政府缴纳额外的 10 美元。排放费增加了与资本相关的废水的成本。要以尽可能低的成本生产相同的产出,那么经营者必须选择与等产量线相切的斜率为-0.5(-20 美元/40 美元)的等成本线。在图中,DE 是合适的等成本线,B 点则给出了恰当的资本和废水的选择。由点 A 移至点 B 表明了,由于排放费的存在,选择强调多用资本(3500 机器小时)而少用废水(5000 加仑)的替代性生产技术,要比原先不重视循环的生产过程便宜。(总成本已增至 24 万美元,其中资本 14 万美元,废水 5 万美元和排放费 5 万美元。)

我们可以从此决策中得到两点结论:第一,生产过程中要素越是容易替代,也就是说,企业容易避免用河流来处理铁燧石颗粒,为减少排放而征收的排放费越是有效。第二,替代的程度越高,企业所支付的排放费就越少。在我们所举的例子中,如果企业不改变其投入,那么其应支付排放费 10 万美元。然而,钢铁厂通过将生产点由 A 移至 B,仅付了 5 万美元的排放费。

资料来源:平狄克. 微观经济学(第七版),第 222 页

短期是指厂商不能改变其厂房和设备的数量的时期,这些厂房和设备作为固定投入,决定了厂商的生产规模。而其他投入,如劳动和原材料等,在这一时期是可以改变其数量的,它们是厂商的可变投入。下面我们分别从短期总成本(short-run total cost,简称 STC)、短期平均成本(short-run average cost,简称 SAC)和短期边际成本(short-run marginal cost,简称 SMC)的概念来讨论短期成本。

一、短期总成本

厂商在一定技术条件下用劳动和资本生产一种产品,厂商的可变投入只有劳动,资本为不变投入,此时短期生产函数可写成:

$$Q = f(L, \overline{K}) \tag{6-1}$$

式(6-1)表示在资本投入量不变的条件下,可变要素投入量 L 和产量 Q 之间存在着相互依存的对应关系,这种关系可以理解为:企业可以通过对劳动投入量的调整来实现不同的产量;也可以理解为:厂商根据不同的产量水平的要求,来确定相应的劳动的投入量。根据后一种理解,并且假定要素市场劳动的价格 w 和资本的价格 r 是给定的,可以用下式来表示企业在每一产量水平上的短期总成本:

$$STC(Q) = w \cdot L(Q) + r \cdot \overline{K} \tag{6-2}$$

此公式中，$w \cdot L(Q)$ 为可变成本，$r \cdot \overline{K}$ 为不变成本，两部分之和构成企业的短期总成本。STC 是短期总成本的英文缩写。

短期总成本（short-run total cost，记为 STC）是厂商在短期生产中所付出的全部成本，包括固定成本和可变成本两部分。

总固定成本（total fixed cost，记为 TFC）是厂商为短期内花费在所有固定投入上的费用，通常包括厂商自有资本的收益、借贷资金的利息、防火保险金、建筑和设备的折旧费、地租以及财产税等项目。既然固定投入的数量是固定不变的，所以固定成本不随产量的变化而变化。无论厂商生产多少产量，其 TFC 将总是相同的，即使厂商停止营业什么也不生产，它仍然要支付固定成本。从表 6-1 的第 II 栏可以看出，该厂商每月的总固定成本为 60 元。

表 6-1 一个假想厂商每月的短期成本

I 产量 Q（单位）	II TFC（元）	III TVC（元）	IV STC（元）	V SMC（元）	VI AFC（元）	VII AVC（元）	VIII ATC（元）
0	60	0	60	-	-	-	-
1	60	30	90	30	60.0	30.0	90.0
2	60	49	109	19	30.0	24.5	54.5
3	60	65	125	16	20.0	21.7	41.7
4	60	80	140	15	15.0	20.0	35.0
5	60	100	160	20	12.0	20.0	32.0
6	60	124	184	24	10.0	20.7	30.7
7	60	150	210	26	8.6	21.4	30.0
8	60	180	240	30	7.5	22.5	30.0
9	60	215	275	35	6.7	23.9	30.6
10	60	255	315	40	6.0	25.5	31.5
11	60	300	360	45	5.5	27.3	32.8
12	60	360	420	60	5.0	30.0	35.0

总可变成本（total variable cost，记为 TVC）是厂商为其所使用的可变投入所支付的总成本。TVC 随厂商产量的增加而增加，因为厂商在短期内要生产更大的产量，必须雇佣较多的工人，使用较多的电力，购买更多的原材料，所有这些都使成本随产量的提高而增加。总可变成本如表 6-1 中的第 III 栏所示。

根据表 6-1 中第 I、II、III、IV 栏中的数字，我们可以分别绘制出总固定成本、总可变成本和总成本曲线。

图 6-1 中，纵轴 C 表示成本，横轴 Q 表示产出量。短期内 TFC 是平行于横轴的一条直线，即总固定成本

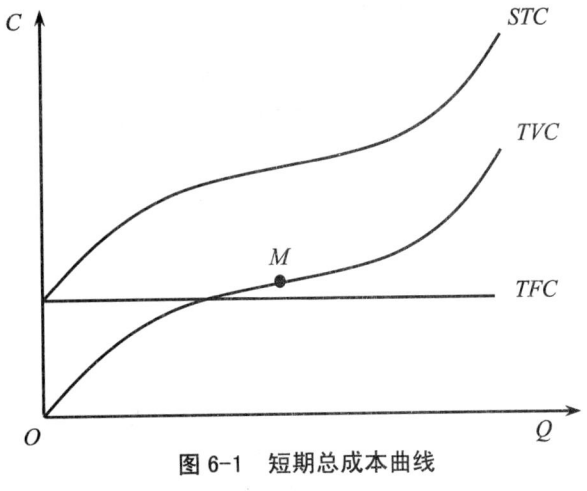

图 6-1 短期总成本曲线

不随产量变动而变动。TVC 是一条呈倒 S 形曲线，即 TVC 在拐点 M 之前随产量增加以递减速度增加，在拐点之后以递增速度增加。STC 等于 TFC 加上 TVC，故 STC 曲线是 TVC 曲线向上垂直移动 TFC 的高度，其形状完全与 TVC 一样。

二、单位成本分析

在短期内，厂商的单位成本分析更为重要。通过分析平均成本（average cost，记为 AC）和边际成本（marginal cost，记为 MC），厂商来确定固定成本和可变成本的最佳组合。

1. 短期平均成本

平均成本是生产每一单位产量平均所支付的费用。与上述三种总成本函数相对应，存在着三种短期平均成本（short-run average cost，记为 SAC），即平均固定成本（average fixed cost，记为 AFC）、平均可变成本（average variable cost，记为 AVC）和平均总成本（average total cost，记为 ATC），它们分别为表 6-1 中的第Ⅵ、Ⅶ、Ⅷ栏所示。

平均固定成本 AFC 等于总固定成本 TFC 除以产量，即：

$$AFC = \frac{TFC}{Q} \tag{6-3}$$

因为固定成本是不变的，所以产量越大，每单位产量的平均固定成本就越低。如表 6-1 第Ⅵ栏所示，当产量为 1 单位时，AFC=60 元；当产量为 12 单位时，AFC=5 元。在数学上，平均固定成本是一条直角形的双曲线，如图 6-2 所示。

平均可变成本 AVC 等于总可变成本 TVC 除以产量，即：

$$AVC = \frac{TVC}{Q} \tag{6-4}$$

AVC 曲线随着产量的增加先降后升，呈 U 字形状，这一特点正是由生产函数的性质所决定的。

平均总成本 ATC 等于总成本 STC 除以产量，或者说 ATC 等于 AFC 与 AVC 之和，即：

$$ATC = \frac{STC}{Q} = AFC + AVC \tag{6-5}$$

从图 6-2 和表 6-1 中可以看出，对于 AFC 和 AVC 都下降的产量水平来说，ATC 也必然是下降的。然而，ATC 是在 AVC 之后达到其最低点的，这是因为 AVC 的增加在一定阶段内尚不能抵消 AFC 的下降，所以在这一阶段，虽然 AVC 已开始上升，但其上升的幅度不如 AFC 下降的幅度大，所以作为 AFC 与 AVC 之和的 ATC 仍处于下降阶段。

2. 短期边际成本

大多数经济分析主要是以图 6-2 所示的边际成本 MC 为基础的。所谓边际成本就是增加最后一单位产量所引起的总成本的增加，或者说边际成本就是由 1 单位的变动所引起的总成本变动。设 $C(Q)$ 为生产 Q 单位产量的总成本，则 Q 与 $Q-1$ 间的边际成本就是 $C(Q) - C(Q-1)$。

如表 6-1 第Ⅴ栏和图 6-2 所示，在产量水平较低的阶段上，短期边际成本（short-run marginal cost，记为 SMC）可能随产量的增加而减少，但到达一个最低点后，则随着产量的进一步增加而增加。之所以如此，这是由边际报酬递减规律所决定的。如果用 ΔTVC 表示由产量的变动 ΔQ 所引起的总可变成本的变动，用 ΔTFC 表示由产量的变动 ΔQ 所引起的总固定成本的变动，则：

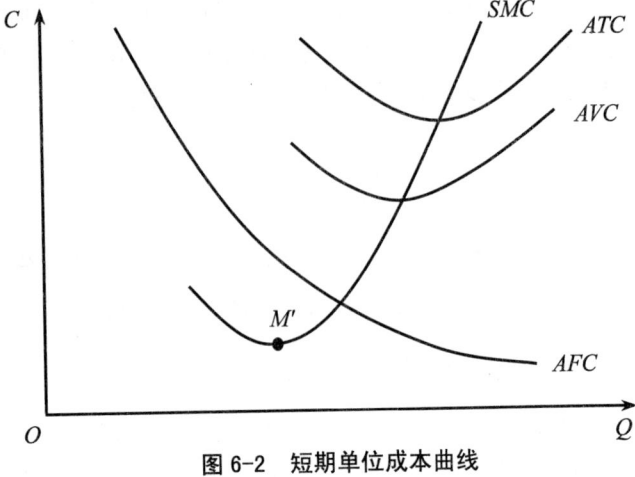

图 6-2　短期单位成本曲线

$$SMC = \frac{\Delta TVC + \Delta TFC}{\Delta Q} \tag{6-6}$$

既然固定成本不发生变化，即 $\Delta TFC = 0$，所以：

$$SMC = \frac{\Delta TVC}{\Delta Q} \tag{6-7}$$

当成本函数连续且可导的情况下：

$$SMC = \frac{\mathrm{d}TVC}{\mathrm{d}Q} \tag{6-8}$$

可见，SMC 是总成本曲线的斜率，或者说是总成本曲线上各点的切线斜率。

进一步说，如果厂商所使用的可变投入的价格 P 是给定不变的，则 $\Delta TVC = P \cdot \Delta V$，其中 ΔV 表示由产量的变动 ΔQ 所引起的可变投入量的变动，则：

$$SMC = P \cdot \frac{\Delta V}{\Delta Q} = P \cdot \frac{1}{MP} \tag{6-9}$$

式（6-9）中的 MP 为可变投入的边际产量。在上一章生产理论的分析中我们知道，由于边际报酬递减规律的作用，MP 一般随着可变投入的增加开始时上升，在达到一个最高点后转而下降。因为边际成本 MC 与 MP 的反相关关系，所以 SMC 曲线通常也就随着产量的增加开始时下降，在达到一个最低点后转而上升，从而呈现为 U 字形。边际成本曲线这一形状上的特点，也是由边际报酬递减规律决定的。

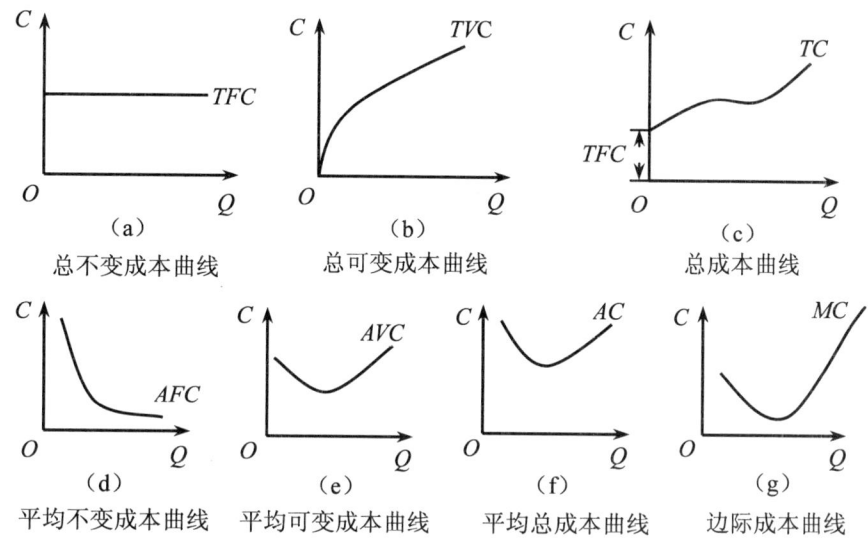

图 6-3 各类短期成本曲线

三、短期成本曲线之间的关系

为了分析总成本曲线与平均成本曲线、边际成本曲线之间的关系,我们根据表 6-1 绘制出图 6-4。图 6-4 是短期成本曲线的综合图,上面是短期总成本曲线,下面是短期边际成本曲线,下面我们根据图 6-4 来说明短期成本曲线之间的关系。

1. 短期成本变动的决定因素:边际报酬递减规律

边际报酬递减规律是短期生产的一条基本规律,因此,它也决定了短期成本曲线的特征。边际报酬递减规律是指在其他要素投入量保持不变的情况下,如果连续追加相同数量的某种生产要素,其产量的增量在达到某一点后会下降,即可变生产要素的边际产量会递减,对一种可变生产要素的生产函数来说,边际产量表出现先上升而最终下降的规律。关于这一规律,我们也可以从产量变化所引起的边际成本变化的角度来理解:假定生产要素的价

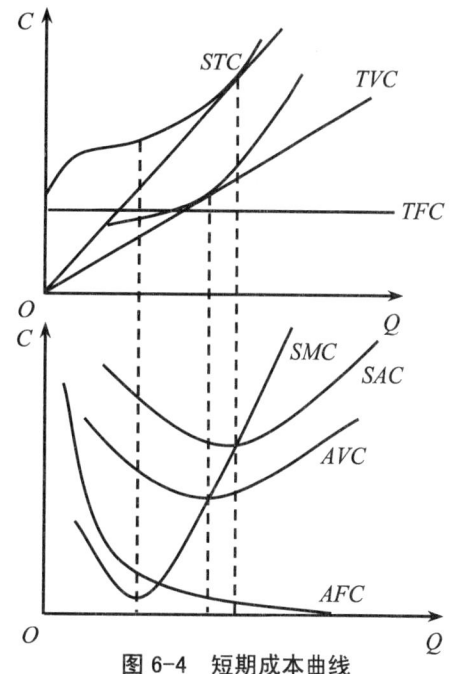

图 6-4 短期成本曲线

格是固定不变的,在开始时的边际报酬递增阶段,增加一单位可变要素投入所产生的边际产量递增,则意味着,在这一阶段增加一单位产量所需要的边际成本是递增的。显然,边际报酬递减规律作用下的短期边际产量和短期边际成本之间存在着一定的对应关系,这种对应关系可以描述为:在短期生产中,边际产量的递增阶段对应的是边际成本的递减阶段,

边际产量的递减阶段对应的是边际成本的递增阶段，与边际产量的最大值对应的是边际成本的最小值。正因为如此，边际报酬递减规律作用下的边际成本呈现 U 形特征。

2. 短期总成本曲线的关系

从图 6-4 上半部分可见，短期总成本 STC 曲线是一条由水平的 TFC 曲线与纵轴的交点出发的向右上方倾斜的曲线。在每一个产量水平上，STC 和 TVC 两者的斜率是相等的，而且，这两条曲线之间的垂直距离为总固定成本 TFC 的数值，所以，将 TVC 曲线向上垂直平移 TFC 的数值，即得到 STC，即：STC=TFC+TVC。同时，TVC 曲线和 STC 曲线在同一产量水平上各存在一个拐点，在拐点以前，TVC 曲线和 STC 曲线的斜率是递减的，在拐点以后，TVC 曲线和 STC 曲线的斜率是递增的。

3. 短期单位成本曲线的关系

（1）AVC 和 SMC 曲线的推导。图 6-5 表示的是从总可变成本曲线推导出来的平均可变成本曲线和边际成本曲线的过程。平均可变成本等于总可变成本除以相应的产量，表现在图形上就意味着每一产量的 AVC 是 TVC 曲线上相应点与原点连线的斜率。在产量为 Q_1 时 AVC 是连线 OX 的斜率，产量为 Q_3 时是连线 ON 的斜率。从图中可看出，随产量的增加，TVC 曲线 N 点之前，各相应点与原点连线的斜率连续下降，直到连线与 TVC 相切于 N 点，这时连线 ON 的斜率最小，即 AVC 达到最小。超过 N 点连线的斜率开始增大，即 AVC 开始上升。例如，在产量为 Q_4 时 AVC 是连线 OY 的斜率。这样，从 TVC 曲线上连续上升的各点与原点连线的斜率变化就可推导出图中 U 形的平均可变成本 AVC 曲线。同样的道理，我们可以用总成本曲线来推导出平均成本曲线。

边际成本曲线是用 TVC 曲线上与该产量相对应的点的切线的斜率来表示的。当我们从原点出发，沿着 TVC 曲线向上移动到 M 点时，TVC 曲线变得越来越平

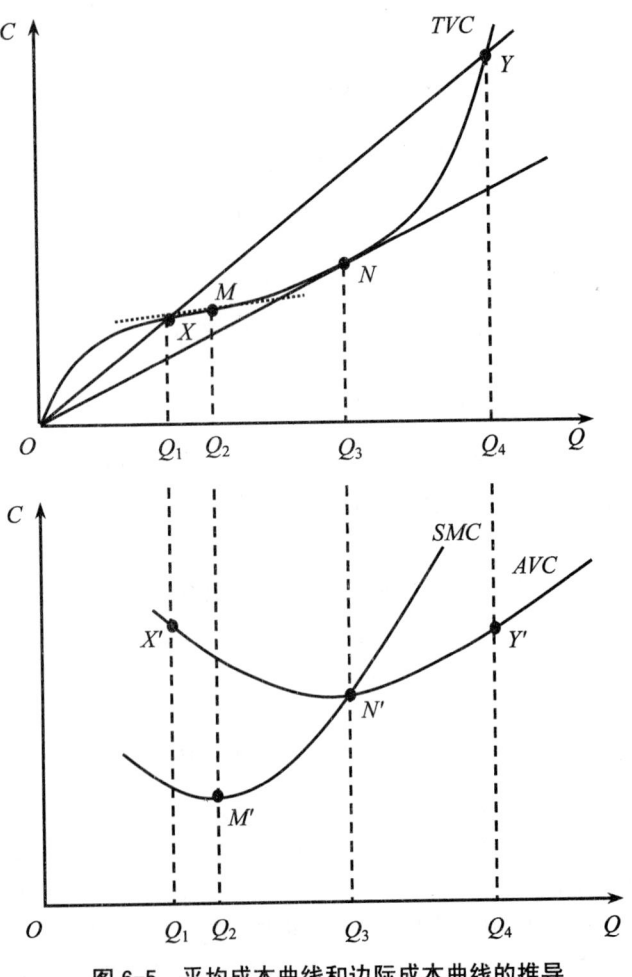

图 6-5　平均成本曲线和边际成本曲线的推导

坦，这表明 MC 在下降；而超过了 M 点，TVC 曲线变得越来越陡峭，表明 MC 上升。在 M 点，TVC 斜率最小，所以相应的边际成本最低；在平均可变成本曲线的最低点，TVC 的切线与原点出发过点 N 的射线重合，所以有 $MC = AVC$。

（2）短期单位成本曲线的关系。分析了平均成本和边际成本的推导之后，我们来看一下短期单位成本曲线的关系，结合图 6-4 的下半部分和图 6-5 来分析：从图 6-4 中我们看到，不仅 AVC 曲线，SAC 曲线和 SMC 曲线都呈现 U 形的特征，而且，SMC 曲线与 AVC 曲线相交于 AVC 曲线的最低点，SMC 曲线与 SAC 曲线相交于 SAC 曲线的最低点。

关于边际成本与平均成本之间的关系，我们可以这样理解：当边际成本位于平均成本之下时，平均成本是下降的；当边际成本位于平均成本之上时，平均成本是上升的。比方说，如果目前的平均成本为 10 元，增加一单位产量的成本为 5 元，那么产量的平均成本将被拉下来；而增加生产一单位产品的成本为 15 元，那么产量的平均成本将被拉上去。

当平均成本最低时，边际成本等于平均成本。也就是说，边际成本曲线先后通过平均可变成本曲线和平均总成本曲线的最低点。这一点显然已包含在上述关系中了，但我们可以用不同的方式来说明它。由于边际成本表示每增加一单位产量所引起的总成本的增量，所以，每增加一单位产量的边际成本必须比增加该单位产量之前的平均成本低，才能使平均成本下降；相反，要使平均成本上升，边际成本必须高于平均成本；平均成本既不上升也不下降（即在其最低点），边际成本必定等于平均成本。

第三节 长期成本函数

在长期，厂商有足够的时间调整其所有投入的使用量，以便用最低的成本进行生产。因为所有的投入都是可变的，所以在长期内不存在固定成本。

一、长期成本的概念

我们分别从长期总成本（long-run total cost，记为 LTC）、长期平均成本（long-run average cost，记 LAC）、长期边际成本（long-run marginal cost，记为 LMC）三个概念讨论长期成本。

1. 长期总成本和长期总成本曲线

厂商在长期对全部生产要素投入量的调整意味着对企业生产规模的调整，从长期看，厂商总是可以在每一个产量水平上选择最优的生产规模进行生产。长期总成本 LTC 是指厂商在长期中每一个产量水平上通过选择最优的生产规模所能达到的最低总成本。

$$LTC = LTC(Q) \tag{6-10}$$

长期总成本函数或长期总成本曲线表示的是长期总成本与产量之间的关系，它可以从扩展线中推导出来。扩展线表明各种投入总量是如何随着产量变化而变化的，厂商在长期内沿扩展线扩大生产规模。在扩展线上既定产量下的最小成本或既定成本下的最大产量都得到满足。因此，根据扩展线上不同规模下的产量和投入要素数量的对应关系，可以在坐标图中描绘出长期总成本曲线。

假定劳动和资本是仅有的两种投入。我们来考察与 Q_0 单位产量相对应的 E_0 点，由 E_0 所代表的投入组合的总成本等于劳动量 L_0 乘以单位劳动的价格 P_L。这是因为 E_0 是等成本曲线 C_0 上的一点，它所代表的投入组合与 L_0 点所代表的投入组合所花费的成本是相同的，而在 L_0 点上，其投入组合的成本等于 $L_0 \times P_L$。根据同样的理由，由 E_1 所代表的投入组合的总成本为 $L_1 \times P_L$，由

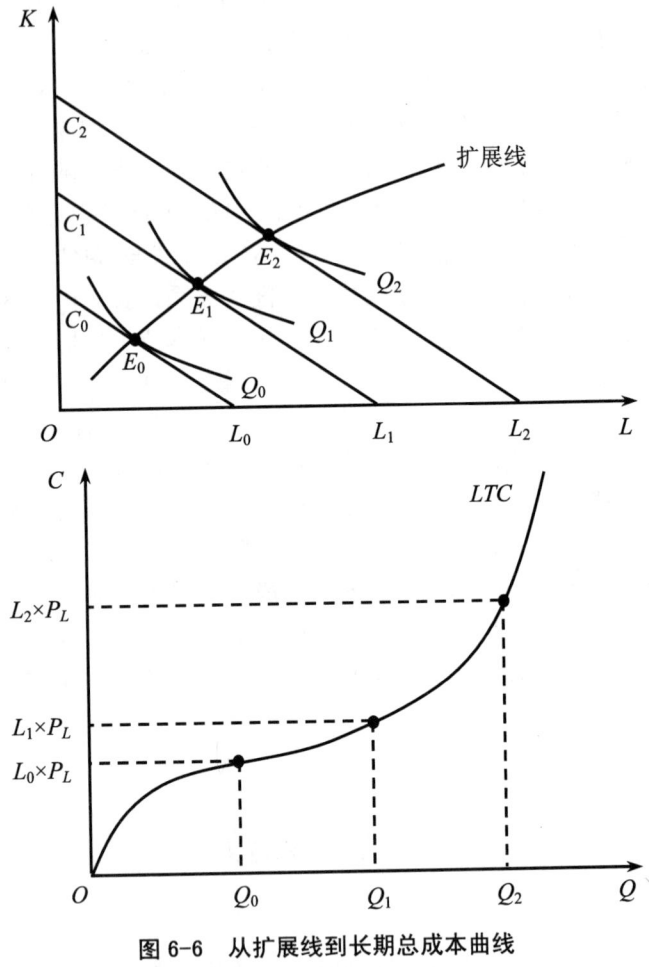

图 6-6 从扩展线到长期总成本曲线

E_2 所代表的投入组合的总成本为 $L_2 \times P_L$。这意味着长期总成本曲线上与 Q_0、Q_1 和 Q_2 单位产量相对应的点分别为：$L_0 \times P_L$、$L_1 \times P_L$ 和 $L_2 \times P_L$。

用横轴表示产量 Q，用纵轴表示总成本 C，把上述分别对应于 Q_0、Q_1 和 Q_2 单位产量的总成本标在纵轴上，如图 6-6 所示，我们就得到了相应的长期总成本曲线。

长期总成本曲线也可通过短期总成本曲线进行推导。

在图 6-7 中有三条短期总成本曲线 STC_1、STC_2、STC_3，它们分别代表三个不同的生产规模。短期总成本曲线的纵截距表示相对应的固定成本，从图中三条短期成本曲线的纵截距可知，STC_1 曲线所代表的固定成本小于 STC_2 曲线，STC_2 曲线所标示的固定成本小于 STC_3 曲线，而固定成本的多少往往反映生产规模的大小。因此，从三条短期总成本曲线所代表的生产规模看，STC_1 曲

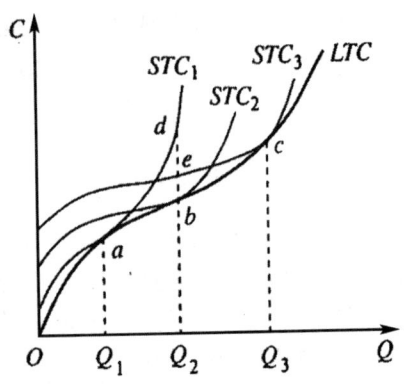

图 6-7 最优生产规模的选择和长期成本曲线

线的规模最小，STC_2 曲线居中，STC_3 曲线最大。

如果企业生产的产量为 Q_2，那么企业应该如何调整生产要素的投入量来降低总成本呢？在短期，企业可能面临 STC_1 所代表的较小的生产规模，也可能是 STC_3 所代表的较大的生产规模，我们可以看到，在较小的 STC_1 曲线所代表的生产规模，企业只能按照图中的较高成本 d 点进行生产，而在 STC_3 的规模，企业只能按照 e 点进行生产。但在长期，企业可以调整全部生产要素，选择最优的生产规模即 STC_2 所代表的生产规模进行生产，短期总成本在 b 点，企业实现了将总成本降到最低的水平。与此相同，企业会选择 STC_1 所代表的生产规模在 a 点生产 Q_1 的产量，在 STC_3 的生产规模在 c 点上生产 Q_3 的产量等，这样，企业就在每一个产量上实现了最低的总成本。

虽然在图 6-7 中只有三条短期总成本曲线，但在理论分析上可以假定有无数条短期总成本曲线。这样，企业可以在任何一个产量水平上，都找到相应的一个最优的生产规模，可以把总成本降到最低水平。也就是说，可以找到无数个类似的 a、b、c 点，这些点的轨迹就形成了图中的长期总成本 LTC 曲线。显然，长期总成本曲线是无数条短期总成本曲线的包络线。在这条包络线上，在连续变化的每一个产量水平上，都存在着 LTC 曲线和一条 STC 曲线的切点，该 STC 所代表的生产规模就是生产该产量的最优生产规模，该切点对应的总成本就是生产该产量的最低总成本。所以，LTC 曲线表示长期内企业在每一产量水平上由最优生产规模所带来的最小生产成本。

2. 长期平均成本与长期平均成本曲线

长期平均成本 LAC 表示企业在长期内按产量平均计算的最低总成本。长期平均成本函数可写为：

$$LAC(Q) = \frac{LTC(Q)}{Q} \tag{6-11}$$

关于长期平均成本 LAC 的推导，我们可以通过短期平均成本得出：假定厂商所能够建立的工厂规模只有五种，如图 6-8 所示。SAC_1、SAC_2、SAC_3、SAC_4 和 SAC_5 分别表示与五种规模的工厂相对应的五条短期平均成本曲线。显然，厂商究竟要选择哪一种规模的工厂，这要取决于厂商所希望获得的产量水平，而何种产量水平是合适的，这又取决于需求状况。假定厂商确信 Q_1 是合适的产量，那么，它会建立最小规模的工厂（其短期平均成本曲线为 SAC_1），并在平均成本为 5 元的水平上生产 Q_1 单位产量。当然，厂商也可以建立

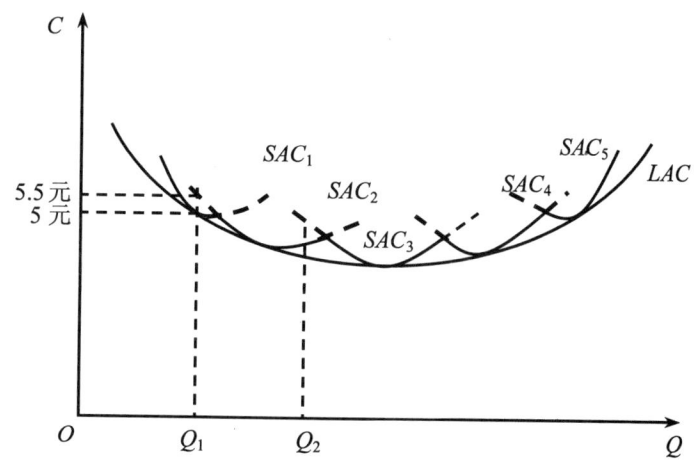

图 6-8 长期平均成本曲线与短期平均成本曲线的关系

规模稍大一些的工厂（SAC_2），但这意味着它将以较高的平均成本（5.5 元）生产 Q_1 单位产量，这显然不是最佳的选择。如果厂商所期望的产量不是 Q_1 而是 Q_2，那么上述第二种规模（SAC_2）而不是第一种规模（SAC_1）或更大的一种规模（SAC_3）的工厂便是最佳的选择了。总之，厂商将建立能使它以最低的平均成本（从而最低的总成本）生产既定产量的工厂规模。

长期平均成本函数所表示的就是当所有的投入都可变，即当任何规模的工厂都可以建立时的产量与可能得到的最低平均成本间的关系。当只有五种规模的工厂可供选择时，如图 6-8 所示，长期平均成本 LAC 曲线就由相应的五条短期平均成本曲线的实线部分所构成，这些 SAC 曲线的虚线部分之所以未包括在 LAC 曲线中，是因为它们不代表最低平均成本。当有许多种规模的工厂可供厂商选择，比如说在 SAC_1 与 SAC_2、SAC_2 与 SAC_3、SAC_3 与 SAC_4 及 SAC_4 与 SAC_5 之间还各有更多种规模的工厂可供厂商选择时，LAC 曲线就会变成一条平滑的曲线。换句话说，LAC 曲线上的每一个点都是与某条 SAC 曲线的切点，与这些 SAC 曲线相对应的工厂规模就是厂商为生产这些切点相对应的产量而应该选择的最佳规模。也就是说，长期平均成本曲线就是短期平均成本曲线的包络线（envelope curve）。

需要注意的是，只要 LAC 曲线不是水平的，它就不能和所有 SAC 曲线在其最低点上相切。当 LAC 曲线下降时，它与 SAC 曲线在其最低点的左侧相切；当 LAC 曲线上升时，它与 SAC 曲线在其最低点的右侧相切；只有当 LAC 曲线处于最低点时，它才与 SAC 曲线在其最低点上相切。

案例 6.5　　LAC 逸事

长期平均成本曲线是文纳教授（J. Viner）在 1931 年发表的一篇论文中首次提出来的：长期平均成本曲线是一系列短期平均成本曲线的包络线。

据说，在准备这篇论文时，文纳教授曾请他的研究生 Mr. Wang 帮助他画一个图，表明长期平均成本曲线通过所有短期平均成本曲线的最低点，并从数学上加以证明。

Mr. Wang 接到任务后便琢磨起来：如果长期平均成本曲线和短期平均成本曲线都呈 U 形，长期平均成本曲线除了在最低点与短期平均成本曲线相切外，其他点都不可能与短期平均成本曲线最低点相切。但碍于面子，他没有将自己的这一想法及时告知导师，导师久等无信，便生气了。

直到 1950 年，文纳教授才醒悟过来，并不无遗憾地说：早知如此，我就不会交给杰出的 Mr. Wang 这样一个在经济上不合理、在技术上不可能的任务。

资料来源：黎诣远，李明志. 微观经济分析, 第 308 页

3. 长期边际成本与长期边际成本曲线

长期边际成本 LMC 表示企业在长期内增加一单位产量所引起的最低总成本的增量。长期边际成本函数可以写为：

$$LMC(Q) = \frac{\Delta LTC(Q)}{\Delta Q}$$

或

$$LMC(Q) = \lim_{\Delta Q \to 0} \frac{\Delta LTC(Q)}{\Delta Q} = \frac{dLTC(Q)}{dQ}$$

如前所述，长期边际成本 LMC 是指厂商在能够改变其所有投入的使用量的情况下，由最后一单位产量的变动所引起的总成本的变动。长期边际成本曲线既可以从长期总成本曲线推导出来，又可以从短期边际成本曲线推导出来。

如图 6-9 中的 II 图所示，当产量为 Q_1 与厂商所选择的最佳规模的工厂相对应的短期平均成本曲线为 SAC_1，短期边际成本曲线为 SMC_1，与 Q_1 相对应的 SMC_1 等于 MC_1。因为当产量为 Q_1 时，STC_1 曲线与 LTC 曲线相切，故在该点 STC_1 曲线与 LTC 曲线的斜率相等。总成本曲线的斜率就是边际成本，所以当产量为 Q_1 时，短期边际成本 SMC_1 就等于长期边际成本 LMC，这意味着与 Q_1 产量相对应的短期边际成本同时也是长期边际成本，即都是 MC_1。根据同样的理由，与 Q_2

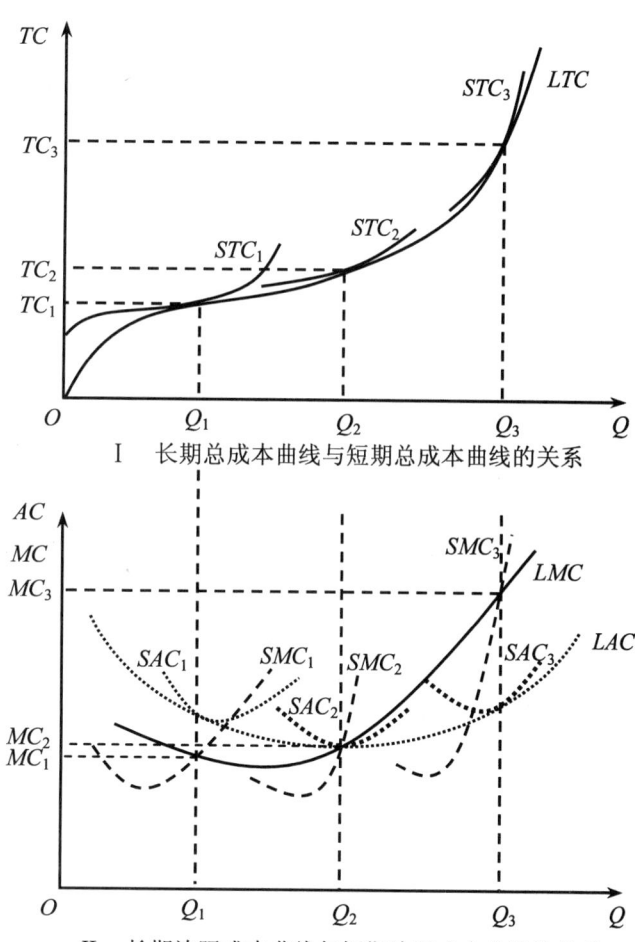

图 6-9　长期成本曲线与短期成本曲线的关系

和 Q_3 产量相对应的长期边际成本即也是它们所对应的短期边际成本，分别是 MC_2 和 MC_3。于是，长期边际成本 LMC 曲线就是 SAC 曲线与 LAC 相切的产量水平所对应的短期边际成本的点的轨迹。所以，SMC 曲线总是与 LMC 曲线在一定的产量水平相交，在交点的左边，SMC 曲线位于 LMC 曲线之下；在交点的右边，SMC 曲线位于 LMC 之上。

二、影响长期平均成本的因素

从图 6-10 中的 II 图可以看出，长期平均成本曲线与短期平均成本曲线一样，都是 U 形，这就是说，在产量增加到一定点以前，二者都是下降的，当产量增加到一定点时，二者达到最低点,这时再进一步增加产量,二者都是上升的。但是,U形的成因对这二者来说则是不同的。短期平均成本曲线之所以呈现为U形,是由于边际生产力递减规律的作用。具体地说,短期平均成本之所以由降转而上升,这是因为AFC的下降最终要被AVC的上升所抵消,而AVC的上升是由可变投入的平均产量即AVP下降所引起的,至于AVP的下降则是边际生产力递减规律直接作用的结果。然而,边际生产力递减与长期平均成本曲线形状的成因,并无直接的关系,因为在长期内没有任何固定投入。决定长期平均成本曲线形状的主要因素是规模经济与规模不经济。

规模经济(economies of scale)是指由于生产规模扩大而导致长期平均成本下降的情况。规模经济与规模报酬不是同一概念。规模报酬

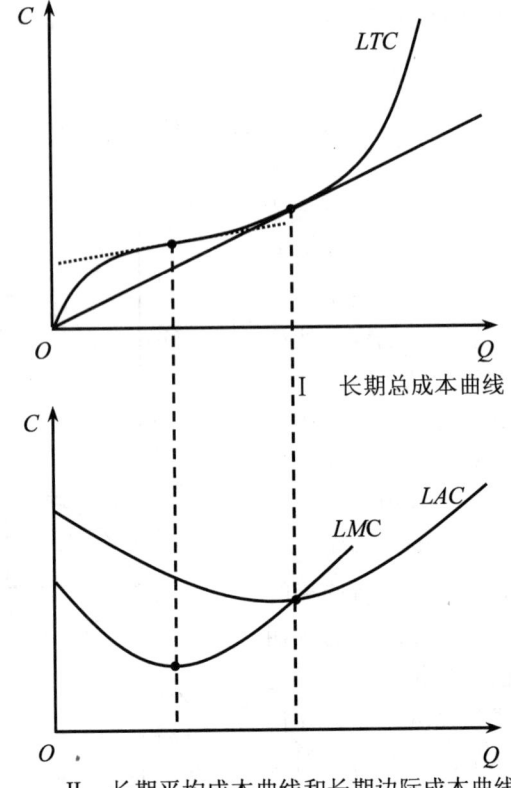

图6-10　长期平均成本曲线和长期边际成本曲线的推导

是所有要素投入都扩大相同的倍数所引起的产出的变化情况,所涉及的是投入与产出的关系。规模经济涉及规模大小与成本的关系,不过规模报酬递增是产生规模经济的原因之一。产生规模经济的主要原因是劳动分工与专业化,以及技术因素。企业规模扩大后使得劳动分工更细,专业化程度更高,这将大大地提高劳动生产率,降低企业的长期平均成本。

规模不经济(diseconomies of scale)是指企业由于规模扩大使得管理无效而导致长期平均成本上升的情况。规模不经济对长期平均成本所起的作用与规模经济所起的作用完全相反。规模过大会造成管理人员信息不通、企业内部公文旅行、决策失误等,这都会造成企业长期平均成本上升。

第四节　收益与利润最大化

 案例6.6　大商场平时为什么不延长营业时间?

节假日期间天津劝业场和许多大型商场都延长营业时间,为什么平时不延长?现在我

们用边际分析理论来解释这个问题。

从理论上说延长时间一小时，就要支付一小时所耗费的成本，这种成本既包括直接的物耗，如水、电等，也包括由于延时而需要的售货员的加班费，这种增加的成本就是我们这一章所学习的边际成本。假如延长一小时增加的成本是1万元（注意这里讲的成本是西方成本概念，包括成本和正常利润），那么在延时的一小时里他们由于卖出商品而增加的收益大于1万元，作为一个精明的企业家，他还应该再将营业时间在此基础上再延长，因为这时他还有一部分该赚的钱还没赚到手。相反，如果他在延长一小时里增加的成本是1万元，增加的收益是不足1万元，他在不考虑其他因素情况下就应该取消延时的经营决定，因为他延长一小时成本大于收益。节假日期间，人们有更多的时间去旅游购物，使商场的收益增加，而平时紧张的工作和繁忙的家务使得人们没有更多时间和精力去购物，就是延时服务也不会有更多的人光顾，增加的销售额不足以抵偿延时所增加的成本。这就能够解释在节假日期间延长营业时间而在平时不延长营业时间的经济学的道理。

无论是边际收益大于边际成本还是小于边际成本，厂商都要进行营业时间调整，说明这两种情况下都没有实现利润的最大化。只有在边际收益等于边际成本时，厂商才不调整营业时间，这表明已把该赚的利润都赚到了，即实现了利润的最大化。

摘自 blog.sina.com.cn

厂商生产的最终目的是追求利润最大化。利润是总收益与总成本之差，下面我们在介绍有关收益概念的基础上，通过分析总收益与总成本的关系来求解厂商实现利润最大化的均衡条件。

一、收益的相关概念

收益（revenue）是厂商出售产品的收入。基本的收益概念有三个：总收益（total revenue，记为 TR）、平均收益（average revenue，记为 AR）和边际收益（marginal revenue，记为 MR）。

1. 总收益、平均收益和边际收益

总收益 TR 是厂商出售产品后所得到的全部收入，总收益往往简单地表示为 R。总收益函数是产品销售量的函数，它等于产品的价格乘以产品的销售量，即：

$$TR = P \cdot Q \qquad (6\text{-}12)$$

平均收益 AR 是平均每一单位产品的销售收入：

$$AR = \frac{TR}{Q} = \frac{P \cdot Q}{Q} = P \qquad (6\text{-}13)$$

即平均收益等于价格。

边际收益 MR 是每增加一单位产品的销售所引起的总收益的增加值，也就是销售最后一单位产品所获得的收益。所以：

$$MR = \frac{\Delta TR}{\Delta Q} \tag{6-14}$$

当总收益函数连续且可导的情况下：

$$MR = \frac{\mathrm{d}TR}{\mathrm{d}Q} = \frac{\mathrm{d}}{\mathrm{d}Q}(P \cdot Q) = P + \frac{\mathrm{d}P}{\mathrm{d}Q} \cdot Q \tag{6-15}$$

我们以线性的需求函数 $P = a - b \cdot Q$ 为例。此时，总收益 TR 可表示为：

$$TR = Q \cdot P = Q \cdot (a - b \cdot Q) = a \cdot Q - b \cdot Q^2 \tag{6-16}$$

平均收益 AR 为：

$$AR = \frac{TR}{Q} = \frac{a \cdot Q - b \cdot Q^2}{Q} = a - b \cdot Q \tag{6-17}$$

边际收益 MR 为：

$$MR = \frac{\mathrm{d}TR}{\mathrm{d}Q} = \frac{\mathrm{d}}{\mathrm{d}Q}(a \cdot Q - b \cdot Q^2) = a - 2 \cdot b \cdot Q \tag{6-18}$$

2. 收益曲线

我们仍以线性的需求函数为例，来描述总收益曲线、平均收益曲线和边际收益曲线的形状。根据式（6-12）、式（6-13）和式（6-14）表示的各个收益函数，可以绘制出总收益曲线、平均收益曲线和边际收益曲线，如图 6-11 所示。

根据总收益和边际收益的关系可知，边际收益曲线是总收益曲线的斜率。在总收益增加时，边际收益大于零，即此时边际收益曲线位于横轴之上；当总收益下降时，边际收益小于零，即此时边际收益曲线位于横轴之下；当总收益最大时，边际收益等于零，即此时边际收益曲线与横轴相交。并且，边际收益曲线的斜率绝对值是平均收益曲线绝对值的两倍，因为 $\frac{\mathrm{d}MR}{\mathrm{d}Q} = -2 \cdot b$，而 $\frac{\mathrm{d}AR}{\mathrm{d}Q} = -b$，从而也会有图中的 $Q_1 = 2 \cdot Q_0$。

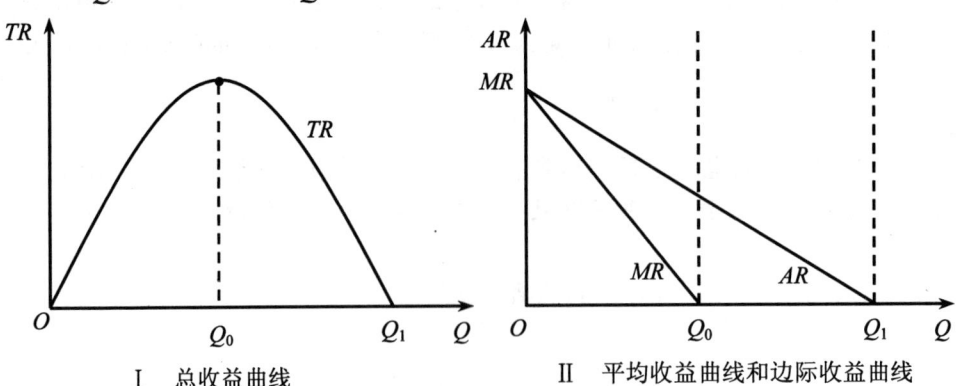

Ⅰ 总收益曲线　　　　　　Ⅱ 平均收益曲线和边际收益曲线

图 6-11 线性需求函数的收益曲线

3. 边际收益与需求的价格弹性之间的关系

对于一般的需求函数而言，不管是线性的还是非线性的，我们都可以导出边际收益与价格以及需求的价格弹性之间的关系。在总收益函数和需求函数可导时，它们之间的关系推导如下。根据式（6-15），有：

$$MR = P + \frac{dP}{dQ} \cdot Q = P \cdot \left(1 + \frac{dP}{dQ} \cdot \frac{Q}{P}\right) = P \cdot \left(1 + \frac{1}{\dfrac{dQ}{Q} \bigg/ \dfrac{dP}{P}}\right)$$

将需求的价格弹性公式 $E_d = -\dfrac{dQ}{Q} \bigg/ \dfrac{dP}{P}$ 代入上式，就有：

$$MR = P \cdot \left(1 - \frac{1}{E_d}\right) \tag{6-19}$$

式（6-19）就是边际收益与价格及需求的价格弹性之间的关系表达式。可知价格既定时，边际收益与需求的价格弹性同方向变化。需求的价格弹性越大，边际收益越大；反之，越小。

二、利润最大化的均衡条件

下面我们分别从总收益与总成本和边际收益与边际成本的角度来分析追求利润最大化的厂商将如何确定其实际的产量水平，以此确定利润最大化的条件。

1. 利润最大化的数学推导

利润等于总收益减总成本，即：

$$\pi = TR - TC \tag{6-20}$$

利润最大化就是总收益超出总成本的差距最大。由于收益与成本都是产量的函数，所以利润也是产量的函数。厂商要实现利润最大化，就是要确定一个适当的产量，使总收益超出总成本最大。这就转化为求 π 的极大值问题。当总收益函数和总成本函数都是连续可导时，π 取极大值时的条件是：

$$\frac{d\pi}{dQ} = \frac{dTR}{dQ} - \frac{dTC}{dQ} = 0$$

$$\frac{d}{dQ}\left(\frac{d\pi}{dQ}\right) < 0$$

因为：

$$\frac{dTR}{dQ} = MR, \quad \frac{dTC}{dQ} = MC$$

即得到利润最大化的必要条件：

$$MR = MC \tag{6-21}$$

也就是说，厂商达到利润最大化时，必然处于边际收益等于边际成本的产量点。再考虑条件 $\dfrac{d}{dQ}\left(\dfrac{d\pi}{dQ}\right) = \dfrac{dMR}{dQ} - \dfrac{dMC}{dQ} < 0$，即 $\dfrac{dMR}{dQ} < \dfrac{dMC}{dQ}$。此时，在边际收益等于边际成本的

产量点达到利润最大化；小于这个产量时，边际收益大于边际成本，即增加一单位产量带来的收益仍将大于所付出的成本，故厂商仍会增加产量；大于这个产量时，边际收益小于边际成本，即增加一单位产量带来的收益将会小于所付出的成本，故厂商就会减少产量。

案例 6.7　经理的一些成本考虑

对边际收益等于边际成本这一规则的运用，取决于经理对边际成本的估算能力。为获得有用的成本估算，经理应在心里牢记以下三条指导原则：

第一，可能的话，平均可变成本不应用来替代边际成本。边际成本和平均成本接近固定时，它们之间几乎没有差别。但当边际成本和平均成本都迅速增加时，要决定生产多少数量，用平均可变成本则会产生误导。举例来说，假设一个公司有以下成本资料：

当前产量：每天 100 单位，其中 25 单位属加班生产

材料成本：每天 500 美元

人工成本：每天 2000 美元（正常时间），加班 1000 美元（加班时间）

平均可变成本容易计算——劳动成本加材料成本（3500 美元）除以每天 100 单位，为 35 美元/单位。但恰当的成本是边际成本，它可计算如下：不管生产多少产量，每单位材料成本固定不变，所以边际成本为 500 美元/100＝5 美元/单位。因为劳动的边际成本仅涉及加班劳动，这 100 个单位中的 25 个单位是在加班时间内生产的，所以这样可得到劳动的边际成本。加班时间里每单位产量的平均报酬为 1000 美元/25＝40 美元/单位，这是对劳动的边际成本的一个很好的估算。因而，每多生产一单位产量的边际成本为 45 美元（材料边际成本加劳动边际成本），这比 35 美元的平均可变成本要大。如果依赖平均可变成本进行决算，那他将生产过多的产量。

第二，厂商的会计分类账（accounting ledger）的单独科目可能有两个组成部分，但只有其中一个部分涉及边际成本。例如，假设经理想削减生产，他减少一些雇员的工作时间，并裁减其他雇员。但被裁减的雇员工资可能无法准确衡量此时生产的边际成本，因为工会经常要求企业支付被裁减员工的部分工资。在这种情况下，因增加产量而增加边际成本将不同于产量下降相同数量时所节约的边际成本，后者等于节省的劳动成本减去所需支付给裁减员工的工资之差额。

第三，决定机会成本时应包括所有的机会成本。假定一家百货商店想出售儿童家具，经理决定利用商店三楼本来摆放电器的一部分空间现在来摆放家具，而不是建一个新的销售点。这部分空间的边际成本就是假如商店继续销售电器而赚得的利润除以家具的销量，这样测算出来的机会成本可能要比商店实际为这部分建筑所支付的成本大得多。

这三条准则可以帮助经理人员正确地衡量边际成本。如果做不到这一点，将会导致产量过高或过低，并因此减少利润。

摘自 blog.sina.com.cn

2. 利润最大化的图形表示

显然，图 6-12 中的产量点 Q_0 可使厂商获得最大化利润。在该产量点，总成本曲线切线的斜率等于总收益曲线切线的斜率，即 $MR=MC$。且有 $\dfrac{\mathrm{d}MR}{\mathrm{d}Q}<\dfrac{\mathrm{d}MC}{\mathrm{d}Q}$，在边际收益曲线与边际成本曲线交点的左边，边际收益大于边际成本，厂商会扩大产量直至边际收益等于边际成本；在边际收益曲线与边际成本曲线交点的右边，边际收益小于边际成本，厂商会降低产量直至边际收益等于边际成本。

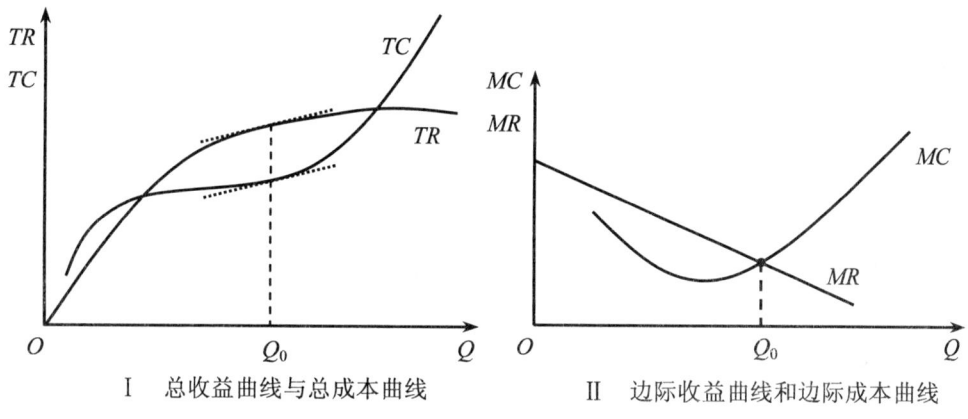

I　总收益曲线与总成本曲线　　　　II　边际收益曲线和边际成本曲线

图 6-12　利润最大化的图形表示

三、生产者剩余

生产者剩余（producer surplus）是指厂商在提高一定数量的某种产品时实际接受的总价格（即总收益）和愿意接受的最小总价格之间的差额。厂商在生产中根据 $MR=MC$ 的原则确定利润最大化的价格和产量，那么厂商实际接受的总价格就是生产产品的总收益，即价格线以下的收益之和；厂商接受的最小总价格则是它生产这些产品支付的总成本，即边际成本曲线以下的成本之和，或称总边际成本。如图 6-13 所示，如果此时确定的产量为 Q_0，价格为 P_0，生产者剩余即图中的斜纹阴影部分面积。生产者剩余可以表现为总收益与总边际成本的差额，如图 6-13 的 I 图所示；也可以表现为总收益与总平均成本的差额，如图 6-13 的 II 图所示。

在短期内，生产者剩余还可以用总收益与总可变成本的差额来表示。因为短期内，厂商的固定成本无法改变，厂商的总边际成本等于总可变成本，那么生产者剩余就等于总收益与总可变成本之差，如图 6-14 所示。

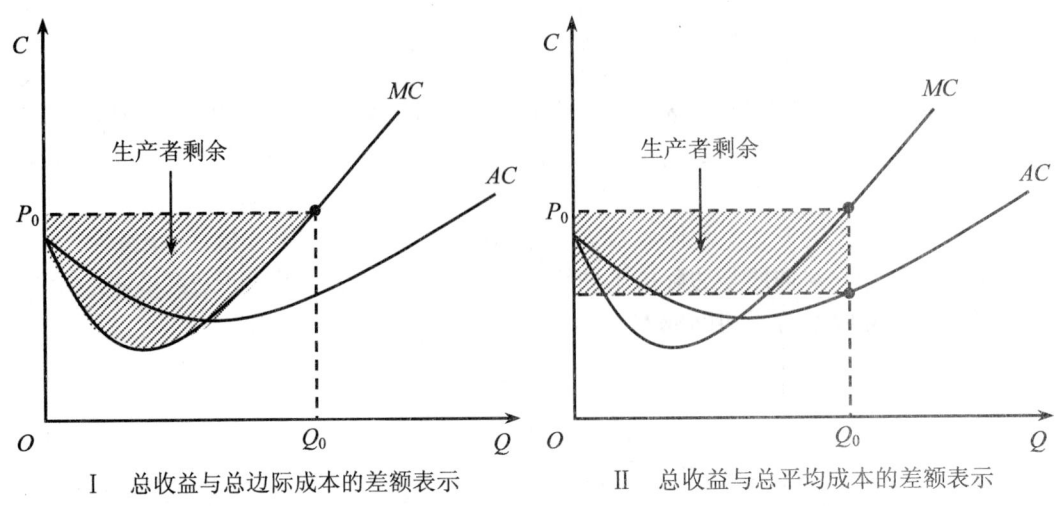

图 6-13 生产者剩余的表示

 本章结束语

厂商的生产成本通常被看作厂商所购买的生产要素的货币支出。经济分析中把厂商生产某种产品的生产成本就看作生产该产品的机会成本，机会成本包括显性成本和隐性成本两部分。成本函数表示成本与产量之间的关系，也分为短期成本函数和长期成本函数。短期指某些生产要素的使用量固定不变的时期。在长期，所有的生产要素都是可变的，不存在固定不变的成本。

短期总成本是厂商在短期生产中所付出的全部成本，包括固定成本和可变

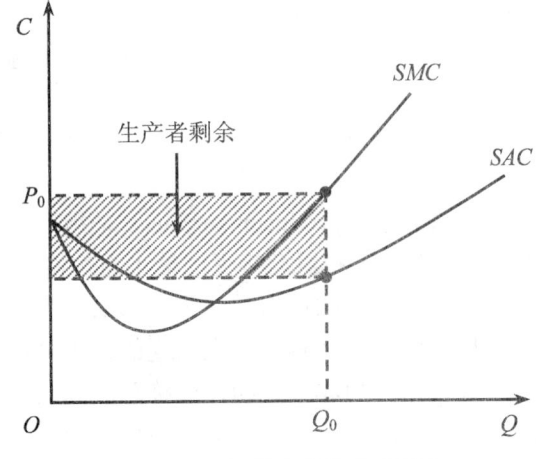

图 6-14 短期内的生产者剩余

成本两部分。平均成本是生产每一单位产量平均所支付的费用，短期内存在着三种平均成本：平均固定成本、平均可变成本和平均总成本。边际成本就是增加最后一单位产量所引起的总成本的增加。短期边际成本最终会随着产量的进一步增加而增加，这是由边际报酬递减规律所决定的。平均可变成本曲线是用总可变成本曲线上与该产量相对应的点与原点连线的斜率来表示的，边际成本曲线是用总成本曲线上与该产量相对应的点的切线的斜率来表示的。

长期总成本函数或长期总成本曲线表示的是长期总成本与产量之间的关系，它可以从扩展线中推导出来。长期平均成本曲线上的每一个点都是与某条短期平均成本曲线的切点，长期平均成本曲线就是短期平均成本曲线的包络线；长期总成本曲线上的每一个点都是与

某条短期总成本曲线的切点,长期总成本曲线就是短期总成本曲线的包络线。长期边际成本曲线就是短期平均成本曲线与长期平均成本曲线相切的产量水平所对应的短期边际成本的点的轨迹。决定长期平均成本曲线形状的主要因素是规模经济与规模不经济。

总收益是厂商出售产品后所得到的全部收入;平均收益是平均每一单位产品的销售收入,平均收益等于价格;边际收益是每增加一单位产品的销售所引起的总收益的增加值。

边际收益与价格及需求的价格弹性之间的关系表达式为 $MR = P \cdot \left(1 - \dfrac{1}{E_d}\right)$。厂商达到利润最大化的必要条件是 $MR = MC$,即厂商达到利润最大化时,必然处于边际收益等于边际成本的产量点。生产者剩余是指厂商在提高一定数量的某种产品时实际接受的总价格(即总收益)和愿意接受的最小总价格之间的差额。

关键词:成本函数(cost function) 短期成本和长期成本 (short-run cost and long-run cost) 边际成本(marginal cost) 平均成本(average cost) 边际收益(marginal revenue)

复习思考题

1. 假定某厂商生产某产品的变动成本为每件10美元,标准产量为500000件。总固定成本为2500000美元。如果厂商的目标利润为33%,问价格应定为多少?

2. 假定某企业的短期成本函数是 $TC(Q) = Q^3 - 10Q^2 + 17Q + 66$。
   (1)指出该短期成本函数中的可变成本部分和不变成本部分。
   (2)写出下列相应的函数:$TVC(Q)$、$AC(Q)$、$AVC(Q)$、$AFC(Q)$ 和 $MC(Q)$。

3. 如果某企业短期总成本函数为 $STC = 1200 + 240Q - 4Q^2 + (1/3)Q^3$。试问:
   (1)当 SMC 达到最小值时,它的产量多少?
   (2)当 AVC 达到最小值时,它的产量多少?

4. 已知某企业的短期总成本函数是 $STC(Q) = 0.04Q^3 - 0.8Q^2 + 10Q + 5$,求最小的平均可变成本。

5. 用图形说明总成本、平均成本和边际成本的变动关系。

6. 平均成本曲线、边际成本曲线为什么都呈"U"形?平均成本曲线与边际成本曲线为什么只能在平均成本曲线的最低点相交?

7. "虽然很高的固定成本会是厂商亏损的原因,但永远不是厂商关门的原因。"请说明你对此话的理解。

8. 在西方经济学中,企业的显性成本和隐性成本分别指什么?

第七章 完全竞争市场分析

◇ **内容提要** ◇

通过对生产者行为的分析可知,厂商选择何种产量实现其利润最大化,不仅取决于它的成本条件,而且还取决于它的收益状况,或者说取决于它所面临的市场需求状况。厂商所面临的市场需求曲线依不同的市场类型而存在着一定的差别,本章就具体分析在完全竞争的产品市场条件下使厂商实现最大利润的均衡产量和均衡价格是如何决定的。

案例7.1 政府办的大型养鸡场为什么赔钱?

在20世纪80年代,一些城市为了保证居民的菜篮子,由政府出资办了大型养鸡场,但成功者少,许多养鸡场最后以破产告终。这其中的原因是多方面的,重要的一点则在于鸡蛋市场是一个完全竞争市场。

政府建立的大型养鸡场在这种完全竞争的市场上并没有什么优势,它的规模不足以大到能控制市场,产品也没有特色。它要以平等的身份与那些分散的养鸡专业户或把养鸡作为副业的农民竞争。但这种大型养鸡场的成本都要大于行业平均成本,因为这些养鸡场固定成本远远高于农民。它们要建大鸡舍,采用机械化方式,且有相当一批管理人员,工作人员也是有工资的工人。这些成本的增加远远大于机械化养鸡所带来的好处,因为农民养鸡几乎没有什么固定成本,也不向自己支付工资,差别仅仅是种鸡支出和饲料支出。大型养鸡场由政府出资办,自然是国有企业,它也同样有产权不明晰、缺乏激励机制、效率低的共性。从这种意义上说,政府出资办大型养鸡场是出力不讨好,动机也许不错,但结果不好。其实这些完全竞争行业,完全可以让市场调节,农民去办,政府不要与农民争利,何况也争不到利。

从经济学角度分析来看:鸡蛋市场上有许多买者和卖者,其中任何一个生产者,即使是大型养鸡场,在市场总供给量中占的比例都是微不足道,难以改变产量来影响价格,只能接受市场决定的价格。鸡蛋市场没有任何进入限制,谁想进入都可以,且投资很小。鸡蛋是无差别产品,生产者无法以产品差别建立自己的垄断地位。所以,鸡蛋市场是典型的完全竞争市场。政府出资办养鸡场没有任何特色。在一些垄断性行业,也许国有企业可以靠垄断优势存活下来,但在完全竞争行业就不行了。

资料来源:梁小民.西方经济学

第一节 市场结构及其特征

如果我们附近的某家超市将自己售卖的大米价格提高20%,它就会发现其销售量大幅度下降。它的顾客很快转到其他超市购买大米。与此相比,如果我们当地的自来水公司将水价提高20%,它会发现水的销售量只是略微减少,人们可能比往常少洗几次车或者购买更加节水的喷头,但是他们很难让用水量大幅度减少,而且也不可能找到另外的供给者。大米市场和自来水市场的差别是显而易见的,许多企业向本地提供大米,但只有一家企业供给水,正如我们想到的,市场结构的差别决定了在这些市场经营的企业的定价与生产决策。

市场是物品买卖双方相互作用并得以决定其交易价格和交易数量的一种组织形式或制度安排。市场结构,是指反映竞争程度不同的市场状态。包括完全竞争市场结构、完全垄断市场结构、垄断竞争市场结构和寡头垄断市场结构四种。

决定市场类型划分的主要因素有以下四个:

第一,该市场上厂商的数量;

第二,交易商品是否同质;

第三,进入市场是否有障碍;

第四,厂商对市场价格的控制程度。

关于四种市场结构的特征及其典型的代表市场见表7-1。

表7-1 市场结构及其特征

市场类型	完全竞争	垄断竞争	寡头垄断	完全垄断
厂商数目	很多	很多	几个	唯一
产品差异程度	完全无差别	有差别	有差别或无差别	唯一且无近似替代品
对价格控制程度	没有	有一些	相当程度	很大程度
行业壁垒	没有	比较小	比较大	巨大
接近的商品市场	某些农产品	一些轻工业产品、零售业	钢、汽车、石油	公用事业,如水、电

与市场相对应的另一个概念是行业,行业指为同一个商品市场生产和提供商品的所有

厂商的总体。市场和行业的类型是一致的，例如，完全竞争市场对应的是完全竞争行业，完全垄断市场对应的是完全垄断行业。

第二节　完全竞争市场概述

 案例 7.2　　农村春联市场：完全竞争的缩影

去年临近春节，我有机会对某村农贸市场的春联销售进行了调查，该农贸市场主要供应周围 7 个村 5000 余农户的日用品需求。贴春联是中国民间的一大传统，春节临近，春联市场红红火火，而在农村，此种风味更浓。

在该春联市场中，需求者有 5000 多农户，供给者为 70 多家零售商，市场中存在许多买者和卖者；供应商的进货渠道大致相同，且产品的差异性很小，产品具有高度同质性（春联所用纸张、制作工艺相同，区别仅在于春联所书写内容的不同）；供给者进入退出没有限制；农民购买春联时的习惯是逐个询价，最终决定购买，信息充分；供应商的零售价格水平相近，提价基本上销售量为零，降价会引起利润损失。原来，我国有着丰富文化内涵的春联，其销售市场结构竟是一个高度近似的完全竞争市场。

供应商在销售产品的过程中，都不愿意单方面降价。春联是农村过年的必需品，购买春联的支出在购买年货的支出中只占很小的比例，因此其需求弹性较小。某些供应商为增加销售量，扩大利润而采取的低于同行价格的竞争方法，反而会使消费者认为其所经营的产品存在瑕疵（例如，上一年库存，产品质量存在问题等），反而不愿买。

该农村集贸市场条件简陋，春联商品习惯性席地摆放，大部分供应商都将春联放入透明的塑料袋中以防尘保持产品质量。而少部分供应商则更愿意损失少部分产品暴露于阳光下、寒风中，以此展示产品。因此就产生了产品之间的鲜明对照。暴露在阳光下的春联更鲜艳，更能吸引消费者目光、刺激购买欲望，在同等价格下，该供应商销量必定高于其他同行。由此可见，在价格竞争达到极限时，价格外的营销竞争对企业利润的贡献不可小视。

在商品种类上，例如，"金鸡满架"一类小条幅，批发价为 0.03 元/副，零售价为 0.3 元/副；小号春联批发价为 0.36 元/副，零售价为 0.50 元/副。因小条幅在春联中最为便宜且为春联中的必需品，统一价格保持五六年不变，因此消费者不对此讨价还价。小条幅春联共 7 类，消费者平均购买量为 3 到 4 类，总利润可达 1.08 元，并且人工成本较低。而小号春联相对价格较高，在春联支出中占比重较大，讨价还价较易发生；由此，价格降低和浪费的时间成本会造成较大利润损失，对小号春联需求量较大的顾客也不过购买 7 到 8 副，总利润至多 1.12 元。因此，我们不难明白浙江的小小纽扣风靡全国、使一大批人致富的原因；也提醒我们，在落后地区发展劳动密集、技术水平低、生产成本低的小商品生产不失为一种快速而行之有效的致富方法。

春联市场是一个特殊的市场，时间性很强，仅在年前存在 10 天左右，供应商只有一次批发购进货物的机会。供应商对于该年购入货物的数量主要基于上年销售量和对新进入者的预期分析。如果供应商总体预期正确，则该春联市场总体商品供应量与需求量大致相同，则价格相对稳定。一旦出现供应商总体预期偏差，价格机制就会发挥巨大的作用，将会出现暴利或者亏损。

综上可见，小小的农村春联市场竟是完全竞争市场的缩影与体现，横跨经济与管理两大学科。这也就不难明白经济学家为何总爱将问题简化研究，就像克鲁格曼在《萧条经济学的回归》一书中，总喜欢以简单的保姆公司为例得出解决经济问题的办法，这也许真的有效。

案例来源：杨晓东. 农村春联市场：完全竞争的缩影. 经济学消息报. 第 599 期

一、完全竞争市场的特征

完全竞争市场具有如下四方面的特征：

一是市场上有大量的买者和卖者，这些大量的买者和卖者都是价格承受者。完全竞争的市场上应存在大量的买者和卖者，其中每一个成员所提供或购买的份额相对于整个市场规模来说非常小，以至于谁也不能影响商品的价格。这就是说，市场价格是由众多的买者和卖者共同决定的，任何单个的厂商和消费者都是价格的接受者（price taker），而不是价格的制定者或影响者。

二是产品完全同质。完全竞争的市场中的商品是同质的或具有相同的标准，以至于每一生产者的产品与另一生产者的商品无法区分，或者说，任一销售者的商品对买者来说，都是完全的替代品。这意味着在价格相同时，消费者无论从哪一家厂商购买商品都是无所谓的，如果一个厂商稍微提高其商品的价格，所有的顾客将会转而购买其他厂商的商品。

比如牛奶市场，没有一个消费者可以影响牛奶的价格，因为相对于市场规模，每一个消费者购买的量都非常小。同样，每个奶牛场场主对价格的控制都是有限的，因为有许多其他卖者提供相同的牛奶，由于每个卖者都可以在现行的价格下卖出其想卖的所有量，所以，他没有什么理由收取较低的价格，但是，如果他收取较高的价格，买者就会到其他地方去买。也就是说，在完全竞争市场上，买者和卖者都必须接受市场价格。

三是资源自由流动，没有行业壁垒。完全竞争的市场要求所有生产商品的资源或投入要素都能自由流动而不受限制。没有任何自然的、社会的或法律的障碍阻止新厂商进入该行业和原有的厂商退出该行业；劳动力可以在不同地区和职业间流动；原材料的使用中也不存在着垄断。当然，以上所说的资源的充分流动是就长期而言的。在短期内，即使在完全竞争条件下，有些资源也是无法从一种用途转到另一种用途中去的。比如，如果任何一个人都可以决定开一个奶牛场，而且任何一个现有奶牛场场主都可以决定离开奶牛行业，那么，牛奶行业就满足这个条件。

四是信息完全共享。完全竞争的市场要求所有的厂商和消费者掌握所有的市场信息。厂商必须了解有关生产的技术条件，了解为各种投入所必须支付的价格以及商品能够销售的价格；消费者必须知道自己的偏好以及感兴趣的各种物品和劳务的价格，另一方面消费者作为投入的供给者，又必须知道他们提供的要素所能获得的报酬。不仅如此，完全竞争要求上述所有经济决策单位对过去、未来和当前的情况都要有准确的了解。

显然，以上条件是极其严格的，现实中并没有一个完全满足上述条件的市场。然而，这并不意味着完全竞争的模型是没有用处的。这是因为任何一般的理论模型的用处，并不取决于其假定的准确性，而是取决于其预测能力。大量经验已经证明完全竞争模型有助于对资源配置的效率作出准确的判断，可以从这一模型出发，对完全竞争的市场条件不断作出修改，使之更接近于现实。

二、完全竞争厂商的需求曲线

市场上对某一个企业的产品的需求状况，可以用该企业的所面临的需求曲线来表示，该曲线就是厂商的需求曲线。在完全竞争的条件下，这种商品的均衡价格与均衡产量由这一行业的市场供给曲线和需求曲线的相互作用决定，如图 7-1 的 I 图中曲线 D 所示。然而完全竞争市场的一个基本特征是大量的厂商销售同质的商品，每个厂商所供给的仅仅是整个行业产量中很小的一个部分。所以，单个的厂商只是价格的接受者，它面对的是一条平行于横轴，即需求弹性无穷大的需求曲线，如图 7-1 的 II 图中曲线 d 所示。

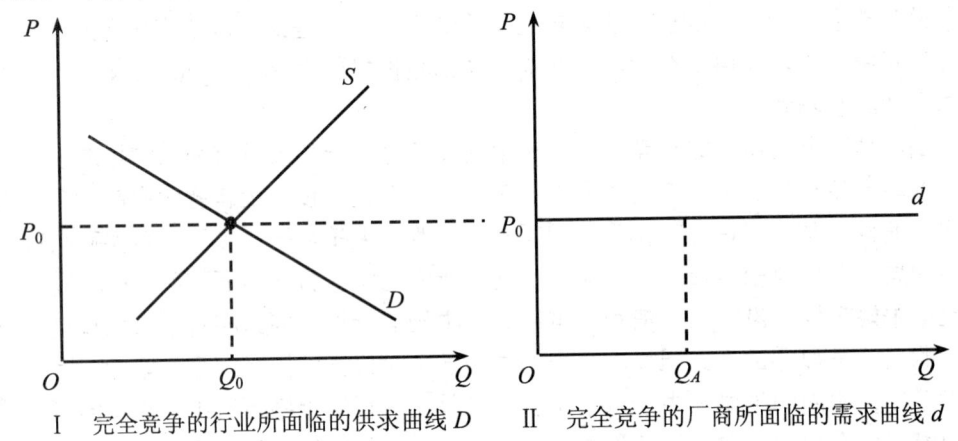

I 完全竞争的行业所面临的供求曲线 D 　　II 完全竞争的厂商所面临的需求曲线 d

图 7-1　完全竞争的行业和厂商所面对的需求曲线

在图 7-1 的 I 图中，横轴表示某一完全竞争行业的商品的总产量，即该行业所有厂商的产量之和，纵轴表示价格。面对该行业的市场需求曲线如 D 所示，它由该市场上所有消费者的需求曲线水平加总而成。既然假定价格是在所有厂商提供的总销售量与上述需求曲线 D 的共同作用下决定的，那么，当所有厂商的产量之和为 Q_0 单位时，市场价格则为 P_0。厂商 X 是该行业中的许多厂商之一，如图 7-1 的 II 图中所示，它正在以 P_0 的价格销售 Q_A 单位的商品。在价格高于 P_0 时，该厂商什么也卖不出去；在价格为 P_0 时，它能销售 Q_A 单位商品。

严格地讲，厂商所面对的需求曲线并不是完全水平的，而是稍微向右下方倾斜的。但显然，一个产量占总产量比重很小的厂商对市场价格的影响也很小。例如，一个小麦生产者所生产的可能仅仅是小麦行业全部产量的万分之一，所以，单个厂商的产量决策对市场价格也只会产生相应的微小影响。为简化起见,这里的"微小"影响,可以看作是"零"影响,这样,面对完全竞争厂商的需求曲线就可以画成完全水平的了。一条水平的需求曲线意味着厂商能够卖掉它想卖的任何产量而不会影响商品的价格。换句话说,因为价格主要是由市场上所有成员决定的,单个厂商只是把市场价格当作是既定的,而不认为它的决策会影响价格。把单个厂商的需求曲线看作是水平的,是一种有用的和相当准确的简化。

当然,假定完全竞争厂商所面对的需求曲线是水平的,这并不意味着价格不改变。它仅仅意味着单个厂商自身的行为不会影响现行价格。如果一个完全竞争行业中的所有厂商或大多数厂商同时增加或减少其产量,市场价格就会发生变动,但每一次变动后的市场价格对单个厂商来说,仍表现为一种既定的价格,厂商在相关的产量范围内,能够卖掉任一数量的商品而不会对价格产生影响。

三、完全竞争厂商的收益

完全竞争市场上的企业与其他类型市场上的企业一样,它们都是以利润最大化为其目标的。企业的利润等于总收益减去总成本,在完全竞争的市场上,企业单位商品的价格 P 乘以销售量 Q 是厂商的总收益 TR,即 $TR = P \cdot Q$。完全竞争市场结构中所有单个厂商都是价格的接受者,故价格是既定的,所以厂商的总收益曲线是一条向右上方倾斜的直线,其斜率等于固定不变的价格值。如图 7-2 的 I 图所示。

厂商的平均收益 AR 等于总收益除以销售量,即 $AR = \dfrac{TR}{Q} = \dfrac{P \cdot Q}{Q} = P$。可见,厂商的平均收益总是等于商品的价格,也就是说,平均收益曲线与厂商所面对的需求曲线重叠,完全竞争条件下是一条平行于横轴的直线。

由于在完全竞争条件下,不论单个厂商的销售量如何变化,其单位产品的价格保持不变,所以,每一单位产品的边际收益就等于固定不变的销售价格,从而等于平均收益,即 $MR = P = AR$。这样,如图 7-2 的 II 图中所示的平均收益曲线同时也就是边际收益曲线。这就是说,完全竞争厂商的平均收益曲线和边际收益曲线与需求曲线都是完全重合的。

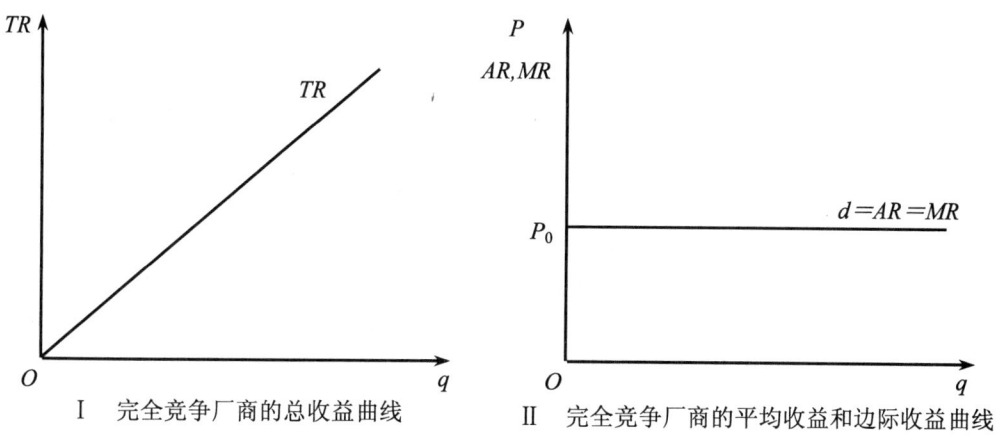

I 完全竞争厂商的总收益曲线　　II 完全竞争厂商的平均收益和边际收益曲线

图 7-2　完全竞争厂商的收益曲线

表 7-2　某完全竞争企业的总收益、平均收益、边际收益

销售量 Q	价格 P	总收益 $TR = P \cdot Q$	平均收益 $AR = \dfrac{TR}{Q}$	边际收益 $MR = \dfrac{\Delta TR}{\Delta Q}$
100	1	100	1	1
200	1	200	1	1
300	1	300	1	1
400	1	400	1	1
500	1	500	1	1

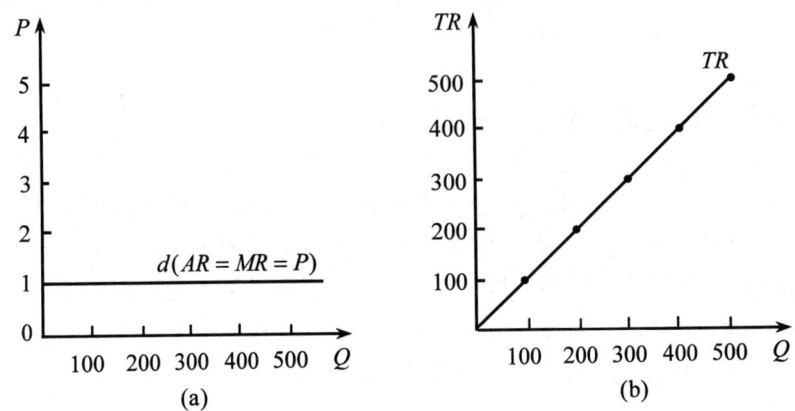

图 7-3　某完全竞争企业的总收益、平均收益和边际收益

第三节　完全竞争市场的厂商均衡

一、完全竞争厂商的短期均衡

在短期内，消费者的偏好与收入都不会发生变化，这意味着市场需求曲线是既定的；厂商的生产技术与成本也不会发生变化，这意味着市场供给曲线也是既定的。在既定市场供给曲线与市场需求曲线的交点决定了市场的均衡产量和均衡价格。这里，我们将进一步分析完全竞争市场下的短期市场均衡，对厂商均衡和行业均衡分别加以考察。

在完全竞争厂商的短期生产中，市场的价格是给定的，而且生产中不变要素的投入量是固定的，也就是生产规模是一定的，所以在短期，厂商是在一定的生产规模下，通过对产量的调整来实现 $MR=SMC$ 的利润最大化的均衡条件的。

我们知道，当厂商实现 $MR=SMC$ 时，有可能获得利润，也可能亏损，把各种可能的情况都考虑在内，完全竞争市场厂商的短期均衡可以表现为图 7-4 中的五种情况。

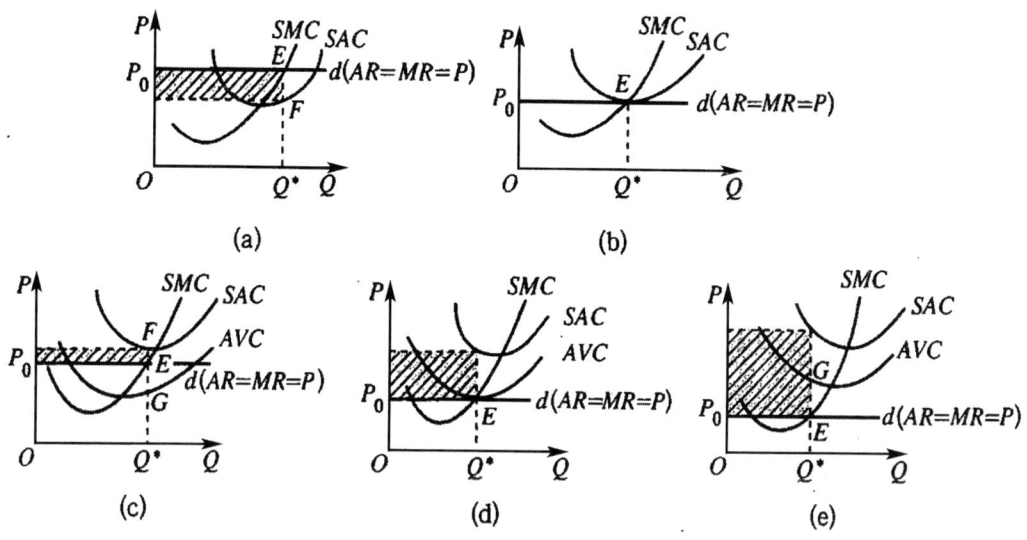

图 7-4 完全竞争厂商短期均衡的各种情况

在图 a 中，厂商根据 $MR=SMC$ 的实现利润最大化的条件确定 E 点为实现利润最大化的均衡点，均衡产量为 Q^*。从图 a 中，我们可以看到，当厂商的产量为 Q^* 时，由于价格为 P_0，即 $AR=MR=P_0$，厂商的平均成本为 Q^*F，厂商实现的总收益为 P_0OQ^*E 所组成的矩形，厂商的总成本为 OQ^* 乘以 Q^*F，所以图中的阴影部分即为厂商实现利润最大化时的利润，此时我们可以看到厂商是盈利的。

在图 b 中，厂商的需求曲线相切于平均成本线的最低点，厂商根据 $MR=SMC$ 的实现利润最大化的条件确定 E 点为实现利润最大化的均衡点，均衡产量为 Q^*，此时，总收益等于总成本，企业的经济利润为零。但是我们应该明白，在此情况下，企业实现了所有的正常利润，也就是说，企业的收入和支出恰好相抵，此时 E 点也称为收支相抵点。

在图 c 中，由均衡点 E 和均衡产量 Q^* 可知，厂商的平均收益小于平均成本，厂商是亏损的，其亏损量相当于图中的矩形阴影部分面积。由于在 Q^* 的产量上，厂商的平均收益 AR 大于平均可变成本 AVC，所以，厂商虽然亏损，但仍会继续生产。因为这样厂商通过生产可以弥补全部可变成本和部分固定成本，比停产的损失要少，所以，在这种情况下，厂商往往会选择继续生产。

在图 d 中，厂商的需求曲线相切于平均可变成本线的最低点，厂商根据 $MR=SMC$ 的实现利润最大化的条件确定 E 点为实现利润最大化的均衡点，均衡产量为 Q^*，此时，总收益等于总可变成本，厂商亏损掉全部固定成本，即图中的阴影部分面积，此时我们可以思考一下，厂商生产与不生产的亏损有没有差别？我们发现，此时厂商生产与不生产亏损的都是固定成本，所以在 E 点厂商处于停产临界的状态，所以 E 点被称为厂商的停产临界点。

在图 e 中，厂商的需求曲线低于厂商的平均可变成本 AVC 曲线，在这种情况下，厂商进行生产不但不能弥补固定成本，连可变成本都弥补不了，所以，此时厂商选择停产。

总结以上内容，我们得出完全竞争厂商短期均衡的五种情况：

$P > SAC$ 时，企业获取利润。

$P = SAC$ 时，企业处于收支相抵点。

$AVC < P < SAC$ 时，企业在亏损状态下生产。

$P = AVC$ 时，企业处于停产临界状态。

$P < AVC$ 时，企业应该停产。

案例 7.3　泛美航空公司的终结

1991年12月4日是一个值得注意的日子，世界著名的泛美国际航空公司寿终正寝。这家公司自1927年投入飞行以来，数十年中一直保持着国际航空巨子的骄人业绩。有人甚至认为，泛美公司的白底蓝字徽记（PAN AM）可能是世界上最广为人知的企业标识。

但是对于了解内情的人来说，这个巨人的死亡算不上什么令人吃惊的新闻。1980～1991年，除一年外，泛美公司年年亏损，总额接近20亿美元之巨。1991年1月，该公司正式宣布破产。细心的读者一定注意到，这个日子同公司关闭之日相距将近一年。究竟是什么力量支持垂死的巨人又多活了一段时间？而且，就在1980年出现首次亏损后，为什么不马上停止这家公司的业务？又是什么因素使这家公司得以连续亏损经营长达12年之久？

从经济学角度看，这是以市场供求曲线为基础的企业进出（市场）模式作用的结果。可变成本是随生产规模变化而变化的成本。按照企业进出模式，只要企业的平均成本高于平均销售价格，必将导致企业亏损。但只要该企业的平均可变成本不高于平均销售价格，这个企业的经营就算是有经济意义的，也就可以继续存在。当然，企业要想在亏损情况下继续经营，必须通过出售其原有资产来维持。泛美公司在几十年的成功经营中积累了巨大的资产财富，足够它出售好一段时间。自80年代起，这家公司先后卖掉了不少大型财产，包括以4亿美元将泛美大厦卖给美国大都会人寿保险公司，国际饭店子公司卖了5亿美元，向美国联合航空公司出售太平洋和伦敦航线，还把位于日本东京的房地产转手。到1991年末，泛美已准备将自己缩减成以迈阿密为基地的小型航空公司，主要经营拉美地区的航线，而把其余全部航线卖给三角洲航空公司。换言之，在整个80年代，尽管泛美公司仍然坚持飞行，但同时已开始逐步撤出国际航空市场。其实，在现实世界里，"企业进出模式"中的"撤出"通常就意味着缩减规模。

至于市场经济是否应该加速企业撤出的问题，经济学家之间也是争论不休。从泛美公司的例子来看，撤出是一种渐进过程。工人们可以多安心工作一段时间，晚一点再考虑转换工作的事情。然而泛美的股票持有者不这么看。他们的利益全在公司多年积累的家当上，当然不同意公司出售资产维持经营。也许他们并不了解实情，仍然抱有一线希望，以为公司只要变卖一些家产就可以渡过难关，否则肯定会设法迫使它早些关门。

资料来源：张云峰等. 微观经济学典型题解析及自测试题，第115-116页

二、完全竞争厂商的短期供给曲线

厂商的短期供给曲线所表示的是在短期内厂商最有利可图（或亏损最小）的产量水平

与商品价格之间的关系。完全竞争的市场中,厂商的短期供给曲线就是平均可变成本曲线最低点以上部分的边际成本曲线。下面我们来分析推导这一结论。

1. 完全竞争厂商短期供给曲线的推导

在市场是完全竞争的情况下,只要市场价格一旦确定,厂商不管出售多少数量的商品,都按照这同一价格出售,即需求曲线是水平的。在厂商需求曲线为水平的情况下,厂商的边际收益等于厂商所面临的市场价格。按照利润最大化的假定,厂商价格(因为等于边际收益)等于边际成本时达到利润最大化。假定市场价格连续发生变动,我们就会得到许多条厂商在不同价格下的水平的需求曲线,并得到许多个价格与边际成本相等的均衡点,如图 7-5 中 I 图的 E_1、E_2、E_3 等点,与这些点相对应的产量是 Q_1、Q_2、Q_3 等。因此,我们从图 7-5 中 I 图的边际成本曲线导出了价格与厂商所愿意供给的商品数量之间的关系,这恰好是我们供给曲线所体现的关系。

把图 7-5 的 I 图中边际成本曲线上所体现的价格与数量的关系转换到图 7-5 的 II 图中,便得到厂商的短期供给曲线 s。II 图中供给曲线上的 E_1、E_2、E_3 等点与 I 图中边际成本曲线上的 E_1、E_2、E_3 等点是完全相互对应的。由于厂商短期生产必须在停止营业点即平均可变成本最低点以上进行,而平均可变成本曲线以上部分边际成本都是递增的,所以由此推导出的厂商短期供给曲线是向右上方倾斜的。

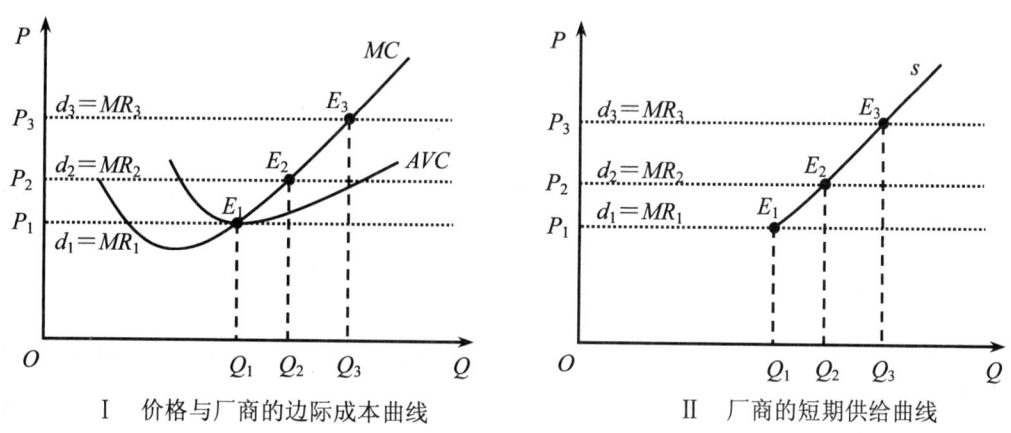

图 7-5 完全竞争市场下的厂商短期供给曲线

在图 7-5 的 I 图中,当产品的价格为 P_1 时,厂商处在停止营业点上,这时它停止营业或在 Q_1 产量水平上继续营业,都能使其亏损额降到最低限度。当产品价格高于 P_1 时,厂商将按照边际收益等于边际成本的原则确定使其获得最大利润(或亏损最小)的产量。比如,当价格为 P_2 时,厂商将把产量定在 Q_2 水平上;当价格为 P_3 时,厂商将把产量定在 Q_3 水平上,其他价格水平上的产量依次类推。这样,我们就得到如图 7-5 的 II 图中所示的厂商短期供给曲线,即从 E_1 点出发的 s 曲线。显然,这条曲线就是厂商位于 AVC 曲线最低点以上部分的短期边际成本曲线。当价格低于 P_1 时,该曲线与表示价格的纵轴正好重合。

2. 完全竞争行业的短期供给曲线

以上分析了完全竞争厂商的短期供给曲线，现在我们来推导完全竞争行业的短期供给曲线。

消费者的市场需求曲线可以通过对个人需求曲线的简单加总得到，但一般而言，我们不能通过对单个厂商供给曲线的简单加总而得到行业的供给曲线。但是，如果在得出各个厂商的短期供给曲线时，假定生产要素或投入的供给是完全弹性的，就是说，该行业内所有厂商同时增加或减少产量并不影响投入的价格，那么厂商的边际成本就是不变的，从而短期内的供给曲线与边际成本曲线一致。在这种情况下，完全竞争行业的短期供给曲线才可以看作是行业内所有厂商的短期供给曲线的简单的水平加总。

然而，尽管一个厂商单独改变其产量一般不会影响投入价格，但所有厂商同时扩大或缩减其产量，很可能会使投入价格发生变化，从而引起单个厂商的成本曲线以及相应的供给曲线的移动。例如，若所有的农户都增加农产品的生产，将会引起农药、化肥等投入物价格的上涨。厂商投入物价格的上涨将会导致单个厂商边际成本曲线向上移动，因而导致短期供给曲线变化，其变动的量难以确定。在这种情况下，要通过对单个厂商短期供给曲线的加总而得到短期行业供给曲线将变得十分困难。总之，完全竞争行业的短期供给曲线的形状，是由行业内厂商的数量和决定每个厂商边际成本曲线形状的诸多因素以及行业产量的变化对投入价格的影响等决定的。

三、完全竞争厂商的长期均衡

在长期内，厂商可以调整全部生产规模，具体到完全竞争厂商的长期均衡，主要表现为两种情况：（1）厂商对原有生产规模的调整；（2）厂商进入新的行业或退出原行业。

1. 厂商对原有生产规模的调整

首先我们分析在长期中厂商对现有生产规模的调整，通过图 7-6 加以说明。在图 7-6 中，厂商现有生产规模的短期平均成本曲线和边际成本曲线分别为 SAC_1 和 SMC_1，商品的价格为 P_0。由于在短期内，厂商只能在现有的生产规模下经营，所以，它将根据短期边际成本与边际收益（价格）相等的原则把产量确定在 q_1 水平上，并获得较少量的利润 π_1（图 7-6 中竖纹阴影部分）。而在长期内，厂商则不受现有生产规模的限制，可以建立与图 7-6 中任一短期成本曲线相对

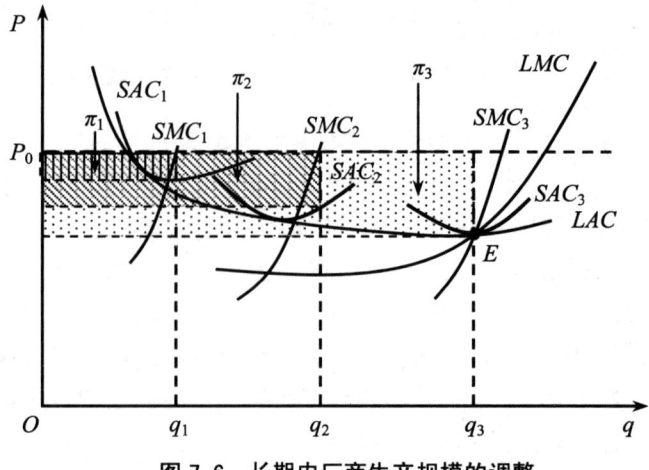

图 7-6 长期内厂商生产规模的调整

应的工厂规模。例如，它也可以建立与短期成本曲线 SAC_2 和 SMC_2 相对应的中等规模的工厂，此时获得利润 π_2（图 7-6 中斜纹阴影部分，包括利润 π_1 部分）；或者建立与短期成本曲线 SAC_3 和 SMC_3 相对应的较大规模的工厂，获得利润 π_3（图 7-6 中点状阴影部分，包括利润 π_2 部分）。在上述假定条件下，该厂商将使用后一工厂规模，在每一时期生产 q_3 单位产量，以使可能得到的利润最大。

一般地说，完全竞争厂商在长期内实现最大利润的条件是长期边际成本与价格相等，而在同一点上，厂商所用工厂的短期边际成本也与价格相等。显然，在图 7-6 中，上述条件只能在使用与短期成本曲线 SAC_3 和 SMC_3 相对应的工厂并在产量为 q_3 水平上才能实现。因为正是在这一产量水平上，厂商的长期边际成本等于价格，同时，厂商所用工厂的短期边际成本也与价格相等。

如果行业内除该厂商外，所有厂商都建立了最佳规模的工厂，则该厂商的扩张不会对价格产生重要影响。但由于 P_0 高于产量为 q_3 时的平均成本，所有厂商都将盈利，即获得经济利润，所以这种高于平均水平的利润的存在会吸引新的厂商进入该行业，而当新厂商进入时，调整过程必将继续进行。

2. 厂商进入新的行业或退出原行业

图 7-6 中的 E 点是厂商长期利润最大化的最优点，但该点并不是厂商长期的均衡点，厂商的长期均衡是伴随着整个行业的长期调整形成的。当厂商的生产存在着经济利润时，会引起整个行业的进一步调整，以改变市场的均衡价格和均衡产量。如图 7-7 的 II 图所示，假如目前该行业中，现有厂商都用短期平均成本 SAC_3 的生产规模生产 q_3 的产量，它将获得 π_3 的经济利润（图 7-7 II 图中的点状阴影部分），这会吸引新的厂商进入该行业，引起行业的调整。显然，这使得在既定的价格下行业的供给量将比以前增加，行业的供给曲线向右移动。例如，假定图 7-7 中的行业供给曲线从 S_0 移到 S_2，由此引起价格由 P_0 下降到 P_2，而行业的产量由 Q_0 增加到 Q_2。尽管由于新厂商的进入使行业总产量增加了，每个厂商要面对新的、比以前较低的市场均衡价格，但经济利润的存在仍会吸引新厂商的加入。

如图 7-7 的 I 图所示，当新厂商的进入使行业供给曲线由 S_0 移动到 S_3 时，市场均衡价格由 P_0 降到 P_3。在这一新的市场均衡价格下，厂商所面临的需求曲线为 d_3。该需求曲线相切于厂商的长期平均成本曲线最低点 E 点，与 E 点相对应的厂商产量是 q_3。在 P_3 的价格水平和 q_3 的产出水平下，厂商的长期边际成本等于短期边际成本并等于价格，厂商的经济利润消失。显然，这就是该厂商实现利润最大化或使亏损最小的途径，此时新厂商将停止进入该行业。当然，如果新厂商的大量涌入也许会使该行业的调整过了头。例如，供给曲线由 S_0 移到了 S_4，市场均衡价格由 P_0 降到了 P_4。在 P_4 的价格下，将会造成厂商的亏损（图 7-7 II 图中的网状阴影部分 π_4）。长期的亏损会使一些厂商会退出该行业，从而最终使行业的供给曲线恢复到 S_3。

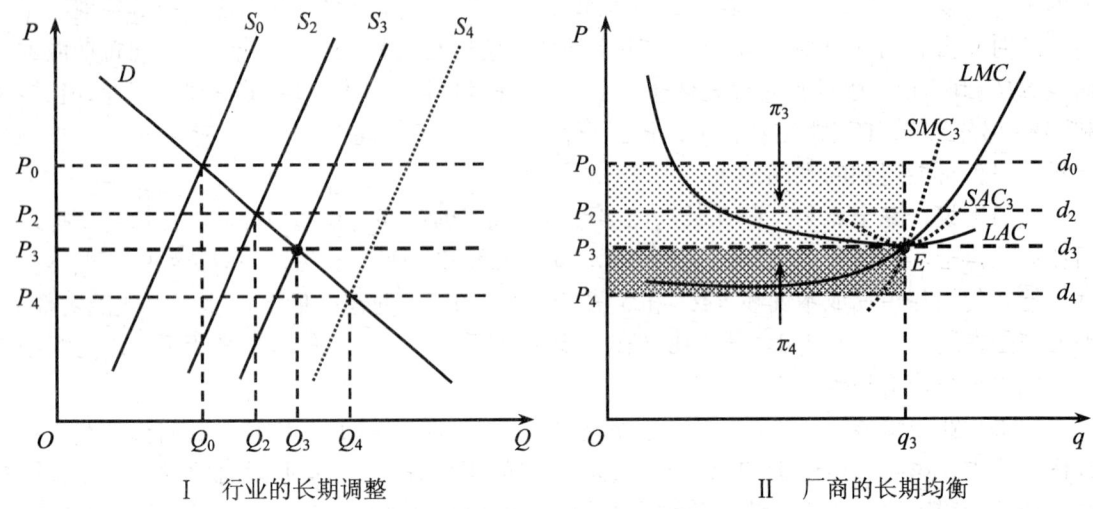

图 7-7 行业的长期调整与厂商的长期均衡

从上述分析所得出的结论是,厂商的长期均衡是在其长期平均总成本与价格(即平均收益)相等的那一点上实现的,这一点就是厂商所面临的需求曲线与其长期平均成本曲线最低点相切的切点。在该点上所形成的市场均衡价格,既不会让厂商在长期获得经济利润,也不会造成厂商的长期亏损。满足长期最优条件的点也一定满足短期最优的条件。在图7-7 Ⅱ图中的 E 点,既满足长期边际成本等于边际收益的条件,又满足短期边际成本等于边际收益的条件。总之,厂商长期均衡的条件可描述如下:

$$LAC = LMC = SAC = SMC = P$$

案例 7.4   充分竞争才是市场的最佳选择

我们以彩电市场为例,我国当前市场容量为 2000 万台左右,而生产能力则有 4000 万台左右,明显的供大于求注定了市场竞争将会日趋激烈。各个彩电企业又都是单独的利益主体,它们在市场竞争中当然会从争取更多的顾客和市场份额的动机出发,选择对自己有利的策略——竞相降价当为正常举措。但是,当一些企业在日趋激烈的价格竞争中感到盈利下跌,难以招架时,该怎么办?它们可以设法扩大规模,也可相机转产,改变原有的投资方向。这便是市场经济条件下企业争取规模效益,或是灵活调头的发展之路。如果一个企业只想靠价格联盟来形成和保持垄断利益,坐享固定的市场份额,最终会发现,在商品供大于求的背景下,去签一个自己和竞争对手们都不会认真遵守的协议(除非协议有超级监督力和强制力),不过是徒劳之举。

对于政府部门和行业协会来说,可问一声自己有无能力或有无必要让所有彩电企业都有饭吃,致使先进企业发挥不了长处,落后企业亦不会被淘汰。如果没有,又想通过建立价格联盟而为之,岂不白费气力?近年来,价格联盟一次次的不欢而散已经说明了此理,难道今后还要花费大量资源去做本来就不会成功的事,难道让每个政府部门都搞成一个"欧佩克",不断去发起和监督限价、限产的卡特尔活动,从不成功,而又不肯罢手,犹如唐吉诃德同风车作战。竞争的市场是商品价格的最终决定因素。在供大于求的背景下，通过价格、品牌、服务、质量等方面的竞争，强势企业可以通过增加市场份额、兼并重组，不断扩大规模而成为市场经济竞争下产生的"巨舰"；弱势企业则需利用市场退出机制，或寻找新的投资点，以扬长避短，或者被其他企业兼并、联合，成为"巨舰"的一部分。如此，才会有具有国际竞争力的大企业产生。所有消费者也将从产品价格不断降低、质量服务日益完善中受益。国际和国内历史的经验表明，希望通过政府"拉郎配"的办法去组建大企业，或是欧佩克式的价格联盟保护垄断与落后均非好的办法。

摘自 www1.tlu.edu.cn

四、行业的长期供给曲线和长期均衡

进行短期分析时，在投入要素价格不变的情况下通过对单个厂商供给的简单加总可以得到行业的供给曲线。但是，长期内行业的扩张或收缩，都将引起厂商投入要素价格的变化；更何况，长期内厂商可自由进出该行业，我们并不能知道对哪些厂商的供给进行加总。在这里，我们将分别在成本不变、成本递增以及成本递减三种情况下讨论行业的长期供给曲线。

1. 成本不变行业的长期均衡

成本不变行业（constant cost industry）是指随着行业的扩张或收缩不会引起厂商成本变化的行业。在以上对厂商长期均衡的分析中，就暗含了行业成本是固定不变的假定，即行业的扩张不会引起投入价格的上升。这种情况下，行业的扩张或收缩，包括厂商调整生产规模和自由进出该行业，都不会引起厂商成本变化，所以，成本不变行业的长期供给曲线是水平的。

图 7-8 描述了成本不变行业的长期均衡，其中 I 图表示行业内单个厂商的短期和长期成本曲线，II 图表示市场需求曲线和行业（市场）供给曲线，其中 D_0 和 S_0 分别为初始的需求和供给曲线。假定行业处于长期均衡状态，对于单个厂商来说，这时价格线与长期（和短期）平均成本曲线在其最低点上相切（此时的价格为 P_0）。假定现在需求曲线移到 D_1，由于短期内厂商的数目是固定的，商品价格将由 P_0 上升为 P_1，每个厂商的产量将由 q_0 扩大到 q_1。此时，市场的需求曲线与供给曲线交于 B 点，行业的产量增加到 Q_1。由于 P_1 高于产量为 q_1 时的平均成本，每个厂商将获得经济利润，其结果是新厂商将进入该行业，并使行业的供给曲线向右移动到 S_1。新的供给曲线 S_1 与需求曲线 D_1 交于 C 点。这一交点所形成的均衡价格必须等于最初的均衡价格 P_0，因为只有这一价格才能既弥补了厂商的长期平均成本，又使每个厂商生产 q_0 的产量，不再有经济利润，从而达到长期均衡。否则，供给的调整将会继续下去，直到形成均衡价格 P_0 为止。可见，成本不变行业的产量可随需求状况扩大或缩小，但并不改变这一长期均衡价格。

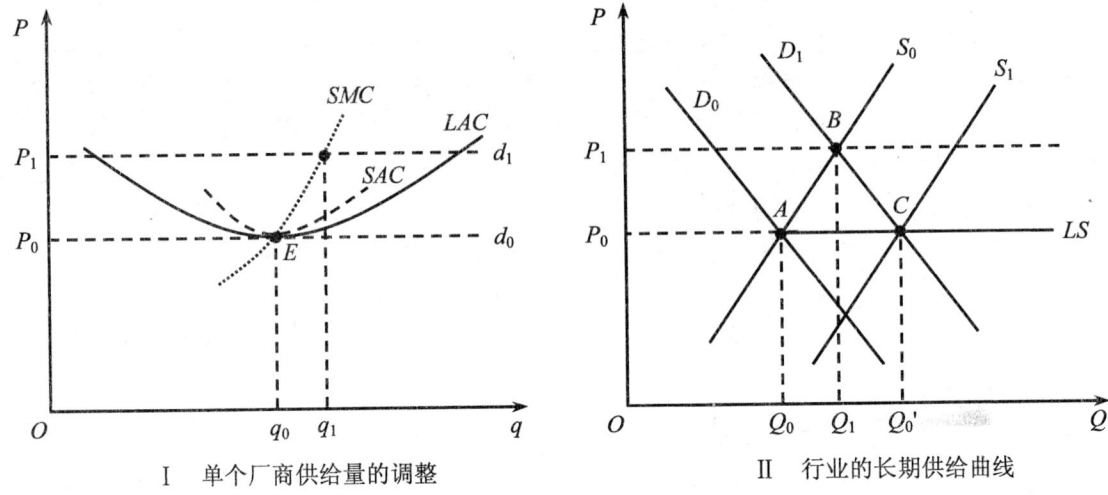

Ⅰ 单个厂商供给量的调整　　　　Ⅱ 行业的长期供给曲线

图 7-8 成本不变行业的长期均衡

假定需求不断提高引起需求曲线不断右移，供给也将不断提高使供给曲线不断右移，形成众多个均衡点，这些均衡点的均衡价格都是 P_0。连接这些均衡点，我们在图 7-8 的Ⅱ图中得到一条水平的供给曲线，用 LS 表示，所以不变成本行业的长期供给曲线是一条水平的线。

2. 成本递增行业的长期均衡

成本递增行业（increasing cost industry）是指随着行业的扩张引起厂商成本增加的行业。这种情况下，行业的扩张会引起对投入要素需求量的增大，从而引起所需要素的价格上升，所以行业对商品的长期供给曲线向右上方倾斜。

图 7-9 描述了成本递增行业的长期均衡，其中Ⅰ图表示行业内单个厂商的短期和长期成本曲线，Ⅱ图表示市场需求曲线和行业（市场）供给曲线。假定行业处于长期均衡状态，市场需求曲线 D_0 和行业供给曲线 S_0 交于 A 点，此时均衡价格为 P_0，均衡产量为 Q_0。如果因为市场需求上升需求曲线移到 D_1，短期内商品价格将由 P_0 上升为 P_1，每个厂商的产量将由 q_0 扩大到 q_1，行业的产量增加到 Q_1。因为经济利润吸引新厂商将进入该行业，使行业的供给曲线向右移动到 S_1，在新的均衡点 C 点形成了新的均衡价格 P_2。由于行业的扩张所引起的要素价格的提高会提高厂商的成本，如图 7-9 的Ⅰ图中，厂商的长期平均成本曲线与短期平均成本曲线都将朝上方移动。而厂商仍然要按照长期平均成本等于价格（即边际成本等于边际收益）的原则进行生产，所以新的均衡价格 P_2 必须高于最初的均衡价格 P_0。此时，厂商达到了长期均衡状态，行业的均衡价格和均衡产量都提高了。

如果行业的需求曲线与供给曲线不断向右移的情况下，厂商的长期均衡点将不断向右上方移动，所以递增成本行业的长期供给曲线是向右上方倾斜的。

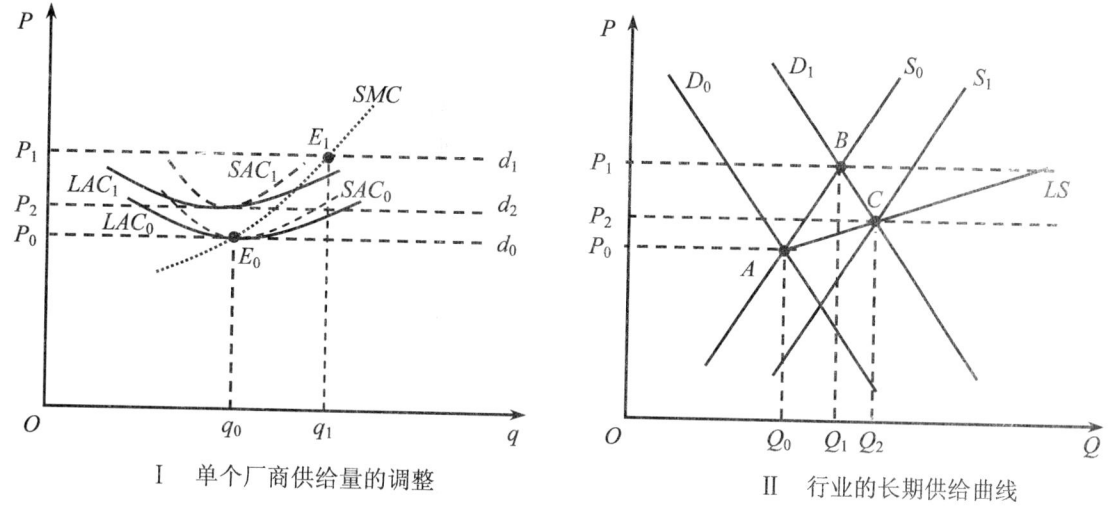

I 单个厂商供给量的调整　　　　II 行业的长期供给曲线

图 7-9　成本递增行业的长期均衡

3. 成本递减行业的长期均衡

成本递减行业（decreasing cost industry）是指随着行业的扩张引起厂商成本减少的行业。这种情况下，行业的扩张虽然引起了对投入要素需求量的增大，但却使所需要素的价格下降，所以行业对商品的长期供给曲线向右下方倾斜。

行业的扩张并不总是引起投入价格的上升。有时候有些行业会由于规模扩大的优势而获得较便宜的投入，行业的扩张还有可能改进运输系统、降低运输成本等。这都有可能降低厂商的长期平均成本，导致向右下方倾斜的长期行业供给曲线。成本递减行业的长期均衡如图 7-10 所示。多数经济学家认为，在完全竞争行业中，成本递增和成本不变是常见的情况，而成本递减，即使存在的话，也像吉芬商品一样，是非常少见的。

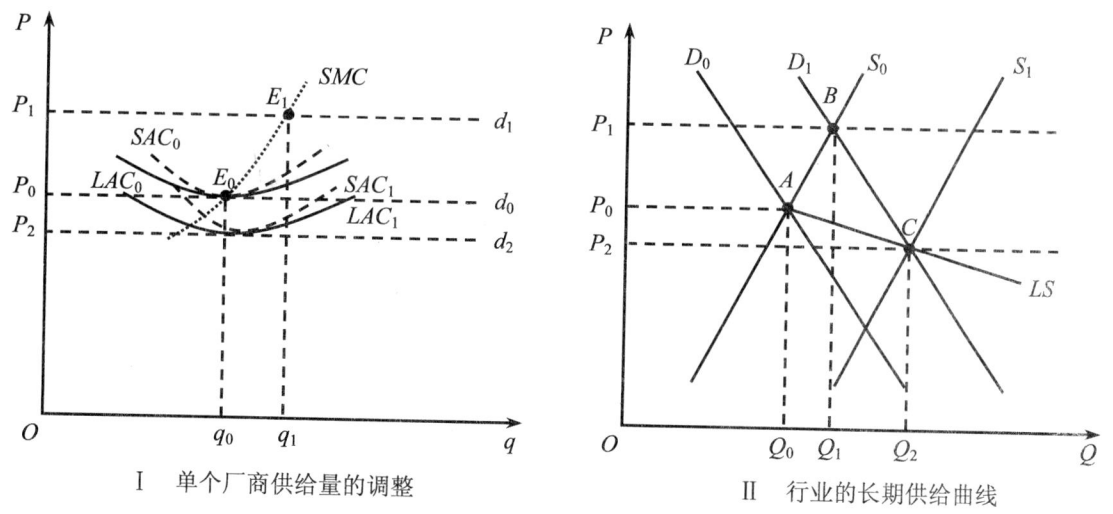

I 单个厂商供给量的调整　　　　II 行业的长期供给曲线

图 7-10　成本递减行业的长期均衡

需要指出的是，这里所讨论的行业中成本不变、成本递增、成本递减与生产理论中所讨论的规模报酬不变、规模报酬递增、规模报酬递减属于不同的概念范畴。成本不变行业、成本递增行业以及成本递减行业是就整个行业进行讨论的，而规模报酬不变、规模报酬递增、规模报酬递减则往往是就某个厂商进行讨论的。况且，即使把行业与厂商结合起来分析，规模报酬与行业的成本也不相同。例如，对于规模报酬不变与行业成本不变这两个概念来讲，即使厂商的生产是在规模报酬不变的情况下进行的，只要行业规模的调整会引起投入价格的变化，也会引起厂商长期平均成本的变化，从而导致行业长期供给价格的变化。

本章结束语

完全竞争的市场中存在着许多厂商，以至于没有一个厂商会把其他厂商看作自己的竞争对手。一个完全竞争的市场需要具备四个条件：价格既定、产品同质、资源自由流动和信息完全共享。完全竞争厂商面对的是一条水平的需求曲线，这意味着单个厂商自身的行为不会影响现行价格。完全竞争厂商的平均收益曲线和边际收益曲线与需求曲线都是完全重合的。

短期内，厂商面对既定的市场价格，可以通过增加或减少其可变投入的使用量来改变其产量以求获得最大利润。短期内厂商利润最大化的原则可具体表述为：$MC=P$。完全竞争厂商的短期均衡，面临四种情况：盈利；不盈利也不亏损；亏损但收益可弥补可变成本；亏损而且收益连可变成本也弥补不了。

完全竞争的市场中，厂商的短期供给曲线就是平均可变成本曲线最低点以上部分的边际成本曲线。如果假定行业内所有厂商同时增加或减少产量并不影响投入的价格，完全竞争行业的短期供给曲线可以看作是行业内所有厂商的短期供给曲线的简单的水平加总。把完全竞争行业的短期供给曲线与消费者对该行业商品的市场需求曲线结合起来，就得到完全竞争行业短期内的均衡价格和均衡数量。

在长期内，厂商不仅可以调整产品的产量，而且可以调整生产规模，甚至离开原行业；新的厂商也可以进入该行业。厂商的长期均衡是在其长期平均总成本与价格（即平均收益）相等的那一点上实现的（此时厂商的长期边际成本等于边际收益），在该点上所形成的市场均衡价格，既不会让厂商在长期获得经济利润，也不会造成厂商的长期亏损。厂商长期均衡的条件可描述为：$LAC=LMC=SAC=SMC=P$。在长期内，完全竞争行业的成本可能是不变的，也可能是递增或递减的。成本不变行业的产量可随需求状况扩大或缩小，但并不改变这一长期均衡价格；成本递增行业的产量扩大时，行业的均衡价格会上升；成本递减行业的产量扩大时，行业的均衡价格会下降。

关键词：完全竞争（perfect competition） 短期均衡（short-run equilibrium） 长期均衡（long-run equilibrium）

复习思考题

1. 解释下列概念：完全竞争；收支相抵点、停止营业点；成本不变行业、成本递增行业、成本递减行业。

2. 完全竞争的产品市场中，短期均衡与长期均衡的过程是怎样的？条件是什么？

3. 为什么完全竞争厂商的需求曲线、平均收益曲线和边际收益曲线是重合的？

4. 为什么完全竞争厂商的短期供给曲线是平均可变成本曲线最低点以上部分的短期边际成本曲线？

5. 完全竞争行业中某厂商的成本函数为 $STC = Q^3 - 6 \cdot Q^2 + 30 \cdot Q + 40$，假定产品价格为 66 元。试求：

（1）利润极大化时的产量及利润总额。

（2）由于竞争市场供求发生变化，商品价格变为 30 元，在新的价格条件下，厂商是否会发生亏损？如果会，最小的亏损额是多少？

（3）该厂商在什么情况下会退出该行业（停止生产）？

（4）用图形表示上述（1）、（2）和（3）。

第八章

不完全竞争市场分析

> ◇ **内容提要** ◇
>
> 完全竞争是一个理想化的市场结构,实际生活中很难找到完全竞争的市场。为了更为准确和深入地了解经济运行的规律,更要分析在不完全竞争条件下的产品市场。不完全竞争主要包括完全垄断、垄断竞争和寡头垄断三种形式,本章将具体分析在这三种市场中使厂商实现最大利润的均衡产量和均衡价格的决定。

案例 8.1 卡特尔的经济学

每个星期世界上 300 位富豪级最有声望的钻石交易商被邀请到伦敦舰队街的一间办公室来看"奇观",这些奇观就是由中央销售组织出售的未经切割的钻石。中央销售组织在伦敦的九层办公大楼被人们称为"辛迪加",它每年传送世界上粗切割钻石供给的 80%,可另有一个组织控制了这 80%的供给,它就是德比尔斯——一家著名的钻石公司。1978 年,它营销了 25 亿美元的宝石,比 1977 年增长了 23%。德比尔斯还生产约占世界钻石产量 35%的钻石,显然它处于有利的垄断地位。每周来访的那 300 位钻石交易者得以观赏钻石,并被告知钻石的价格。讨价还价从根本上说是不允许的。据谣传,如果有人讨价还价,那他就不会再被邀请返回这里。

如果德比尔斯公司只是占世界钻石产量 35%的生产者,它也许不会具有对钻石市场价格如此有效的控制。不过它在形成一种非常有力的卡持尔方面一直很成功——它是世界上另外 45%粗切割钻石的唯一市场代理者。以总计 80%的钻石市场占有率,它形成了一种有效的垄断:它控制销售,或者更为具体地说,它控制向世界各地的钻石交易者提供的销售数量。它可以有效地管辖每年所提供销售的钻石数目,它可以做一个垄断者所希望做的事情,即限制产量并由此提高价格,使之高于在完全竞争情况下的可能价格。

另一个成功的国际卡特尔，就是"欧佩克"（石油输出国组织）。1960年，"欧佩克"开始作为一个旨在协助石油出口国的组织出现。到了1970年，该组织包括阿联酋、阿尔及利亚、印度尼西亚、伊朗、伊拉克、科威特、利比亚、尼日利亚、卡塔尔、沙特阿拉伯和委内瑞拉；以后又有其他几个国家，包括厄瓜多尔加入了这一集团。

在20世纪60年代，"欧佩克"的成功是有限的，因为当需求增长时，新油田发现使得供给扩展速度大于石油需求的增长，以至于原油的井口名义价格在1960年至1970年之间实际上略微下降了。于是在1970年和1971年，对原油的需求增长率逐渐降低。

然而，"欧佩克"成功主要是在1973年中东战争的爆发。紧随这一战争而来的是，沙特阿拉伯、科威特和其他几个较小的阿拉伯国家同意大幅度地削减它们的原油产量，由此为价格的大幅度上涨铺平了道路。应当记住当某方为纯粹的垄断者时，提高价格的唯一途径是削减产量与销售量。由于占据中东石油生产相当大一部分的沙特阿拉伯在1973年确已进行大幅度削减，石油卡特尔安排得以生效并且在若干年中持续生效，结果石油输出国的总利润得到大幅度的增加。

"欧佩克"的卡特尔化活动对世界石油价格所产生的效应是巨大的，1973年1月1日，人们还可以在每桶2.12美元的价位上购买沙特阿拉伯原油，在一年之内，原油的价格已经上升到每桶7.61美元；到了1975年上升到10.5美元；到了1978年，则上升到14.57美元。

并非所有的卡特尔都是成功的，我们现在提出这一问题：一个成功的卡特尔所必需的组成部分有哪些？

如果一个卡特尔想要成功，就必须达到四个基本要求：（1）它必须控制整个实际产量和潜在产量的很大份额，它还一定不能面对来自局外人的实质性竞争；（2）可获得的替代物必须是有限的，换句话说，对其产品的需求价格弹性必须是相当低的；（3）不管商业条件如何，对卡特尔产品的需求必须是相对稳定的；（4）生产者必须愿意和能够保留足够数量的产品以影响市场。每个成员必须抵制欺骗或作弊的诱惑，而消费者则一定不能够拥有该种产品大批量可抽调出的存货。

资料来源：道格拉斯·C.诺思，罗杰尔·L.米勒.我们身边的经济学，第十二章

第一节　完全垄断市场的厂商均衡

如果一个企业是某产品唯一的卖者，并且如果该产品并没有相近的替代品，这个企业就是垄断。垄断的基本原因是进入障碍，其他厂商想要进入该行业是十分困难的或者说是不可能的，即垄断者能在其市场上保持唯一卖者的地位，是因为其他企业无法进入市场并与之竞争。

垄断产生的根源可分为四种情况：

（1）垄断资源。垄断的产生往往是由于一个企业拥有一种关键的资源或者控制了某产

品的主要原材料。例如，西部一个小镇上的水市场。如果小镇上几十户居民每家都拥有能用的井，那么就是前面讨论的竞争市场，可以用竞争描述卖者的行为。因此，每升水的价格会降到等于多抽取的水的边际成本。但是，如果该镇上只有一口井，而且从其他地方不可能得到水，那么，这唯一的一口井的所有者就垄断了水产品。垄断厂商比竞争市场上任何一家企业有大得多的市场势力，像水这样的必需品，虽然边际成本很低，但垄断者却可以制定很高的价格。控制原材料从而实现阻止竞争，形成垄断最典型的例子是，美国铝业公司在第二次世界大战前（19世纪末到20世纪30年代）几乎控制了铝土矿的所有来源，从而成为美国制铝行业的垄断者。

（2）政府创造的垄断。在许多情况下，垄断的产生是因为政府给予一个人或一个企业排他性地出售某种物品或劳务的权利，例如，政府只允许国家电网公司向居民及企业供电。有时垄断产生于想成为垄断者的人的政治影响。例如，某国王曾经赋予他们的朋友或政治盟友排他性的经营许可证。这种政府创造的垄断限制了竞争，但同时政府也会对企业的行为进行一定的管制。

（3）政府的专利和版权等制度的设立。专利和版权法是政府为增进公共利益及鼓励发明创造的一种制度设计。当一个制药公司发明了一种新药时，它就可以向政府申请专利。如果政府认为这种药真正是原创性的，它就批准专利，该专利给予该公司在20年中排他性地生产并销售这种药的权利。同样，当一个小说家写完一本书时，她可以有这本书的版权。版权同样也是一种制度保证，它保证没有一个人在没有得到作者同意时就能印刷并出售这本著作。版权使这个小说家成为她的小说作品的一个垄断者。专利或版权制度通过允许这些垄断生产者收取较高价格并赚取较多利润来激励更多地出现这样一些创新行为。

（4）自然垄断。对于某种产品而言，当一个生产者比大量生产者的生产成本更低，更有效率时，也即存在典型的规模经济时，自然垄断便产生了。因此，自然垄断是产业发展的自然需要而产生的一种垄断状态。一般来说，规模经济能够形成自然垄断，像有些公用工程如供应自来水、电力的企业，投资很大，涉及面很广，利润不宜过高，一个地区设多套自来水管道或电力电信线路也确显浪费，这种情况即自然垄断。又如一个小乡镇，只有一家租车店或一家洗衣店就足以覆盖服务需要，也属自然垄断。再如高科技产品，由于技术研发能力，在一定时期只有一家或少数厂家能够生产，而形成自然垄断。

如何界定垄断是各国反垄断立法要解决的首要问题。纵观世界各国现行反垄断法，对垄断没有一个统一的定义，垄断概念的形成都是各国根据自己的国情和特点而界定的，具有很典型的国家特色。比如，美国以反托拉斯为代表，德国以反卡特尔为代表，日本以反私人垄断为代表，中国则以反行政垄断为特色。但通常而言，各国的反垄断法都具有三项基本任务：促进公众利益、保护消费者权益和维护市场竞争。在具体法律实践中，各国也会结合本国当时的产业政策、国家安全等因素综合考虑。

我国自2008年8月1日起开始正式施行《反垄断法》，其中提出反垄断法的制定目标为：为了预防和制止垄断行为，保护市场公平竞争，提高经济运行效率，维护消费者利益和社会公共利益，促进社会主义市场经济健康发展。其中对垄断的界定主要从垄断行为的角度，认为垄断行为主要包括：经营者达成垄断协议；经营者滥用市场支配地位；具有或者可能具有排除、限制竞争效果的经营者集中。可见，我国的《反垄断法》更多地着眼于对典型行业的垄断行为的法律干预。

一、垄断厂商的需求曲线特征

由于行业内厂商的唯一性，使得垄断厂商有更大的自由决定其产品的市场价格，而不会像完全竞争市场内的企业一样为价格的接受者（price-taker），垄断厂商是价格的制定者（price-maker）。对于购买垄断厂商产品的消费者而言似乎别无选择，只能被动接受其给出的较高价格。但如果如此，为什么微软的Windows操作系统不卖1万美元，而罗琳的《哈利·波特》不卖5000美元？也许很多消费者会说，卖那么高价格我就不买了。的确，垄断厂商的目标仍然是利润最大化，其索要的极高价格也会极大地限制消费者需求，而导致其利润受损。垄断厂商会通过控制产量来提高市场价格，也会通过增加产量来降低市场价格，因此，垄断厂商的销售量和市场价格间的关系与完全竞争市场条件下不同，呈现反方向的变动关系。两类市场需求曲线的具体比较如图8-1（a）和8-1（b）所示。

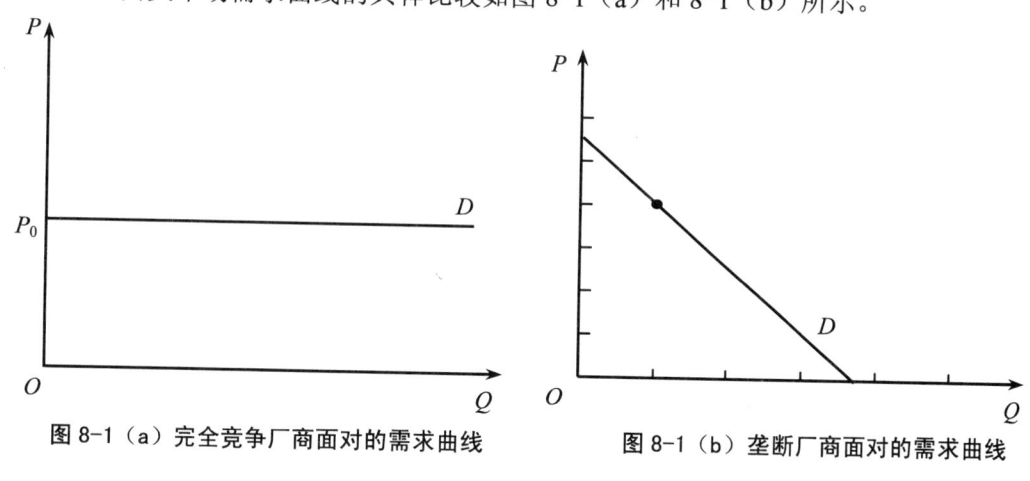

图8-1（a）完全竞争厂商面对的需求曲线　　图8-1（b）垄断厂商面对的需求曲线

具体分析以上两个图形我们发现：

首先，完全竞争厂商与垄断厂商之间的重要区别是每个厂商所面临的需求曲线不同。当我们分析完全竞争厂商的利润最大化时，我们认为市场价格为一条水平线。完全竞争厂商可以在这种价格时想卖多少就卖多少，如图8-2（a）所示，厂商面临一条水平需求曲线。而垄断厂商是其市场上的唯一卖者，所以，它的需求曲线是市场需求曲线。这样，垄断厂商的需求曲线会向右下方倾斜，正如图8-2（b）所示。如果垄断厂商提高其产品价格，消费者就少买这种物品。换个角度来看，如果垄断厂商减少它销售的产量，其产品价格就上升。

其次，完全竞争厂商与垄断之间的主要差别是垄断者具有影响其产品价格的能力——市场势力。完全竞争厂商是它所处的产品市场上极其微小的一部分，只能被动接受市场给定的产品价格。而垄断者是其市场上唯一的卖者，它可以通过调整向市场供给的产量来改变产品的价格。

最后，是不是一个垄断者愿意的话，就可以收取高价格，并在这种高价时卖出大量产品呢？事实上，市场需求曲线限制了垄断厂商依仗市场势力得到利润的能力，使得以上情况变得不可能。市场需求曲线具体地描述了垄断企业所能得到的价格和产量的组合。通过调整所生产的数量（或者同样地，调整所收取的价格），垄断者可以选择需求曲线上的任意一点，但它不能选择需求曲线外的任何一点。

那么垄断厂商将选择需求曲线上的哪一点的价格和产品数量的组合呢？正如完全竞争市场条件下的厂商一样，我们假设垄断厂商的目标是利润最大化。由于总利润是总收益减去总成本，所以，我们解释垄断厂商行为的下一个任务是分析垄断厂商的收益情况。

二、垄断厂商的收益曲线特征

图 8-2 描述了垄断厂商需求曲线为线性条件下的边际收益、平均收益和总收益曲线间的关系。从图 8-2 可以看出以下几点：首先，垄断厂商的平均收益曲线和需求曲线重合，边际收益曲线和平均收益曲线与纵轴交点一致，斜率为其两倍。其次，在弹性大于 1 的范围内，边际收益数值为正，总收益随着产量（O-Q_0）的增加而增加；在弹性小于 1 的范围内，边际收益数值为负，总收益随产量（Q_0-Q_1）的增加而降低。

三、垄断厂商的短期均衡

短期内，垄断厂商无法改变固定生产要素投入量，因此，垄断厂商只能在既定的生产规模条件下调整其产量水平和市场价格，以实现其利润最大化的目标。垄断厂商为了获取最大

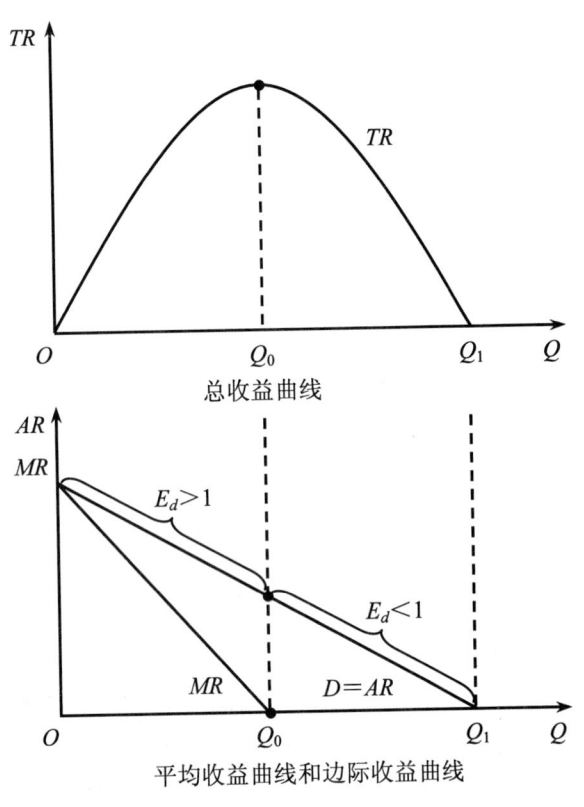

图 8-2 垄断厂商的收益曲线

利润，短期内必须遵循边际收益 MR 等于边际成本 MC 的原则确定产量和价格。这一过程可以通过图 8-3 说明。

根据边际收益 MR 等于边际成本 MC 的原则，找到均衡点 E 确定垄断厂商利润最大化的产量水平 Q_0，同时垄断厂商通过需求曲线，决定最优产量水平下产品的售卖价格 P_0。这样，我们确定了垄断厂商的短期均衡价格和均衡数量分别为 P_0 和 Q_0。接下来，垄断厂商需要核算在该水平下，自己的利润水平到底有多少了。首先分析其总收益 TR，为商品价格和数量的乘积即 P_0AQ_0O 区域面积。然后分析总成本 TC，为商品数量和平均成本的乘积即 C_0BQ_0O 区域面积。因此，利润水平 π 为总收益减去总成本即为图中阴影部分 P_0ABC_0 所示面积，即 $\pi=(P_0-C_0)\times Q_0$。

虽然以上分析中垄断厂商会获得短期利润，但千万不要认为，垄断厂商在短期内总是能够获得正利润的。在短期均衡点 E 处，垄断厂商可以获得利润，也可能是利润为零的，甚至也很有可能是亏损的。如果垄断厂商在均衡点处对应的商品在市场的售卖价格与其平均成本正好相等则其经济利润为零（如图 8-4 所示）。而如果垄断厂商在均衡点处对应的商品在市场的售卖价格小于其平均成本，则垄断厂商经济利润为负，是亏损的，最小亏损总额为 π'（如图 8-5 所示）。与完全竞争厂商相同，垄断厂商在该种情况下是否会继续生产，需要考察商品售卖价格与平均可变成本间的关系，如果在亏损情况下，价格还大于平均可变成本，垄断厂商就继续生产；反之，垄断厂商就停止生产。

现实生活中很多垄断厂商的利润为负，主要原因是在既定的生产规模水平下，厂商的平均成本远远高于商品市场价格，或者是政府主导的价格管制导致的负利润，这一点在后面第十二章中将详细介绍。

通过以上分析可以得到以下基本结论：短期内，对于垄断厂商而言，根据边际收益 MR 等于边际成本 MC 的原则确定均衡产量和均衡价格，在这一水平上，垄断厂商可以获得最大正利润、零利润，或者是最小亏损。

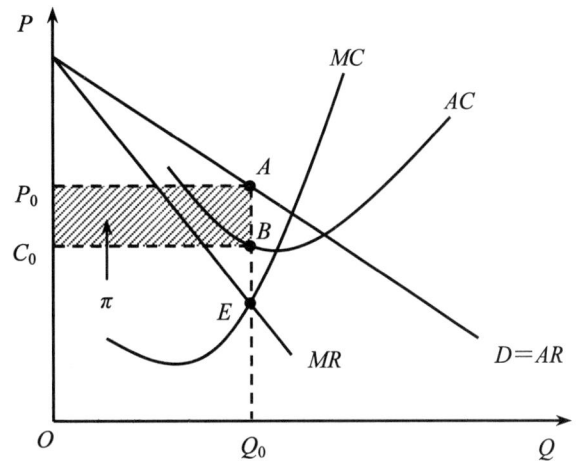

图 8-3 垄断厂商有经济利润时的短期均衡

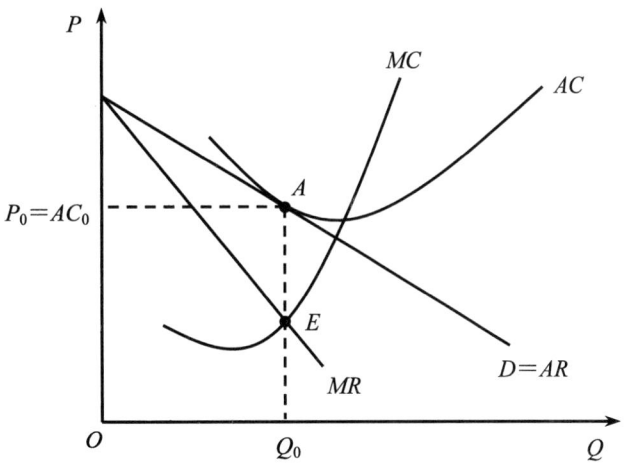

图 8-4 垄断厂商收支相抵时的短期均衡

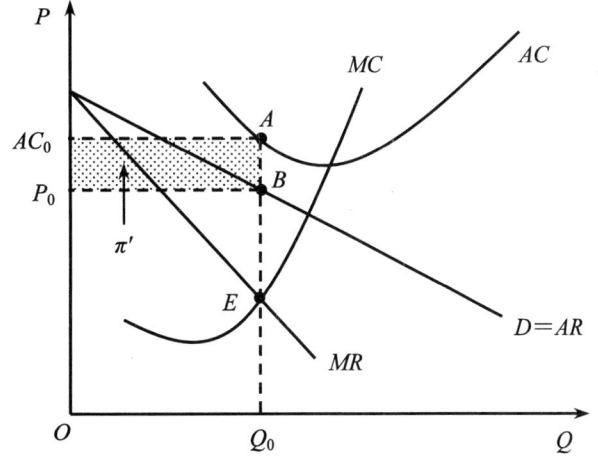

图 8-5 垄断厂商亏损时的短期均衡

四、垄断厂商的长期均衡

长期内,垄断厂商可以通过调整所有的生产要素投入量实现其利润最大化的目标。垄断厂商在长期内通过对生产的调整可以出现三种可能的结果:第一种,在短期内,垄断厂商是亏损的,同时在长期内,厂商也无法获得利润,则该厂商将关门,随之该行业也将消失,如电报行业。第二种,垄断厂商在短期内的均衡存在亏损,但在长期内厂商的平均成本降低,同时厂商通过调整生产规模摆脱了原有状况,获得经济利润。第三种,垄断厂商短期获得利润,长期内通过调整生产规模获得更大水平的利润。

下面我们着重分析第三种情况下的长期均衡过程。

假定垄断厂商短期内根据边际成本等于边际收益即 $SMC_0 = MR$ 原则,确定均衡价格 P_0 和均衡产量 Q_0,并获得经济利润,利润为图中斜纹阴影部分面积 π_0。长期内,由于产品没有变化,又没有新的厂商进入,整个市场需求不发生变化,厂商所面对的需求曲线 D 和边际收益曲线 MR 都是不变的。如果厂商对生产规模进行调整,边际成本由原来的 SMC_0 调整为 SMC_1,厂商的平均成本由原来的 SAC_0 下降到 SAC_1,厂商根据边际成本等于边际收益的原则,确定利润最大时的产品价格 P_1 和产量水平 Q_1,获得的经济利润为图中点状阴影部分面积 π_1。从图 8-6 中可

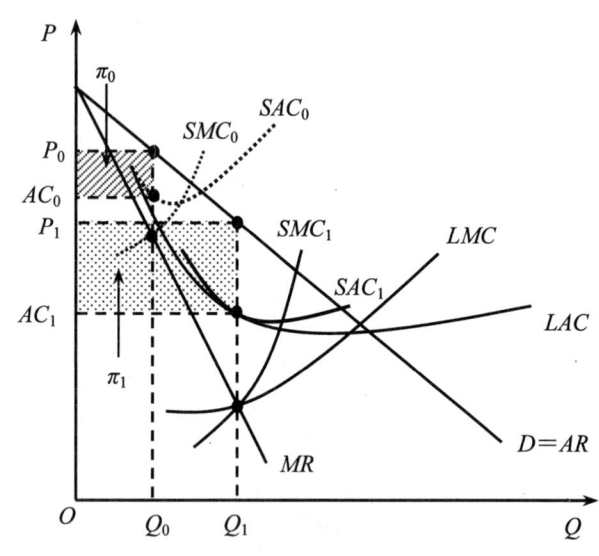

图 8-6 垄断厂商的长期均衡

以看出,π_1 远远大于原有规模的经济利润 π_0。如果仍然存在经济利润增长空间,厂商将会继续调整生产规模,直到长期内,厂商的长期边际成本等于边际收益。为了分析简便,假定在 $SMC_1 = MR$ 时,厂商的长期边际成本曲线 LMC 恰好同边际收益曲线 MR 相交,此时就实现了厂商的长期均衡。

长期内垄断厂商的均衡条件为:

$$LMC = MR = SMC \tag{8-1}$$

由于垄断市场对新进入厂商是完全关闭的,而且可以调整生产规模,因而厂商可以使自己在长期内获得利润。但由于多数情况下,均衡点并不在 LAC 曲线的最低点处,因此,该产量水平所对应的生产规模水平往往不是垄断厂商的最优生产规模。

五、垄断厂商的价格歧视

为了更好地理解关于垄断厂商的价格歧视行为,我们首先举例加以说明。

案例 8.2　　唱片产品 S 的定价策略

假设你是某全球著名唱片公司的总裁。假设你拥有某唱片 S 的版权。为分析简单，我们假设该唱片的生产成本为零（注：仅仅为分析方便，如果设定为固定值，结论不会受到影响）。因此，该公司的利润即为其销售收入减去给歌手等相关人员的费用 200 万元。

在假设条件之下，如果你作为该公司的总裁，你决定对这种唱片收取多高的价格呢？你决定价格的第一步肯定是要估算这种唱片在全球范围内可能的需求量。这时营销部门可能会告诉你，唱片将吸引两类消费者：第一类为该歌手的铁杆粉丝，大概有 10 万名左右。这些歌迷愿意为该唱片支付 30 元。此外，第二类为一般人群，大概会有 40 万名，他们将愿意支付 5 元。

那么到底什么价格能使公司的利润最大化呢？自然会考虑到两种价格，也就是得到 10 万名崇拜者的价格 30 元，以及能得到整个市场 50 万名潜在消费者的价格 5 元。解决总裁面临的问题只是一个简单的数学计算。在价格为 30 元时，出售 10 万本，收益为 300 万元，而市场利润是 100 万元。在价格为 5 元时，出售 50 万本，收益为 250 万元，获得利润 50 万元。这样一比较，唱片公司便会选择通过收取 30 元并放弃出售给 40 万名不太热心消费者的机会而使利润最大化。

但是要提醒注意的是，该决策明显引起了无谓损失。有 40 万名消费者愿意支付 5 元买唱片，而向这些消费者提供该唱片的边际成本是零。因此，当公司收取高价格时损失了 200 万元的总剩余。这种无谓损失是垄断者收取高于边际成本的价格时所引起的通常的无效率。

接下来，我们假设公司营销部发现：这两个消费者群体在不同的市场上。所有铁杆歌迷都在中国，所有其他消费者都在日本。而且，在中国的消费者难以到另一个国家买到该唱片。

在这种情况下，公司甚至可以赚到更多的利润。它可以对 10 万名中国消费者收取 30 元，对 40 万名日本消费者收取 5 元。这种情况下，在中国的收益是 300 万元，而在日本的收益是 200 万元，总计 500 万元。这时利润是 300 万元，它大大高于公司对所有顾客收取 30 元价格时所能赚到的 100 万元。毫无疑问，唱片公司会立即决定选择遵循这种价格歧视战略。

尽管该故事是虚构的，但它描述了许多公司经常采取的一种定价策略。例如，教科书在欧洲的销售价格通常低于美国。精装本与平装本的价格差别也很大。当一个出版商有一本新小说时，它先发行昂贵的精装本，然后再发行便宜的平装本。这两种版本价格之间的差别远远大于印刷成本的差别。出版商的目标与上述例子中一样。通过向崇拜者出售精装本和向不太热心的读者出售平装本，出版商实行价格歧视并增加了利润。再比如，很多软件提供商，在新的软件产品开发出来并进入市场初期价格都制定得很高，而过一段时间后价格往往会非常低，甚至可能是免费的。厂商通过该种价格歧视将所有消费者的剩余完全获取。

资料来源：曼昆. 微观经济学原理（第六版），第十五章：垄断

1. 价格歧视

目前为止，我们的分析都假设垄断厂商对同种产品售卖相同的价格。而在现实市场活动中，即使商品的生产成本完全相同，垄断厂商往往也会根据市场需求状况的不同而对相同的商品制定不同的价格。将相同的产品以不同的价格出售给不同的消费者，被称为价格歧视。

价格歧视被认为是垄断厂商经常采用的以增加自己利润的定价手段。垄断厂商要实施价格歧视必须具备以下两个基本条件：

第一，价格歧视要求消费者具有不同的支付意愿。在以上唱片案例中，企业按照消费者所处的不同国家进行区分。如果是软件销售过程中的价格歧视，企业则是按照消费者的不同偏好加以区分。甚至企业还可以按照不同的年龄、性别和收入等不同来区分消费者的不同支付意愿。

第二，要求不同的消费群体之间是相互隔离的，没法组织套利行为。首先要说明的是套利的概念。消费者在某市场上低价购买，在另一个市场上高价卖出的行为就是套利。如果以上案例中，消费者能够在日本买到唱片后，到中国市场高价卖出，获得套利，就会使得中国消费者没人买唱片公司销售的产品，而去个人手中买倒卖来的唱片，唱片公司试图通过价格歧视增加利润的计划将会失败。

价格歧视主要分为一级价格歧视、二级价格歧视和三级价格歧视，以下将对其具体介绍：

（1）一级价格歧视。一级价格歧视是指垄断厂商根据每个消费者愿意为每个单位产品付出的最高价格而为每个单位产品制定不同价格。一级价格歧视也称完全的价格歧视。消费者对于不同单位的产品愿意付出的价格往往是不同的，如果垄断厂商能够准确地洞察消费者的购买愿望，并对自己所出售的每一单位产品索取不同的价格，购买愿望强烈的让他支付高价格，购买愿望差的让他出低价购买，从而根据不同消费者的不同偏好，向每个人索取不同的价格，则会获取最大利润。

如图 8-7 所示，假定消费者对第一个单位产品愿意支付价格 500 元，第二单位愿意支付 400 元，第三单位 300 元，依次递减。如果垄断厂商能够准确知道消费者愿意支付的这个价格，那么对第一单位产品，厂商索要的价格为 500 元，第二单位索要的价格为 400 元，第三单位 300 元，依此类推。当然，这个例子既可以是单个消费者对于不同单位产品的需求支付的价格，也可以是不同的消费者对于不同单位的产品所愿意支付的最高价。

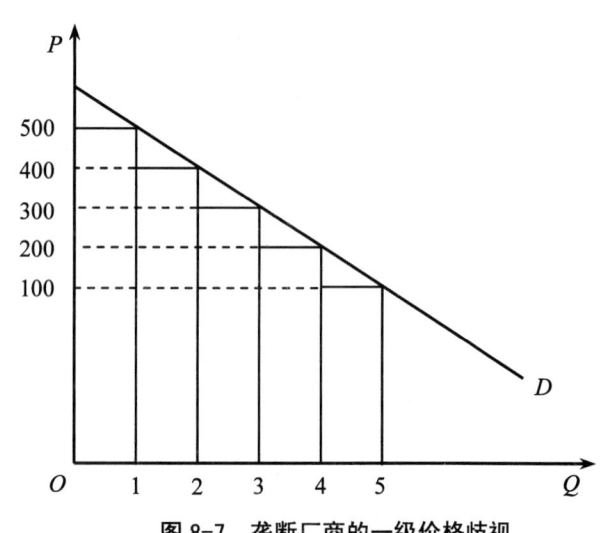

图 8-7 垄断厂商的一级价格歧视

垄断厂商索要不同的价格，价格有高有低，但是并不是无限制的高或者无限制的低。一般在一级价格歧视，最高价格是消费者愿意付出的最高价格，而最低价格将取决于厂商的边际成本。

一级价格歧视在现实生活中是比较少见的，这一方面来自于垄断厂商试图获得每个消费者的支付意愿将面临的高成本，另一方面，对每个单位产品制定一个价格也使得垄断厂商面临较复杂的定价程序。实际上，仅仅在垄断厂商的产品只有少数买者，而垄断厂商又能机警地估计出每个买者愿付的最高价格（即垄断者确切地了解每个消费者对其产品的需求曲线）时，一级价格歧视才会发生。

购买者普遍参与的拍卖代表了一种最近似的情况，但要求这里竞标成功购买者愿意为赢得的标的支付更高的价格。协议价格市场也是第一类价格歧视的近似情况，如草坪服务协议价格。在这类服务类产品的市场交易中，购买者之间进行有关价格或者质量特征的交流变得非常困难，从而区分买者变得可行。一个相对较为贴切的假想例子是：在某个封闭的大山深处的小山村，村里仅有这么一位山村医生，同时他对小山村的几户人家的经济条件非常清楚。当经济条件好的人家有人生病了，医生会多收些费用，当然有病的并不会只是富人或是穷人，当经济条件差的人家有人生病了，这个医生会少收些费用，甚至对有些人不要钱。

（2）二级价格歧视。二级价格歧视是指垄断厂商根据不同的购买量而确定不同的价格。厂商对于一定数量的产品索取一个价格，而对另一个数量的产品购买，索取另外一个价格。具体的例子是我们通常在市场中所见到的数量折扣。

如图 8-8 所示，当消费者需求量在 Q_1 以内时，厂商收取的价格为 P_1；当需求量大于 Q_1 小于 Q_2 时，厂商对多出 Q_1 的部分收取的价格为 P_2；当需求量进一步增加到大于 Q_2 小于 Q_3 时，厂商对多出 Q_2 的部分收取 P_3 的价格。厂商通过对不同数量的需求，收取不同的价格，使自己获得的总收益远远大于制定单一价格所获得的收益。假定厂商销售 Q_3 的产品，制定的价格为单一价格 P_3，那么厂商获得的收益是 OQ_3CP_3 的面积；而厂商如果实行价格歧视，这样获得的收益将是图中所有斜纹阴影部分面积。

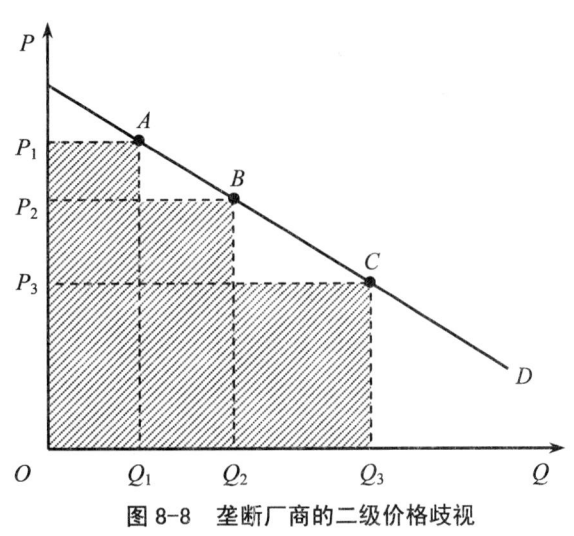

图 8-8　垄断厂商的二级价格歧视

在现实市场活动中，许多企业对购买量大的顾客提供低价格。超市对每瓶矿泉水收取 1 元的价格，但对一箱矿泉水（24 瓶）只收取 18 元的价格。为什么超市会采用这种价格策略呢？数量折扣是一种成功的价格歧视方法，也是最常见的厂商定价策略，主要是由于随着顾客购买量的增加，对增加一单位的支付意愿减少了，降低价格往往会增加其购买量，同时也会增加厂商的利润。

(3) 三级价格歧视。三级价格歧视是指垄断厂商对同一产品在不同市场上收取不同的价格，或者对不同的消费者群体收取不同的价格。垄断厂商若要实现三级价格歧视首先要求有两个以上可分割的、需求弹性不同的市场，垄断厂商在这些不同的市场制定不同价格，以获得更多的利润。

假定垄断厂商可以把消费者分成两个市场，两个市场上需求价格弹性不同。两个市场相对应的边际收益曲线为 MR_1 和 MR_2。垄断厂商在两个市场上同时出售产品，要实现利润最大化，其条件应该是在两个市场上出售产品的边际收益都等于边际成本，即有：

$$MR_1 = MR_2 = MC \tag{8-2}$$

因为，如果有某个市场上的边际收益大于另一市场的边际收益，厂商必定会增加该市场的产品投放数量以增加其利润，这样会导致该市场的边际收益下降，而另一个市场的边际收益增加，直到两者相等而不再改变两市场商品调配数量。而要求边际收益等于边际成本是因为如果两者不相等，厂商就会通过增加或者减少总产量而使其利润最大化。

案例8.3 价格歧视

在现实经济活动中，厂商通常会采用各种旨在对不同顾客收取不同价格的经营战略。在我们懂得了价格歧视的经济学之后，现在来思考一些例子。

(1) 电影票。许多电影院对儿童和老年人收取的价格低于其他观众。在竞争市场上很难解释这个事实。在竞争市场上，价格等于边际成本，为儿童和老年人提供一个座位的边际成本与为其他人提供一个座位的边际成本相同。但如果电影院有某种地区性垄断力量，而且，如果儿童与老年人对电影票的支付意愿低，就很容易解释这个事实了。在这种情况下，电影院通过价格歧视增加了利润。同样的电影票，你可以通过在网上打印获得折扣券而获得票价折扣，直接去影院的人往往要全价获得同样的服务。

(2) 飞机票价。飞机上的座位以许多不同价格出售。许多航空公司对周六停留一个晚上的两个城市间的往返票收取低价格。乍一看这有点令人费解。为什么乘客是否周六停留一个晚上与航空公司有关呢？原因是这条规定是区分公务乘客和个人乘客的一种方法。公务乘客支付意愿高，而且很可能不想周六停留一晚上。与此相比，出于个人原因旅行的乘客支付意愿低，并更愿意周六停留一晚。因此，航空公司可以通过对周六停留一晚上的乘客收取低价格而成功地实行价格歧视。

(3) 折扣券。许多公司在报纸和杂志上向公众提供折扣券。买者为了得到下次购买时 0.5 美元的折扣而剪下折扣券。为什么公司提供这些折扣券？为什么它们并不把产品价格降低 0.5 美元？回答是折扣券使公司可以实行价格歧视。公司知道，并不是所有顾客都愿意花时间剪下折扣券。此外，剪折扣券的意愿与顾客对物品的支付意愿是相关的。富裕而繁忙的经理不大可能花时间从报纸上剪下折扣券，而且，她也许愿意为许多物品支付较高价格。一个失业者更可能剪下折扣券并且支付意愿较低。因此，通过只对这些剪下折扣券的顾客收取较低价格，企业就可以成功地实行价格歧视。麦当劳连锁店一直采取向消费者发放折扣券的促销策略。他们对来麦当劳就餐顾客发放麦当劳产品的宣传品，并在宣传品上印制折扣券。那么，为什么麦当劳不直接将产品的价格降低？

（4）奖学金。许多学院和大学对贫困学生提供奖学金。可以认为这种政策是一种价格歧视。富有的学生钱多，因此支付意愿比穷学生高。通过收取高学费并有选择地提供奖学金，学校实际上是根据他们对上学的评价来向顾客收取价格。这种行为与任何一个价格歧视垄断者的行为相类似。

（5）数量折扣。许多企业对购买量大的顾客提供低价格。面包店可能对每个面包收取 0.5 美元的价格，但对一打面包收取 5 美元的价格。这之所以是一种价格歧视，是因为顾客对购买的第一单位付出的价格高于第二单位。数量折扣通常是一种成功的价格歧视方法，因为随着顾客购买量的增加，对增加一单位的支付意愿减少了。

资料来源：曼昆．微观经济学原理（第六版）第十五章：垄断，第 202 页

第二节 垄断竞争市场的厂商均衡

垄断竞争市场结构介于完全竞争和完全垄断之间，是现实中广泛存在的市场结构形式。垄断竞争理论是由美国的经济学家张伯伦和英国的经济学家琼·罗宾逊在 1933 年同时但却是各自独立创立的。前者的著作为《垄断竞争理论》，后者的著作为《不完全竞争经济学》。这两部著作的出版，被萨缪尔逊称为"垄断竞争的革命"，对微观经济学或价格理论的发展产生了重要影响。

一、垄断竞争市场的性质和成因

垄断竞争（monopolistic competition）是指一种既有垄断又有竞争、既不是完全竞争又不是完全垄断的市场结构。厂商可以自由进出该市场，却又生产有差别的产品。产品差异是垄断竞争形成的主要原因。

1. 垄断竞争的性质

与完全竞争的市场相似，垄断竞争的市场含有大量的相互独立的厂商，其进入和退出该行业不受限制；垄断竞争市场又与完全竞争不同，垄断竞争厂商生产的是有差别的产品，它们将具有一定程度的垄断力，这一点与完全垄断相似；与完全垄断有所不同的是，垄断竞争厂商的产品存在差别，但是彼此相似，因而各个厂商之间存在竞争，而完全垄断的市场是不存在竞争的。因此说，垄断竞争的市场结构是包含着垄断和竞争双重因素的市场组织形式。

2. 垄断竞争的成因

产品差异（product differentiation）是垄断竞争理论中的一个重要概念，它是指在消费

者或买者心目中同类产品之间的差异。产品的差异可能是现实的,也可能是想象中的。这种差异既可能产生于产品的品质、性能、设计、颜色、式样和包装的不同,也可能产生于专利、商标牌子和商店名称的不同,还可能产生于销售地点、工作效率、经营方式、公平交易的信誉、服务态度以及信贷条件和交货的及时可靠性的不同。此外,广告宣传也可能使消费者对基本相同的产品产生主观感受上的差别。

垄断竞争市场形成的一个主要原因是产品差异,产品差异是导致垄断与竞争相结合的一个重要根源。既然垄断竞争市场中每个厂商提供的产品和其他厂商的产品之间都存在着一定的差异,因而每个厂商都具有一定的垄断力量。这种垄断力量的大小,取决于产品差异的程度:产品差异越大,垄断力量就越强,反之则越弱。但是,另一方面,由于垄断竞争市场上的厂商数目很多,新厂商的进入也比较容易,有差别的产品之间可以互相替代,因此厂商之间还存在着比较激烈的竞争。每个厂商都是在同其他厂商的竞争中销售其产品。没有一个厂商能控制整个市场,每个卖者都既是垄断者,同时又是竞争者。

在完全竞争条件下,由于产品是同质的,生产同质产品的所有厂商就构成一个行业。而在垄断竞争条件下,由于各个厂商的产品之间存在着差别,所以,要定义一个行业就不那么容易了。有鉴于此,张伯伦提出了产品集团(product group)这一概念,认为可以把那些生产同类的近似产品的厂商归入一个产品集团,如男式服装集团、汽车集团、香烟集团等[①]。

3. 垄断竞争的假定条件

在张伯伦的理论中,垄断竞争模型是以下列条件为假定前提的:一是大量的厂商生产具有一定差别的产品,这些产品都是相近的替代品,厂商的进入和退出不受限制;二是同一产品集团内厂商的数量如此之多,以至于每个厂商都预期它自身的行动不为其竞争对手所注意;三是同一产品集团内所有厂商的成本曲线和需求曲线都是相同的。显然,最后一项假定,具有很强的限制性,因为当产品具有差别时,人们通常会预料其需求曲线和成本曲线也不尽相同。

零售商业作为具有诸多垄断竞争特点的行业经常被引证。例如,一些经济学家认为,加油站、服装店和药店是相当接近于张伯伦模型的。

 案例 8.4   可乐和咖啡市场上的垄断竞争

软饮料和咖啡的市场展示了垄断竞争的特征。各个市场都有不少略有差异、相互替代性很强的品牌。例如,各种牌子的可乐,口味与另一种只是略有一点差异。(你能说出可口可乐和百事可乐之间的差别吗?或可口可乐和皇冠可乐之间的差别吗?)还有各种牌子的粉碎咖啡在风味、香味和咖啡因含量方面有很小的差异。大多数消费者形成了他们自己的偏好,你可能对麦氏咖啡比对其他牌子更喜欢并常常买它。不过,这种品牌的忠诚通常是很有限的。如果麦氏咖啡的价格升到比其他牌子高出一截,你和大多数一直是购买麦氏的

---

① 从某种意义上说,集团可以等于行业。但一般会认为一个行业可以包含两个或更多的集团,如男式服装行业可能包含男式正装集团、男式休闲装集团和男式运动装集团等。

消费者大概会转向其他牌子。

究竟广义的食品，如麦氏咖啡生产者的这个牌子，有多大的垄断势力？换句话说，麦氏咖啡的需求弹性有多大？作为市场研究的一部分，大多数大公司都仔细研究对它们产品的需求。公司的估计通常是针对自己的，但对许多牌子如可乐和粉碎咖啡的需求的研究要使用一种模拟采购实验，以决定各牌子的市场份额是怎样随着特定的价格变化而变化的。

下表通过给出对不同牌子的需求弹性概括了研究的结果。

不同牌子可乐和咖啡的需求弹性

	牌子	需求弹性
可乐	皇冠	2.4
	可口可乐	5.2～5.7
粉碎咖啡	希尔兄弟	7.1
	麦氏	8.9
	蔡斯和桑逢	5.6

第一，注意在可乐中间，皇冠的需求要比可口可乐缺乏弹性。虽然它只有很小的市场份额，但它的口味比可口可乐、百事可乐和其他牌子更加特别，所以买它的消费者具有更强的品牌忠诚。但仅仅因为皇冠有较大的市场势力并不意味着它的盈利性更好。利润取决于固定成本、数量，以及价格，虽然平均利润较低，但可口可乐却能产生更多的利润，因为它有一个大得多的市场份额。

第二，注意咖啡作为一类而言，比可乐的价格弹性要大。在咖啡中的品牌忠诚比可乐中的要小，因为咖啡之间的差异比可乐中间的差异要更难辨别。与不同牌子的可乐相比，更少消费者注意或关心希尔兄弟和麦氏之间的差别。

除了皇冠以外，所有可乐和咖啡的价格弹性都很大。具说从5～9之间的弹性，各牌子却只有很有限的垄断势力，这是典型的垄断竞争。

资料来源：R.S.平狄克，D.L.鲁宾费尔德.微观经济学[M].北京：清华大学出版社，2010年第1版，第447-448页

二、垄断竞争市场的均衡

垄断竞争市场厂商的短期均衡和完全垄断市场的厂商有些相似，同样面临向下倾斜的需求曲线，同样按照利润最大化原则决定自己的产量。因为垄断竞争厂商所生产的产品和其他厂商有所区别，所以其需求曲线是向下倾斜的；但是由于其产品差异较小，进而其他厂商的产品对其有替代作用，因而垄断竞争厂商也面临其他厂商的竞争，需求曲线的斜率要比完全垄断厂商的需求曲线斜率绝对值小。

1. 垄断竞争厂商的短期均衡

在短期内，现有的厂商无法通过追加生产要素来扩大规模，新厂商也不能进入该行业，

产品差异使每一家厂商成为一个小小的"垄断者"。垄断竞争厂商根据自己产品的差异程度和其他厂商对自己产品的替代,估算出自己的需求曲线 d(即厂商的平均收益曲线 AR),该需求曲线比垄断厂商所面临的需求曲线斜率绝对值小得多。按照这一需求曲线,厂商相应的得到销售产品的边际收益曲线 MR。利润最大化原则是边际成本等于边际收益,这样在边际收益曲线和边际成本曲线的交点处,厂商确定了自己的利润最大化产量 Q_A,并将相对应的价格制定为 P_A,同时也就实现了短期均衡。垄断竞争厂商短期均衡的条件:

$$MR=SMC \tag{8-3}$$

上面分析的短期均衡中,垄断竞争厂商获得了经济利润,即:图8-9 中的斜纹阴影部分面积 π。然而,垄断竞争的厂商在短期可能获得经济利润,也可能只获得正常利润,或者是处于亏损状态,这主要取决于厂商的价格与短期平均成本的关系。

所有这一切看起来比较熟悉。事实上,在短期,垄断竞争厂商选择产量和价格的方式与垄断者是一样的。

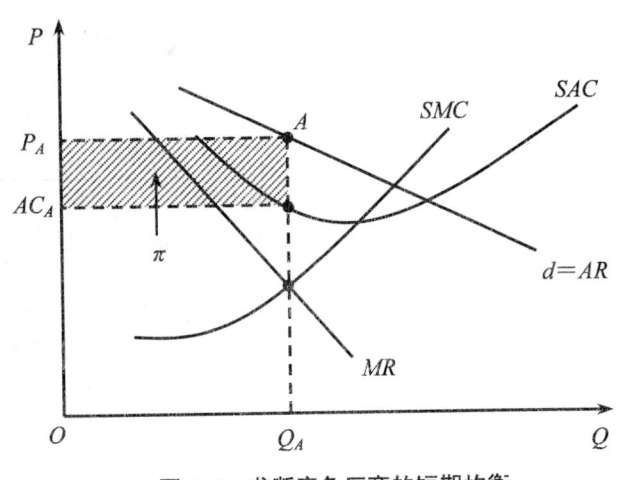

图 8-9 垄断竞争厂商的短期均衡

2. 垄断竞争市场的长期均衡

在长期,由于垄断竞争市场厂商的进入和退出相对比较容易,因而当短期厂商存在经济利润的时候,其他厂商会选择进入行业,通过竞争减少经济利润,直至只能获得正常利润。类似的,如果企业有亏损,旧企业退出,直至留下来的企业能获得正常利润。如图 8-10 所示,厂商在长期根据长期边际成本等于边际收益原则确定自己的利润最大化产量。但是由于长期内其他厂商会选择进入存在经济利润的行业,新厂商加入竞争使得单个垄断竞争厂商所分得的市场份额缩小,需求曲线向左移动,价格下降,经济利润减少直至消失,厂商只能获得正常利润。根据利润最大化原则,垄断竞争厂商确定的产量为 Q_B,相应的价格为 P_B。

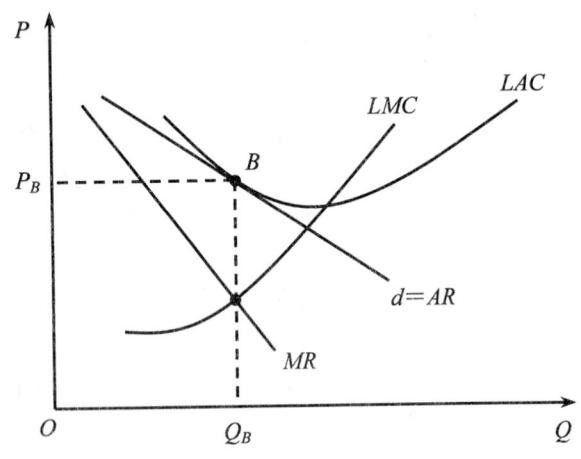

图 8-10 垄断竞争厂商的长期均衡

从图 8-10 可以看出,当垄断竞争厂商实现长期均衡的时候,其长期平均成本曲线与需求曲线相切,而需求曲线和厂商平均收益曲线重合,这说明在垄断竞争厂商实现长期均衡的时候,不仅边际收益和长期边际成本相等,而且存在长期平均成本和平均收益相等。于是，得到垄断竞争厂商长期均衡的条件：

$$MR = LMC \quad AR = LAC \tag{8-4}$$

三、非价格竞争

垄断竞争厂商除了进行上述以价格为基础的竞争外，还通过改变产品的特征和广告宣传来调整其产量，这种竞争通常被称为非价格竞争（non-price competition）。

1. 产品变异

张伯伦认为，厂商可以像变动价格一样改变其产品的特征，以此吸引更多的顾客，扩大其销售量，这就是所谓的质量竞争。产品的变异包括：产品本身品质上的改变，如技术性能、式样、型号、颜色的改变等；包装和装潢改进；服务质量的改进，如提高服务速度、改进服务态度、改变经营方式和销售地点以及销售单位等。

产品变异是性质的变动而不是数量的变动，一般来说可分为以下几个步骤：首先假定典型厂商的竞争对手在价格和产品特征方面保持不变；通过分析每一种产品变异中可供选择的价格对利润的影响，确定每一种产品变异最有利可图的价格；对每一种产品变异所能得到的最大利润加以比较，找到使利润最大化的那一种产品变异。典型厂商将选择这种产品变异并索取能带来最大利润的价格。

当然，典型厂商在产品特征上的改变可能会对同一产品集团内其他厂商的价格和销售量产生影响，而其他厂商的产品特征的变化也有可能对典型厂商产生类似的影响。因为产品特征的变化在一般情况下将引起产品成本和需求的变化，但只有当长期平均成本曲线与需求曲线相切时，厂商才能达到长期均衡，这一点与前述价格竞争条件下的长期均衡是一致的。

2. 广告宣传

非价格竞争的另一种形式是做广告宣传。厂商之所以要支付广告费用，那是因为他们相信通过做广告，收益的增加将大于广告成本。厂商期望通过做广告使其所面对的需求曲线向上移动，从而使消费者在每一价格水平下都比以前购买更多的数量。

对经济学家来说，评价广告的关键不在于它是否增加厂商的利润，而在于它是否使市场的运行更有效率。比如，有的广告是诱使消费者购买他们实际上并不需要的产品，而有的广告则有助于人们成为掌握更多信息的消费者。经济学家认为，信息性广告使市场功能更有效率，因为它似乎是向消费者提供信息的低成本手段，这些信息是消费者制定满足其偏好的购买决策所需要的。至于诱导性广告的好处则是含糊不清的。在对广告的评价中所遇到的一个根本困难是，大多数广告既包含信息因素，又包含诱导因素。

那么，广告是否会提高消费者所支付的价格呢？即使是的话，如果它所传递给消费者的信息与价格的增长具有同等的价值，这种广告也还是受欢迎的。令人奇怪的是，广告可能导致价格的下降。当广告帮助消费者找到低价卖者，从而使这些卖者能够降低其平均成本曲线并扩大销售量时，上述情况就会发生。毫无疑问，广告也常常导致较高的价格。例如，在防御性广告竞争中，厂商之所以做广告，可能仅仅是因为其竞争对手也正在做广告，其结果可能是所有厂商的成本提高，但销售量却没有扩大：每个厂商都只保持着它原来的市场地盘。这种广告显然是一种浪费。因此，评价广告的作用一定要具体分析。

案例 8.5　广告对我们意味着什么？

现实生活中，广告的狂轰乱炸对我们每个人来说已经是习以为常的事情。在黄金时间打开电视，你就会观察到什么类型的产品广告做得较多：饮料、化妆品、零食……这些快速消费品行业一般把收入的 10% 到 20% 投放于广告。我们注意到这些行业都是典型的垄断竞争结构，同时我们很难想象生产玉米或者火箭发动机的企业会花大把的金钱请明星作为产品代言人，因为这些产品要么是标准化的，要么被一两家企业完全垄断，他们没必要做广告。

如何从经济学角度来看待广告的作用？我们或许从下面的一些案例中可以领悟出一些道理来。

（1）眼镜行业广告与价格。贝纳姆（Benham）通过比较限制广告情况下的价格和不限制广告情况下的价格，研究了广告对眼镜价格的影响。贝纳姆发现，1963 年，在广告完全被禁止的那些州内，眼镜的平均价格为 37.48 美元。在不存在广告限制的那些州内，眼镜的平均价格是 17.98 美元。贝纳姆的解释如下：大量低价销售的卖者依赖于将顾客从某个广阔领域里吸引过来，因而就需要告知他们的潜在顾客关于购买他们商品的好处。如果广告被禁止，他们就不能生产必要的销售量来维持低价格。同时，少量高价销售的零售商存在于市场的可能性将会增加。

贝纳姆提出，广告包容更多的现存厂商之间的竞争，降低边际利润。他还提出，广告为进入市场提供便利，因此，禁止广告是进入市场的壁垒。

似乎令人感到惊讶的是，贝纳姆发现，广告所包含的价格并不是导致眼镜价格下降的一个重要因素。他把禁止价格出现在广告上面的那些州与非限制性广告存在的那些州区分开来，发现在那些价格不能够包括在广告中的州里，平均价格只比没有限制的那些州略微高些。

换句话说，存在、地点和产品花色品种方面的信息似乎容易引起消费者对竞争企业足够的兴趣，这种兴趣又导致更大程度上的竞争。

（2）玩具制造商广告与价格。斯坦纳考察了玩具制造商采用电视广告前后的玩具制造业。他发现，和 20 世纪 50 年代以后的情况相比，50 年代中期以前的销售毛利或利润边际，在统计显示中要高得多。在零售商和制造商采用电视网做广告之前，一件零售价为 5 美元的典型玩具，通常以 5 美元，或许可能以 4.95 美元出售。向全国零售的玩具在做了电视广告之后，原来可以卖 5 美元一件的玩具的典型零售价平均只有 3.49 美元了。然而 50 年代中期以后，在那些没有玩具电视广告的城市里，价格仍然平均在 4.98 美元左右。

斯坦纳解释道，平均价格下降的原因几乎全部在于利润边际或毛利的下降。在玩具广告大量上电视的那些地区里，一些零售商发现，在显著地降低了这些玩具的毛利之后，他们的投资收益率提高了。玩具销售量的增加足以抵偿这种下降（在这里，需求富有弹性）。

量小而价高的零售商不再能将他们的毛利维持在原来的高度，因为存在着那些批量大而价格低的企业。

（3）作为产品质量信号的广告。在信息经济学中，广告被视为一种信号，即做广告的企业在向消费者发送关于其产品质量的信号。考虑一个新品种速溶咖啡的广告。企业可能会极为"奢侈"地请某个当红明星做广告。这种广告意在向消费者传递一种信息：我愿意花巨额资金做广告，因为我有实力，我对自己的产品质量有信心。我们来设想以下这种情况：

日月公司和光华公司都将推出自己的新品种咖啡，每盒咖啡的利润都为5元（不计算广告的成本）。如果投放1000万元的广告，每家公司都能吸引100万个消费者试用自己的产品。日月公司知道自己的咖啡味道一般，虽然广告能使100万个消费者每人买一盒，但是大家很快就会知道日月咖啡味道较其他品牌逊色，以后不再购买。这样日月公司花1000万元广告费得到500万元的利润并不划算，于是决定继续开发口味更佳的咖啡之后再推出新产品。相反，光华公司知道它的咖啡质量上乘，顾客尝过之后会在未来的12个月每月都买一盒。这样1000万元的广告费会带来6000万元的利润，于是光华公司决定做广告。

分析了企业决策过程之后，我们来看消费者的行为。消费者将尝试他们从广告上看到的新品种咖啡，这种行为是否理性呢？答案是肯定的。消费者决定试买光华咖啡，是因为光华咖啡做了广告。日月咖啡不做广告，因为它知道自己的产品口味一般；光华咖啡做广告，因为它知道自己产品质量上乘。在这里，企业拥有其产品质量的内部信息，但消费者不知道，存在信息不对称。于是光华公司通过为广告支付货币的意愿向消费者发出其咖啡质量的信号。消费者就会想：如果光华公司愿意用这么多钱为新咖啡做广告，那么它的味道肯定不错。

在这个故事中，广告的内容是无关紧要的，重要的是让消费者知道这个广告很昂贵。在上面的故事中，如果广告只用了300万元，则日月公司用广告来推出新咖啡也可以赚钱。这种情况下好咖啡跟一般咖啡都做广告，消费者不能从广告中得到关于咖啡质量的信号。因此，消费者学会了不理会那种随便刷在墙上的廉价广告。

总的来说，经济学家们认为这种"广告信号论"是颇有道理的，但这并不是说它是理所当然的。对于广告的作用，经济学界仍有许多争论。

资料来源：百度文库

第三节 寡头垄断市场的厂商均衡

寡头垄断是指这样的一种市场结构，在这个行业之中只存在少数几个厂商生产市场上的全部产品，其生产的产品可能稍有差别或者就是同质。在现实经济中，寡头垄断常见于重工业部门，如汽车、钢铁、造船、石油化工、有色冶金、飞机制造、航空运输等行业。

一、寡头垄断市场的性质和原因

寡头垄断的市场结构既包含了垄断的因素,又包含了竞争的因素,但由于其厂商数目很少,因而更加接近于完全垄断的市场结构。

1. 寡头垄断的性质

少数几家厂商生产和销售了整个行业的全部产品,这样使得其中任何一家厂商都在该行业中占有举足轻重的地位,其自身的生产经营决策会在一定程度上影响市场的价格,这样使得它对价格有较大程度的控制能力。同时,其任何一家厂商的经营决策也将会影响到竞争对手,而其竞争对手的决策同样将影响到它,这样就使得寡头垄断市场的厂商之间存在着一种相互依存的关系。

由于寡头垄断市场中厂商相互依存的基本特征,当一个厂商做出任何产量和价格决策时,无法准确地了解竞争对手的反应,因而所有的厂商都是在存有不确定的情况下进行决策的,这样使得寡头垄断市场上产品的数量和价格的决定带有一定程度的不确定性。经济学家也就无法建立单一的适用于所有寡头垄断特征的行业的模型,而是根据寡头垄断不同的形式建立了几种不同的模型,来解释寡头垄断市场上厂商的行为以及市场产量和价格的决定。但这些模型都有一个共同的前提,那就是每一个模型都对寡头垄断厂商确信其竞争对手将如何反应以及实际上如何反应做出行为假定。由于对竞争对手的行为假定的不同,使得各个模型的经济学含义也不相同。

2. 寡头垄断的成因

寡头垄断的成因很多,其中之一是规模经济的作用。在有些行业中,除非一个厂商的产量在整个市场中占较大的比重,否则它不可能取得较低的成本,其结果,在这样的行业中,厂商的数目将变得非常少。此外,和生产过程一样,在商品推销中也可能存在着使新厂商难以进入某行业的障碍,这些障碍使原有的寡头垄断得以维持。还有,为了适应减轻竞争压力的愿望,一个行业中厂商的数目也许会减少。

3. 寡头垄断的分类

根据不同的标准,寡头垄断市场有不同的分类方法。从产品性质的角度看,如果行业中每个寡头所生产的产品是同质的,例如,钢铁、水泥、铜等产品生产的寡头,则称为纯粹寡头(pure oligopoly);如果寡头所生产的产品是有差别的,例如,汽车和家用电器等产品生产的寡头,则称为差异寡头(differentiated oligopoly)。为了简化分析,我们将主要讨论纯粹寡头垄断的情况。从构成一个寡头垄断行业的厂商数目来看,如果一个行业只存在两个厂商,就称为双头垄断;如果存在三个厂商,就称为三头垄断;存在三个以上厂商就称为多头垄断。从行为方式上看,即从厂商是否勾结来划分,寡头垄断行业可以分为非勾结性寡头垄断和勾结性寡头垄断。

4. 寡头垄断的特征

寡头垄断一般具有以下特征：

（1）厂商数量少。在寡头垄断市场上，只有少数几家厂商供给全部或绝大部分产品。每个大厂商都占有相当大的市场份额，能够直接影响或控制市场供求关系和价格。因此，寡头垄断厂商既不是价格的接受者，也不是价格的决定者，而是价格的寻求者（price seeker）。

（2）厂商相互依存。在寡头垄断市场上，各厂商相互影响、相互依赖。任何一家大厂商改变产量和价格，不仅直接牵涉到自身利益，而且会影响到其他厂商的产量和利润，因此每个厂商的一举一动都会受到其他厂商的密切关注，有时还会引起其他厂商的强烈反应，甚至招致报复。

（3）价格稳定。在寡头垄断行业，厂商为了避免激烈的价格竞争造成两败俱伤，往往通过有形或无形的勾结，形成不定的协议或默契等，以决定产品价格，价格一经确定，各厂商都不会轻易改变。在生产技术没有发生重大突破的情况下，寡头厂商一般不会因需求的变化而调整价格，而只是不断调整产量以适应市场需求的变化，所以，寡头垄断市场上产品价格相对稳定。

（4）厂商进出不易。厂商进入或者退出寡头垄断行业比较困难，因为寡头垄断行业的有效工厂规模一般较大，外来厂商进入该行业往往需要一次性大规模投资而面临资金约束。即使新厂商有能力承担大量投资，在信誉、市场信息、原材料供给、专利技术等方面也很难与老厂商匹敌，最终不是被排挤出局，就是被吞并。不仅新厂商进入寡头行业障碍重重，而且老厂商退出也非易事。寡头厂商因为生产规模大、历史长，调整起来非常困难。

二、非勾结性寡头垄断模型

非勾结性的寡头垄断是指，在每一时期内，对手的反应方式一经确定后就保持不变并重复出现，各个寡头厂商都独立做出行动。下面我们以古诺模型（Cournot model）和斯威齐模型（Sweezy model）为例来分析非勾结性的寡头垄断。

1. 古诺模型

古诺模型是描述双头垄断的一个具有代表性的寡头垄断模型，由法国经济学家奥古斯丁·古诺（Augustin Cournot）提出。这一模型解释了相互之间没有勾结行为的两个寡头独立进行决策，通过相互作用，最后确定一个介于竞争均衡和垄断均衡之间的均衡状态。古诺模型有如下一些基本假定：一是两个寡头 A 和 B 的产品同质，均追求利润最大化；二是市场需求曲线对寡头来说是已知的，而且是线性的，价格决定依赖于两个寡头生产产品的总量；三是寡头之间不存在勾结行为；四是寡头做出生产决策时认为对方产量既定；五是寡头生产边际成本相等，均为零。

如图 8-11 所示，D_T 和 MR_T 分别表示整个市场的需求曲线和边际收益曲线。由于需求曲线是线性的，因此边际收益曲线和横轴的交点 Q_1 点就是 OT 的中点。

假如寡头 A 首先进入市场,它认为寡头 B 没有任何产量,那么它所面对的需求曲线就是整个市场的需求曲线 D_T,其边际收益曲线也是市场的边际收益曲线 MR_T。为了使得自己的利润达到最大化,寡头 A 根据边际收益等于边际成本来确定自己的产量,也就是边际收益曲线与横轴的交点 Q_1 来确定,这里 $MR=MC=0$。这样,寡头 A 的产量就是 Q_1,这点就是寡头 A 独占市场即垄断的均衡产量。

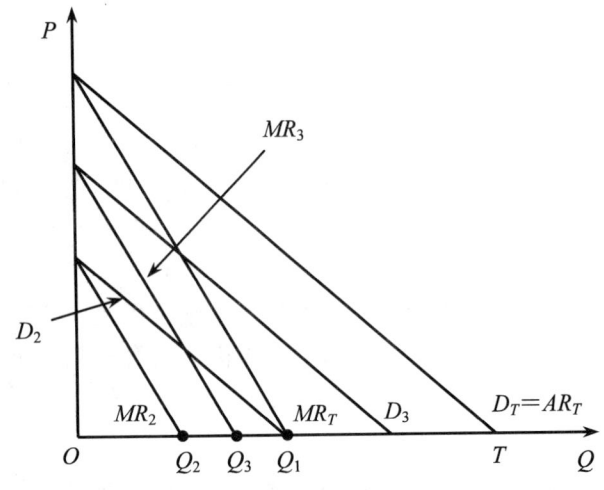

图 8-11 非勾结性寡头垄断模型:古诺模型

当寡头 B 进入市场时,它发现寡头 A 已经生产了 Q_1 的产量,并且认为寡头 A 会坚持这一产量不变。那么,寡头 B 所面对的需求曲线为图中的 D_2,是通过对应于每一价格的市场需求减去寡头 A 的销售量之后得到的。根据寡头 B 所面对的需求曲线 D_2,能够得到寡头 B 的边际收益曲线 MR_2,它与横轴的交点则是 Q_2。寡头 B 按照自己的利润最大化原则,选择在 $MR=MC=0$ 的 Q_2 点进行生产。也就是说,寡头 B 生产的产量是在 T 产量中减去寡头 A 的产量之后的一半,也就是 $Q_2 = \frac{1}{2} \cdot (T - Q_1)$。

由于寡头 B 的进入并生产了 Q_2 的产量,如果寡头 A 继续生产 Q_1 的产量将不再使利润最大化,因而寡头 A 会重新定位其产量决策。考虑到寡头 B 生产 Q_2 的产量并认为它这一产量维持不变,因而寡头 A 将会在 T 产量中减去寡头 B 的产量 Q_2,将 D_3 作为自己所面对的需求曲线,这里 D_3 是通过对应于每一价格的市场需求减去寡头 B 的销售量之后得到的。根据寡头 A 所面对的需求曲线 D_3,能够得到寡头 A 新的边际收益曲线 MR_3,它与横轴的交点是 Q_3。寡头 A 按照 $MR=MC=0$ 的原则重新确定自己的产量 Q_3,$Q_3 = \frac{1}{2} \cdot (T - Q_2)$。

这一过程将继续进行调整,每一个寡头生产的产量都将是 T 产量与竞争对手产量差额的一半。最后达到市场的总产量为 $\frac{2}{3} \cdot T$,而每个寡头的产量为 $\frac{1}{3} \cdot T$ 为止。只有在这一状态下,两个寡头生产的产量都是 T 与另一个寡头产量之差的一半[①]。

在两个寡头进行产量的调整过程中,寡头都是根据对方的产量并认为这一产量保持不变进行反应,进而来确定自己的最大化利润产量,据此可以给出寡头的反应曲线。寡头 A 的反应曲线就是考虑到寡头 B 不同产量时,根据利润最大化原则所确定的自己的产量。如图 8-12 所示,其中纵轴表示的是寡头 A 的产量,横轴表示的寡头 B 的产量。R_A 表示寡头 A 的反应曲线,R_B 表示寡头 B 的反应曲线。寡头 A 和 B 分别按照自己的利润最大化原则,

---

① 为了简化分析,这里假设边际成本等于 0。

参照对方的产量，调整自己的产量。只有当双方同时实现利润最大化的时候，整个市场才能实现均衡，也就是在两条反应曲线的交点 E 上实现均衡，两寡头的均衡产量 $Q_A = Q_B = \frac{1}{3} \cdot T$。

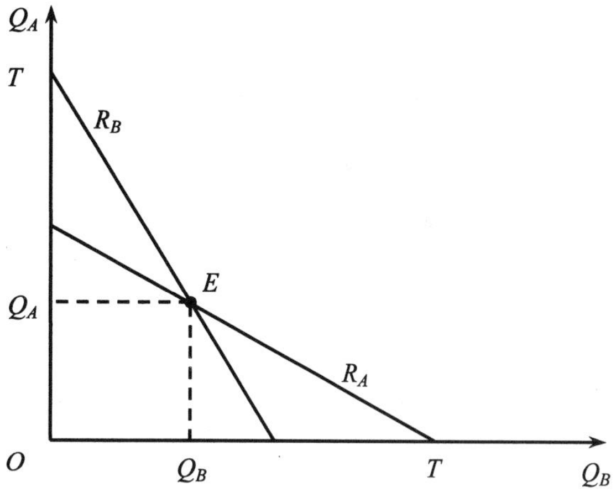

古诺模型解释了双头垄断市场的均衡状态，当然这一模型可以一般化为多头垄断模型。一般来说，寡头垄断行业的均衡产量 Q_0 与市场的最大需求量（竞争产量）Q_c 以及寡头数目 n 之间的关系为：

$$Q_0 = Q_c \cdot \left(\frac{n}{n+1} \right) \tag{8-5}$$

图 8-12 古诺模型中寡头厂商的反应曲线

当 n 趋向于无穷大时，那么行业总产量就和竞争产量相等，即 $Q_0 = Q_c$。

2. 斯威齐模型

20 世纪 30 年代，美国的经济学家保罗·斯威齐（Paul Sweezy）建立了一个折断的需求曲线模型（the kinked-demand curve model），据此来分析寡头垄断的均衡模式。该模型中，寡头垄断者可以准确地意识到其竞争对手以及它们之间的价格与产量决策的相互依存关系，这一点与古诺模型不同。

斯威齐模型主要从价格调整的角度分析寡头厂商的价格决策，并对某些行业中产品价格刚性问题作出了解释。该模型的出发点是一个价格已经确定了的寡头垄断行业，假定一个寡头预计其竞争对手对其价格变动作出两种反应：其他厂商加入价格竞争；对竞争不予理睬。如图 8-13 所示，竞争对手的两种不同反应，使得寡头垄断的厂商在实际中面对两条需求曲线：一条是竞争对手与之进行价格竞争的时候，该厂商所面对的需求曲线，即图中的曲线 D_T；另一条是竞争对手对价格变动不予理睬的时候，该厂商所面对的需求曲线，即图中的曲线 D_0。

两条需求曲线的弹性是不同的，曲线 D_T 相对缺乏弹性，而曲线 D_0 相

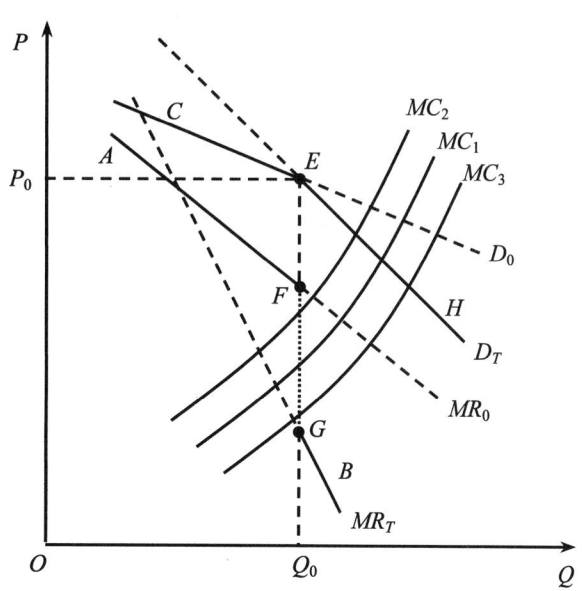

图 8-13 非勾结性寡头垄断模型：斯威齐模型

对富于弹性。这里假定最初的价格为 P_0，产量为 Q_0。如果该寡头垄断者要把价格降到 P_0 以下，竞争对手不予理睬，那么该厂商将沿着曲线 D_0 销售更多的产品，扩大自己的市场份额，进而增加利润，同时其竞争对手的市场份额减少，利润降低；如果该寡头垄断者把价格提高到 P_0 以上，竞争对手不予理睬，那么该厂商将沿着曲线 D_0 减少销售的产品，减少自己的市场份额，进而降低利润，同时其竞争对手的市场份额增加，利润增加。另一方面，如果该寡头垄断者要把价格降到 P_0 以下，竞争对手加入价格竞争，那么该厂商销售量沿着曲线 D_T 移动，增加量会小得多，同时其竞争对手的市场份额也有所增加，因为价格下降所带来的需求量的增加由所有的厂商共同分享；如果该寡头垄断者把价格提高到 P_0 以上，而其他厂商也跟随提高价格，那么该厂商的销售量将沿着曲线 D_T 减少，市场份额减少，利润降低，同时其竞争对手的市场份额也随之减少，利润降低，因为价格提高带来的需求量的减少由所有的厂商共同分担。

斯威齐认为，寡头垄断者通常对竞争对手作如下的预期：如果该寡头把价格降低到 P_0 以下，那么其他厂商为了防止自身利润损失，会加入价格竞争降低价格，这样该寡头的销售量将会沿着曲线 D_T 移动；如果该寡头把价格提高到 P_0 以上，那么其他厂商为了获得更多的市场份额进而获得更多的利润，对其价格变化将不予理睬，那么该寡头的销售量将沿着曲线 D_0 移动。在这样的预期下，该寡头实际所面对的需求曲线就是一条被折断的需求曲线，也就是图中的折线 CEH。相应地，根据折断的需求曲线，该寡头的边际收益曲线也就出现了折断。根据需求曲线 CE 的部分，边际收益曲线应该为 AF 段；根据需求曲线 EH 部分，边际收益曲线应该为 GB 段。这样，整个的边际收益曲线就是一条折断的曲线 $AFGB$ 了。

寡头垄断的厂商为了实现利润最大化，仍然根据边际成本等于边际收益的原则进行生产决策。由于边际收益曲线出现了折断，因此，在一段区间内（图中的 FG 区间内），边际收益是保持不变的。这样，即使该寡头的边际成本在该区间内发生变化，如从 MC_1 变动到 MC_2，或者从 MC_1 变到 MC_3 时，该寡头不会改变产量和价格的组合，即选择产量为 Q_0 并制定价格为 P_0。换句话说，在 FG 的区间内，成本的变动将不改变寡头垄断厂商的产量和价格决策。而这一区间的大小取决于两条需求曲线弹性之差，二者弹性之差越大，从 F 到 G 的区间也就越大。这一折断的需求曲线模型对价格刚性提供了一种解释。

三、勾结性寡头垄断模型

寡头垄断市场中，少数寡头认识到其相互依存的关系，就会有相互勾结的倾向。为避免竞争中的两败俱伤（如价格战），寡头厂商可能相互勾结或共谋有利于增加利润的策略。勾结可能是公开的，如卡特尔；也可能是达成默契，如价格领导。

1. 卡特尔——寡头之间公开勾结

卡特尔（cartel）指寡头之间直接达成某种协议，以减少由于竞争给市场带来的不确定性。形成卡特尔的寡头，在划分销售市场、规定产品产量、确定产品价格等方面通过一些协议达成一致的决策意见，扩大对整个行业、整个市场的影响力，进而获得更多的利润。

完全垄断的厂商可以通过同时调整自己的产量和价格，最终实现利润最大化。形成卡特尔的寡头在市场上就成为了一个整体，进而垄断某个行业的市场，制定垄断价格，追求更多的利润。如图8-14所示，在卡特尔内部，每个厂商都有自己的边际成本曲线，将各个厂商的边际成本曲线水平加总以后，能够得到整个卡特尔的边际成本曲线。各个寡头通过按照各自的边际成本等于卡特尔整体的边际收益来确定各自的生产数量，分配市场份额，进而分配行业的总利润。图中寡头 A 和寡头 B 分配的产量分别为 Q_A 和 Q_B，各自获得的利润额分别为 π_A 和 π_B。

实际上，由于形成卡特尔厂商之间签订的各种协议，使得各个厂商得到的利润和图中所表现的利润不一定完全一致，产量大厂商得到的利润未必就一定大。各个厂商为了维持卡特尔的垄断性优势，可能在彼此之间让渡一定的利润，具体的让渡取决于所签订的协议条款。如果寡头厂商维持卡特尔，那么就可以根据协议取得行业整体上接近于垄断的利润，但是在实际上，这种卡特尔是极其不稳定的。原因是：假定寡头其他厂商维持卡特尔，对某一寡头的价格变动不予理睬，那么该寡头如果降低价格就会得到更大的销售份额，进而获得更多的利润。这一动机会使卡特尔内部的厂商暗中降低价格，最后导致卡特尔的破裂。

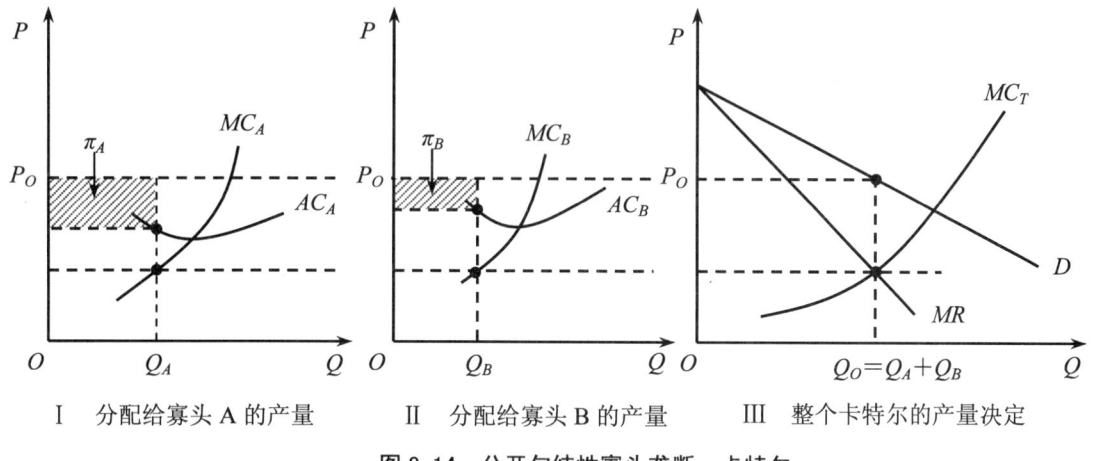

Ⅰ 分配给寡头 A 的产量　　Ⅱ 分配给寡头 B 的产量　　Ⅲ 整个卡特尔的产量决定

图 8-14　公开勾结性寡头垄断：卡特尔

2. 价格领导——寡头之间达成默契

由于寡头垄断者之间公开的勾结协议在很多国家被认为是非法的，所以寡头垄断者之间的勾结更多地是以非公开或非正式的形式进行的。非公开勾结的一种主要形式是价格领导（price leadership），这是指在一个寡头垄断行业内，由一家厂商确定价格作为行业的价格领导者，其他厂商以领导者价格为准制定自己的价格决策。充当价格领导者的厂商一般都是行业内富有很大影响力的厂商，他们或者具有较大的市场份额，或者拥有较大的成本优势。作为跟随者的寡头厂商一般都会以领导者所制定的价格作为参考自己定价。如果跟随者厂商生产同质的产品，价格往往会和领导者价格一致或者相近；如果生产的产品和价格领导者的产品有所差别，那么其制定的价格也会有所差别，但是其变动方向和领导者价格的变动方向相一致：同升同降。价格领导制可以分为三种形式：低成本厂商领导制、支配型厂商领导制和晴雨表型厂商领导制。

(1) 低成本厂商领导制

价格领导者一般在行业内进行生产的成本相对较低,可以凭借自己的成本优势率先制定符合自己利润最大化的价格。而其他厂商成本较高,如果按照自己的利润最大化原则制定价格,那么价格势必要高于价格领导厂商制定的价格,进而丢掉自己的市场份额;而且由于自己的成本较高,价格调整的空间很小,一旦与价格领导者发生价格竞争,自己将处于不利地位。因此这些厂商会选择服从价格领导者制定的价格来确定自己的产量。

如图 8-15 所示,假定一个双头垄断的寡头市场,两个寡头的成本不同。他们之间没有公开的协议,而暗中认为共同瓜分市场,因此他们所面对的需求曲线相同,进而边际收益也相同。但是寡头 A 在生产上有绝对的优势,因此可以根据边际成本等于边际收益的原则确定自己的产量为 Q_A,并制定价格为 P_A,这一价格就是领导者价格。如果成本较高的寡头 B 也根据边际成本等于边际收益的原则制定价格,那么应该确定价格为 P_B,产量为 Q_B'。但是由于其价格高于寡头 A 的价格,所以其市场份额将转移到寡头 A 那里,所以他会跟随寡头 A 制定的价格,也就是按照 P_A 的价格销售 Q_B 的产量,成为价格的追随者。另一方面,寡头 B 也不会把价格定在 P_A 价格以下,否则不仅自己的利润会受到损害,还会引起寡头 A 降低价格,引发价格竞争,使自己处于更加不利的地位。

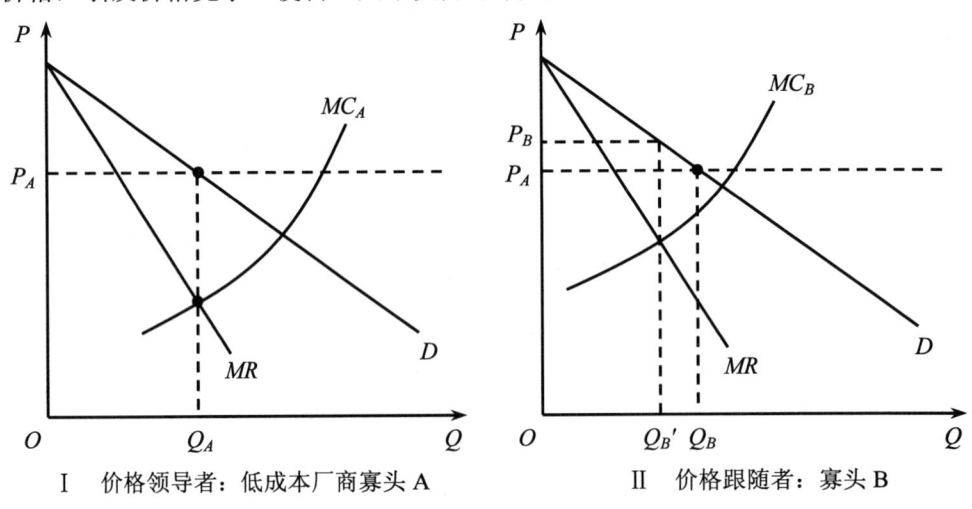

Ⅰ 价格领导者:低成本厂商寡头 A　　Ⅱ 价格跟随者:寡头 B

图 8-15　非公开勾结性寡头垄断:低成本厂商价格领导

在多个寡头的市场中,同样也可能出现成本较低的厂商成为价格领导者,而其余厂商作为追随者,整个行业形成一种暗中协调的非公开的勾结。

(2) 支配型厂商领导制

在寡头垄断的行业中,如果存在一个具有统治地位的寡头,其产量占有相当大的市场份额,其余所有厂商的市场份额都无法与之相提并论,那么该寡头就是一个支配型厂商。支配型厂商的价格领导就是指行业中占统治地位的厂商制定一个使其利润最大化的价格,而让其他小厂商按照这一价格销售它们想销售的任何数量的产品。

如图 8-16 所示,假定支配型厂商寡头 A,能够知道市场需求曲线 D 和其余厂商的总的供给曲线 S_F,就能够通过在每一个价格水平下市场需求量与价格跟随者的总的供给曲线之差,得到自己的需求曲线 D_0。例如,当价格水平为 P_1 时,小厂商总体将供给市场上所有的产品需求,因此支配型厂商所面对的需求量为零;当市场价格水平为 P_2 时,小厂商总体的供给无法满足全部市场需求,因此这一需求的缺口就是支配型厂商面对的需求;当价格水平为 P_3 时,小厂商供给的数量更少,而支配型厂商所面对的需求增加。

当寡头 A 有了自己所面对的需求曲线 D_0,据此推导出边际收益曲线 MR_0,根据边际收益等于边际成本的原则即确定自己的利润最大化产量 Q_0,并相应制定领导性价格 P_0。在寡头 A 的价格制定以后,其余的小厂商追随这一价格,决定各自的产量,他们总体的供给数量为 Q_F。

(3)晴雨表厂商领导制

在晴雨表型厂商领导者模型中,会存在这样的一家厂商,该厂商可以准确及时地预测市场行情,能够反映整个行业基本的成本和需求状况的变化情况。虽然它未必就是该行业内成本最低、规模最大的厂商,但是行业内的所有厂商都以之为参考,共同响应这一厂商对市场的反应,使之成为行业的晴雨表,因此成为晴雨表型的价格领导者。

例如,通常认为美国俄亥俄州的汽油市场所实行的就是上述晴雨表型的价格领导制。一些研究表明,俄亥俄标准石油公司总是首先对价格进行变动,而这种变动又能为其他厂商全部或部分地接受。当市场萧条时,它就降低价格;当市场需求或成本状况允许时,它又能成功地提高价格。

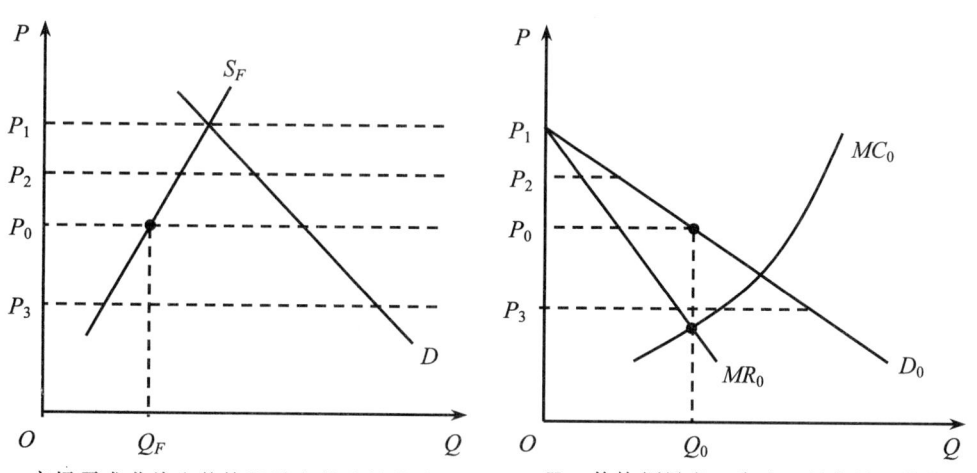

Ⅰ 市场需求曲线和价格跟随者的总的供给曲线 Ⅱ 价格领导者:寡头 A 的产量和价格决定

图 8-16 非公开勾结性寡头垄断:支配型厂商价格领导

案例 8.6   大亚湾炼油厂建成,中海油、中石油和中石化将三分天下

中海油公司一位高层透露:当初是准备与壳牌合作的,但他们不愿沿用以前的合作模式,目前也不准备在建设过程中寻找合作伙伴了;待建好后再找合作方,即使和壳牌再合作也是要控股,目前合作的变数比较大,未来也许会在分销领域合作。

知情人士透露,中海油原计划是沿用南海石化项目的合作模式建炼油厂的,而壳牌方面早在 1997 年就将炼油厂纳入了建设计划,"全世界所有的裂解厂都需要有个炼油厂在附近配套,不然它们会完蛋,"中海壳牌的制造总监让—路易·比鲁说。壳牌公司也为此做了许多前期工作,但可能因政策原因,国家目前批准存在一定难度,因此后来壳牌退出,中海油进行独资申报成功。这位人士分析说，大亚湾炼油厂的建成将打破目前的垄断局面，与中石油、中石化市场竞争格局形成。

就广东而言，就是与茂名、广州石化的竞争，茂名石化是1800万吨的年加工能力，广州石化不到700万吨，大亚湾炼油厂加工出来的原油约60%至70%供制造乙烯用，另一部分从成本最低原则出发，约有30%或40%的产品就地消费于广东、香港。大亚湾炼油厂建在珠三角的口上，对于中石油、中石化是一个更大的威胁，因为中石油原油从北方运来，成本相对较高。其次，大亚湾炼油厂石油产品的销售也存在国家是否允许外资公司卖油的问题，或者只能销往海外，而2006年开放市场以后，壳牌没有理由放着国内市场，舍近求远，加大成本销往国外。最后就是时间问题。如果国务院是在两三年以后批准建炼油厂，国家基本已经放开了市场，大批国外企业进入，那么壳牌就没有了预先占领市场的优势。因此中海油只好独资先建，以后再寻求合作了。

中石化发布中期业绩报告，显示其2004年上半年净利润高达150.39亿元，同比增长了54%。此前，国内石油业另外两名巨头中石油和中海油也先后公布了业绩报告，上半年净利润分别达到了452.9亿元和70亿元。这样算来，国内三大石油商上半年一共狂赚了670亿元左右。

对于利润飙升的原因，三大石油商都在各自的业绩报告中分析说，主要原因来自国际油价高位震荡，炼油毛利增加，以及石油销售需求的大幅上升。

最近一段时期，国际原油价格像一匹脱缰野马一路上扬，最高曾达每桶49.40美元。但正常说来，原油价格上升，应该造成石油商的采购成本上升，怎么会成为其盈利的原因呢？

国家发改委能源研究所姜克隽博士道破玄机，他解释说，我国目前每年原油用量在2.6亿吨左右，其中1亿吨左右靠进口，其余部分靠国内生产。而国内产油的成本虽然不与国际市场挂钩，但最后的成品油价格却参照国际油价来制定，这样就使国内的石油企业出现了巨大的差价利润。因此，与国外石油商相反，我国的石油商恰恰是国际原油价格越高，利润越大。

那么，国际油价是不是会一直保持这样的高价位呢？姜克隽认为，原油价格太高，会迫使消费阶层抑制用油需求，并造成全世界都去开发新能源新技术的局面，这对石油输出国的利益是不利的。所以，国际上的石油输出国并不希望油价太高，而是希望油价保持在每桶26~30美元的水平。而近来油价攀升的主要原因一是由于伊拉克战争，二是俄罗斯尤科斯公司前途未卜，造成市场恐慌。相信短期内这两个事件的影响都将逐步消除，国际油价还会恢复原来的平稳。他认为，国际原油价格在未来10年内每桶上扬2~3美元是可能的，但不会大幅涨落。

但未来国际原油价格的回稳是否会让国内成品油价格也下调呢？对此，姜克隽博士表示，国内石油消费增长的原因主要有两点：一是汽车销售猛增，二是经济快速增长造成的能源消耗增加，特别是今年很多省市缺电严重，使一些燃料油发电的企业重新开工。

中石油、中石化与中海油是中国政府控股的国有特大型企业，他们在国内的原油与成品油市场上几乎拥有全部的份额，他们的行为影响国内的原油与成品油价格，在共同控制人下又有相对的独立性，从厂商只有三家以及在产品价格的相互协调方面，加之进出原油与成品油行业的不容易,在一段时期内价格的相对稳定,在原油与成品油市场上类似于寡头垄断结构。仅从厂商追求利润最大化来讲,三家石油巨头瓜分了原油与成品油市场的绝大部分,他们的行为相互牵制,不会轻易单独在价格上采取行动,保持产品的相对较高价格从而保证获取巨额利润。但这种行政主导下的寡头垄断除去国家能源的战略考虑之外,从经济的角度来看,国内原油与成品油的市场价格并未真正反映能源的供求关系,而且靠国家垄断的力量跻身于世界 500 强其实并不能说明企业的竞争力有多么大,反而更加凸显出资源配置上的扭曲。

资料来源:广州日报 2004 年 09 月 27 日,北京青年报 2004 年 8 月 31 日

本章结束语

不完全竞争的市场包括完全垄断、垄断竞争和寡头垄断三种基本的形式,所有的不完全竞争的厂商所面临的需求曲线都是向下倾斜的,他们对价格有不同程度的影响力,因而其市场产品数量和价格的确定也和完全竞争的市场有所不同。

(1) 完全垄断的市场是不完全竞争市场的一种极端情况,垄断厂商面临的需求曲线就是市场需求曲线,根据利润最大化原则从产量和价格两个方面调整来获得利润。完全垄断厂商在短期内依据 $MC = MR$ 的原则达到均衡状态,可能存在经济利润、收支相抵或者亏损。完全垄断厂商的长期均衡实现时,$LMC = SMC$,短期平均成本曲线 SAC 和长期平均成本 LAC 相切,但不一定处于长期平均成本 LAC 的最低点。完全垄断的厂商凭借垄断地位,可以对其产品的购买者实行价格歧视以获得更多的利润。完全垄断的市场形成了较高的价格和较低的产量,引起了收入的再分配,造成了社会福利的损失。垄断的管制者常采用边际成本定价和平均成本定价的方法使垄断厂商降低价格、提高产量。

(2) 垄断竞争是指一种既有垄断又有竞争、既不是完全竞争又不是完全垄断的市场结构。厂商可以自由进出该市场,却又生产有差别的产品。产品差异是垄断竞争形成的主要原因。

垄断竞争厂商生产的产品存在差别,在市场上有一定的垄断特征;但又具有替代作用,进而形成对该厂商的竞争,因此垄断竞争的市场是既有垄断因素又有竞争因素的市场结构。垄断竞争的厂商在短期均衡时可能获得经济利润,也可能收支相抵或者是处于亏损状态;垄断竞争厂商长期均衡时,不仅边际收益和长期边际成本相等,而且存在长期平均成本和平均收益相等,厂商收支相抵。因为产品差异,垄断厂商还通过产品变异和广告宣传来进行非价格竞争。

(3) 寡头垄断是指这样的一种市场结构,在这个行业之中只存在少数几个厂商生产市场上的全部产品,其生产的产品可能稍有差别或者就是同质。

寡头垄断市场根据不同的分类标准,可以分为不同的寡头形式。寡头之间的生产经营决策相互影响,非勾结性寡头垄断厂商通过考虑到各自的生产决策,进而确定自己合适的产量和产品的价格,这样的市场模型如古诺模型、斯威齐模型等;勾结性寡头垄断厂商通

过公开的和非公开的勾结，共同瓜分市场，确定产量和价格并尽可能多的获得利润，这样的市场模型如卡特尔、价格领导等。

（4）完全竞争市场中的厂商所面对的是水平的需求曲线，其供给曲线是可以推导的，短期供给曲线就是平均可变成本最低点以上部分的边际供给曲线。而不完全竞争市场中的厂商既可以通过调整产量也可以通过价格来达到利润最大化，因此无法推导其供给曲线；面对的需求曲线都是向右下方倾斜的。按照经济效率的高低排列，四种市场结构依次为完全竞争、垄断竞争、寡头垄断和完全垄断。

关键词： 完全垄断　垄断竞争　寡头垄断　产品差异　反应曲线

复习思考题

1. 为什么不完全竞争条件下厂商的边际收益曲线在平均收益曲线的下方？

2. 假设某垄断厂商所生产的产品在两个分割的市场出售，产品的成本函数和两个市场的需求函数分别为：$TC = Q^2 + 10 \cdot Q$，$Q_1 = 32 - 0.4 \cdot P_1$，$Q_2 = 18 - 0.1 \cdot P_2$。

（1）若两个市场能实行价格歧视，求解利润最大时两个市场的售价、销售量和利润，并比较两个市场的价格与需求弹性之间的关系。

（2）若不实行价格歧视，求解利润最大时的产量、价格和利润，并与（1）比较。

3. 假定某市场属于垄断竞争市场，在这一市场中，典型厂商的长期总成本函数为：$LTC = 0.0025 \cdot Q^3 - 0.5 \cdot Q^2 + 384 \cdot Q$，其面对的需求函数为：$P = A - 0.1 \cdot Q$，其中 A 为行业中厂商数量 N 的函数：$A = \dfrac{10000}{\sqrt{N}} - 32$。假定整个行业都处于长期均衡中，求：

（1）典型厂商的产量 Q；

（2）产品的价格 P；

（3）行业中厂商的数量 N。

4. 假设两个寡头垄断厂商 A 和 B，其生产行为遵循古诺模型，成本函数分别为：$TC_A = 0.1 \cdot Q_A^2 + 20 \cdot Q_A + 100000$ 和 $TC_B = 0.4 \cdot Q_B^2 + 32 \cdot Q_B + 20000$。这两个寡头厂商生产的产品无差异，其市场需求函数为：$Q = 4000 - 10 \cdot P$。根据古诺模型，求：

（1）寡头 A 和寡头 B 的反应函数；

（2）寡头 A 和寡头 B 的均衡产量 Q_A、Q_B 以及市场均衡价格 P；

（3）寡头 A 和寡头 B 的利润。

5. 折断的需求曲线模型是如何解释寡头市场上的价格刚性现象的？

第九章

博弈论

> ◇ **内容提要** ◇
>
> 博弈论用来分析所观察到的决策主体相互影响时的现象,在给定的条件下寻求最优的解决办法。本章主要介绍非合作博弈,非合作博弈可分成四种情况:完全信息静态博弈、完全信息动态博弈、不完全信息静态博弈和不完全信息动态博弈。本章对这几种博弈及其均衡将分别进行分析。

 案例9.1　三人对决

从前有甲、乙、丙三位枪手进行对决,三人的枪法有所不同,其命中率分别为10%、60%、99%。出于公平的要求,规定必须按照甲乙丙的顺序依次开枪进行对决,直至剩下最后一个人为止,如下表9-1所示。那么,为了对自己更加有利,也就是为了争取最长的存活时间,甲将如何开这第一枪呢?

表9-1　三人对决

人物	甲	乙	丙
命中率	10%	60%	99%
开枪顺序	1	2	3

从表面上看,甲的选择似乎只有两种:向乙或者向丙开枪;结果无非是命中击毙一名对手,或未打中然后由乙继续开枪。

假设结果一:甲命中了

如果甲命中击毙了乙,则下一个开枪的将是丙,该枪手毫无疑问地将枪口指向甲。无论如何,我们知道甲和丙两个枪手的命中率非常悬殊,因此甲存活下来的可能性微乎其微。

甲如果第一枪击毙了丙,最终的结果也是类似,剩下甲和乙二人的命中率也很悬殊,甲凶多吉少。

假设结果二：甲未命中

如果第一枪甲没有命中，将由乙继续开枪。对于乙、丙而言，甲的命中率太低，并不能造成实际的威胁，他们彼此才是真正的对手。所以两人都希望先击毙对方，以免除危险。那么接下来的情况将是乙、丙相互射击，而甲可以渔翁得利。

两种假设结果比较分析：

通过上面的两种假设结果，可以看出甲如果选择射击乙（或者丙），如果命中了，无疑加速了自己死亡的脚步，这个结果对于甲将是不幸的。而如果没有命中，反而因为自己的"失误"，为自己争取了更多存活的时间。比较之下，显然后者是一个更有利于甲的局面。

然而，只要甲选择射击其他任何一人，就可能发生"不幸命中"的情形，这无异于自取灭亡。那么甲如何能做到最大程度地保证"没有命中"的情况发生呢？甲是否还有其他的选择？是否存在更有利的策略呢？

其实，既然甲不想命中，那么他完全可以选择不射击任何人，因此他的最优选择是朝天放空枪。这样一来，把主要矛盾转移给乙和丙，而接下来乙和丙的互相厮杀，会使甲得以生存更长久一些。

"三人对决"的故事，很容易让我们联想到《三国演义》中的经典情节"火烧赤壁"。刘备、孙权、曹操三方当时的军事实力就是三个枪手的原型。孙刘联合抗击曹操，使得曹操在赤壁之战中大败，逃至华容道。此时恰好遇到义薄云天的关羽把守华容道，最后关羽放走了曹操。许多人感到很奇怪，足智多谋的诸葛亮为什么明知曹操曾有恩于关羽，而依照关羽的仁义性格很可能放走曹操，却依然安排关羽守卫华容道，而没有换成其他人呢？这也许并不是一种巧合，因为作为刘备一方即使有机会除掉最强大的曹操，但是那么做对自己并不是最好的选择，其道理与三人对决中的甲枪手选择放空枪大同小异。

资料来源：根据历史小说《三国演义》整理

第一节 博弈论概述

博弈论（game theory）用来分析所观察到的决策主体相互影响时的现象，在给定的条件下寻求最优的解决办法。博弈论的英文是 game theory，字面的意思是游戏策略，即用类似游戏中解决问题的方法，揭示解决社会、经济及其他领域问题的策略、对策，因此在博弈论中对于策略的研究是非常重要的，上面的案例已经说明了这一点。

一、博弈论的发展历程

博弈论思想体系最初是 20 世纪 40 年代建立的，然后经过 50 年代的理论发展，60 年代逐步走向成熟。20 世纪 70 年代中后期以后，随着博弈论在经济分析领域内的广泛和成功应用，博弈论也逐步进入主流经济学的体系。

1. 博弈论的发展

1944 年，由冯·诺依曼（Von Neumann）和摩根斯坦恩（Morgenstern）合著的《博弈论和经济行为》一书的出版标志着现代博弈论作为一种系统理论的创立。该书中对于预期效用理论的研究为后来应用博弈论来分析经济行为主体特征奠定了基础。

到了 20 世纪 50 年代，博弈论进入蓬勃发展期，纳什（Nash）创立了公理化的讨价还价理论，证明纳什讨价还价解的存在性，逐渐形成了以纳什非合作博弈理论为核心的现代博弈论体系。20 世纪 60 年代以后，博弈理论进一步发展和完善，理论家们对一些重要的基本概念做了系统的阐述和证明，并拓宽了研究层面。泽尔滕（Selten）在纳什的研究基础上引入动态分析，海萨尼（Harsanyi）则把不完全信息引入到博弈论。在这段时期，博弈论在各领域内的应用也取得了重要突破。

20 世纪 70 年代中期以后，经济学家开始强调个人理性，在研究个人行为时，个人决策有一个时间顺序，就是说当你作出某项决策时必须对你之前（或之后）别人的决策有一个了解（或猜测），你的决策受你之前别人决策的影响，同时反过来影响你之后别人的行为。这样，时序问题在经济学中就变得非常重要。博弈论发展到这一阶段，正好为这两方面的问题提供了有力的分析工具，尤其被视为最合适的经济分析工具之一。

2. 博弈论与主流经济学

大体从 20 世纪 80 年代开始，博弈论逐渐成为主流经济学的一部分，甚至可以说成为微观经济学的基础。博弈论进入主流经济学，反映了经济学发展的以下几个趋势：一是经济学研究的对象越来越转向个体，放弃了一些没有微观基础的假定，一切从个人效用函数及其约束条件开始，解约束条件下的个人效用最大化问题而导出行为及均衡结果；二是经济学越来越转向人与人关系的研究，特别是人与人之间行为的相互影响和作用，人们之间的利益冲突与一致，竞争与合作的研究，特别是经济学注意到理性人的个人理性行为可能导致的集体非理性；三是经济学越来越重视对信息的研究，特别是信息不对称对个人选择及制度安排的影响，从某种意义来讲，信息经济学是博弈论应用的一部分。

博弈可以划分为合作博弈（cooperative game）和非合作博弈（non-cooperative game）。合作博弈与非合作博弈之间的区别主要在于人们的行为相互作用时，当事人能否达成一个具有约束力的协议。如果能，就是合作博弈；反之，则是非合作博弈。合作博弈强调的是团体理性、效率、公正和公平；非合作博弈强调的是个人理性、个人最优决策，其结果可能是有效率的，也可能是无效率的。现在的经济学家谈到博弈论，一般指的是非合作博弈。

二、博弈论与诺贝尔经济学奖

诺贝尔经济学奖，全称应为"纪念阿尔弗雷德—诺贝尔瑞典银行经济学奖"。为纪念诺贝尔，同时为纪念瑞典中央银行成立 300 周年，1968 年瑞典银行设立了诺贝尔经济学奖。

其评选标准与其他奖项是相同的，由瑞典皇家科学院评选出获奖者，1969年第一次颁奖。

在经济学的许多研究中使用了博弈论，博弈论的研究成果同时也促进了经济学的研究。历史上因研究博弈论而获得诺贝尔经济学奖的人物大有人在。

1950年和1951年约翰·纳什的两篇关于非合作博弈论的重要论文，彻底改变了人们对竞争和市场的看法。他证明了非合作博弈及其均衡解，并证明了均衡解的存在性，即著名的纳什均衡，从而揭示了博弈均衡与经济均衡的内在联系。泽尔腾（1965）将纳什均衡的概念引入动态分析，提出了"精炼纳什均衡"概念，并进一步刻画了不完全信息动态博弈的"完备贝叶斯纳什均衡"。海萨尼则发展了刻画不完全信息静态博弈的"贝叶斯纳什均衡"（1967～1968）。

1994年，约翰·纳什（J. F.Nash）、海萨尼（J. C. Harsanyi）和莱因哈德·泽尔腾（R. Selten）因在博弈论及其在经济学中的应用研究上所做出的巨大贡献而获得诺贝尔经济学奖。他们采用数学语言和公理性的方法来进行研究，成为博弈论的主流范式，在非合作博弈的均衡分析理论方面做出了开创性的贡献，对博弈论和经济学产生了重大影响。

1996年，经济学家莫里斯（Mirrlees）和维克瑞（Vickrey）因将博弈论应用于不对称信息下的经济激励理论而获得诺贝尔经济学奖。他们在信息经济学、激励理论、博弈论等方面都做出了重大贡献。

2001年，经济学家阿克洛夫（G.A.Akerlof）、斯蒂格利茨（J.E.Stiglitz）和斯彭斯（A.M.Spence）因运用博弈论研究信息经济学所取得的成就而成为这个年度的诺贝尔经济学奖得主。

乔治·阿克洛夫（G.A.Akerlof）（1940—），美国人。他对市场的不对称信息研究具有里程碑意义。他引入信息经济学研究中的一个著名模型是"柠檬市场"（注："柠檬"一词在美国俚语中表示"次品"或"不中用的东西"），主要用来描述当产品的卖方对产品质量比买方有更多的信息时，低质量产品将会驱逐高质量商品，从而使市场上的产品质量持续下降的情形。阿克洛夫的理论被广泛运用于一些完全不同的领域，如健康保险、金融市场和雇佣合同等。

迈克尔·斯彭斯（A.M.Spence）（1948—），美国人。他认为，假如雇主不能区分高能力和低能力的劳动能力之间的区别，那么就会导致劳动力市场以低工资雇用低能力者，形成劳动力市场上"劣币驱逐良币"的现象。斯彭斯还发现一个现象，即高能力的男性预期获得比同等能力的妇女更高的学历。在这种均衡下，在男女之间的教育回报由于教育方面投资的不同而不同。另外，斯彭斯信号发送模型还对博弈论产生了深远的影响，他的专业竞争下的市场均衡模型已经影响到其他领域，如增长理论和国际贸易。

约瑟夫·斯蒂格利茨（J.E.Stiglize）（1943—），美国人。他更深入地研究了保险这个特殊的市场。他认为，保险公司和投保人之间的信息是不对称的，因为保险公司无法确切地知道投保人对投保的责任心和职业道德究竟怎样。这种非对称也称"隐藏知识"。他论证，均衡的唯一性是隐藏模型的典型特征，因为隐藏均衡与最有社会效率的信息发送均衡是一致的，他的文章产生了非常深远的影响。现在，分离和混同均衡已经成为微观经济学中的规范概念。他的文章在信息经济学领域和微观经济学的研究领域可能是引用率最高的。在大量和别人合著的文章中，他反复指出如果忽视了信息的非对称性，经济模型可能造成误导。

2005年诺贝尔经济学奖再次钟情于博弈论。以色列经济学家罗伯特·奥曼（R.J.Aumann）和美国经济学家托马斯·谢林（T.C. Schelling）获得诺贝尔经济学奖。"为什么一些个人、组织甚至国家能够从合作中获益，有些会因为冲突而受损？罗伯特·奥曼和托马斯·谢林所从事的研究解释了这个现象"，瑞典皇家科学院在颁奖辞中称，这两位经济学家的研究"有助于我们通过博弈论分析加强对冲突和合作的理解"。该院进一步解释，罗伯特·奥曼和托马斯·谢林的研究成果有助于解释所有的冲突与合作，如价格战和贸易战、有组织的犯罪、政治抉择、工资谈判等。

2007年瑞典皇家科学院将诺贝尔经济学奖授予美国经济学家赫维茨、马斯金、罗杰—B—迈尔森（Roger-Myerson），以表彰他们为机制设计理论奠定基础。这是继1994年纳什、1996年莫里斯、2001年斯蒂格利茨、2005年谢林等人因为信息经济学和博弈论而获奖之后，诺尔经济学奖再一次被博弈论的研究者所摘取，博弈论在当代经济学理论中的奠基性地位由此可见一斑。获奖者赫维茨已是90岁高龄，是自诺贝尔奖颁发以来年龄最大的获奖者。

三、博弈论的规范表述

博弈的要素包括参与人、行动、信息、策略、支付、结果和均衡，其中，参与人、策略和支付是描述一个博弈所需要的最基本的要素，参与人、行动和结果统称为博弈规则（the rules of the game）。为了方便大家理解，在这里我们引入"硬币游戏"的例子来给出这些概念的规范表述。

假设有 A 和 B 两个小孩玩掷币游戏（matching pennies），两人各拿出一枚硬币抛掷在地面上，要么正面朝上，要么反面朝上。如果硬币同为正面或反面朝上，A 赢得 B 一枚硬币；如果一正面一反面朝上，A 输给 B 一枚硬币，支付矩阵如表9-2所示。下面是对这个博弈的要素的描述：

表9-2 掷硬币模型的支付矩阵

		小孩 B	
		正面	反面
小孩 A	正面	1, -1	-1, 1
	反面	-1, 1	1, -1

1. 参与人

参与人（players）是指一个博弈中的决策主体，其目的是通过选择行动（或策略）以最大化自己的支付（效用）水平。参与人可能是自然人，也可能是团体。每个参与人必须有可供选择的行动和一个很好定义的偏好函数。在掷硬币模型中，有两个参与人，即"小孩 A"和"小孩 B"。

2. 行动

行动（actions or moves）是参与人在博弈的某个时点的决策变量。在掷硬币模型中，小孩 A、B 的两种行动即为"正面"和"反面"。

3. 信息

信息（information）是参与人在博弈中的知识，特别是有关其他参与人（对手）的特征和行动的知识。在掷硬币模型中，两个小孩的信息是都知道自己和对方在选择不同行动组合时会面对不同的输赢结果。

4. 策略

策略（strategies）是参与人在拥有既定信息情况下的行动规则，它规定参与人在什么时候选择什么行动。一个参与人的所有可选择的策略的集合（strategy set）就是这个参与人的策略空间。如果每个参与人选择一个策略，就构成一个策略组合（strategy profile）。

在掷硬币模型中，小孩 A 和小孩 B 的策略空间都是｛正面，反面｝。假如小孩 A 投掷正面朝上，小孩 B 投掷也是正面朝上，那么此时的策略组合为（正面，正面）。

5. 支付

支付（payoff）在博弈论中指一个特定策略组合下参与人得到的确定效用水平，或者是指参与人得到的期望效用水平。支付是博弈参与人真正关心的东西。因为每个参与人的支付不仅取决于自己的策略选择，而且取决于所有其他参与人的策略选择，所以每个人的支付都是所有参与人的策略选择的函数。在一个策略组合下，所有参与者的支付就构成了一个支付组合（payoff profile）。

在掷硬币模型中，如果小孩 A,B 策略组合为（正面，反面），那么小孩 A 的支付为-1，小孩 B 的支付为 1，小孩 A,B 的支付组合为（-1，1）；如果小孩 A,B 的策略组合为（正面，正面），那么小孩 A 的支付为 1，小孩 B 的支付为-1，小孩 A,B 的支付组合为（1，-1）。

6. 结果

结果（outcome）是博弈分析者感兴趣的所有东西，如均衡策略组合、均衡支付组合等。

7. 均衡

均衡（equilibrium）是所有参与人的最优策略的组合。

四、博弈的分类与均衡

博弈的划分可以从两个角度进行。第一个角度是参与人行动的先后顺序。从这个角度，博弈可以划分为静态博弈（static game）和动态博弈（dynamic game）。静态博弈是指博弈中参与人同时选择行动或虽非同时但后行动者并不知道前行动者采取了什么具体行动；动态博弈是指参与人的行动有先后顺序，且后行动者能够观察到先行动者所选择的行动。

划分博弈的第二个角度是参与人对有关其他参与人（对手）的特征、策略集合及支付函数的知识。从这个角度，博弈可以划分为完全信息博弈和不完全信息博弈。完全信息指的是每一个参与人对所有其他参与人（对手）的特征、策略空间及支付函数有准确的知识；否则，就是不完全信息。

将上述两个角度的划分结合起来，就得到四种不同类型的博弈，这就是：完全信息静态博弈，完全信息动态博弈，不完全信息静态博弈，不完全信息动态博弈。与上述四类博弈相对应的是四个均衡概念，见表 9-3 所示，即：纳什均衡（Nash equilibrium），子博弈精炼纳什均衡（subgame perfect Nash equilibrium），贝叶斯纳什均衡（Bayesian Nash equilibrium），精炼贝叶斯纳什均衡（perfect Bayesian Nash equilibrium）。

表 9-3 博弈的分类及对应的均衡概念

信息＼行动顺序	静态	动态
完全信息	完全信息静态博弈 纳什均衡	完全信息动态博弈 子博弈精炼纳什均衡
不完全信息	不完全信息静态博弈 贝叶斯纳什均衡	不完全信息动态博弈 精炼贝叶斯纳什均衡

第二节　完全信息静态博弈

每一个参与人对所有其他参与人（对手）的特征、策略空间及支付函数有准确的知识，而且博弈的参与人同时选择行动或虽非同时但后行动者并不知道前行动者采取了什么具体行动，这种情况下参与人的决策就是完全信息静态博弈。纳什对非合作博弈的主要贡献是在一般的意义上定义了非合作博弈及其均衡解，并证明了均衡解的存在，这一均衡就被称为"纳什均衡"。

一、博弈的策略式表述

博弈可以采用两种不同的方式来表述，一种是策略式表述（strategic form representation），一种是扩展式表述（extensive form representation）。从理论上讲，这两种表述形式几乎是完全等价的，但策略式表述更适合于分析静态博弈，扩展式表述更适合于分析动态博弈。这里先给出策略式表述以讨论静态博弈。

1. 策略式表述

策略式表述又称标准式表述（normal form representation），这里涉及博弈最基本的三要素：参与人、策略和支付。在这种表述中，所有参与人同时选择各自的策略，所有参与人选择的策略共同决定每个参与人的支付。根据对博弈的要素的解释，规范地定义博弈的策略式表述如下：

（1）参与人的集合：

$$i \in \{1,2,...n\} \tag{9-1}$$

（2）第 i 个参与人的策略空间（即包含了第 i 个参与人的所有策略的集合）：

$$S_i = \{s_i\}, \; i = 1,2,...n \tag{9-2}$$

（3）第 i 个参与人的支付函数：

$$u_i(s_1,s_1...s_n), \; i = 1,2,...n \tag{9-3}$$

式（9-1）说明该博弈中有 n 个参与人；式（9-2）说明每个参与人都有哪些策略；式（9-3）说明每个参与人都选定一种策略时，每个参与人的支付水平（获得的效用）是多少。根据上面给出的三要素，策略式表述的博弈就是：

$$G = \{S_1,...,S_n; u_1,...,u_n\} \tag{9-4}$$

例如，在双头垄断的产量博弈中，两个寡头厂商 A、B 是参与人，两者的产量 q_A、q_B 的范围是其策略空间，获得利润 π_A、π_B 是其支付，策略式表述的博弈可写为：

$$G = \{q_A \geq 0, q_A \geq 0; \pi_A(q_A,q_B), \pi_B(q_A,q_B)\} \tag{9-5}$$

2. 策略式表述的博弈举例

完全信息静态博弈的策略式表述，经常使用支付矩阵的形式来加以直观地描述[①]。如下面的斗鸡博弈（chicken game）。试想有两只公鸡遇到一起，每只公鸡有两个行动选择：一是进攻，一是撤退。如果一只公鸡撤退，一只公鸡进攻，则进攻的公鸡获得胜利，撤退的公鸡很丢面子；如果两只公鸡都撤退则打个平手；如果两只公鸡都进攻，那么两败俱伤。假设其支付矩阵见表 9-4 所示。

表 9-4 斗鸡博弈

		公鸡 B	
		进攻	撤退
公鸡 A	进攻	-3, -3	2, 0
	撤退	0, 2	-1, -1

在斗鸡博弈中，参与人即公鸡 A 和公鸡 B，两者的策略空间都是 {进攻，撤退}，支付函数见表中两个参与人在不同策略下的数字所示。

[①] 支付矩阵一般只用于表示有两个参与人的有限博弈（finite game），因为当参与人多于两个时需要建立多个矩阵，这是很不方便的。有限博弈的条件：参与人是有限的；每个参与人的策略是有限的。

二、占优策略均衡

1. 占优策略

由于每个参与人的效用（支付）是博弈中所有参与人的策略组合的函数，因此一般来说，某个参与人的最优策略选择会依赖于其他参与人的策略选择。但在一些特殊的博弈中，一个参与人的最优策略可能并不依赖于其他参与人的策略选择，就是说，不论其他参与人选择什么策略，此人的最优策略是唯一的，这样的最优策略被称为占优策略（dominant strategy）。

案例9.2 制药公司的销售大战

斯特恩巴赫是费城的一个家庭保健医生，她很奇怪为什么辉瑞公司（Pfizer）的五位不同推销员重复上门到她的诊所推销同样的止痛药——Betra及Celebrex。她在贮藏室里的一个像冰箱大的柜子里已装满了Bextra和Celebrex，她说："众多的推销员重复同样的产品，没有任何新意，实在是离奇。"

长达十年的招聘狂潮使制药业的推销员人数增加到90000人，为原来人数的三倍。制药业人士笃信：只要推销员向医生推销一种药越频繁，医生越有可能多开此药。据统计，2003年制药业在推销员工上花费为120多亿美元，在药物广告上花费为27.6亿美元。根据联邦政府的报告，美国国内在处方药上的支出激增14%，达到1610亿美元。

尽管如此，没有任何一家制药商愿意第一个单方面裁军。葛兰素史克公司（GlaxoSmithKline）的推销员队伍是如此壮大：它只需要七天就可以联系到美国80%以上的医生。"这有必要吗？"葛兰素史克的CEO加涅尔说："应该说是没有必要，但是如果我的竞争对手能而我做不到，我们就处于劣势。这的确是以最坏可能的方式进行的军备竞赛。"

"拥有众多的推销员不是竞争优势的源泉"，默克公司的主席和CEO吉尔马丁补充说。他说制药商通过发现新药来获得优势。然而，默克公司2001年起在美国已增加了1500名推销员，使得总数达到约7000人。

既然谁都知道拥有众多的推销员并不是竞争优势的源泉，那为什么各家制药公司的推销员仍然在不断膨胀呢？

资料来源：周林. 商业战略决策：博弈论的应用

在上述销售大战的博弈中，我们可以看到，每一家制药商在广告开支方面都有两种策略选择：节约或扩张。显然，不管其他竞争对手选择什么策略，每一家制药商的最优策略都是"扩张"，就像加涅尔所说的，"如果我的竞争对手能而我做不到，我们就处于劣势"。

2. 占优策略均衡

下面具体说明博弈中占优策略均衡的概念。为了把一个特定的参与人与其他参与人区别开来，用 s_{-i} 表示由除 i 之外的所有参与人的策略组成的向量：

$$s_{-i}=(s_1,...,s_{i-1},s_{i+1},...,s_n) \tag{9-6}$$

如果对于所有的 s_{-i}，s_i^* 都是第 i 个参与人的严格最优选择[1]，即：

$$u_i(s_i^*,s_{-i}) > u_i(s_i',s_{-i}) \quad \forall s_{-i}, s_i' \neq s_i^* \tag{9-7}$$

那么，s_i^* 就被称为第 i 个参与人的（严格）占优策略（dominant strategy）[2]。进而，所有参与人占有策略的组合策略 $s^*=(s_1^*,...,s_i^*,s_n^*)$ 称为占优策略均衡（dominant-strategy equilibrium）。

囚徒困境（prisoner's dilemma）讲的是两个嫌疑犯作案后被警察抓住，分别被关在不同的屋子里审讯。警察告诉他们：如果两人都坦白，各判刑 8 年；如果两个都抵赖，各判 3 年（或许因证据不足）；如果其中一人坦白另一人抵赖，坦白的释放，不坦白的判刑 10 年（这有点"坦白从宽，抗拒从严"的味道）。表 9-5 给出了囚徒困境模型的表述。这里，每个囚徒都有两种选择：坦白或抵赖。表中每一格的两个数字代表对应两个囚徒选择组合下各自的刑期，其中第一个数字是囚徒 A 的刑期，第二个数字为囚徒 B 的刑期。

表 9-5 囚徒困境

		囚徒 B	
		坦白	抵赖
囚徒 A	坦白	-8, -8	0, -10
	抵赖	-10, 0	-3, -3

在这个博弈中，每个囚徒都有两种可选择的策略：坦白或抵赖。显然，不论另一囚徒选择什么策略，每个囚徒的最优策略是"坦白"。比如说，如果 B 选择坦白，A 选择坦白时支付为-8，选择抵赖时的支付为-10，因而坦白比抵赖好；如果 B 选择抵赖，A 坦白时的支付为 0，抵赖时的支付为-3，因而坦白还是比抵赖好。就是说，"坦白"是囚徒 A 的占优策略。同样，"坦白"也是 B 的占优策略。那么这样一来，（坦白，坦白）就构成一个占优策略均衡。

囚徒困境反映了一个深刻的问题，即个人理性与团体理性的冲突。如果每个人都选择抵赖，各判刑 1 年，显然比都判刑 8 年好。但这个帕累托改进做不到，因为它不满足个人理性要求，（抵赖，抵赖）不是一个均衡。换个角度看，即使两个囚徒在作案之前建立一个攻守同盟（都不坦白），这个攻守同盟也没有用，因为没有人有积极性遵守协定。这就是合作博弈与非合作博弈的区别。

事实上，在一个博弈里，如果所有参与人都有占优策略存在，那么，占优策略均衡是可以预测到的唯一的均衡。应该指出的是，占优策略均衡只要求每个参与人是理性的，而

---

[1] 这里的"严格"意味着式 (9-7) 中取 ">"，而不是 "≥"。
[2] 相应地，其余所有的策略，即 $s_i' \neq s_i^*$ 被称为"劣策略"（dominated strategies）。

不要求每个参与人知道其他参与人是理性的。这是因为，不论其他参与人是否是理性的，占优策略总是一个理性参与人的最优选择。但是，占优策略均衡的存在前提是要求所有参与人都有占优策略存在，否则就不可解。

3. 博弈的规则与均衡

下面我们再来看一个自由贸易中关税政策的博弈案例。

博弈的参与人是两个国家 A、B，两个国家在贸易政策方面分别可以选择征收关税和自由贸易两种策略。如果 A、B 两国都向对方征收关税，则两国分别获得 1 单位的收益；如果 A 国向 B 国征收关税，B 国对 A 国实行自由贸易，则 A 国获得 5 单位的收益，B 国损失 1 单位的收益；反之亦然；如果 A、B 两国都选择自由贸易政策，则两国分别获得 3 单位的收益。如表 9-6 所示。

表 9-6　关税政策博弈的支付矩阵

		国家 A	
		征收关税	自由贸易
国家 B	征收关税	1，1	5，-1
	自由贸易	-1，5	3，3

这个博弈的占优策略均衡是（征收关税，征收关税），从结果来看也是一种囚徒困境。因为双方征收关税的结果显然不如双方自由贸易。如何解决这个问题呢？这就需要从博弈规则入手。假设现在有一个第三方组织比如 WTO，博弈双方都加入了 WTO，那么现在 WTO 的规则之一就是鼓励成员国减免关税，最终实现自由贸易，否则会受到严厉的惩罚。在有惩罚机制的新规则之下，我们再来求解下面的新关税政策博弈就会发现，现在的占优策略均衡已经变成了（自由贸易，自由贸易），见表 9-7。这一结果说明了博弈的规则对于均衡的影响是很重要的。

表 9-7　新关税政策博弈的支付矩阵

		国家 A	
		征收关税	自由贸易
国家 B	征收关税	-3，-3	-4，-1
	自由贸易	-1，-4	3，3

三、重复剔除的占优均衡

在每个参与人都有占优策略的情况下，占优策略均衡是一个非常合理的预测，但在绝大多数博弈中，占优策略均衡是不存在的。尽管如此，在有些博弈中，仍可以应用占优策略的逻辑找出均衡。

我们来考虑一下"智猪博弈（boxed pigs game）"例子。猪圈里围着两头猪，一头大猪，一头小猪。猪圈的一头有一个猪槽，另一头安装了一个按钮，控制着猪食的供应。按下一按钮会有 8 个单位的猪食进槽，但按下按钮的猪需要付出 2 个单位的成本。若大猪先到，大猪吃到 7 个单位，小猪只能吃 1 个单位；若同时到，大猪吃 5 个单位，小猪吃 3 个单位；若小猪先到，大猪和小猪各吃 4 个单位。表 9-8 的 I 表列出对应不同策略组合的支付水平，如第一格表示两头猪同时按下按钮，就会同时走到猪食槽，大猪吃 5 个单位，小猪吃 3 个，扣除 2 个单位的成本，支付水平分别为 3 和 1。其他情形可以类推。

表 9-8　智猪博弈与重复剔除的占优均衡

I　智猪博弈的支付矩阵

		小猪	
		按	等待
大猪	按	3, 1	2, 4
	等待	7, -1	0, 0

II　剔除小猪劣策略的支付矩阵

		小猪
		等待
大猪	按	2, 4
	等待	0, 0

III　再剔除大猪劣策略的支付矩阵

		小猪
		等待
大猪	按	2, 4

显然，这个博弈没有占优策略均衡，因为尽管"等待"是小猪的占优策略，但大猪没有占优策略。大猪的最优策略依赖于小猪的策略。如果小猪选择"等待"，大猪的最优策略是"按"；如果小猪选择"按"，大猪的最优策略是"等待"。显然，这个博弈没有占优策略均衡。但这个博弈可以通过"重复剔除严格劣策略（iterated elimination of strictly dominated strategies）"找到均衡，即首先找到参与人的劣策略，把这个劣策略除去，重新构造一个不包含这个劣策略的新的博弈；然后再剔除新博弈中的劣策略，直至找到唯一的策略组合。这种博弈的均衡解，称为"重复剔除的占优均衡（iterated dominance equilibrium）"。通过分析可以看出，无论大猪如何选择，"等待"都是小猪的最优策略，所以应首先剔除掉小猪的劣策略"按"，见表 9-8 的 II 表所示。在剔除掉这个策略后的新的博弈中，小猪只有一个策略"等待"，大猪仍有两个策略，但此时，"等待"已成为大猪的劣策略，剔除这个策略，剩下的唯一策略组合是（按，等待），支付组合为（2，4），见表 9-8 的 III 表所示。

"智猪博弈"告诉我们，谁先去按下按钮，就会造福全体，但多劳却并不一定多得。比如，在某个行业，不仅存在一些小企业，还有一些其他生产能力和销售能力更强的大公司。那么，小企业完全没有必要自己去研发新产品或者投入大量广告做产品宣传，只要采用跟随战略即可，等待市场上占主导地位的大公司开拓本行业的主导品牌和最新产品的市场需求,而将自己的品牌定位在较低价格上,以享受主导品牌的强大广告所带来的市场机会。

四、纳什均衡

如果重复剔除劣策略后剩下的策略组合是唯一存在的,那么该博弈是重复剔除占优可解的(dominance solvable),否则该博弈不是重复剔除占优可解的。但对于相当多的博弈,是无法使用重复剔除劣策略的方法找到均衡解的,求解这些博弈就需要新的方法。

1. 纳什均衡的定义

首先我们来看一个经典的博弈——情侣博弈,也叫作性别之战(battle of the sexes)。一男一女谈恋爱,周末安排业余活动,要么看足球比赛,要么看舞蹈演出。男士爱好足球,女士更喜欢舞蹈,但他们宁愿在一起而不愿分开。支付矩阵见表9-9所示。在这个博弈中有两个均衡策略:(足球,足球)和(舞蹈,舞蹈)。就是说,一方选择了看足球,另一方也会去看足球;同样,一方选择了看舞蹈,另一方也会去看舞蹈。究竟哪一种均衡会发生就不得而知了,但这两个策略组合都是纳什均衡。

表9-9 性别之战

		女	
		足球	舞蹈
男	足球	3, 2	1, 1
	舞蹈	0, 0	2, 3

下面我们给出纳什均衡的正式定义:考虑 n 个参与人的策略式表述博弈 $G = \{s_1,...,s_n; u_1,...,u_n\}$,如果对于每一个参与者 i,s_i^* 是给定其他参与人选择 $s_{-i}^* = \left(s_1^*,\cdots,s_{i-1}^*,s_{i+1}^*,\cdots,s_n^*\right)$ 的情况下第 i 个参与人的最优策略,即:

$$u_i(s_i^*,s_{-i}^*) \geq u_i(s_i^{'},s_{-i}^*) \quad \forall s_i \in S_i, \forall i \tag{9-8}$$

那么,策略组合 $s^* = \left(s_1^*,\cdots,s_i^*,\cdots,s_n^*\right)$ 是一个纳什均衡。

也就是说,一个参与人的纳什均衡策略是面对其他参与人一个均衡策略时的最优选择。为了理解纳什均衡的含义,设想 n 个参与人在博弈之前协商达成一个协议,规定每一个参与人选择一个特定的策略。令 B 代表这个协议,其中 s_i^* 是协议规定的第 i 个参与人的策略。显然,只有当遵守协议带来的效用大于不遵守协议时的效用时,一个人才会遵守这个协议。如果没有任何参与人有积极性不遵守这个协议,那么这个协议是可以自动实施的,这个协议就构成一个纳什均衡;否则,它就不是一个纳什均衡。也可以这么说,如果预测 $s' = (s_1^{'},\cdots,s_i^{'},\cdots,s_n^{'})$ 是博弈的一个结果但这个结果不是一个纳什均衡,那么至少存在某些参与人有积极性偏离这个结果。

运用上述定义来检查一个特定的策略组合是否是一个纳什均衡。在囚徒困境中,(坦白,坦白)是一个纳什均衡,而(抵赖,抵赖)不是一个纳什均衡,因为给定同伙选择抵赖,自己选择抵赖时得到-1,选择坦白时得到0,因而抵赖不是自己的最优策略;同样,(坦白,抵赖)和(抵赖,坦白)也不是纳什均衡。在性别之战中,(足球,足球)是一个纳什均衡,因为一旦形成这个策略组合的结果,任何一方的偏离都会造成自己支付的减少,例如,女的此时去看舞蹈将把自己的支付从2降到1;同样,(舞蹈,舞蹈)也是一个纳什均衡,其他策略组合都不是纳什均衡。

案例9.3　古诺模型与纳什均衡

古诺模型是早期的寡头垄断模型。它是法国经济学家古诺于1838年提出的。古诺模型通常被作为博弈分析的出发点。古诺模型是一个只有两个寡头厂商的简单模型,该模型也被称为"双头模型"。

古诺模型分析的是两个出售矿泉水的生产成本为零的寡头垄断厂商的情况。古诺模型的假定是:市场上有 A、B 两个厂商生产和销售相同的产品,它们的生产成本相同;它们共同面临的市场的需求曲线是线性的, A、B 两个厂商都准确地了解市场的需求曲线;A、B 两个厂商都是在已知对方产量的情况下,各自确定能够给自己带来最大利润的产量,即每一个厂商都是消极地以自己的产量去适应对方已确定的产量。

古诺模型中,寡头做出生产决策时的关键在于如何决定自己的最优产量,来实现利润最大化。现在,博弈参与人即是两个寡头厂商,分别是厂商 A 和厂商 B;每个厂商的策略是选择产量;支付是利润,它是两个厂商产量的函数。可见,这就是一个完全信息静态博弈,其均衡实际上是一个纳什均衡。

用 Q_A、Q_B 分别表示厂商 A 和厂商 B 的产量;$C_A(Q_A)$ 和 $C_B(Q_B)$ 表示两者的成本函数;$P = P(Q_A + Q_B)$ 表示反需求函数,其中 P 是价格。厂商 A 和厂商 B 的利润函数分别为:

$$\pi_A(Q_A, Q_B) = P(Q_A + Q_B) \cdot Q_A - C_A(Q_A) \tag{9-9}$$

$$\pi_B(Q_A, Q_B) = P(Q_A + Q_B) \cdot Q_B - C_B(Q_B) \tag{9-10}$$

纳什均衡意味着每个厂商在对方选择的产量策略下自身达到支付(即利润)最大。为了求得厂商利润最大化时的产量,对每个厂商的利润函数求一阶偏导数并令其等于零:

$$\frac{\partial \pi_A}{\partial Q_A} = P(Q_A + Q_B) + Q_A \cdot P'(Q_A + Q_B) - C_A'(Q_A) = 0$$

$$\frac{\partial \pi_B}{\partial Q_B} = P(Q_A + Q_B) + Q_B \cdot P'(Q_A + Q_B) - C_B'(Q_B) = 0$$

上述两个一阶条件分别隐含定义了两个厂商产量之间的反应函数,整理可得:

$$Q_A = R_A(Q_B) \tag{9-11}$$

$$Q_B = R_B(Q_A) \tag{9-12}$$

反应函数意味着每个厂商的最优策略(产量)是另一个厂商的策略(产量)的函数,两个反应函数的交叉点(即两个方程的解)就是纳什均衡 $Q^* = (Q_A^*, Q_B^*)$。

资料来源:刘骏民.微观经济学.科学出版社,2007年

2. 求解纳什均衡的一个简单方法

当参与人的策略空间很大时，要按上述方法检查每一个策略组合是不是纳什均衡是一件很费时的繁琐工作。在两人优先策略博弈中，解纳什均衡的一个简单方法如下。首先考虑 A 的策略，对于每一个 B 的给定的策略，找出 A 的最优策略，在其对应的支付下画一横线，再用类似的方法找出 B 的最优策略。在完成这个过程后，如果某个支付组合的两个数字下都有线，这个支付组合所对应的策略组合就是一个纳什均衡。

表9-10给出了一个例子。对应 B 的三个不同策略 L、C、R，A 的最优策略分别是 M、D、D；对应 A 的三个不同策略 U、M、D，B 的最优策略分别是 C、L、R，因此，(M, L) 和 (D, R) 两种策略组合都是纳什均衡。

表9-10 寻求纳什均衡

		参与人 B		
		L	C	R
参与人 A	U	0, 2	1, <u>4</u>	2, 1
	M	<u>3</u>, <u>4</u>	2, 3	1, 0
	D	1, 1	<u>3</u>, 1	<u>4</u>, <u>2</u>

通过对纳什均衡与占优策略均衡以及重复剔除的占优均衡的分析，可知它们之间的关系如下：每一个占优策略均衡、重复剔除的占优均衡一定是纳什均衡，但并非每一个纳什均衡都是占优策略均衡或重复剔除的占优均衡。这是因为，一个参与人的占优策略是对于所有其他参与人的任何策略组合的最优选择，自然也一定是对于所有其他参与人的某个特定策略的最优选择；而一个参与人的纳什均衡策略只要求是对于其他参与人均衡策略（这是一个或几个特定策略）的最优选择。所以说，占优策略均衡和重复剔除的占优均衡是特殊的纳什均衡，它们所要求的条件比纳什均衡的条件要严格。例如，在囚徒困境的博弈中，（坦白，坦白）是一个占优策略均衡、重复剔除的占优均衡，也是一个纳什均衡；在智猪博弈中，（按，等待）是一个重复剔除的占优均衡，也是一个纳什均衡；在表9-10的博弈中，(M, L) 和 (D, R) 是一个纳什均衡，但不是一个重复剔除的占优均衡（无法通过重复剔除劣策略的办法找到均衡解），更不是占优策略均衡。

当然，并不是所有的完全信息静态博弈都存在这种形式的纳什均衡。例如，在掷币游戏中，每个参与人的支付直接用其赢得或输掉的硬币数量来表示：赢得一枚硬币的支付为 1，输掉一枚硬币的支付为 -1。掷币游戏的支付矩阵见表9-11所示。经过分析，任何一个支付组合的数字下面都不会同时有线，因为这种零和博弈的任何一方都不会选择失败，所以单纯形式的纳什均衡并不存在，我们需要寻找其他形式的纳什均衡。

表9-11 掷币游戏

		小孩 B	
		正面	反面
小孩 A	正面	<u>1</u>, -1	-1, <u>1</u>
	反面	-1, <u>1</u>	<u>1</u>, -1

3. 混合策略纳什均衡

博弈双方按照一定的概率随机选择策略,即在博弈中,博弈方的决策内容不是确定性的某一个策略,而是在一些策略中随机选择的概率分布,这样的决策我们称为"混合策略"。

在博弈 $G=\{s_1,\ldots,s_n;u_1,\ldots,u_n\}$ 中,博弈参与人 i 的策略空间为 $s_i=\{s_{i1},\cdots,s_{ik}\}$,则博弈方 i 以概率分布 $p_i=(p_{i1},\cdots,p_{ik})$ 随机在其 k 个可选策略中选择的"策略",称为一个"混合策略",其中 $0 \leq p_{ij} \leq 1$ 对 $j=1,\cdots,k$ 都成立,且 $p_{i1}+\cdots+p_{ik}=1$。

相对于这种以一定概率分布在一些策略中随机选择的混合策略,确定性的具体的策略我们称为"单纯策略",而我们原来意义上的纳什均衡,即任何博弈方都不愿单独改变策略的单纯策略组成的策略组合现在可称为"单纯策略纳什均衡"。当然,单纯策略也可以看作混合策略的特例。混合策略可以看作单纯策略的扩展。

引进了混合策略的概念以后,我们可将纳什均衡的概念扩大到包括混合策略的情况。对各博弈方的一个策略组合,不管它是单纯策略组成的还是混合策略组成的,只要满足各博弈方都不会想要单独偏离它,我们就称之为一个纳什均衡。如果确实是一个严格意义上的混合策略组合构成的纳什均衡,就称为"混合策略纳什均衡"。

比如硬币博弈中,博弈双方都以(1/2,1/2)的概率分布随机选择正面和反面的混合策略组合,就是一个混合策略纳什均衡。其期望得益:

$$(1/2)\times(1/2)\times 1+(1/2)\times(1/2)\times(-1)+(1/2)\times(1/2)\times 1+(1/2)\times(1/2)\times(-1)=0$$

显然,这是个零和博弈。

下面,我们以社会福利博弈为例说明如何求解混合策略纳什均衡。如表9-12所示,博弈参与人是政府和流浪汉,政府的策略空间是{救济,不救济},流浪汉的策略空间是{找工作,游荡},政府希望流浪汉能够积极找工作,但是这个博弈不存在单纯策略纳什均衡。下面寻找混合策略纳什均衡。

表9-12 社会福利博弈支付矩阵

		流浪汉	
		找工作	游荡
政府	救济	3, 2	-1, 3
	不救济	-1, 1	0, 0

假定政府的混合策略为 $\sigma_G=(\theta,1-\theta)$(即政府以 θ 的概率选救济,$1-\theta$ 的概率选不救济),流浪汉的混合策略为 $\sigma_L=(\gamma,1-\gamma)$(即流浪汉以 γ 的概率选找工作,以 $1-\gamma$ 的概率选游荡)。则政府的效用函数为:

$$\begin{aligned} v_G(\sigma_G,\sigma_L) &= 3\theta\gamma+(-1)(1-\gamma)\theta+(1-\theta)(-\gamma+0(1-\gamma)) \\ &= \theta(4\gamma-1)-(1-\theta)\gamma \\ &= \theta(5\gamma-1)-\gamma \end{aligned}$$

求其微分可得到政府最优化的一阶条件:

$$\frac{\partial v_G}{\partial \theta} = 5\gamma - 1 = 0 \qquad \gamma^* = 0.2$$

因此，在混合策略均衡，流浪汉以 0.2 的概率选择寻找工作，以 0.8 的概率选择游荡。

问题是，解政府的最优化问题得到的却是流浪汉的混合策略。对此可作如下解释：首先假定最优混合策略是存在的。给定流浪汉选择混合策略（$\gamma, 1-\gamma$），政府选单纯策略救济（即 $\theta =1$）的期望效用为：

$$v_G(1,\gamma) = 3\gamma + (-1)(1-\gamma) = 4\gamma - 1$$

选择单纯策略不救济（即 $\theta = 0$）的期望效用为：

$$v_G(0,\gamma) = -\gamma + 0(1-\gamma) = -\gamma$$

如果一个混合策略是政府的最优选择，则一定意味着政府在救济与不救济之间是无差异的，即：

$$v_G(1,\gamma) = 4\gamma - 1 = -\gamma = v_G(0,\gamma)$$

上式意味着 $\gamma = 0.2$。即若 $\gamma < 0.2$ 政府将选择不救济；如果 $\gamma \geqslant 0.2$，政府将选择救济；只有当 $\gamma^* = 0.2$ 时，政府才会选择混合策略或任何单纯策略。

要找出政府的均衡混合策略，需考虑流浪汉的最优化问题。流浪汉的效用函数为：

$$\begin{aligned}v_L(\sigma_G, \sigma_L) &= \gamma(2\theta + 1(1-\theta)) + (1-\gamma)(3\theta + 0(1-\theta)) \\ &= \gamma(\theta+1) + 3(1-\gamma)\theta \\ &= -\gamma(2\theta-1) + 3\theta \qquad (\theta \neq 0,1)\end{aligned}$$

最优化一阶条件为：$\frac{\partial v_L}{\partial \gamma} = -(2\theta - 1) = 0 \qquad \theta^* = 0.5$

该结论可解释为：若 $\theta < 0.5$，流浪汉的最优选择是找工作；若 $\theta > 0.5$，其最优选择是游荡；只有当 $\theta = 0.5$ 时，他才选择混合策略或任何单纯策略。

纳什均衡要求每个参与人的混合策略是给定对方的混合策略下的最优选择。故 $\theta^* = 0.5$，$r^* = 0.2$ 是唯一的混合策略纳什均衡。即在均衡时，政府以 0.5 的概率选救济，0.5 的概率选不救济；流浪汉以 0.2 的概率选找工作，以 0.8 的概率选游荡。

假定政府认为流浪汉找工作的概率严格小于 0.2，则政府的唯一最优选择是单纯策略不救济；但若政府以 1 的概率选不救济，流浪汉的最优选择是找工作，这又将导致政府选择救济，流浪汉则选游荡……。因此，$r < 0.2$ 不构成纳什均衡。类似地，假定政府认为流浪汉找工作的概率严格大于 0.2，则政府的唯一最优选择是单纯策略救济；但若政府以 1 的概率选救济，流浪汉的最优选择是游荡。因此，$r > 0.2$ 不构成纳什均衡。容易验证，$\theta < 0.5$ 和 $\theta > 0.5$ 也都不构成纳什均衡。

第三节　完全信息动态博弈

在完全信息静态博弈的过程中，一个参与人在选择自己的策略时，把其他参与人的策略当作是给定的，同时也不考虑自己的选择如何影响对手。而实际上，当一个人行动在前，而一个人行动在后时，后者自然会根据前者的选择进行策略的调整，前者也能理性地预期到这一点，并考虑这一影响。此时，就进入了动态博弈的分析。

一、博弈的扩展式表述

策略式表述适合于分析静态博弈，而博弈的另一种形式的表述——扩展式表述适合于分析动态博弈。现在给出扩展式表述以讨论动态博弈。

1. 扩展式表述与博弈树

博弈的策略式表述有三个要素：参与人、每个参与人的策略空间和每个参与人的支付函数。相比之下，扩展式表述要给出每个参与人的动态描述，即参与人在什么时点、什么情况下选择什么样的行动。具体来说，扩展式表述包括五个要素。

（1）参与人集合：$i \in \{1, 2, \cdots, n\}$；

（2）参与人的行动顺序（the order of moves）：哪个参与者在什么时候行动；

（3）参与人的行动空间（actions set）：在每次行动时参与人所有可供选择的行动；

（4）参与人的信息集合（information set）：在每次行动时参与人所知道的有关对手行动选择的信息；

（5）参与人的支付函数：在行动结束后每个参与人得到的支付，它是所有行动的函数。

如同用支付矩阵描述策略式表述一样，扩展式表述可以借用博弈树（game tree）来描述。如图9-1所示，有两个参与者 A 和 B 进行博弈，第一个参与者 A 用"○"来表示，有两种策略：1或2。第二个参与者 B 用"△"来表示，参与者 A 选择1时，参与者 B 有11或12两种选择；参与者 A 选择2时，参与者 B 有21或22两种选择。(A_{11}, B_{11})、(A_{12}, B_{12})、(A_{21}, B_{21}) 和 (A_{22}, B_{22}) 表示两个参与者选择不同策略后的最终支付。这就是博弈树的形式，当然，每个参与者的策略并不局限于两种。

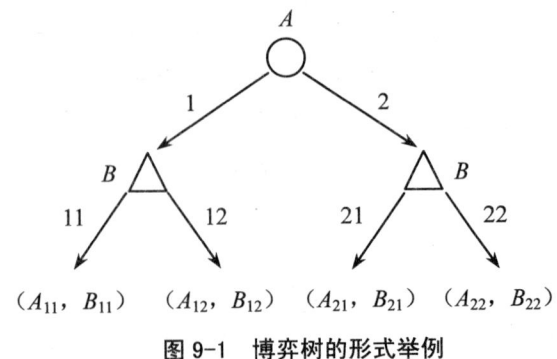

图 9-1　博弈树的形式举例

博弈树的基本结构包括结（nodes）、枝（branches）和信息集（information sets）。结分为决策结（decision nodes）和终点结（terminal nodes）两类。决策结是参与人采取行动的时点，如图 9-1 中的"○"和"△"三个决策结；终点结是博弈行动路径的终点，如图 9-1 中的四个支付组合 (A_{11}, B_{11})、(A_{12}, B_{12})、(A_{21}, B_{21}) 和 (A_{22}, B_{22})。枝是从一个决策结到下一个后续结的连线，如图 9-1 中的六个箭头"→"，它表示参与人的行动选择。决策结划分成不同的信息集，每一个信息集都是决策结集合的子集，如图 9-1 中，三个决策结分成三个信息集。一个是参与人 A 的，选择 1 或选择 2。另外两个是参与人 B 的：在参与人 A 选择 1 时，参与人 B 选择 11 或选择 12；在参与人 A 选择 2 时，参与人 B 选择 21 或选择 22。

2. 扩展式表述的博弈举例

下面来看市场销售的博弈。某销售者在市场上推销某种商品，其行动空间是｛高价，低价｝。当销售者选择"高价"时，购买者有多购和少购两种选择，但少购能得到更多支付（因为这样可以通过购买更多其他商品来得到支付）；同样，当销售者选择"低价"时，购买者也有多购和少购两种选择。该博弈的扩展式表述使用博弈树的描述如图 9-2 所示。

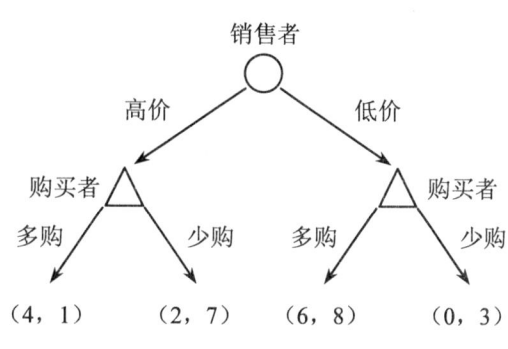

图 9-2 市场销售博弈的博弈树

二、子博弈精炼纳什均衡

如果采用参与者同时行动的静态博弈分析方法分析动态博弈，得到的纳什均衡中就会存在不合理的均衡策略。泽尔腾通过对动态博弈的分析完善了纳什均衡的概念，定义了"子博弈精炼纳什均衡"。这一概念的意义就是将纳什均衡中包含的不合理策略剔除出去，要求参与者的决策在任何时点上都是最优的。

1. 纳什均衡与不可置信威胁

仍以市场销售的博弈为例。为了构造这个动态博弈的策略式表述，先来分析销售者和购买者的策略空间。销售者是先行动的，有两种策略：高价和低价。购买者是后行动的，根据销售者的行动，就有四种策略：高价时多购，低价时少购；高价时多购，低价时多购；高价时少购，低价时少购；高价时少购，低价时多购。将这四种策略分别简记为：高多低少；高多低多；高少低少；高少低多。市场销售博弈的支付矩阵见表 9-13 所示[①]。

---

① 当销售者是高价策略时，购买者的"高多低少"和"高多低多"策略都是多购，所以支付组合均为 (4, 1)；购买者的"高少低少"和"高少低多"策略都是少购，所以支付组合均为 (2, 7)。同样，可以找到销售者是低价策略时，两参与人的支付组合。

表 9-13　市场销售博弈的策略式表述

		购买者			
		高多低少	高多低多	高少低少	高少低多
销售者	高价	<u>4</u>, 1	4, 1	<u>2</u>, <u>7</u>	2, <u>7</u>
	低价	0, 3	<u>6</u>, <u>8</u>	0, 3	<u>6</u>, <u>8</u>

纳什均衡的概念适用于所有的博弈，而不仅仅是参与人同时行动的静态博弈。但博弈分析的目的是预测参与人的行为，纳什均衡给出的策略可能并不是一个非常合理的结果。表 9-13 对市场销售的博弈分析使用的是静态分析方法，得到三个纳什均衡：（高价，高少低少）；（低价，高多低多）；（低价，高少低多）。但究竟哪一个均衡实际上会发生，静态分析难以确定。更严重的是，在纳什均衡中，参与人在选择自己的策略时，把其他参与人的策略当作是给定的，同时也不考虑自己的选择如何影响对手。所以说，纳什均衡允许了"不可置信威胁（incredible threats）"的存在。不可置信威胁是指，对于先行动的参与人来说，后行动的参与人的选择空间依赖于先行动者的选择，在先行动者已做出行动选择的前提下，有一些对先行动者不利的策略将不会被后行动者选择，即这些策略是不可置信的。

例如，对于策略组合（高价，高少低少）来说，意味着不管销售者采取高价策略还是低价策略，购买者将始终会少购，在这个策略威胁下，消费者就不会采取低价策略，否则会得到的支付为 0。销售者并不会相信这个威胁。在销售者真的选择低价时，如果购买者是理性的就会选择多购：少购得到的支付是 3，多购却是 8。可见，纳什均衡（高价，高少低少）就是不可置信的。

2. 子博弈的概念

为了给出子博弈精炼纳什均衡的概念，需要先定义"子博弈"的概念。子博弈（subgame）是指从每一个行动选择（即一个决策结）开始至博弈结束这一阶段的行动过程，是原博弈的一部分。市场销售博弈的博弈树如图 9-3 的 I 图所示；决策点 x 和它的后续点构成一个子博弈，如图 9-3 的 II 图所示；决策点 y 和它的后续点也构成一个子博弈，如图 9-3 的 III 图所示。另外，原博弈自身也是自己的一个子博弈。这样，市场销售博弈共有三个子博弈。

3. 子博弈精炼纳什均衡

泽尔腾定义的子博弈精炼纳什均衡

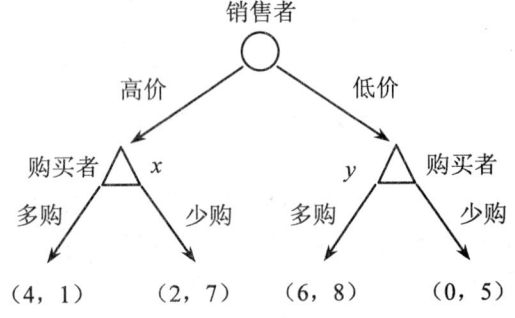

I　原博弈

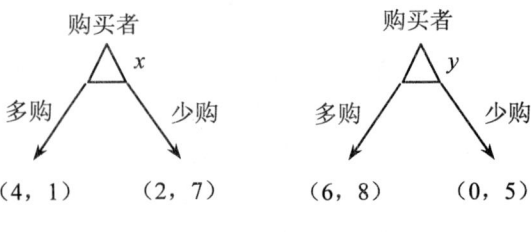

II　子博弈 a　　　　III　子博弈 b

图 9-3　市场销售博弈的博弈树

是纳什均衡的一个重要改进，分开了动态博弈中的"合理的纳什均衡"和"不合理的纳什均衡"。正如纳什均衡是完全信息静态博弈解的一般概念一样,子博弈精炼纳什均衡是完全信息动态博弈解的一般概念。子博弈精炼纳什均衡定义如下:一个扩展式表述的策略组合 $s^* = (s_1^*, \cdots, s_i^*, \cdots, s_n^*)$,如果是其原博弈的纳什均衡,又给出其每一个子博弈上的纳什均衡,那么它就是一个子博弈精炼纳什均衡。

仍以市场销售博弈为例分析子博弈精炼纳什均衡的概念。除了原博弈外,其他两个子博弈只有购买者一人做出决策。通过前面的分析已经知道,该博弈共有三个纳什均衡:(高价,高少低少)、(低价,高多低多)和(低价,高少低多)。在子博弈 a 中,购买者的最优选择"少购",在子博弈 b 中,购买者的最优选择"多购"。纳什均衡(高价,高少低少)中购买者的均衡战略"高少低少",给出了子博弈 a 上的纳什均衡(少购),却没有给出子博弈 b 上的纳什均衡,所以,(高价,高少低少)不是子博弈精炼纳什均衡。纳什均衡(低价,高多低多)中购买者的均衡战略"高多低多",给出子博弈 b 上的纳什均衡(多购),却没有给出子博弈 a 上的纳什均衡,所以,(低价,高多低多)也不是子博弈精炼纳什均衡。而对于纳什均衡(低价,高少低多)中购买者的均衡战略"高少低多"来说,既给出子博弈 a 上的纳什均衡,也给出了子博弈 b 上的纳什均衡(即高价时将少购,低价时将多购),所以,(低价,高少低多)才是子博弈精炼纳什均衡。于是,销售者采取低价策略、购买者多购即是最终的结果。

子博弈精炼纳什均衡剔除了不可置信的纳什均衡,在每一个子博弈上都能给出纳什均衡,所以参与者的决策在任何时点上都是最优的,它就是完全信息动态博弈的均衡解。

4. 逆向归纳法求解子博弈精炼纳什均衡

如果没有任何两个参与人同时行动,逆向归纳法可以比较方便地求解子博弈精炼纳什均衡。找到博弈最后的决策结,在每一个决策结上,参与人都有一个(也可能是多个,这时可任选一个,因为这与此前行动的参与人的选择无关①)最优选择,从该决策结开始的子博弈的纳什均衡。然后回溯到倒数第二个决策结,找出该决策结上的参与人的最优选择。这个最优选择与上一步找出的最后决策结的最优选择一起构成了从倒数第二个决策结开始的子博弈的纳什均衡。如此向上回溯,直到第一个决策结,这时得到的纳什均衡对应着每一个子博弈的纳什均衡,所以就是这个博弈的子博弈精炼纳什均衡。

用逆向归纳法求解市场销售博弈中的子博弈精炼纳什均衡如下。最后的两个决策结上,购买者选择的策略是"高少低多",即销售者高价时购买者少购,销售者低价时购买者多购。如图 9-4 的 I 图所示,图中的虚线表示两个子博弈上的纳什均衡的策略。继续向上找到第一个决策结,因为购买者预测到会按照"高少低多"的策略行动,会选择"低价"策略。所以用逆向归纳法得到的子博弈精炼纳什均衡是(低价,高少低多),如图 9-4 的 II 图所示。

---

① 比如说,最后决策结上的参与人的选择是在其他参与人都做出行动以后的,所以这个选择跟其他决策结处做出的选择无关;同样,倒数第二个决策结上的选择与倒数第三及以上的决策结处的选择无关……

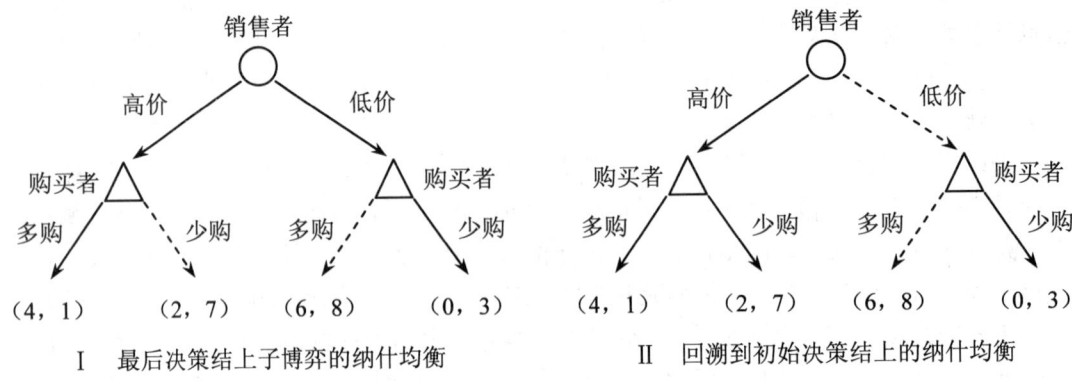

Ⅰ 最后决策结上子博弈的纳什均衡　　　　Ⅱ 回溯到初始决策结上的纳什均衡

图 9-4　逆向归纳法求解子博弈精炼纳什均衡

5. 承诺与子博弈精炼纳什均衡

有些纳什均衡之所以不是子博弈精炼纳什均衡，是因为包含了不可置信威胁。但是，如果参与人能在博弈之前做出"承诺行动"，使不可置信威胁变得可置信，博弈的子博弈精炼纳什均衡就会相应改变。承诺行动（commitment）是指当事人在不施行这种不可置信的威胁时，就会付出更大的代价。尽管这一代价不一定发生，但承诺行动会给当事人带来很大的好处，因为它可以改变均衡结果。

假设企业 A 是市场上某产品的唯一供给者，垄断利润为 300，但面临企业 B 可能进入的竞争威胁，企业的进入成本为 10。企业 A 有两种可选策略：合作和不合作。合作意味着维持高价，寡头利润共为 100（各得 50）；不合作表现为采用降低价格使利润为 0[①]。这个市场进入博弈的博弈树如图 9-5 所示。

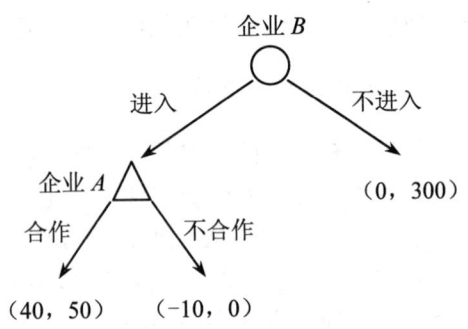

图 9-5　市场进入博弈的博弈树

在上面的例子中，子博弈精炼纳什均衡的策略组合是（进入，合作），即企业 B 进入、企业 A 合作。但是，如果企业 A 通过某种承诺行动使自己的"不合作"威胁变得可置信，企业 B 就不敢进入了。比如，企业 A 与第三者打赌，如果企业 B 进入后他选择了合作，他就付给第三者 100 单位。此时，不合作就变成可置信威胁。因为如果企业 B 进入后，企业 A 合作带来 50 单位利润扣除 100 单位利润的赌注，将得到-50 单位净利润，而不合作所得 0 利润，所以不合作比合作更有利。有了这个赌注，企业 B 就不敢贸然进入了，在位者实际上无需支付赌注便可得到 300 单位的垄断利润。一般来说，承诺行动的成本越高，威胁的可置信度就越高。

---

① 减去企业的进入成本，合作时企业 B 的利润为 40，不合作时企业 B 的利润为-10。

三、重复博弈

重复博弈（repeated games）是指同样结构的博弈重复多次。如果博弈只是进行了一次，参与人只会关心一次性支付；但如果博弈重复进行，参与人可能会为长期利益暂时牺牲眼前利益从而选择不同的策略。

1. 重复博弈的基本思想

重复博弈模型抓住了参与人会考虑自己当前的行动会影响其他参与人将来的行动这一思想，考察参与人之间长期相互关系。以囚徒困境的博弈为例，该博弈的唯一的纳什均衡是（坦白，坦白）。对两个囚徒来说，选择"坦白"要严格优于选择"抵赖"，尽管他们都选择"抵赖"时结果对他们会更好。在重复博弈理论背后的主要思想是：如果每个囚徒都相信做出"抵赖"的选择在长期内得到的利益将超过他短期内的损失，那么博弈被重复进行时，他们共同想要的结果（抵赖，抵赖）将会出现。

如果两个囚徒判刑不是很重，在刑满释放之后又作案，作案之后又判刑，释放之后再作案再判刑，如此反复，他们之间进行的就是重复博弈。在重复博弈中需要指出的是：每一次的博弈不会改变下一次博弈的结构；所有参与人都观测到博弈过去的历史（如两个囚徒都知道同伙在过去的每次博弈中选择了坦白还是抵赖）。重复博弈中，参与人可能同时行动（如囚徒困境），也可能先后行动（如市场进入博弈）。在后一种情况下，每一次博弈本身就是一个动态博弈。

因为一个参与人可以观测到其他所有参与人过去的历史，所以他在每一次博弈中的选择将会受到其他参与人过去行动的影响。例如，两个囚徒可能都会想到：如果同伙这次选择了抵赖，我下次也将选择抵赖。所以重复博弈中每一个参与人的策略空间远远超过了每一次博弈的策略空间，策略组合的数量当然会更多。在这种情况下，重复博弈就带来了一些"额外"的均衡结果，比如，两个囚徒选择了策略组合（抵赖，抵赖）。这是在一次博弈中不可能得到的，这正是分析重复博弈的意义所在。

2. 连锁店悖论

通过前面对图 9-5 中市场进入博弈的分析可以看到，在一次博弈中，如果进入者先行动，这个博弈唯一的子博弈完全纳什均衡的结果是：（进入，合作）。假设同样的市场有 20 个（可以理解企业 A 有 20 个连锁店），企业 B 每次只能进入一个市场（连锁店），就成为 20 次重复博弈。在这个博弈中，企业 A 选择"不合作"的唯一原因是这一选择能够起到威慑作用，使企业 B 不敢进入。然而，结果会是这样吗？

在有限次（这里是 20 次）重复博弈中，"不合作"是不可置信的。设想前 19 个市场已被企业 B 进入，企业 B 下一步要进入第 20 个市场。因为这是最后一个市场，对于企业 A 而言，这与第一次博弈没什么区别，选择"合作"是最优策略，企业 B 自然选择进入。现在倒回去考虑第 19 个市场。因为无论企业 A 选择什么策略，第 20 个市场上的均衡结果均不会改变（因为企业 B 知道第 20 个市场上企业 A 会选择"合作"），企业 A 的最优选择仍然是"合作"。如此类推，得到的这个博弈的唯一子博弈完全纳什均衡是企业 A 在每个市场（连锁店）都选择合作，企业 B 在每个市场都选择进入，这就是所谓"连锁店悖论（chain-store paradox）"。

当然，这个重复博弈中的策略组合"企业 B 总是不进入，企业 A 总是不合作"也是一个纳什均衡，但不是子博弈精炼纳什均衡。可以说，只要博弈重复的次数是有限的，则博弈的结果就将与一次性博弈的结果相同。囚徒困境的重复博弈与此相似，只要博弈次数是有限的，两个囚徒仍然都会选择"坦白"，"总是坦白"是唯一的子博弈精炼纳什均衡。

四、子博弈精炼纳什均衡与寡头垄断市场

1934 年，斯坦克尔伯格（Stackelberg）提出了描述寡头垄断市场的斯坦克尔伯格模型（Stackelberg model），这是一个完全信息动态博弈的例子。在这个模型中，有两个参与人：一个主导厂商 A 和一个追随厂商 B；行动顺序是：主导厂商 A 首先确定产量 Q_A，追随厂商 B 观察到厂商 A 的选择后再确定自己的产量 Q_B。各厂商的行动空间都是自己的产量，支付为各自的利润函数。下面是这一模型的动态博弈描述，并用逆向归纳法予以求解。

用 Q_A、Q_B 分别表示厂商 A 和厂商 B 的产量；$C_A(Q_A)$ 和 $C_B(Q_B)$ 表示两者的成本函数；$P = P(Q_A + Q_B)$ 表示需求函数的逆函数，其中 P 是价格。厂商 A 和厂商 B 的利润函数分别为：

$$\pi_A(Q_A, Q_B) = P(Q_A + Q_B) \cdot Q_A - C_A(Q_A) \tag{9-13}$$

$$\pi_B(Q_A, Q_B) = P(Q_A + Q_B) \cdot Q_B - C_B(Q_B) \tag{9-14}$$

按照逆向归纳求解的方法，首先来计算厂商 B 对厂商 A 可能的选择所作出的反应，即求厂商 B 的反应函数。厂商 B 达到支付（即利润）最大时，有：

$$\frac{\partial \pi_B}{\partial Q_B} = P(Q_A + Q_B) + Q_B \cdot P'(Q_A + Q_B) - C_B'(Q_B) = 0 \tag{9-15}$$

由此得到厂商 B 对厂商 A 的反应函数：

$$Q_B = R_B(Q_A) \tag{9-16}$$

将式（9-16）代入到厂商 A 的利润函数中：

$$\pi_A(Q_A, Q_B) = P[Q_A + R_B(Q_A)] \cdot Q_A - C_A(Q_A) \tag{9-17}$$

为了求解厂商 A 利润最大化的产量，对式（9-17）求一阶导数：

$$\frac{\partial \pi_A}{\partial Q_A} = P[Q_A + R_B(Q_A)] + Q_A \cdot P'[Q_A + R_B(Q_A)] \cdot (1 + R_B'(Q_A)) - C_A'(Q_A) = 0$$

可得到厂商 A 的均衡产量 Q_A^*。将 Q_A^* 代入厂商 B 对厂商 A 的反应函数，即式（9-16）中，可得到厂商 B 的均衡产量 Q_B^*。最终得到两厂商的子博弈精炼纳什均衡 $Q^* = (Q_A^*, Q_B^*)$。

如果需求函数的逆函数为 $P = T - (Q_A + Q_B)$，其中，T 为一常数，两寡头的产量 Q_A 与 Q_B 之和为市场总产量。假定两厂商的单位成本不变等于 c，计算可知两寡头厂商各自的产量为 $Q_A = \frac{1}{2} \cdot (T - c)$，$Q_B = \frac{1}{4} \cdot (T - c)$。也就是说，此时，子博弈精炼纳什均衡的策略组合

是 $\left(\frac{1}{2}\cdot(T-c),\frac{1}{4}\cdot(T-c)\right)$。

这就是斯坦克尔伯格模型的逆向归纳求解的结果。把这一结果与古诺模型比较，可以看出，在古诺模型中，每个厂商的产量为 $\frac{1}{3}\cdot(T-c)$，总产量为 $\frac{2}{3}\cdot(T-c)$；而斯坦克尔伯格模型的总产量为 $\frac{3}{4}\cdot(T-c)$。因为两个模型的市场需求曲线都一样，所以斯坦克尔伯格模型中的价格要低一些。另外，在斯坦克尔伯格模型中，先行动的厂商 A 实际上也可以选择古诺产量 $\frac{1}{3}\cdot(T-c)$，这时厂商 B 对此的反应是也将选择古诺产量 $\frac{1}{3}\cdot(T-c)$。厂商 A 本来可以选择古诺产量而选择了斯坦克尔伯格产量，这说明厂商 A 借助先行的机会，获得了更多的利润，这就是所谓的"先行者优势"。这是因为，厂商 A 一旦将产品生产出来就无法改变，从而使厂商 B 不得不认为这个威胁是可置信的。

案例9.4　强盗分赃

假设5个强盗抢到100枚金币然后分赃。制定了如下的分赃规则：首先由第1个人提出方案，全体表决。超过绝对半数同意才实施该方案，否则提案者将被丢进海里。然后第2个人继续提案，直到剩下最后一个人。问题是：第1个人可以获得多少金币？他应该如何提案？

这是一个完全信息动态博弈。在博弈的视角里，参与博弈的这5个强盗（按照提案顺序依次给他们命名为甲、乙、丙、丁、戊）都是完全理性的经济人，追求自身的最大得分，本案例中的最大得分则指：在不被丢进海里的前提下，获得最多数量的金币。在规则中可以看出，提案是否被采纳还要取决于后续提案者的投票，然而我们发现按顺序找出提案策略显然太繁琐，那么不妨采取逆向归纳法找到最优策略。

1. "戊"一人独得

假设前面4人都因得不到超过绝对半数的同意票，而都被扔到海里时，那么现在轮到第5个强盗戊提案时，他将独吞所有金币。因此得分情况可以表示如下：

人物	甲	乙	丙	丁	戊（提案）
得分	0	0	0	0	100
情况	丢入海中	丢入海中	丢入海中	丢入海中	同意

2. "丁"提案通过

由上述情况倒推第4个强盗丁的行为，丁如果想要自己的提案通过，这时还剩2人，需要获得2票同意，他只能选择将全部金币都给戊才能通过。此时得分情况可以表示如下：

人物	甲	乙	丙	丁（提案）	戊
得分	0	0	0	0	100
情况	丢入海中	丢入海中	丢入海中	同意	同意

3. "丙"提案通过

当丙进行提案时，还剩下3人，丙需要获得2票同意，才能使提案通过。这意味着丙只需争取到丁、戊当中的一票即可。在上一情况中戊已经拿到了全部金币，无法超越，争取这一票显然没有意义；而只要增加丁一点点金币，他将同意丙的提案，剩下的金币将属于丙所有。此时得分情况可以表示如下：

人物	甲	乙	丙（提案）	丁	戊
得分	0	0	99	1	0
情况	丢入海中	丢入海中	同意	同意	不同意

4. 和上面的推论道理一样，我们可以得到当"乙"提案通过时的情形

人物	甲	乙（提案）	丙	丁	戊
得分	0	97	0	2	1
情况	丢入海中	同意	不同意	同意	同意

5. 最后，我们得到"甲"提案通过时的最佳分配方案

人物	甲（提案）	乙	丙	丁	戊
得分	97	0	1	0	2
情况	同意	不同意	同意	不同意	同意

我们发现结论是第一个人最多可以获得97枚金币，他的提案为：依次分给大家97、0、1、0、2枚金币。这个结果多少有些出乎意料，但是又包含了深刻的博弈哲理。

资料来源：吴玮. 数学爱好者. 2006年，第2期

第四节 不完全信息博弈

完全信息的假设往往与现实并不相符。现实中，往往是不完全信息的博弈。不完全信息的博弈又称贝叶斯博弈（Bayesian game）。不完全信息博弈中，至少有一个参与人不知道其他参与人的支付函数。例如，在产品市场竞争中厂商可能不知道其他厂商的生产成本；参加拍卖竞价的人通常不知道别人对标的物的估价。不完全信息博弈中，根据参与人的行动顺序又分为不完全信息静态博弈和不完全信息动态博弈。

一、海萨尼转换

不完全信息博弈以前被认为是没有办法分析的,直到海萨尼引入一个虚拟的参与人,将不确定性条件下的选择转换为风险条件下的选择。

1. 不完全信息的市场进入博弈

现在来看市场进入博弈例子。企业 A 是在位者,企业 B 是潜在进入者。对企业 B 来说,不知道企业 A 的成本情况,也不知道企业 A 是否采取合作策略。假定企业 A 的成本可能有两种情况:高成本和低成本。对应两种不同成本的策略组合的支付矩阵见表 9-14。

表 9-14 不完全信息的市场进入博弈

		企业 A			
		高成本		低成本	
		合作	不合作	合作	不合作
企业 B	进入	40, 50	-10, 0	30, 80	-10, 100
	不进入	0, 300	0, 300	0, 400	4, 400

在这个例子中,企业 A 知道企业 B 的成本情况,但企业 B 对企业 A 的成本信息是不完全的。从表 9-14 可以看出,在给定企业 B 进入时,如果企业 A 是高成本,最优选择是合作;如果是低成本,最优战略是不合作。企业 B 进入还是不进入?如果企业 A 是高成本,企业 B 的最优选择是进入;如果企业 A 是低成本,企业 B 的最优选择是不进入。企业 B 的最优选择依赖于企业 A 是高成本还是低成本,可企业 B 却并不知道企业 A 到底是高成本还是低成本。

2. 海萨尼转换

因为企业 B 不知道企业 A 的成本情况,所以处于进退两难的境地。这种情况的博弈以前人们认为是无法分析的,直到由海萨尼引入一个虚拟的参与人"自然(nature)"才将其解决。自然首先行动——选择参与人的类型,被选择的参与人知道自己的真实类型,而其他参与人并不清楚这个被选择的参与人的真实类型,仅知道各种可能类型的概率分布,分布函数是一种"共同知识"。在"市场进入"这个例子中,自然首先选择企业 A 的类型——高成本还是低成本,如图 9-6 中的第一个决策结。企业 A 知道自己是高成本还是低成本;而企业 B 不知道企业 A 是高成本还是低成本,但知道高成本和低成本的可能性各为多少(比如,企业 B 根据目前生产这种产品的技术水平可以知道企业 A 采用何种成本的可能性)。这时,海萨尼转换后的市场进入博弈如图 9-6 所示。虚拟参与人"自然"的引入,使不完全信息博弈就转换为完全但不完美信息博弈[①],这就是海萨尼转换(Harsanyi transformation)。海萨尼转换已经成为处理不完全信息博弈的标准方法。

---

① 这里的不完美信息,就是指其他参与人只知道某一参与人某些方面类型的概率分布,而不知道该参与人在这些方面的真实类型。

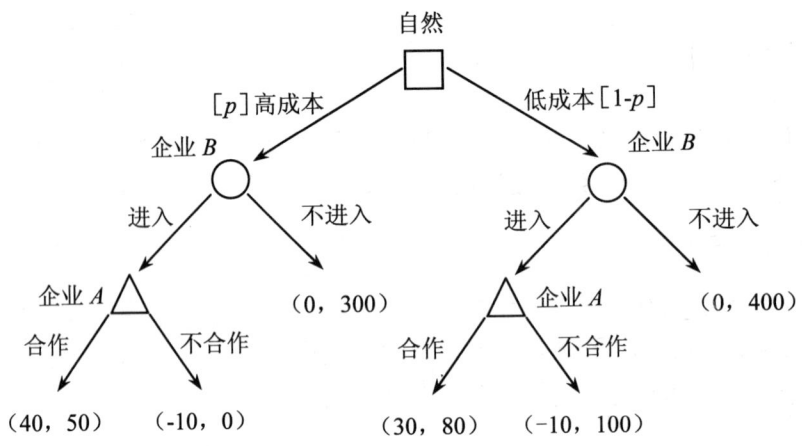

图 9-6 海萨尼转换后的市场进入博弈

二、不完全信息静态博弈与贝叶斯纳什均衡

海萨尼转换使不完全信息博弈变得可以分析了。在此基础上，海萨尼提出了贝叶斯纳什均衡。贝叶斯纳什均衡是完全信息静态纳什均衡在不完全信息静态博弈上的扩展。

1. 贝叶斯纳什均衡

贝叶斯纳什均衡可表述为：在不完全信息静态博弈中，参与人同时行动，没有机会观察到别人的选择。给定其他参与人的策略选择，每个参与人的最优策略依赖于自己的类型。由于每个参与人仅仅知道其他参与人有关类型的分布概率而不知道其真实类型，因而他不可能准确地知道其他参与人实际上会选择什么策略；但是，他能够正确地预测到其他参与人的选择如何依赖于各自的类型。因此，该参与人的决策目的就是在给定自己的类型和其他参与人的类型依从策略的情况下最大化自己的期望效用。也就是说，贝叶斯纳什均衡是一种类型依赖型策略组合，给定自己的类型和其他参与人的类型的分布概率，这种策略组合使得每个参与人的期望效用达到了最大化。

继续考虑市场进入的例子。企业 B 不知道企业 A 的真实类型，但假定它知道高成本的可能性为 p，低成本的可能性为 $1-p$。那么企业 B 选择进入时的期望利润为 $40 \times p + (-10) \times (1-p) = 50 \times p - 10$，而选择不进入时期望利润是 $0 \times p + 0 \times (1-p) = 0$。通过简单计算得到：当 $p > 0.2$ 时，企业 B 进入得到的期望利润大于不进入时的期望利润，从而进入才是最优的。假定 $p > 0.2$，那么贝叶斯纳什均衡为：企业 B 选择进入，高成本企业 A 选择合作，低成本企业 A 选择不合作。

2. 贝叶斯纳什均衡的应用

贝叶斯纳什均衡的一个重要应用的领域是招标或拍卖方面。假设招标的办法是一级密封投标，让每个投标者将自己的标价写下装入信封，一同交给政府，信封打开后，政府选择标价最低者为中标者。这时，不同的投标者之间进行的就是一场博弈，假定每个投标者不知道其他投标者的真实生产成本而仅知其概率分布,那么,他在选择自己的报价时就会面临着一种考虑:报价越低,中标的可能性就越大;但另一方面,给定中标的情况,报价越低,利润越小。博弈分析证明,每个投标人的标价依赖于他的类型(这里为生产成本),但一般来说,贝叶斯均衡标价高于生产成本。二者之间的差异随投标人数的增加而减少。这就是说,让更多的企业参加投标,对政府是一件有利的事情。

三、不完全信息动态博弈与精炼贝叶斯纳什均衡

在动态博弈中,行动有先后次序,后行动者可以通过观察先行者的行动获得有关后者偏好、策略空间等方面的信息,修正自己的判断。自然,先行动者知道自己的行为有传递自己特征信息的作用,就会有意识地选择某种行动来揭示或掩盖自己的真实面目。对应不完全信息动态博弈的均衡概念是精炼贝叶斯纳什均衡。

1. 精炼贝叶斯纳什均衡

精炼贝叶斯纳什均衡是完全信息动态博弈的纳什均衡和不完全信息静态博弈的贝叶斯纳什均衡的结合。精炼贝叶斯纳什均衡的要点在于参与人要根据所观察到的其他参与人的行为来修正自己有关后者类型的判断,即自己的信念,并由此选择自己的行动。这里,修正过程使用的是贝叶斯规则。这一点意味着,每个参与人都假定其他参与人选择的是均衡策略。具体来讲,精炼贝叶斯纳什均衡是所有参与人策略和信念的一种结合,它满足如下条件:给定每个参与人有关其他参与人类型的信念时,他的策略选择是最优的;每个参与人有关其他参与人所属类型的信念,都是使用贝叶斯法则从观察到的行为中获得的。用数学的语言来说,精炼贝叶斯纳什均衡是个"不动点"。应该强调的是,与其他均衡概念不同,精炼贝叶斯纳什均衡不能仅定义在策略组合上,它必须同时说明参与人的信念,因为最优策略是相对于参与人的信念而言的。

这里谈及的贝叶斯规则是概率统计学中应用所观察到的现象修正先验概率的一种标准方法,它的数学表达式为:

$$P(\theta|a) = \frac{P(a|\theta) \cdot P(\theta)}{P(a)} \tag{9-18}$$

这就是条件概率的公式。根据这一规则,比如说,给定某人 A 干了 X 件这类事情的条件下,判断他属于 a 类型的概率(后验概率)$P(\theta|a)$,等于 A 属于类型 a 的先验概率 $P(a|\theta)$ 乘以 a 类型人会干 X 件这类事情的概率 $P(\theta)$;再除以 A 可能干这件事情的"边际"概率 $P(a)$。具体些来说,假设你对新来同学 A 不了解,你可能判断他是坏人或好人的概率各为 0.5(先验概率)。但你知道,好人是不干坏事的,只有坏人才干坏事。假如有一天你发现 A 做了一件坏事,就会修改对他的看法,断定他是坏人,这里实际上用贝叶斯规则把认为 A 是坏人的概率由 0.5 变为 1。

2. 市场进入博弈的精炼贝叶斯纳什均衡

下面将"市场进入"的例子具体化。企业 B 不知道原垄断者企业 A 是属于高成本类型

还是低成本类型，但企业 B 知道，如果企业 A 属于高成本类型，企业 B 进入市场时不合作的概率是 0.2（假如此时企业 A 为了保持垄断带来的高利润，不计成本地同企业 B 斗争）；如果企业 A 属于低成本类型，企业 B 进入市场时不合作的概率是 1。

博弈开始时，企业 B 认为企业 A 属于高成本企业的概率为 0.75，因此，企业 B 估计自己在进入市场时，企业 A 不合作的概率为：$0.2\times 0.75+1\times 0.25=0.4$。0.4 是在给定企业 A 所属类型的先验概率下，企业 A 采取不合作行为的概率。

这里，贝叶斯规则的公式中，各字母对应的事件如下：$a=$ 企业 A 不合作；$\theta=$ 企业 A 高成本。那么 $P(a)$ 表示企业 A 不合作的概率，$P(\theta)$ 表示企业 A 高成本的先验概率，$P(a|\theta)$ 表示企业 A 高成本时不合作的概率，$P(\theta|a)$ 表示企业 A 不合作时高成本的概率（后验概率）。当企业 B 进入市场时，企业 A 确实不合作。使用贝叶斯法则，根据不合作这一可以观察到的行为，企业 B 认为企业 A 属于高成本企业的概率变成：

$$P(\theta|a)=\frac{P(a|\theta)\cdot P(\theta)}{P(a)}=\frac{0.2\times 0.75}{0.4}=0.375 \qquad (9\text{-}19)$$

根据这一新的概率，企业 B 估计自己在进入市场时，企业 A 不合作的概率为：

$$0.2\times 0.375+1\times 0.625=0.7$$

如果企业 B 再一次进入市场时，企业 A 又不合作。使用贝叶斯法则，根据再次不合作这一可观察到的行为，企业 B 认为企业 A 属于高成本企业的概率变成：

$$P(\theta|a)=\frac{P(a|\theta)\cdot P(\theta)}{P(a)}=\frac{0.2\times 0.375}{0.7}=0.107 \qquad (9\text{-}20)$$

这样，根据企业 A 一次又一次的不合作行为，使企业 B 对企业 A 所属类型的判断逐步发生变化，越来越倾向于将企业 A 判断为低成本类型的企业了。

以上例子表明，在不完全信息动态博弈中，参与人所采取的行为具有传递信息的作用。尽管企业 A 有可能是高成本企业，但企业 A 连续进行的不合作行为，让企业 B 误认为企业 A 是低成本类型，从而使得企业 B 停止了进入市场的行动。

应该指出的是，传递信息的行为是需要成本的。假如这种行为没有成本，谁都可以效仿，那么，这种行为就达不到传递信息的目的。只有在行为需要相当大的成本，因而别人不敢轻易效仿时，这种行为才能起到传递信息的作用。

前面我们强调了承诺行动在子博弈精炼纳什均衡中的重要性。在精炼贝叶斯纳什均衡中，承诺行动同样重要。一种行动要起到某种传递信息的功能，行动者必须为此付出代价（成本），否则所有其他类型的参与者都会模仿（或不相信）。就是说，只有负担成本的承诺才可信。低成本者要告诉对方我是低成本从而阻止别人进入，就得定一个比短期垄断更低的价格。

四、企业招聘中的不完全信息动态博弈

在应聘者招聘选拔的过程中，企业和应聘者之间的信息是相互不对称的。本文主要是站在企业招聘应聘者的角度来分析的。所以在企业和应聘者的博弈过程中，假设企业的信息是共同知识，也就是说，应聘者拥有企业的完全信息，但是企业不了解应聘者的具体信

息。

1. 企业招聘的博弈背景

对企业而言，它们希望找到那些高素质的应聘者，以使自身的利益最大化；对应聘者来说，他们总是希望得到更好的职位，获得更高的收入，而且往往不关心自己的素质如何，是不是能够胜任他们所应聘的职位。此外，还假定"所有参与人是理性人"是博弈参与人之间的公共知识，也就是说，企业家和应聘者相互之间都知道对方是理性人。

在应聘者招聘选拔的博弈中，有两个一般参与人，分别是应聘者和企业，用 e 和 E 表示。还有一个虚拟参与人"自然"，用 N 表示。根据能否胜任企业所提供的职位，把参与人应聘者分为两类：高素质者和低素质者。

假设在应聘者招聘选拔的博弈过程中，每个参与人只有两种行动可以选择。用 $A_E = \{a_E\} = \{考核，不考核\}$ 表示企业的行动集，企业面对应聘者可以采取考核和不考核两种方式来决定是否录取应聘者；用 $A_e = \{a_e\} = \{应聘，不应聘\}$ 表示应聘者的行动集，应聘者面对企业发出的应聘信息，无论其素质是否满足岗位需求，他们都可以应聘，也可以不应聘。

用 U_E 表示企业的得分，用 U_e 表示应聘者的得分，在应聘者招聘选拔博弈的过程中，各个参与人的得分如下：

（1）在应聘者高素质的情况下：

U_E（考核，高素质应聘者）= $C < 0$；

U_E（不考核，高素质应聘者）= 0；

U_e（考核，高素质应聘者）= 0；

U_e（不考核，高素质应聘者）= 0。

（2）在应聘者低素质的情况下：

U_E（不考核，低素质应聘者）= $K < 0$；

U_E（考核，低素质应聘者）= $B = C - K \geq 0$；

U_e（考核，低素质应聘者）= 0；

U_e（不考核，低素质应聘者）= $M > 0$。

在上述博弈支付中，假设 C 代表企业的考核成本。$C < 0$ 是因为对于高素质的应聘者来说，无论考核与否都不会给企业带来经营绩效方面的损失，但是在考核的情况下，企业会损失考核的成本，但是不能带来任何收益，即 $C < 0$。

K 代表低素质的应聘者应聘、企业不考核的情况下，所给企业带来的损失，即 $K < 0$。

B 分成两部分：$B = C - K \geq 0$。一般情况下，因招聘到低素质的应聘者所给企业带来的损失要大于企业的考核成本，那么 B 也就会在大多数情况下大于 0。

M 代表低素质的应聘者应聘、企业不考核的情况下，应聘者的收益。这时低素质的应聘者就会获得过高的工资，因此他的收益就为正值，即 $M > 0$。

2. 招聘的过程是一个不完全信息动态博弈

招聘的过程为：首先是应聘者素质的高低，高素质的应聘者可以完全胜任职位要求，而低素质的应聘者则不能胜任企业所提供的职位，如果让低素质的应聘者担任企业的一些岗位，会给企业带来一些损失；第二是应聘者选择是否向企业申请应聘；第三是企业决策是否招聘那些应聘的应聘者。由于低素质的应聘者可以通过隐瞒、欺骗等措施，以获得企业提供的职位，致使企业难以辨认这些应聘者的素质的高低。因此，企业在这个动态博弈中是具有不完全信息的。下图所示的博弈树就表示了这个不完全信息博弈，其中 P^* 表示应聘者是高素质的概率（P^* 的具体数值可以根据行业经验、专业统计等方法获得）。

在图 9-7 中，初始点 N 表示应聘者在第一阶段被划分为高素质者和低素质者。应聘者当然很清楚自己的真实素质是高还是低，而企业不知道详细情况。在做出合理判断之前，不管应聘者是否把自己介绍为高素质者，企业首先要知道的是应聘者的素质概况，也就是说第一阶段应聘者素质的高低。用 $P(g)$ 表示高素质者的概率，$P(l)$ 表示低素质者的概率，显然这两个概率只能根据经验或一般情况得出。其次，企业还应知道应聘者为高素质时把自己介绍为高素质者的概率和低素质时把自己介绍为高素质者的概率，分别表示为 $P(h|g)$ 和 $P(h|l)$。

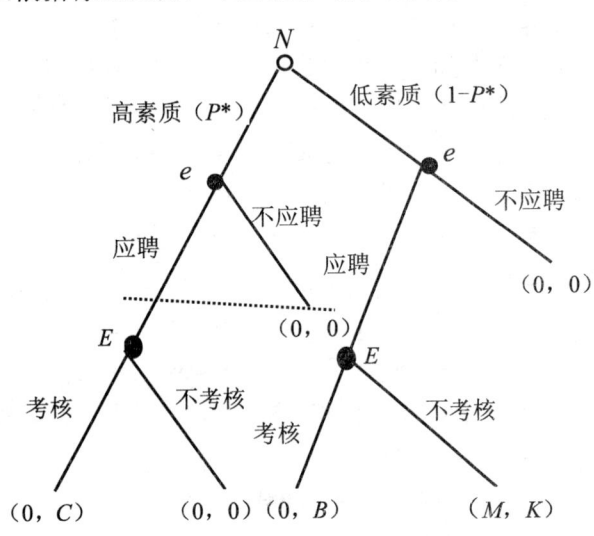

图 9-7　企业招聘的动态博弈树

根据贝叶斯法则有：

$$P(g|h) = \frac{P(g) \times P(h|g)}{P(h)} = \frac{P(g) \times P(h|g)}{P(g) \times P(h|g) + P(l) \times P(h|l)} \tag{9-21}$$

由 $P(l|h) = 1 - P(g|h)$ 容易求出 $P(l|h)$。

显然，高素质的应聘者肯定会把自己介绍为高素质者。无论企业考核与否，都不会给应聘者带来损失，因此高素质的应聘者把自己介绍为高素质者是理性策略，即 $P(h|g) = 1$；低素质者肯定也会把自己介绍为高素质者，若能得到自己想应聘的职位则有 $M > 0$，若得不到自己想应聘的职位也不会有损失，所以理性选择也是把自己介绍为高素质者，即 $P(h|l) = 1$。

这时，企业的信息集包含两个决策结，表明企业在该阶段决策时不知道应聘者第一阶段的情况，也就是说，在应聘者第二阶段选择把自己介绍为高素质者的情况下，企业并不知道从决策树哪条路径过来的，因此无法针对两种不同的情况分别进行选择。企业虽然只有考核和不考核两种选择，但结果却有四种可能（如图 9-7 所示）。由此看来，企业要进行决策还需要进一步的信息或判断。

那么企业在自己的决策信息集中，选择考核的期望收益为：

$$E(R) = P^* \times C + (1 - P^*) \times B = (C - B) \times P^* + B \tag{9-22}$$

如果 $(C - B) \times P^* + B > 0$，即企业测评的期望得益为正值，则企业会选择考核；反之，如果 $(C - B) \times P^* + B < 0$，则企业会选择不考核。

因为 $B = C - K$，

所以 $(C - B) \times P^* + B > 0$ 可以转化为 $K \times P^* > K - C$，

由于 $K < 0$，所以 $K \times P^* > K - C$ 可以转化为 $P^* < \dfrac{K - C}{K}$，

即当 $P^* < \dfrac{K - C}{K}$ 时，企业应选择考核，以规避甄选错误人选的风险；

同理可得，当 $P^* > \dfrac{K - C}{K}$ 时，企业可以选择不考核。

容易验证，把自己介绍为高素质者（当 $P^* < \dfrac{K - C}{K}$ 时考核）和把自己介绍为高素质者（当 $P^* > \dfrac{K - C}{K}$ 时不考核）均为精炼贝叶斯纳什均衡。也就是说，在不同的情况下，企业有条件地选择对应聘人是否考核。

3. 结论

根据我们建立的模型，得出在企业招聘的不完全信息动态博弈的环节中，应聘者和企业选择策略：把自己介绍为高素质者（当 $P^* < \dfrac{K - C}{K}$ 时考核）和把自己介绍为高素质者（当 $P^* > \dfrac{K - C}{K}$ 时不考核），为此博弈模型的精炼贝叶斯纳什均衡。

由此，我们可以得到启发：应聘者在应聘环节中，应尽量展示自己的优势以谋得岗位。而企业在招聘时应结合企业规模、招聘岗位重要程度、招聘成本等，并根据人力资源市场经验得出的所预计招聘人员在该专业从业人员中占据的比例等，选择符合企业经济效益最大化的方案，来确定是否进行考核以及考核的形式和规模等。

本章结束语

博弈论用来分析所观察到的决策主体相互影响时的现象，在给定的条件下寻求最优的解决办法。博弈可以划分为合作博弈和非合作博弈。博弈的要素包括参与人、行动、信息、策略、支付、结果和均衡。从参与人行动的先后顺序这个角度，博弈可以划分为静态博弈和动态博弈。从参与人对有关其他参与人（对手）的特征、策略集合及支付函数的知识这个角度，博弈可以划分为完全信息博弈和不完全信息博弈。

完全信息静态博弈条件是：每一个参与人对所有其他参与人（对手）的特征、策略空间及支付函数有准确的知识，而且博弈的参与人同时选择行动或虽非同时但后行动者并不知道前行动者采取了什么具体行动。策略式表述经常使用支付矩阵的形式来加以描述，适合于分析静态博弈。在每个参与人都有占优策略的情况下，占优策略均衡是一个非常合理的博弈结果；没有占优策略均衡时，有时可通过重复剔除严格劣策略找到重复剔除的占优均衡；纳什均衡是完全信息静态博弈解的一般概念，一个参与人的纳什均衡策略是面对其

他参与人一个均衡策略时的最优选择。

完全信息动态博弈中,参与人的行动有先有后,后行动者自然会根据先行动者的选择进行策略的调整,先行动者也能理性地预期到这一点。扩展式表述经常使用博弈树的形式来加以描述,适合于分析动态博弈。子博弈精炼纳什均衡完善了纳什均衡的概念,将纳什均衡中包含的不合理策略剔除出去,要求参与者的决策在任何时点上都是最优的,是完全信息动态博弈的均衡解。子博弈是指从每一个行动选择开始至博弈结束这一阶段的行动过程。子博弈精炼纳什均衡可采用逆向归纳法求解。承诺行动可使不可置信威胁变得可置信,改变博弈的子博弈精炼纳什均衡。重复博弈使参与人可能会为长期利益暂时牺牲眼前利益从而选择不同的策略。

海萨尼转换是处理不完全信息博弈的标准方法。不完全信息静态博弈的结果是贝叶斯纳什均衡,贝叶斯纳什均衡是一种类型依赖型策略组合,给定自己的类型和其他参与人的类型的分布概率,这种策略组合使得每个参与人的期望效用达到了最大化。不完全信息动态博弈的结果是精炼贝叶斯纳什均衡,精炼贝叶斯纳什均衡的要点在于参与人要根据所观察到的其他参与人的行为来修正自己有关后者类型的判断,并由此选择自己的行动。判断的修正过程使用的是贝叶斯规则。

关键词:博弈论(game theory) 纳什均衡(Nash equilibrium) 子博弈精炼纳什均衡(subgame perfect Nash equilibrium)

复习思考题

1. 给下列每一个博弈举出一个生活中的实例,并构建其矩阵式表述,进一步分析它的纳什均衡:智猪博弈;情侣博弈;斗鸡博弈;囚徒困境;零和博弈。
2. 请准确地写出"纳什均衡"的定义,并举一个用矩阵图表示的实例,说明纳什均衡战略形成的条件。
3. 纳什均衡与西方经济学中"一般均衡"有什么不同?
4. 举例说明什么是共同知识。
5. 寻找博弈均衡的方法你会哪几种?用你知道的方法举例予以解释。
6. 用实例解释什么是博弈的期望收益。
7. 单纯策略纳什均衡与混合策略纳什均衡有什么不同?
8. 请举例解释混合策略,给出矩阵图,计算其混合策略纳什均衡。
9. 举例说明什么是先动优势,什么是后动优势,并用博弈论的知识加以解释。
10. 请分析海盗分赃问题。
11. 指出重复博弈与序贯博弈的区别?
12. 用囚徒困境博弈讨论有限次重复博弈问题和无限次重复博弈问题。用贴现值来寻求无限次重复博弈的纳什均衡。

第十章

要素市场分析

> **内容提要**
>
> 生产要素的价格决定与产品的价格决定类似,也是由要素市场上的供求关系决定的。本章将分别讨论完全竞争条件下生产要素的需求与供给特征和不完全竞争条件下(以垄断为例)生产要素的需求和供给特征,以此为基础进一步分析要素市场(特别是劳动市场)实现均衡的条件。

案例 10.1　军队的工资

许多年来,美国军队一直存在人事问题。在内战期间,大约 90% 的军人是进行地面战斗的不熟练工人。但是自那以来,战争的性质发生了变化,因此地面战斗部队现在只占整个军队的 16%。同时,技术的变化导致技师、训练有素的飞行员、电脑分析员、机械师及其他操纵复杂军事设备所需要的人员严重短缺。为什么这样的短缺会发展?为什么军队没能留住其技术人员?最近的一项研究提供了某些答案。

在这些年里,军队的军阶结构基本上没有改变。在军官的军阶中,工资的增加主要由服役年数决定。其结果是,具有不同技术水平和能力的军官常常得到相同的工资,并且相对于他们在私人部门可能得到的工资来说,某些技术工人的工资偏低。结果,那些因为工资有吸引力而参军的技术工人发现,他们的边际收入产出最终高于他们的工资。虽然有些人还留在军队,但许多人离开了。

下图显示了军队的工资政策会导致的无效率。均衡工资率 w^* 是使劳动的需求与供给相等的工资。然而,由于工资结构缺乏灵活性,军队支付的工资为 w_0,它低于均衡工资。在 w_0,需求大于供给,出现技术劳动的短缺。与之相对照的是,竞争性劳动市场向生产率较高的工人支付的工资高于生产率没有他们高的工人。但是军队是如何吸引和维持其技术劳动力的呢?

军队的工资结构选择影响到国家保持一支有效战斗部队的能力。作为对其人事问题的反应，军队已开始调整工资结构，扩大其再服役奖金的数目和规模。选择性再服役奖金的目标是短缺的技术岗位，它能成为有效的征募机制。直接的奖金产生了一种激励，它比许诺将来给予较高的工资更有用。随着技术军事岗位需求的增加，我们可以预期军队会更多地利用这些服役奖金和其他以市场为基础的激励措施。

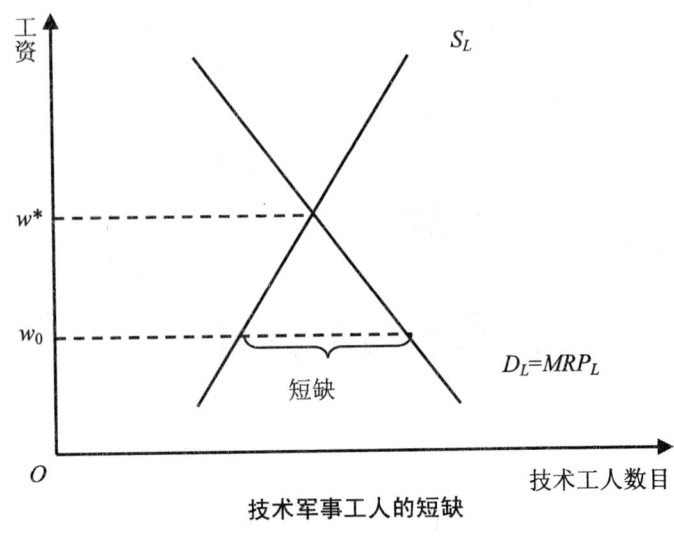

资料来源：R.S. 平狄克，D.L. 鲁宾费尔德. 经济学原理（微观经济学分册），第 537-538 页

第一节 完全竞争条件下的要素市场分析

生产要素是指生产最终产品所必需的各种资源。在经济学家看来，这些要素也是商品，也有供给和需求。同产品市场的分析类似，各种要素的价格也是由其市场上的供求关系决定的。要素的供给者获得的报酬形成收入，要素的需求者获得要素进行生产以追求利润最大化。

一、要素价格的含义

一个社会的生产资源即要素主要可分为四类：劳动、资本、土地和企业家才能。这些要素各自的价格都有各自的名称：劳动的价格——工资（即工资率，通常称为工资，wage）；资本的价格——利息（即利息率或利率，通常称为利息，interest）；土地的价格——地租（rent）；企业家的价格——利润（profit）。

要素价格与商品价格相比有所不同。商品价格就是指这种商品每单位的售价。例如，钢笔的价格为 10 元/支，即钢笔所有者卖出这支钢笔可获得 10 元的收入。而要素价格则并不是该要素本身的销售价格，而是指该要素在一定时间内所提供服务的价格。具体地说，劳动的价格，即工资，不是指劳动者本人的价格，现代社会中的人并不允许买卖。这里所说的工资是指劳动者在一个单位时间内提供劳动所获得的报酬。例如，一位劳动者为某厂商工作一天所获得报酬为 50 元，我们说该劳动者的工资为 50 元/天（或者说该劳动者的日工资率为50元）。同样的道理，资本的价格即利息并不是指机器、厂房或货币等本身的价格，而是它们在一个单位时间内提供给使用者所获得的报酬；土地的价格即地租是指土地的所有者在一个单位时间内提供土地给土地需求者使用获得的报酬；企业家的价格即利润是指企业家在一个单位时间内提供管理服务的报酬。

二、要素需求的特点

产品市场上的需求与要素市场上的需求有很大的不同。这主要表现在两个方面：一是厂商对要素的需求是引致需求；二是厂商对要素的需求是共同需求。

1. 引致需求

厂商对生产要素的需求目的不是为了消费，而是为了使用这些要素去生产产品，再把生产出来的产品拿到产品市场上出售以获得收益。西方经济学中把这种由于消费者对于产品的需求而引起的厂商对要素的需求称为"引致需求"或者是"派生需求"，即厂商对要素的需求是从消费者对产品的需求中"引致"或"派生"出来的。这种引致需求可以是直接的，也可以是间接的、迂回的。比如，消费者的直接需求是面包，这种直接需求会引致面包厂商购买生产要素（如面粉和劳动）去生产面包，从而面粉厂商会购买生产要素（如小麦和劳动）去生产面粉。不论这种需求经历了怎样一个过程，都是由于消费者对面包的需求引致的。厂商购买生产要素的目的只有一个，那就是通过购买生产要素生产出满足消费者需要的产品，从而实现自己的利润最大化。

2. 共同需求

厂商对生产要素的需求也可以叫作联合需求或共同需求，即对生产要素的需求是共同的、相互依赖的需求。这个特点是由生产的技术上的原因造成的。因为厂商要进行生产活动，必须同时购买所有的生产要素才能够进行生产，通常只拥有一种或两种生产要素是无法进行生产的。对生产要素需求的这种共同性特点带来了一个重要后果，即对某种生产要素的需求，不仅取决于该生产要素本身的价格，而且也取决于其他生产要素的价格。因此，严格地说，生产要素理论应该是关于多种生产要素共同使用的理论。

三、要素市场上的利润最大化原则

要素的需求来自厂商，他们购买生产要素是用来生产商品和劳务，其最终目的是为了谋求最大利润。因此，厂商对要素的使用量也是根据利润最大化原则决定的。与产品市场相似，厂商在要素市场上的利润最大化原则是要素的边际收益与要素的边际成本相等，前者在经济学中被称为边际收益产品，后者被称为边际要素成本。

1. 边际收益产品

边际收益产品（marginal revenue product，记为 MRP）是指由于厂商增加一单位生产要素所引起的总收益的增加量。例如，一个厂商雇佣 5 个劳动力，一天生产 60 件产品，产品的价格为 10 元/件，则可以获得 600 元的总收益；当这个厂商的其他要素的使用量不变，而雇佣了第 6 个劳动力时，一天生产 70 件产品，总收益增加到 700 元，那么，这第 6 个劳动力的边际收益产品为 100 元。由于边际产量被定义为增加一个单位要素所增加的产量，边际收益被定义为增加一个单位产量所增加的收益，所以边际收益产品就可以表示为边际收益与边际产量的乘积。即：

$$MRP = MR \cdot MP \tag{10-1}$$

在上例中，6 个劳动力的边际产量是 10 件（70 件－60 件），因为价格没有发生变化，边际收益为 10 元，因此边际收益产品为 100 元（10 元×10）。

边际收益产品也可以从总收益中推导出来。厂商的收益是产量的函数，即 $R = R(Q)$；而产量又是一种生产要素（如劳动 L，且假定其他要素不变）的函数，即 $Q = Q(L)$。于是厂商的收益就可以表示为要素投入的复合函数：$R = R[Q(L)]$。假定收益函数和生产函数均连续且可导，该复合函数对要素 L 求导，就有：

$$\frac{dR}{dL} = \frac{dR}{dQ} \cdot \frac{dQ}{dL} \tag{10-2}$$

上式中，$\frac{dR}{dL}$ 就是边际收益产品，$\frac{dR}{dQ}$ 为边际收益，$\frac{dQ}{dL}$ 为边际产量。

2. 边际要素成本

边际要素成本（marginal factor cost，记为 MFC）是指由于厂商增加一单位生产要素所引起的总成本的增加量。例如，一个厂商雇佣 5 个劳动力，一天生产 60 件产品，支付的日工资额为 400 元；当这个厂商的其他要素的使用量不变，而雇佣了第 6 个劳动力时，一天生产 70 件产品，支付的日工资额为 450 元，那么，这第 6 个劳动力的边际要素成本为 50 元。由于边际产量被定义为增加一个单位要素所增加的产量，边际成本被定义为增加一个单位产量所增加的成本，所以边际要素成本就可以表示为边际成本与边际产量的乘积。即：

$$MFC = MC \cdot MP \tag{10-3}$$

在上例中，6 个劳动力的边际产量是 10 件，增加了 10 件产品使总成本增加了 50 元（450 元－400 元），所以此时边际成本即每件产品的成本为 5 元（50 元÷10），因此边际要素成本为 50 元（5 元×10）。

边际要素成本可以从总成本中推导出来。厂商的成本是产量的函数，即 $C = C(Q)$；产量是一种生产要素（如劳动 L，且假定其他要素不变）的函数，即 $Q = Q(L)$。于是厂商的成本就可以表示为要素投入的复合函数：$C = C[Q(L)]$。假定成本函数和生产函数均连续且可导，该复合函数对要素 L 求导，就有：

$$\frac{dC}{dL} = \frac{dC}{dQ} \cdot \frac{dQ}{dL} \tag{10-4}$$

上式中，$\frac{dC}{dL}$ 就是边际要素成本，$\frac{dC}{dQ}$ 为边际成本，$\frac{dQ}{dL}$ 为边际产量。

3. 从要素市场看厂商的利润最大化

厂商要在产品市场获取最大利润时，必须遵循边际收益等于边际成本原则，即 $MR = MC$。比较边际收益产品 MRP 与边际要素成本 MFC 的计算公式，即结合式（10-3）与式（10-1）可知，当 $MR = MC$ 时，有：

$$MRP = MFC \tag{10-5}$$

由此可见，产品市场上的利润最大化原则同样适用于要素市场。或者说，"边际收益等于边际成本"既是产品市场上厂商利润最大化的原则，也是要素市场上厂商利润最大化的原则。也就是说，产品市场上厂商利润最大化的条件与要素市场上厂商利润最大化的条件是一致的。

当一个厂商购买一定数量的某种生产要素所获得的边际收益产品与付出的边际要素成本不相等时，那么就不可能达到利润最大化。例如，当 $MRP > MFC$ 时，厂商会发现如果继续增加对该种要素的购买，从中获得收益是大于付出的成本的，也就是使利润增加了，所以当前的利润就不是最大的。当 $MRP < MFC$ 时，厂商会发现如果继续减少对该种要素的购买，与从该单位要素中减少的收益相比，成本的下降幅度要更大，所以要素使用量的减少使亏损降低了或利润增加了，当前的利润也不是最大的。只有当 $MRP = MFC$ 时，厂商从最后一单位要素中获得的收益与付出的成本相等，就没有必要对要素的使用量再作出调整，利润达到了最大化。

4. 完全竞争市场上厂商对要素的使用原则

边际产品价值（value of marginal product，记为 VMP）是指由于增加一单位生产要素所引起的销售值的增加量。增加一单位要素后获得的产量为边际产量 MP，而此时从每一产量中获得的销售值即为产品的价格 P。所以，增加一单位要素引起的销售值的增加量，即边际产品价值，等于边际收益与产品价格的乘积。即：

$$VMP = P \cdot MP \tag{10-6}$$

在完全竞争的产品市场上，商品的价格是不变的，边际收益始终等于商品的价格，即 $MR = P$。因此边际收益与边际产量的乘积就等于产品价格与边际产量的乘积，即 $MR \cdot MP = P \cdot MP$。所以，在产品市场是完全竞争的条件下，有：

$$VMP = MRP \tag{10-7}$$

也就是说，要素的边际收益产品曲线 MRP 与边际产品价值曲线 VMP 是重合的。

在完全竞争的要素市场上，无论厂商购买多少该种要素都不会影响它的价格，所以每增加一个单位要素的购买所增加的成本即边际要素成本 MFC 就始终等于要素的价格 ω，即：

$$MFC = \omega \tag{10-8}$$

结合式（10-7）和式（10-8）可知，在产品市场和要素市场均是完全竞争的条件下，厂商取得利润最大化时对要素的使用原则是：

$$VMP = \omega \tag{10-9}$$

四、完全竞争条件下厂商对要素的需求和要素的市场需求曲线

产品市场上的需求来自消费者，消费者购买产品是为了直接满足自己的需要；而要素市场上的需求来自厂商，厂商购买要素是为了生产产品以获得收益。下面，我们通过分析完全竞争条件下厂商对要素的需求，推导要素的市场需求曲线。

完全竞争条件下的厂商使用要素的原则是边际产品价值等于要素价格，这样我们就可以建立一个要素的需求函数，来表示其他条件不变时厂商对要素的需求量与要素价格之间的关系。由于边际产量 MP 本身是要素使用量的函数，所以厂商的要素使用原则也就表明了要素价格与要素需求量之间的函数关系，同时也就确定了要素的需求函数。

1. 单要素可变时厂商对要素的需求

一个厂商对某种要素的需求曲线表示在该种要素每一种可能的价格下厂商对它的需求量。这里我们假定其他要素固定不变，只考察单个厂商对一种可变要素（以劳动 L 为例）的需求曲线。

假定劳动的边际产量 MP_L 曲线如图 10-1 的 I 图所示，劳动的边际产量随着劳动投入量的增加而递减。因为 $VMP_L = MP_L \cdot P$，而在产品市场完全竞争的条件下，单个厂商的产品价格 P 是既定不变的，因此在图 10-1 的 I 图中，劳动的边际产品价值曲线 VMP_L 曲线也是向右下方倾斜的。VMP_L 曲线的形状表明，由于每增加一单位劳动投入所带来的边际产品是递减的，所以，每增加一单位劳动投入所带来的产品的价值增量——边际产品价值也是递减的。

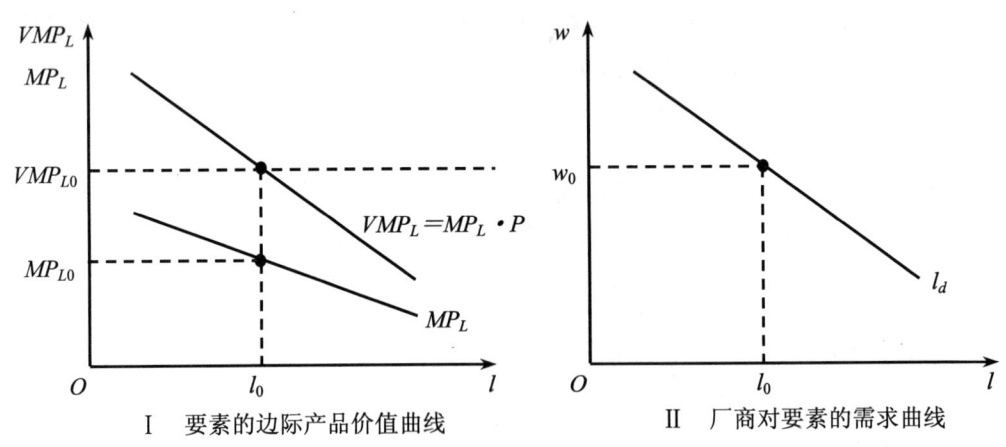

I 要素的边际产品价值曲线　　II 厂商对要素的需求曲线

图 10-1　要素的边际产品价值曲线与厂商对要素的需求曲线

在要素市场完全竞争的条件下，厂商对要素价格没有任何影响。在上述只考虑劳动市场的例子中，厂商根据边际收益产品 MRP 等于边际要素成本 MFC 的原则（也就是劳动的边际产品价值 VMP_L 与既定的劳动价格 w 相等的原则）来调整对劳动的需求。显然，劳动的边际产品价值曲线恰好反映了劳动价格的变动与厂商对劳动需求量变动之间的关系。也就是说，由于要素使用原则是 $VMP = w$，所以把图 10-1 中 I 图的纵轴坐标换成要素价格，

就可以得到完全竞争条件下单个厂商的要素需求曲线，如图 10-1 的 II 图中 l_d 曲线所示。例如，当劳动的价格为 w_0 时，厂商根据劳动的边际产品价值 VMP_L 等于劳动价格 w_0 的原则，对劳动的需求量为 l_0。

可以看到，如果将要素需求曲线与要素的边际产品收益曲线（即这里的边际产品价值曲线）绘制在同一图形中，两者是重合在一起的，同样向右下方倾斜。这里需要注意的是，要素需求曲线和边际产品价值曲线在图形上完全重合，但是二者的含义却并不相同。作为边际产品价值曲线来看，横轴所代表的要素是厂商的使用量，整条曲线表示不同的要素使用量带来的不同的边际产品价值；而作为要素需求曲线，横轴的要素是厂商进行生产时，根据要素市场的要素价格和产品市场上的产品价格选择最优的要素使用量。

前面曾指出，厂商对任何一种生产要素的需求量都要根据利润最大化的原则，使该要素的边际收益产品等于其边际要素成本。因此，对任何生产要素来说，其边际收益产品曲线（完全竞争要素市场上，就是边际产品价值曲线）就是厂商对该要素的需求曲线。上述以劳动为例的分析，同样适用于对其他生产要素需求曲线的分析。

2. 多要素可变时厂商对要素的需求

前面考察了只有一种可变要素投入时，厂商对该要素的需求曲线就是要素的边际产品价值曲线 VMP。如果有多种要素可变时（在长期内，所有要素都是可变的），厂商对某种生产要素的需求曲线就不能再简单地看作是该要素的边际产品价值曲线。

假定厂商使用劳动和资本这两种可变生产要素组织生产，劳动和资本可以互相替代。当资本的投入量不断增加而劳动投入量不变时，在资本的边际产量递减的同时，劳动的边际产量会增加；当劳动投入量不断增加而资本投入量不变时，劳动的边际产量递减而资本的边际产量递增。但是，当这两种要素同时增加时，就必须考虑它们之间的相互影响。

如图 10-2 所示，假定最初资本投入不变为 k_0，劳动的短期需求曲线就是劳动的边际产品价值曲线 VMP_{L0}。当劳动的价格为 w_0 时，厂商将雇佣 l_0 数量的劳动，在劳动的价格下降到 w_1 时，厂商会把劳动的雇佣量增加到 l_0'。但在长期内考虑到资本的投入量也会增加，在劳动价格为 w_1 时的雇佣量就不再是 l_0'。因为劳动投入量由 l_0 增加到 l_0' 时，资本的边际产量会增加，从而促使厂商将资本的投入量由 k_0 增加到 k_1，以此保持利润最大化时的生产要素组合条件：$\dfrac{MP_L}{w} = \dfrac{MP_K}{r}$。而资本投入量的增加又会使

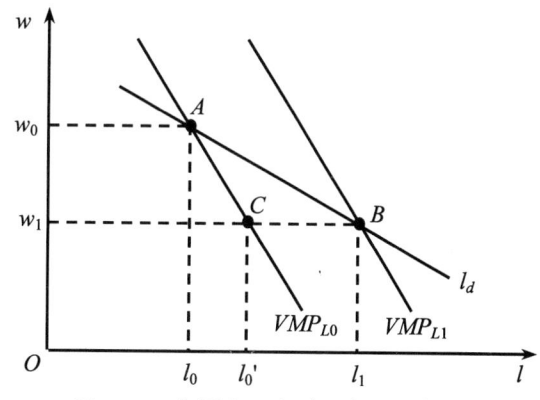

图 10-2 多要素可变时厂商对要素的需求

劳动的边际生产力提高，从而增加劳动的边际产品价值，这意味着劳动的边际产品价值曲线将由 VMP_{L0} 移动到 VMP_{L1}。因此在劳动价格由 w_0 下降到 w_1 以后，由于资本投入量也会增加，厂商实际的劳动需求量将不是 l_0' 而是 l_1。这样，劳动的需求曲线就不能简单地看作是 VMP_{L0} 或者 VMP_{L1}，而是通过 A、B 两点的 l_d 曲线。

只要有两种以上的要素是可变的，上述情况就会发生。这时任何一种可变要素的需求曲线，都是该要素的水平的价格曲线与发生相应变动后的该要素边际产品价值曲线之交点的轨迹。

3. 要素的市场需求曲线

与产品的市场需求曲线不同，生产要素的市场需求曲线不能简单地通过对各个厂商的要素需求曲线的水平加总而得到。例如，当一种生产要素的价格下降时，会导致使用该要素的所有厂商的生产成本下降，此时该要素的投入量增加，从而使整个行业的产量有所扩大，这意味着各厂商的供给曲线向右下方移动，从而造成厂商所生产的商品价格 P 下降。而产品价格 P 与该要素的边际产量 MP 的乘积等于边际产品价值 VMP，边际产品价值曲线实际上就是厂商对该要素的需求曲线。因此，当某种生产要素的价格下降时，由此而引起的产品价格 P 的下降会使边际产品价值 VMP 下降。由于 VMP 的这种下降不是直接由要素价格下降造成的，而是直接与产品价格 P 的下降有关，所以当某种生产要素价格下降时，会引起边际产品价值曲线的左移。这样，在分析某种生产要素的市场需求曲线时，就不能不考虑单个厂商的需求曲线会随要素价格下降向左移动的情况。因此，一种生产要素的市场需求曲线由单个厂商对该要素的需求曲线水平加总时必须考虑产品价格下降的因素。

以劳动市场为例。图 10-3 的 I 图表示单个厂商对劳动的需求曲线，图 10-3 的 II 图表示劳动的市场需求曲线。图 10-3 的 I 图中，劳动价格水平为 w_0 时，单个厂商对劳动的需求量为 l_0，将此时所有厂商对劳动的需求量加在一起则得到劳动价格水平为 w_0 时市场对劳动的总需求量，如图 10-3 中 II 图的 L_0 所示。假定劳动价格下降到 w_1，单个厂商会沿着其劳动的边际产品价值曲线 VMP_{L0} 将劳动的投入量增加到 l_0' 的水平。但是，劳动价格的下降引起劳动投入的增加会导致最终产品的产量增加，并相应地使产品价格 P 下降，从而使劳动的边际产品价值曲线由 VMP_{L0} 向左移动到 VMP_{L1}。这样，在 w_1 的劳动价格水平下，厂商对劳动的实际需求量是 l_1 而不是 l_0'，与此相应的市场需求量则为 L_1。这样，A、B 就成为劳动的市场需求曲线上的两个点。用同样的方法我们可以得到该市场需求曲线上的其他各点，劳动的市场需求曲线就是 L_D。

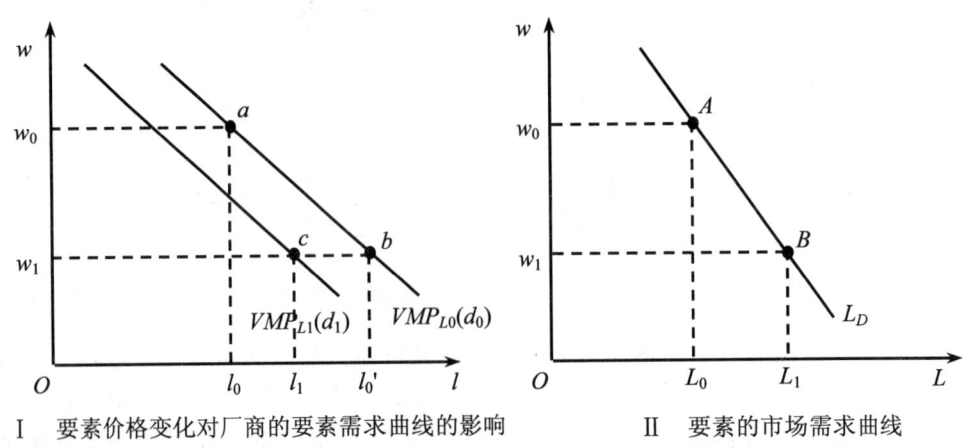

I　要素价格变化对厂商的要素需求曲线的影响　　II　要素的市场需求曲线

图 10-3　从单个厂商的要素需求曲线到要素的市场需求曲线

一般来讲，无论是单个要素所有者对于要素的供给还是要素的市场供给，要素供给量都是随着要素价格的提高而增加，长期而言更是如此。因此，可以说一般生产要素的市场供给曲线也是向右上方倾斜的。

五、生产要素的供给特征、原则及厂商面对的要素供给曲线

不同生产要素的供给呈现不同的特征。厂商和个人（或称为家庭、消费者等）是要素的两类供应方。在提供要素时，厂商会依照利润最大化的原则，个人自依照效用最大化的原则。

1. 生产要素的供给特征

在完全竞争条件下要素的供给对单个厂商来说是完全弹性的，但整个行业所面临的要素供给曲线通常不是这样。对于大多数作为生产要素的中间产品来说，除非要素的价格上升，否则，整个市场供给的要素总量是不会增加的。这与完全竞争的厂商和行业在产品市场所面临的情况是类似的。

而在一些特殊情况下，整个行业所面对的要素供给曲线是完全无弹性的。当然，即使是存量给定的一国资源如土地，其市场供给也并非是完全无弹性的，因为问题的关键并不在于土地的存量，而在于土地的使用量。一般而言，价格大幅度的提高会增加这些资源的使用量。因为较高的价格会导致更多地开垦荒地（甚至围海造田）、重新开发成本高的矿产资源和农场以及灌溉和改良比较贫瘠的土地。

一般来说，要素的供给曲线是向右上方倾斜的，因为随着要素价格的上升，个人愿意供给的要素数量是增加的。推广到整个市场的要素供给曲线可以通过把所有个人的要素供给曲线水平相加得到，这里不做详述。但对于不同种类的生产要素来说，其供给曲线的形成却是不尽相同的。具体说，如果某种生产要素是由某些厂商生产出来的，如机器、设备、原料、厂房等资本品，其供给价格和供给量主要与生产和再生产该种生产要素的成本有关；如果生产要素不是由厂商生产出来的，如土地、劳动、货币资本等，其供给价格和供给量则主要由该种生产要素在某一时期的存量、供给者的偏好、该要素的机会成本等要素决定。

2. 生产要素的供给原则

厂商生产机器设备等生产要素，出售给其他的厂商，本身也追求利润最大化。厂商生产的要素本身就是他们的产品，因此这些要素的供给可以按照产品市场的供给进行分析，其供给原则也和产品市场上的产品供给原则一致，这里不再赘述。

个人提供要素的目的在于换回收入以购买其他商品进行消费。个人为了实现自身效用的最大化，需要选择自己把多少的要素提供给要素市场，多少要素自己留用。在消费者行为理论中，消费者在 X、Y 两种商品之间进行选择，效用最大化的条件是两种商品的边际替代率（即边际效用之比）等于两种商品的价格比，即：$MRS_{XY} = \dfrac{MU_X}{MU_Y} = \dfrac{P_X}{P_Y}$。个人在对要素的两种用途进行选择时，仍然需要满足这一条件，也就是说，个人要使得该要素在两

种用途上的边际效用之比等于其价格之比。由于要素本身只有一个价格,因此两者的价格比是 1。这也就意味着:为了实现效用的最大化,个人要使该要素在两种用途上的边际效用之比相等,也就是说,要素供给的边际效用等于要素留用的边际效用。

3. 厂商面对的要素供给曲线

在完全竞争的要素市场上,厂商购买和使用要素并不影响该要素价格,所以厂商所面对的要素供给曲线 F_S 是一条水平线,如图 10-4 所示,从而厂商增加一个单位要素的购买所增加的成本即边际要素成本 MFC 就始终等于要素的价格 ω,即厂商的要素供给曲线 F_S 也就是它的边际要素成本曲线 MFC。这正如在完全竞争的产品市场上,厂商面对的需求曲线就是它的边际收益曲线一样。

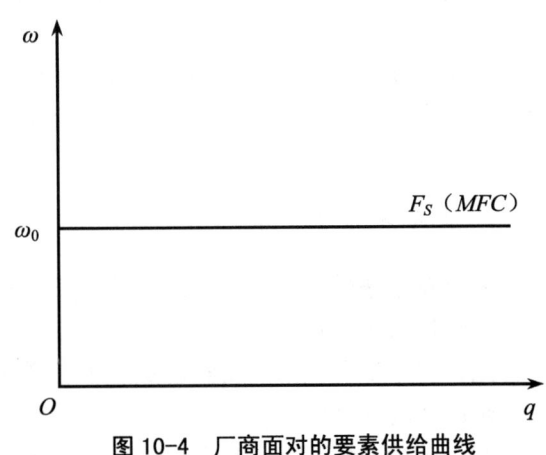

图 10-4 厂商面对的要素供给曲线

六、要素的市场供给

1. 劳动的市场供给

劳动供给的主要决定因素有劳动的价格(即工资)、劳动者的偏好(即劳动者对闲暇时间和工作时间的权衡与选择)、人口的规模、劳动力的受教育程度、职业及地理分布等。劳动的供给曲线反映着劳动供给量变动与工资率变动之间的关系,其他变量的变化只作为影响劳动供给曲线移动的因素来考虑。现在假定影响劳动供给的其他因素不变,来研究劳动供给量与工资率的关系。

(1)个人的劳动供给曲线

劳动的市场供给是单个劳动者的劳动供给总和。因此,必须先从个人的劳动供给开始分析。个人劳动供给曲线可通过对个人最佳选择的分析来推导。如图 10-5 的Ⅰ图中横轴 T 表示个人的日工作和闲暇时间,纵轴表示劳动的日货币收入。从 Z 点向纵轴所引三条斜线(称为劳动者预算线),其斜率表示不同的小时工资率,如 $w_1 = \dfrac{I_1}{Z}$。无差异曲线 U_1、U_2、U_3 表示劳动者个人对工作和闲暇的偏好,劳动者个人最大效用由其预算线可能达到的最高无差异曲线表示。

图 10-5 的Ⅰ图中,当劳动工资为 w_1 时,劳动者预算线为 I_1Z,它和无差异曲线 U_1 相切于 a_1 点,此时劳动者留给自己的闲暇时间为 T_1,而把 $Z-T_1$ 的时间用于劳动的供给,对应于图 10-5 的Ⅱ图中的 A_1 点。工资上升到 w_2 时,个人面对的劳动者预算线为 I_2Z,它和无差异曲线 U_2 相切于 a_2 点,此时劳动者留给自己的闲暇时间为 T_2,而把 $Z-T_2$ 的时间用于劳动的供给,对应于Ⅱ图中的 A_2 点。随着要素价格的继续上升,如价格为 w_3 时,面对

新的劳动者预算线为 I_3Z，劳动者留给自己的闲暇时间为 T_3，却多于较低工资水平 w_2 时留给自己的闲暇时间为 T_2，劳动者的工作时间反而由 $Z-T_2$ 降低到 $Z-T_3$，对应 II 图中的 A_3 点，少于 A_2 点的劳动供给量。于是，通过工资率的变化，能够得到一条过 A_1、A_2、A_3 三点的劳动供给曲线 l_s。从 II 图中可以看出，这条个人的劳动供给曲线是"向后弯曲"的。

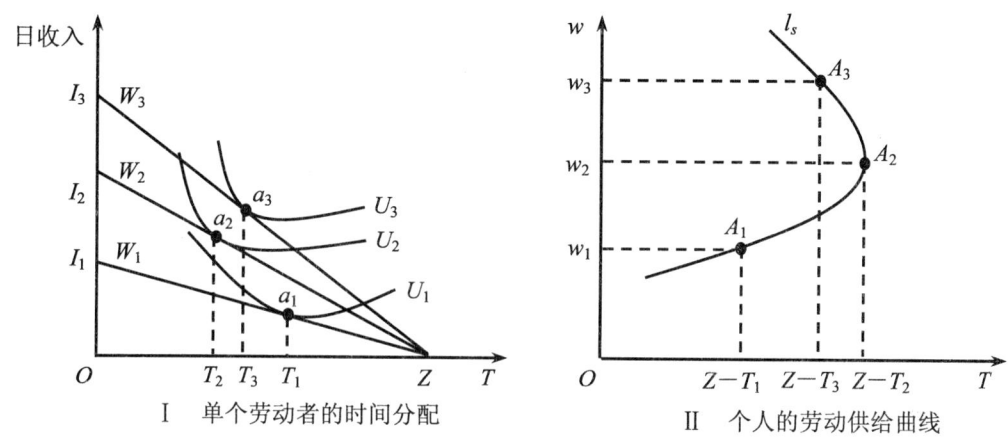

I 单个劳动者的时间分配　　II 个人的劳动供给曲线

图 10-5　劳动者的个人劳动供给曲线的推导

个人的劳动供给曲线向后弯曲的原因是由于工资率增加的替代效应和收入效应。不同工资率下劳动者个人愿意提供的劳动时间决定于他对工资和闲暇的评价。工资（收入）带来效用，闲暇也带来效用。而劳动带来负效用，收入与闲暇存在替代关系。一方面，当工资率上升时，闲暇的成本上升，每一小时的闲暇变得更昂贵，于是劳动者愿意少休息多工作，即愿意以劳动替代闲暇，这是工资率增加的替代效用。另一方面，工资率的上升增加了个人收入，劳动者个人将需求更多商品和服务，当然包括享有更多的闲暇时间，这是工资增加的收入效应。工资率提高的替代效应和收入效应在个人劳动供给曲线的各个部分都起作用。当替代效应大于收入效应时，个人劳动供给曲线斜率为正，当替代效应小于收入效应时，个人劳动供给曲线为负。图 10-5 的 II 图中的 A_2 点以下的所有工资水平，劳动供给量随着工资率的上升而增加：替代效应大于收入效应；在 A_2 点以上，劳动供给量随着工资率的上升而减少：收入效应大于替代效应。例如，工资为 8 元/小时，个人工作 8 小时，个人收入为 64 元；当工资上升到 12 元/小时，个人可以考虑仅工作 6 小时，收入为 72 元。收入提高了，而个人的工作时间却减少了。

 案例 10.2　一个和两个挣钱者家庭的劳动供给

20 世纪劳动市场最大的变化之一是妇女不断加入劳动大军。在 1950 年，妇女占劳动力的 29%，而到 1996 年，已超过 60%。在这一增长中，已婚妇女占了很大的比重。妇女在劳动市场上增长的作用还对住宅市场产生重大影响：在哪里生活和工作越来越成为丈夫和妻子的共同决定。一项研究分析了工作选择的复杂性质，它比较了 94 个未婚妇女的工作决定和 397 个家庭户主及其配偶的工作决定。

描述各种不同家庭组别工作决定的一个方法是计算劳动供给弹性。每种弹性都把工作工时数与家庭户主得到的工资联系起来,也与两个挣钱者家庭中另一个成员的工资相联系。下表概括了其结果。

劳动供给(工作小时)的弹性

组别	未婚男子(没有孩子)	未婚女子(有孩子)	未婚女子(没有孩子)	一个挣钱者家庭(有孩子)	一个挣钱者家庭(没有孩子)	两个挣钱者家庭(有孩子)	两个挣钱者家庭(没有孩子)
户主的工作小时与户主的工资相关度	0.026	0.106	0.011	-0.078	0.007	-0.002	-0.107
配偶的工作小时与配偶的工资相关度						-0.086	-0.004
户主的工作小时与配偶的工资相关度						-0.028	-0.059

当较高的工资率导致较少的工作小时时,劳动供给曲线是向后弯曲的,因为鼓励更多闲暇的收入效应大于鼓励更多工作的替代效应。这时的劳动供给弹性是负的。上表显示,有孩子的一个挣钱者家庭的户主和两个挣钱者家庭(有孩子或没有孩子)都有向后的劳动供给曲线,其弹性在-0.002~-0.078 之间。大多数单个挣钱者家庭的户主处在劳动供给曲线的向上倾斜部分,其中有孩子的单身妇女的弹性最大,为 0.106,已婚妇女(为家庭户主的配偶)也处在劳动供给曲线的向后弯曲部分,其弹性在-0.086~-0.028 之间。这意味着,在两个挣钱者家庭中,给妇女较高的工资会抑制而不是鼓励更多的工作。家庭户主的工作决定同样对配偶的工资有反应:当户主的配偶挣到较高的工资时,他或她就会减少工作时间。

资料来源:R.S.平狄克,D.L.鲁宾费尔德. 经济学原理(微观经济学分册),第 533-534 页

(2)劳动的市场供给曲线

将所有单个消费者的劳动供给曲线水平相加,即得到整个市场的劳动供给曲线。虽然单个消费者的劳动供给曲线是向后弯曲的,但劳动的市场供给曲线却不一定也是如此。在较高的工资率水平上,现有工人可能提供较少的劳动,但高工资率同时会吸引新的工人。因此总的劳动的市场供给曲线一般来说还是随着工资率的上升而增加,这就意味着,劳动的供给曲线是向右上方倾斜的。如图 10-6 所示。

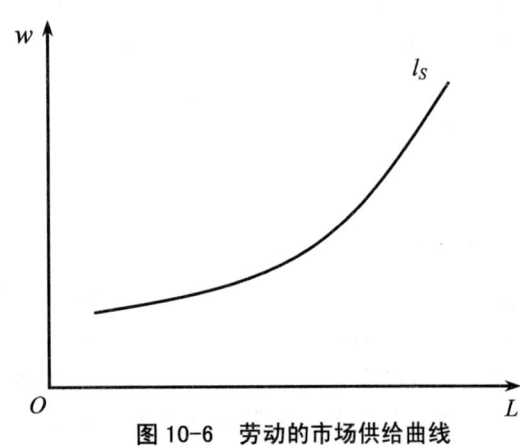

图 10-6 劳动的市场供给曲线

2. 其他要素的市场供给

厂商在生产过程中所使用的生产要素，通常划分为劳动、资本、土地和企业家才能。与劳动的供给相比，对其他三类要素供给的影响因素各有不同，其供给曲线也有着自身的特点。下面我们分别分析资本、土地和企业家才能的供给。

(1) 资本的供给

资本分为财货资本（或称资本物）和货币资本。资本财货一般都是生产出来的，包括机器、设备、原材料等。厂商利用资本财货生产商品和劳务。为适应市场竞争和科学技术进步，各行各业都不断增加资本，投资增加了社会资本总量。资本财货有别于土地，因为资本财货是由人们生产出来的生产物，而土地是自然界赋予我们的生产要素。

资本财货的供给曲线与一般最终商品的供给曲线一样，是向右上倾斜的，它取决于资本财货的生产成本。在短期内，经济社会的资本（资本财货）总量（指机器、设备、厂房等）基本上是不变的，因此资本的短期供给曲线缺乏弹性。在长期内，经济社会的资本总量可以调整，新的资本财货可以添置，从而增加资本的总量。如果资本财货在相同价格下尽可能多地生产供给，那么资本供给曲线几乎完全富于弹性；如果资本财货只有在较高价格下才能增加，那么资本供给曲线缺乏弹性。

货币资本不是生产出来的，其供给主要取决于借贷资本的供给，也就是取决于与一定利息率相关的储蓄的大小。在利息率一定时，收入越高，储蓄就越多；在收入一定时，利息率越高，一定收入中用于储蓄的部分也就越多，人们愿意提供的货币资本也就越多。把货币资本的供给看作是利息率的函数，利息率越高，就意味着持有货币的机会成本越高，使用货币资本就必须支付更高的报酬。因此，货币的供给曲线与资本财货的供给曲线一样，是向右上倾斜的，如图10-7所示，纵轴为利息率水平 i，横轴为货币资本的供给量。不同的是，影响资本财货供给的是其生产成本，而影响货币资本供给的是机会成本。

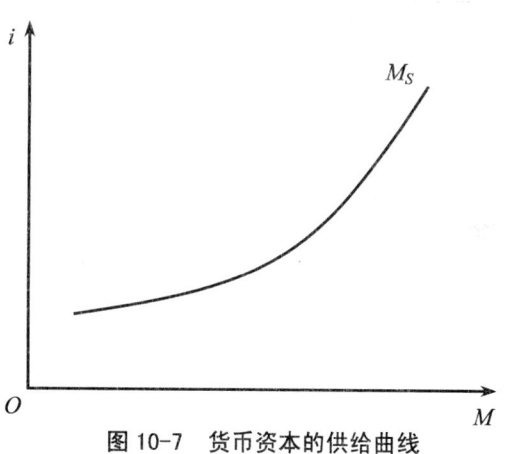

图10-7 货币资本的供给曲线

(2) 土地的供给

作为一种特殊的自然资源，土地的供给量不但有限，而且基本上是不变的。因为土地这一生产要素具有稀缺性、不能移动、不能再生产等特点，只有在特殊情况下才会增加或减少供给量。例如，围海造田可增加土地供给量，耕地沙漠化可减少可耕土地供给

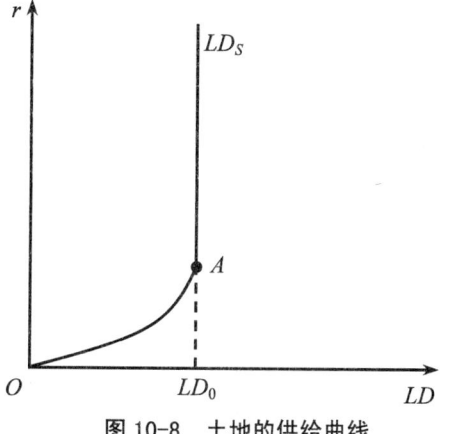

图10-8 土地的供给曲线

量。地租（rent）是土地所有者提供土地获得的报酬。对于个别土地所有者来说，他可以根据地租的高低考虑将土地出租给谁，却不能因地租的提高而提供更多的土地。

这样，把土地的供给量看作地租的函数，土地的供给曲线就是这样一条曲线：最初曲线向右上方倾斜，达到既定数量以后成为价格弹性为零的垂线。如图10-8所示，纵轴表示地租 r，横轴表示土地的数量 LD。在土地尚未充分利用之前，土地的供给量随着地租的提高而增加，土地的供给曲线向右上方倾斜，见图中曲线的 OA 段；在达到土地的数量极限 LD_0 以后，土地的供给量不再随着地租的提高而增加，土地的供给曲线变成垂线，见图中曲线的 A 点以上部分。

案例10.3　影响中国房地产市场价格的主要因素

房产交易已经成为当今社会的热门话题，尤其是房价已成为人民关注的焦点。影响中国房地产市场价格的因素有哪些呢？

首先，土地资源的特性及其与房地产的关系决定了土地价格与房地产价格的相互依赖性。土地具有稀缺性、不可移动性、不可再生性等特征，这些特征决定了土地供给的稀缺性和有限性。由于房地产必须固着在土地上，因此房地产也具有位置的固定性和不可移动性等特征，并且房地产的价格也天然地和土地价格互相作用、互为因果。当前我国土地的供给具有政府高度垄断的特征，政府垄断土地供应的机制主要是土地储备制度和公开招拍挂制度，政府运用市场机制和国家对土地的绝对控制权来调控土地市场供求关系。一方面，本来多头、多渠道的供应与需求呈现平衡状态，被垄断后，市场供应量减少，需求急剧上升，直接引起地价上升；另一方面，政府利用价格杠杆调控市场，引进竞争机制，土地被配置给最优利用者，也就是出价最高者。因此，高土地价格必然推动高房价。

其次，房地产的刚性需求是否仍是决定未来房价上涨的主要因素这一点仍存在争议。部分人士坚持中国房地产市场仍存在"刚性需求"的观点。在近年的房价上涨中，房地产商一直将房地产刚性需求理论当作价格上涨的金科玉律。其含义是不管贫富贵贱，最起码得有个睡觉的地方吧。"刚性需求理论"似乎已是一个放之四海而皆准的真理，它在任何时候都可以证明一个地方房地产市场的光明前景。中国房地产及住宅研究会副会长顾云昌也表示："中国的楼市正处在一个成长性的阶段，我们的城市化进程、旧城改造和现有人均住房面积都决定了中国的楼市存在很大的刚性需求，发展空间很大。"房地产商潘石屹表示，将楼市销售量恢复的原因归结于个别人或房地产商的炒作，"太高抬了房地产商"。

另外一些人士则认为中国房地产市场的需求特别是商品房的需求是弹性需求。如有人指出，房产可以分为以下几类：商品房、经济适用房、廉租房、福利房和二手房。商品房只是房产各种形式中的一种。开发商巧妙地偷换了房产的概念，他们宣称的房产就是商品房，买房就是买商品房，房产的刚性需求理论就是商品房的刚性需求理论。实际上，老百姓买房子的选择不仅限于商品房，还可以选择经济适用房、廉租房、福利房和二手房。因此，商品房的需求是弹性需求，可以被替代，不是刚性需求。经济学家易宪容则表示，目前国内房地产商或某些人讨论房地产时，一般会把房屋需要与房屋需求混为一谈。住房的需求其实是指住房的有效需求。它如商品的有效需求一样，不仅反映了个人对商品的需要，而且必须有经济支付能力。如果一个人没有一定的支付能力，他对住房的期望值有多高，都无法把个人对住房的需要转化为住房的需求。因此，房地产的刚性需求就得建立在民众有能力购买得起住房的基础上，建立在民众的对住房购买的支付能力的基础上，离开这点那只是住房需要或潜在需求而不是现实的住房需求，也不是住房的有效需求。有网友则指出，一种需求即便是刚性的，但要实现也是有条件的，老百姓讲个人经济条件，政府讲全局条件，只有条件具备，这种需求才是可以实现和释放的；条件不具备，再刚性那也只是潜在需求。房地产商会会长聂梅生针对房地产改革10年后市场困局表示，房地产改革已经10年了，中国人均住房面积也达到28平方米，老百姓的住房问题多少已经得到解决。不能总讲刚性需求，事实上，目前的需求已经相当弹性。光靠首次购房的人群已经很难支撑这个市场。

最后，房地产市场结构特征维持和推动了房价居高不下的趋势。近年来，有些学者用市场集中度、房地产差异性、房地产业进入壁垒等指标对我国房地产市场结构进行了研究后认为，目前我国房地产市场结构呈现区域性寡头垄断的特征。正是由于我国房地产市场的区域垄断性，房地产市场的价格竞争方式主要为垄断定价、价格歧视和价格合谋，而非价格竞争则以概念差异化、服务差异化和品牌差异化为主。房地产市场的寡占影响了市场上正常的竞争活动，市场调节作用失灵，最终将影响房地产市场的长期健康发展和居民福利水平的提高。因此，政府应积极发挥宏观调控作用，采取相应政策与措施，确保我国房地产市场由寡占向竞争的健康方向发展。

资料来源：http://www.022net.com/2009/6-6/50665016276558.html

（3）企业家才能的供给

企业家才能的供给通常被看作是一种高级的劳动供给。由于企业家需要受到较高的教育和特殊训练，因此其成本也是相当高的。同一般工人的劳动相比，企业家才能的供给更依赖其成本，这就使其供给曲线更接近向右上方倾斜的一般商品的供给曲线。

七、生产要素的市场均衡

无论哪一种生产要素，只要其市场需求曲线和市场供给曲线已经确定，该要素的市场均衡价格就由这两条曲线的交点决定。有了要素的市场均衡价格，单个厂商就可以在既定的市场价格下确定自己的最优要素使用量。

与商品市场一样，要素市场上价格与数量的决定是由该市场需求曲线和供给曲线的交点决定的。把要素的供给曲线和需求曲线结合在一起，我们就能得到要素的市场均衡价格和均衡使用量。如图10-9，要素的需求

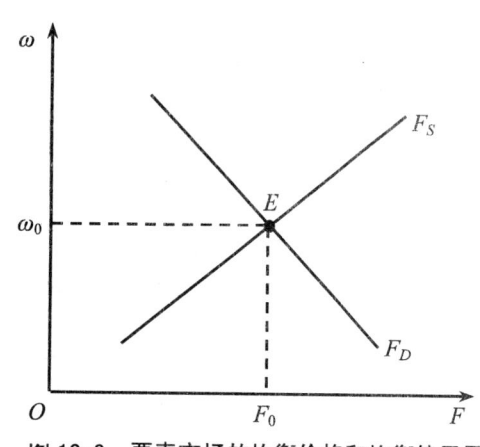

图10-9　要素市场的均衡价格和均衡使用量

曲线 F_D 与要素的供给曲线 F_S 相交于 E 点。E 点对应的要素的均衡价格为 ω_0，要素均衡使用量为 F_0。若要素价格高于均衡价格 ω_0，则该要素市场会出现供过于求，存在要素剩余；相反，若要素价格低于均衡价格 ω_0，则该要素市场会出现供小于求。

第二节 不完全竞争条件下的要素市场分析

同产品市场一样，要素市场也存在不完全竞争。本节以要素市场存在垄断为例分析不完全竞争条件下要素市场的特征。我们分厂商在要素市场处于买方垄断地位和要素供给者在要素市场处于卖方垄断地位两种情况进行分析。

一、买方垄断的要素市场

厂商在要素市场处于买方垄断地位，是指厂商独有对要素的需求。这种垄断有两种形式：一是厂商在其生产的产品市场上处于完全竞争而在要素市场处于买方垄断；二是厂商既在其生产的产品市场上处于卖方垄断又在要素市场处于买方垄断。为了简化分析，下面的分析仍以劳动这一种可变要素为例。

1. 边际要素成本与要素价格的关系

假定一个厂商是劳动市场上的唯一买主，那么该厂商所面对的曲线便不再是一条水平线而是一条向右上方倾斜、具有正斜率的曲线，如图 10-10 中的曲线 L_S 所示。这是因为：当厂商使用较少的劳动时，由于劳动者之间的竞争激烈，他可以支付较低的工资率；随着厂商劳动使用量的增加，劳动供给者之间的竞争减弱，这时他就必须支付更高的工资率了。

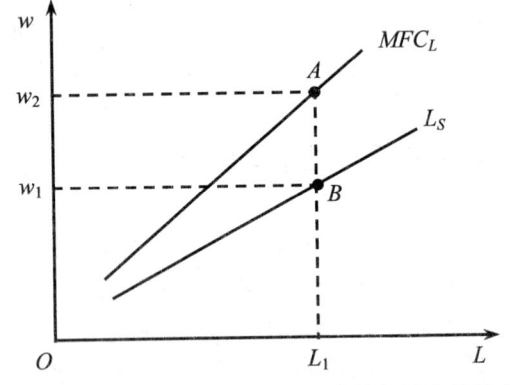

图 10-10 要素的边际要素成本曲线与要素供给曲线

劳动的供给曲线表示对不同水平的劳动投入量与劳动价格（即工资率）之间的关系，工资就是劳动投入的平均开支或平均成本。而劳动的边际要素成本是指增加一单位的要素使用量所带来的要素总成本的增量。增加一单位劳动投入时所带来的总成本的增加是高于劳动的价格——工资率（即劳动投入的平均成本）的，因为所有先前雇佣的劳动也都要以新的、更高的工资率来支付。

这样，劳动的边际要素成本就大于劳动的价格——工资率：$MFC_L > w$，劳动的边际要素成本曲线 MFC_L 位于劳动的供给曲线 L_S 之上，如图 10-10 所示。例如，当厂商的劳动

使用量为 L_1 时，劳动的边际要素成本 w_2 大于劳动的价格（工资率）w_1。

2. 完全竞争的产品市场和买方垄断的要素市场

厂商取得利润最大化时对要素的使用原则是：$MFC = MRP$，在劳动的边际要素成本曲线 MFC_L 与其边际收益产品曲线 MRP_L 的交点，厂商的劳动使用量达到了最优。如图10-11所示，在产品市场完全竞争与要素市场买方垄断的条件下，劳动的边际要素成本曲线 MFC_L 与其边际收益产品曲线 MRP_L 交于 E 点，厂商的劳动使用量为 L_0。而根据劳动的供给曲线，劳动的供给量为 L_0 时，劳动供给者所要求的工资率为 w_0。

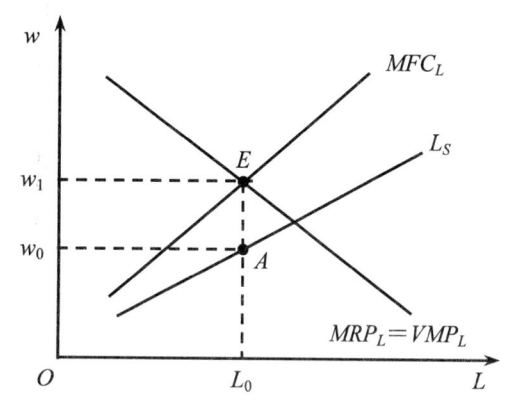

图10-11 完全竞争的产品市场和买方垄断的要素市场

可见，当厂商在要素市场处于买方垄断的地位时，所支付的要素价格小于要素的边际要素成本。当然，因为此时边际要素成本与边际收益产品相等，要素价格也小于要素的边际收益产品。即图10-11中，要素价格 w_0 小于边际要素成本和边际收益产品 w_1。

3. 卖方垄断的产品市场和买方垄断的要素市场

当厂商在产品市场上处于卖方垄断的地位时，要素的边际收益产品在所有产量水平上都小于其边际产品价值：$MRP < VMP$；当厂商在要素市场处于买方垄断的地位时，要素的价格小于其边际要素成本：$w < MFC$。当厂商在产品市场上处于卖方垄断且在要素市场处于买方垄断时，他就是一个双重的垄断者，如图10-12所示。

在图10-12中，劳动的边际收益产品曲线 MRP_L 与其边际要素成本曲线 MFC_L 交于 E 点，决定厂商的最优要素购买量为 L_0，工资率为 w_0。此时的劳动使用量远远低于产品市场和劳动市场均是完全竞争条件下的劳动使用量，而工资率也低于两市场完全竞争条件下的工资率。

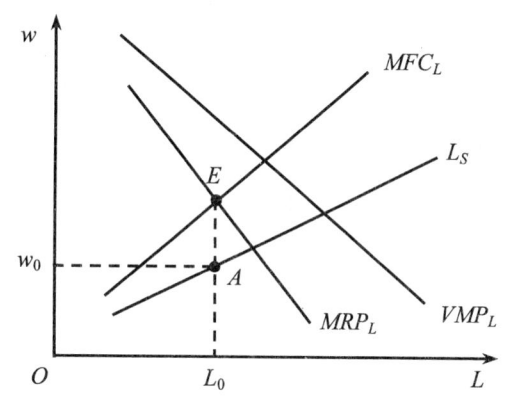

图10-12 卖方垄断的产品市场和买方垄断的要素市场

4. 垄断剥削

当厂商在要素市场处于买方垄断或在产品市场处于卖方垄断地位时，他所支付的要素价格就会小于要素的边际产品价值，这就意味着厂商对要素的所有者存在"剥削"，称为垄断剥削（monopolistic exploitation）。

厂商的垄断剥削有两部分：一部分是在产品市场上的卖方垄断剥削，一部分是在要素市场上的买方垄断剥削。如果厂商既在产品市场上处于卖方垄断地位，又在要素市场上处于买方垄断地位，那么他会拥有两部分的垄断剥削。

如图 10-13 所示，厂商在产品市场和劳动市场均处于垄断地位时，其均衡点为 E 点，厂商支付的劳动价格是 w_0。如果厂商在劳动市场是完全竞争的而在产品市场是卖方垄断的，劳动的需求曲线 D_L 就是其边际收益产品曲线 MRP_L，劳动的供给曲线 L_S 与劳动的边际要素成本曲线 MFC_L 重合，此时

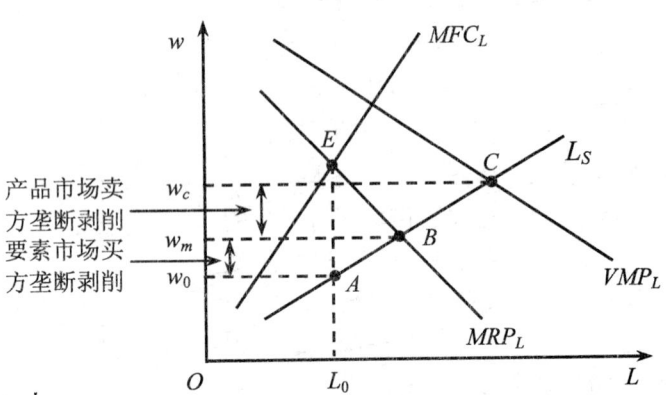

图 10-13　产品市场卖方垄断剥削与要素市场买方垄断剥削

的均衡点为 B 点，厂商支付的要素价格是 w_m[①]。如果厂商在要素市场和产品市场均是完全竞争的，劳动的需求曲线 D_L 就是其边际产品价值曲线 VMP_L（与其边际收益产品曲线 MRP_L），劳动的供给曲线 L_S 与其边际要素成本曲线 MFC_L 重合，此时的均衡点为 C 点，厂商支付的要素价格是 w_c。

 案例 10.4　棒球队员市场的买方垄断势力

在美国，棒球联合总会不受反托拉斯法的制约，这是不把反托拉斯法应用于劳动市场的最高法院决定和国会政策的结果。这一反托拉斯法豁免使棒球队所有者（在 1975 年前）能操纵一个垄断买主卡特尔。像其他所有卡特尔一样，这个卡特尔也依靠所有者之间的协议。它包括队员的年度挑选以及一个保留条款，该条款有效地使队员一生限制在一个球队，从而消除了大多数球队间对球员的竞争。在这一保留条款下，一旦一个球员被一个球队挑中，他就不能为另一个球队打球，除非权利转卖给那个球队。结果，棒球队所有者在与他们队员签订新合同时具有垄断势力——球员不签协议的唯一选择就是放弃比赛，或者到美国之外去打球。

在 20 世纪 60 年代和 70 年代初期，棒球队员的工资大大低于他们边际产出的市场价值（这一价值部分地由较好的安打或投手带来的注意力增加所决定）。例如，在 1969 年，球员得到的工资大约是 42000 美元，但是如果市场完全竞争的话，他们会得到 300000 美元的工资。

对球员来说幸运而对所有者来说不幸的是，1972 年，有一位球员（圣·路易斯卡狄纳斯队的柯特·富莱德）诉讼之后发生了罢工，并有了一项仲裁的劳动管理协议。这一进程最终在 1975 年导致达成一项协议，它使棒球队员在为一个球队打满六年之后能够成为自由

---

① w_m 的下标 m 表示垄断（monopoly），下文提到的另一工资率 w_c 的下标 c 表示竞争（competition）。

代理人。保留条款不再有效,一个高度买方垄断的劳动市场变得更有竞争性了。

这一结果是劳动市场经济学的有趣试验。在1975～1980年之间,棒球队员市场调整到了一个新的后保留条款均衡。在1975年以前,队员合同上的支出占了所有球队大约25%的支出,到了1980年,这些支出增加到40%。而且,队员的平均实际工资增加了一倍。到1992年,棒球队员平均收入为1014942美元,与60年代后期买方垄断的工资相比,是令人不可置信的增长。(例如,在1969年,棒球队员的平均工资大约是42000美元。经通货膨胀调整后,这一工资在1992年大约是160000美元。)

资料来源:R.S.平狄克,D.L.鲁宾费尔德.经济学原理(微观经济学分册)(第5版),第541-542页

二、卖方垄断的要素市场

卖方垄断的要素市场是指要素的所有者作为要素的卖方是垄断者。例如,劳动者都被组织在一个工会中,那么工会就垄断着劳动市场的供给方面。这种垄断也有两种形式:一是厂商在要素市场的需求中处于完全竞争的地位;二是厂商在要素市场的需求中也处于买方垄断的地位。下面以劳动市场的卖方垄断——即工会组织为例来分析这两种垄断形式。

1. 工会对劳动市场的单边垄断

假定厂商既不是要素市场上的买方垄断者,又不是其产品市场上的卖方垄断者,而劳动者却是由工会组织在一起的,它是要素市场上的卖方垄断者。如图10-14所示,劳动的市场需求曲线为L_D,它是从单个厂商的需求曲线加总而来的劳动边际收益成本曲线MRP_L(如果厂商在产品市场上是完全竞争的,该曲线即边际产品价值曲线VMP_L)。这条曲线对工会来说,则是劳动的平均收益曲线AR_L。

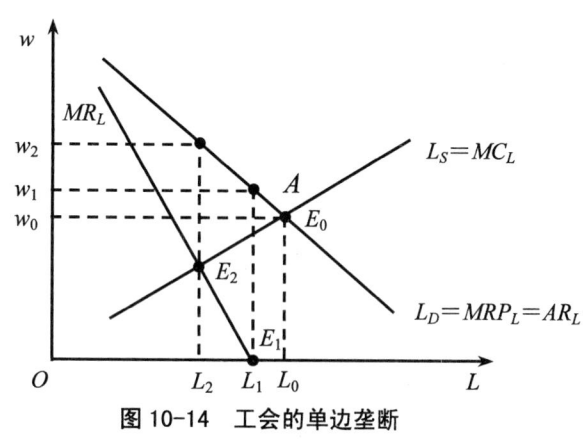

图10-14 工会的单边垄断

从AR_L曲线可推导出工会的劳动的边际收益曲线MR_L①。劳动的供给曲线为L_S,从工会角度看,劳动者的劳动供给曲线L_S就是提供劳动的边际成本曲线MC_L,因为工会愿意提供最后一单位劳动所获的收益即工资率,应等于提供最后这一单位劳动的成本及劳动的边际成本。

在上述假定条件下,工资率的确定将依赖于工会的目标。西方经济学家认为,工会的目标一般有三个:就业量最大化、总工资最大化和总收益最大化。

---

① 为了避免与产品的收益和成本的概念相混淆,在论及劳动的收益和成本时加一个下标L,例如,劳动的边际收益、边际成本、平均收益和平均成本分别写为MR_L、MC_L、AR_L和AC_L。

最大就业量是由劳动的需求曲线 L_D 和劳动的供给曲线 L_S 的交点 E_0 确定的。工会将把工资率定为 w_0，在此工资率下的就业量 L_0 为最大。如果此时厂商处于产品市场完全竞争的条件下，那么就业量 L_0 就是利润最大化的劳动投入量，会使劳动的边际产品价值等于边际收益产品，也等于工资率。

如果工会的目标是总工资收入（即劳动的总收益）的最大化，它就会把工资率确定在劳动的边际收益 MR_L 等于零（劳动的总收益取得极值的条件）的就业水平上。工会将在 E_1 点达到工资最大化，这时的工资率降为 w_1，就业量为 L_1，总工资为 $w_1 \times L_1$，等于矩形 w_1OL_1A 的面积。

为达到工会总利润的最大化，也就是其总工资收入减去其提供劳动的总成本以后的余额最大化，工会将根据工会的边际成本等于其边际收益（$MC_L = MR_L$）的原则来确定工资率。这时，工会的均衡点为 E_2，工资将确定在 w_2 的水平上，就业量将为 L_2。

2. 双边垄断

如果不仅所有的劳动者都被组织在一个大工会中，而所有的厂商也都被合并为一个大厂商，那么在劳动市场上就存在着两个垄断者：一个是厂商，它垄断着劳动市场的需求方面；另一个是工会，它垄断着劳动市场的供给方面。

在这种双边垄断（bilateral monopoly）模型中，工资率将由双方的讨价还价来决定，模型只能确定工资率的上限和下限，却不能确定工资率的值。工资率的确定值，在很大程度上依赖于双方讨价还价的能力、工会和厂商在政治上和经济上的力量对比以及其他一些因素。

如图 10-15 所示，买方垄断厂商的需求曲线为 L_D，它是厂商所需劳动投入的边际收益产品曲线 MRP_L。从卖方垄断工会的角度说，L_D 曲线是其平均收益 AR_L 曲线，即 $L_D = AR_L$，因为厂商为使用一定量劳动而支付的价格就是劳动者提供该数量劳动而得到的价格（即劳动的平均收益）。根据劳动的平均收益曲线 AR_L 可以推导出劳动的边际收益曲线 MR_L，它低于劳动的平均收益曲线。厂商面对的劳动供给曲线是向右上方倾斜

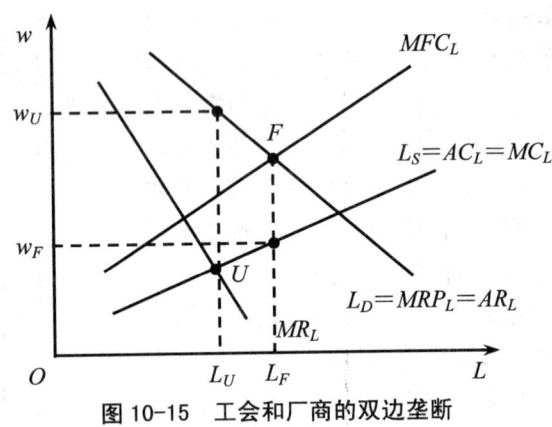

图 10-15　工会和厂商的双边垄断

的 L_S 曲线，该曲线表示厂商用于劳动投入的平均成本 AC_L。根据 AC_L 可推导出厂商花在劳动上的边际要素成本 MFC_L。

厂商要实现利润最大化，它就必须根据劳动的边际要素成本等于劳动边际收益产品（即 $MFC_L = MRP_L$）的原则确定劳动使用量及其价格。所以 F 为厂商利润最大化的均衡点，厂商利润最大化的选择是雇佣 L_F 的劳动量，并以 w_F 的工资率来支付。但对于作为劳动供给垄断者的工会来说，其最大"利润"的均衡点是 U 点，在 U 点处劳动的边际收益等于其边

际成本，工会希望以 w_U 的工资率提供 L_U 数量的劳动①。

厂商希望的工资率 w_F 是劳动价格的下限，这一价格只有在劳动要素的卖方处于完全竞争时才能实现；工会希望的工资率 w_U 是劳动价格的上限，这一价格只有在劳动市场的买方处于完全竞争时才能实现。所以，在双边垄断的情况下，工资率将在 w_F 和 w_U 之间。

本章结束语

（1）生产要素是指生产最终产品所必需的各种资源，主要可分为劳动、资本、土地和企业家才能四类，各自的价格分别称为工资、利息、地租和利润。所有要素的价格乘以各自的数量，其总和就构成了一个社会的收入总量。要素价格是指该要素在一定时间内所提供服务的价格。

（2）边际收益产品是指由于厂商增加一单位生产要素所引起的总收益的增加量，等于边际收益与边际产量的乘积；边际要素成本是指由于厂商增加一单位生产要素所引起的总成本的增加量，等于边际成本与边际产量的乘积。厂商在要素市场上的利润最大化原则是要素的边际收益产品等于边际要素成本。

（3）边际产品价值是指由于增加一单位生产要素所引起的销售值的增加量，等于边际收益与产品价格的乘积。由于在完全竞争的产品市场上，边际收益产品等于边际产品价值；在完全竞争的要素市场上，边际要素成本等于要素价格，所以在产品市场和要素市场均是完全竞争的条件下，厂商取得利润最大化时对要素的使用原则可表述为边际产品价值等于要素价格。

完全竞争条件下，单要素可变时，单个厂商的要素需求曲线即是劳动的边际产品价值曲线；多要素可变时，任何一种可变要素的需求曲线，都是该要素的水平的价格曲线与发生相应变动后的该要素边际产品价值曲线之交点的轨迹。一种生产要素的市场需求曲线由单个厂商对该要素的需求曲线水平加总时必须考虑产品价格下降的因素。

（4）一般来说，要素的供给曲线是向右上方倾斜的，因为随着要素价格的上升，个人愿意供给的要素数量是增加的，整个市场的要素供给曲线可以通过把所有个人的要素供给曲线水平相加得到。为了实现效用的最大化，要素供给者个人要使该要素供给的边际效用等于要素留用的边际效用。在完全竞争的要素市场上，厂商面对的是一条水平的要素供给曲线。由于工资率增加的替代效应和收入效应，个人的劳动供给曲线向后弯曲。劳动的市场供给曲线是所有单个消费者劳动供给曲线的水平相加，呈现向右上方倾斜的特征。

把要素的供给曲线和需求曲线结合在一起，就能得到要素的市场均衡价格和均衡使用量。既然要素的市场价格是由要素的市场供求确定的，把厂商面对的要素需求曲线与边际要素成本曲线结合起来，就可以确定厂商最优的要素使用量。

在产品市场卖方垄断的条件下，要素的边际收益产品在所有产量水平上都小于其边际产品价值：$MRP < VMP$；在要素市场完全竞争的条件下，要素的边际要素成本仍等于要素

---

① w_U 和 L_U 的下标 U 表示工会（labor union），w_U 和 L_U 两者分别表示工会希望的工资率和劳动使用量；w_F 和 L_F 的下标 F 表示厂商（firm），w_F 和 L_F 两者分别表示厂商希望的工资率和劳动使用量。

价格，即 $MFC = \omega$，单个厂商对要素的需求曲线仍然是要素的边际收益产品 MRP 曲线，但已不再是要素的边际产品价值 VMP 曲线。因为厂商是根据 $MFC = MRP$ 的原则来调整对要素的需求的，所以卖方垄断厂商对要素的使用量要小于完全竞争厂商对要素的使用量。

（5）不完全竞争的要素市场可分为两种情况：一是厂商在要素市场处于买方垄断地位，即厂商独有对要素的需求；二是要素的供给者在要素市场处于卖方垄断地位，即要素的供给者独有对要素的供给。

厂商在要素市场是买方垄断时，要素的边际要素成本就大于要素价格，要素的边际要素成本曲线 MFC 位于要素的供给曲线 F_S 之上。当厂商在要素市场处于买方垄断或产品市场处于卖方垄断地位时，他所支付的要素价格就会小于要素的边际产品价值，这就意味着厂商对要素的所有者存在垄断剥削。

卖方垄断的要素市场也有两种形式：一是厂商在要素市场的需求中处于完全竞争的地位；二是厂商在要素市场的需求中也处于买方垄断的地位，即双边垄断。以劳动市场的卖方垄断——即工会组织为例，工会对劳动市场单边垄断时，工资率的确定将依赖于工会的目标；双边垄断中，工资率将由双方的讨价还价来决定。

关键词： 要素价格　工资　边际收益产品　边际要素成本　边际产品价值　引致需求　共同需求　双边垄断

复习思考题

1. 在完全竞争的要素市场上，厂商对劳动的需求为什么取决于 $VMP = w$？
2. 劳动供给曲线向后弯曲的原因是什么？
3. 要素使用原则和利润最大化原则有何关系？
4. 假定一厂商既在其生产的产品市场上处于卖方垄断又在要素市场处于买方垄断地位，只使用一种可变投入要素劳动 L 去生产一种产品，生产函数为 $Q = 2 \cdot L^{1/2}$，所生产产品的需求函数为 $P = 260 - 4 \cdot Q$，面对的劳动供给函数为 $P_L = 4 \cdot L^{1/2} + 60 \cdot L^{-1/2}$，其中 P、Q 和 P_L 分别表示产品的价格、产品的产量和劳动的价格。已知厂商的固定成本为 500 元。

试求：

（1）该厂商的最大利润；
（2）该厂商利润最大时，劳动的使用量、产品的产量和产品的价格；
（3）该厂商利润最大时，劳动的边际收益产品和边际产品价值；
（4）该厂商利润最大时，劳动的边际要素成本和劳动的价格。

第十一章

一般均衡与福利经济学

> ◇ **内容提要** ◇
>
> 前面章节中对商品市场和要素市场的分析采用的是局部均衡分析方法。本章将生产的均衡过程与消费的均衡过程联系在一起,将资源分配与收入分配联系在一起,分析所有市场共同均衡的过程以及这一过程中所有价格的共同决定问题。福利经济理论依据不同的社会福利标准对现实不同的经济状况进行判断,确定社会福利最大的条件。其目的是评价一个经济体系的运行及其结果的优劣,并研究如何改善社会的经济福利。

 案例 11.1　　经济学家的赌博

有两位经济学家,一位是马里兰州立大学的朱利安·西蒙(Julian Simon),另一位是斯坦福大学的保罗·埃尔里奇(Pawl Ehrltch)。在关于人类前途问题上,埃尔里奇是悲观派,认为由于人口爆炸、食物短缺、不可再生性资源的消耗、环境污染等原因,人类前途不妙。西蒙是乐观派,认为人类社会的技术进步和价格机制会解决人类发展中出现的各种问题,人类前途光明。他们两人的这些观点代表了学术界对人类未来两种根本对立的观点。这个争论事关人类的未来,也格外受世人关注。他们谁也说服不了谁,决定赌一把,核心问题是关于不可再生资源是否会消耗完的问题。不可再生性资源是消耗完就无法再有的资源,如石油、煤及各种矿石等。这种资源在地球上的储藏量是有限的,越用越少,总有一天这种资源会用完。悲观派埃尔里奇的观点是,这种资源迟早会用完,这时人类的末日就快到了。这种不可再生性资源的消耗与危机,表现为其价格大幅度上升。乐观派西蒙的观点是,这种资源不会枯竭,价格不但不会大幅度上升,还会下降。

他们两人选定了 5 种金属:铬、铜、镍、锡、钨。各自以假想的方式买入 1000 美元的等量金属,每种金属各 200 美元。以 1980 年 9 月 29 日的各种金属价格为准,假如到 1990

年9月29日，这5种金属的价格在剔除通货膨胀的因素后如果上升了，西蒙要把总差价支付给埃尔里奇。这场赌博需要的时间真长。到1990年，这5种金属无一例外地跌了价，埃尔里奇输了，教授还是守信的，埃尔里奇把自己输的57607美元交给了西蒙。

　　本案例中两位经济学家对不可再生资源所持观点实际上取决于他们所用的分析方法，埃尔里奇用的是局部均衡分析法，西蒙采用的是一般均衡分析法，而且是动态的。局部均衡分析法通常假定某一产品（或要素）的需求和供给只取决于其自身的价格，不考虑其他市场的影响，因而这种方法隔绝了各类市场之间的联系。一般均衡分析法通常认为各种市场之间存在着不可忽略的联系，一种产品（或要素）的价格变动会影响其他产品（或要素）的价格变动；反过来，它们又影响该产品（或要素）的价格。因此，本案例中这两位经济学家赌博的最终输赢实际上是这两种分析法之间的输赢，是这两种分析方法哪一种更接近经济生活现实的问题。埃尔里奇最终在这场赌博中输给了西蒙，证明一般均衡分析法比局部均衡分析法更接近经济现实。

　　从一般均衡分析角度出发，我们可以对很多问题保持正确且乐观的态度。以土地为例，如果土地的价格过高，那么就会出现土地替代品，比如，会发展起高屋楼房，会填海造地，会向还没有被开发的土地扩展等等。如果地球上的土地价格实在太高，那么，开发月球土地资源就会顺理成章与有利可图。总之，只要土地价格过高，就会出现土地的替代品，从而使土地价格保持相对稳定。同样，在对待水资源匮乏的问题上我们也无需悲观，依靠价格机制可以解决水资源短缺的问题。如果能够保证水价大幅度提高，到一定程度时海水淡化、废水重新利用等都有利可图的，水的供给就会增加。同时，水价上升能使人们节约用水，减少需求。比如，当水价较低时，用滴灌技术代替大水漫灌是不经济的，但当价格涨到一定程度，人们就会自觉采用滴灌技术，因为这样做有利可图。水价上升不仅会使已发明的各种节水技术得以利用，同时也能刺激新的节水技术的出现。照此推理，解决水资源危机的核心方法就是保证价格机制的正常运行。

资料来源：梁小民.经济学家的赌博.万象，2003（1）；金雪军.西方经济学案例.浙江大学出版社，2004年版

第一节　一般均衡分析

　　前面章节中对商品市场和要素市场的分析，都是局部均衡分析的范畴，具体方法是把所考虑的某个市场（商品市场或要素市场）从相互联系的整个经济体系中分离开来进行分析。然而整个经济是一个相互联系的整体，单个市场的变化会影响到整个经济的全局。因此有必要把各个市场的变化以及相互之间的影响联系起来，考虑所有市场共同达到均衡的过程及其条件，这就是一般均衡的分析方法。根据这一方法建立的理论就是一般均衡理论（general equilibrium theory）。

一般均衡理论是由在瑞士洛桑学院任教的法国经济学家瓦尔拉斯（Walras）于19世纪70年代创立的。瓦尔拉斯认为，任何一种商品的价格都不能单独由其市场供求关系决定，而必然会受到其他市场供求关系的影响。只有将所有市场联系在一起共同考虑它们的价格决定，才能建立较完整的价格理论。他把所有的市场供求都相等的经济状态称为"一般均衡（general equilibrium）"，并将所有市场的供求均衡等式组成一个庞大的方程组，然后求出所有商品的价格解。19世纪末，马歇尔（Marshall）建立了以局部均衡分析为基础的价格理论。直到20世纪30年代，这两种理论一直被看作是互不相干、各自独立的价格理论。1939年，英国经济学家希克斯（Hicks）出版了他的《价值与资本》一书，用局部均衡分析方法去研究一般均衡问题，简化和丰富了一般均衡理论，并在局部均衡分析与一般均衡分析之间架起了一座桥梁。由于希克斯的方法简单易懂，所以在当代西方经济学教科书中多采用他的方法来说明一般均衡理论。

一、一般均衡的含义

任何一个市场中的变量发生变动都会引起其他市场中变量的变化，并最终还会反馈到原来的市场。比如，某种汽车价格和需求发生变动将立即引起钢、玻璃、橡胶等要素的供求和价格的变动，并影响到汽车行业的工资收入和其他行业的收入，进而波及汽油和交通运输等行业需求和价格的变化，使整个经济体系的所有价格或多或少都受到影响。所以说，在消费者追求效用最大、生产者追求利润最大的前提下，无论是商品市场还是要素市场，只要任一价格发生变动，有关市场就会发生一系列变动和再变动，直到各个市场同时达到均衡为止。这样一来，分析商品市场和要素市场同时达到均衡的过程和条件就是一般均衡理论。

如果经济处于完全竞争条件下，所有市场上的买者和卖者都是价格的接受者，当经济中出现一组价格（包括所有商品和要素的价格在内），能使所有消费者对商品组合的选择和生产者对投入—产出组合的选择都满足下列条件时，整个经济便达到了一般均衡状态：

（1）每一消费者都在其既定的收入下达到了效用最大化；
（2）每一厂商都在其生产函数决定的投入—产出组合下达到了利润最大化；
（3）所有市场同时出清，即各自的供求都相等；
（4）每一厂商都只获得正常利润，即其经济利润为零。

上述的每一条件都在前面详细讨论过，但现在这些条件不是单独而是同时存在的。当这些条件同时存在时，就意味着经济处于一般均衡状态。第一、第二两个条件是说消费者和厂商必须处于均衡状态。消费者的均衡意味着需求将会稳定在某一水平上，而厂商的均衡则意味着供给已经稳定于某一水平。第三个条件保证了所有市场的供求相等，它意味着所有市场都有一稳定的价格。第四个条件则意味着经济中不再有市场上扩大或减少其产量的动机。

一般均衡状态的实现有两个重要的假定前提：一是市场完全竞争的假定；二是资源具有稀缺性的假定。前者至少在理论上保证了市场机制的充分作用，从而使一般均衡状态能够实现；后者则把资源的分配和经济效率问题引入经济活动之中，从而使一般均衡过程的研究具有了必要性。

为了便于对一般均衡理论的理解，我们分别对交换的一般均衡与生产的一般均衡进行分析，在此基础上分析交换和生产同时达到均衡的情况。

二、交换的一般均衡分析

1. 交换的均衡过程和条件

交换的一般均衡（general equilibrium of exchange）是指在社会生产状况和收入分配状况既定条件下，消费者之间通过交换商品达到效用最大化的均衡状况。下面我们以两个消费者和两种商品的交换为例分析这一均衡的过程和条件。

假定仅有两个消费者 A、B 和两种商品 X、Y，A、B 两个消费者分别消费 X 和 Y 的数量为：x^A 和 y^A、x^B 和 y^B。假定 X 和 Y 的产量已经确定为 x_0 和 y_0，我们可由埃奇沃思盒状图①（Edgeworth box diagram）分析二者对 X、Y 两种商品进行交换达到一般均衡（即效用最大化）的过程和条件。

如图 11-1 所示，交换的盒状图显示了商品在消费者之间的分配情况。该盒状图的长为 X 商品的既定产量 x_0，宽为 Y 商品的既定产量 y_0。盒状图的左下角为消费者 A 分配 X 和 Y 的原点，右上角为消费者 B 分配 X 和 Y 的原点。$A_1 \sim A_5$ 是一组消费者 A 所得到效用的无差异曲线，凸向原点 O_A，$B_1 \sim B_5$ 是一组消费者 B 所得到效用的无差异曲线，凸向原点 O_B。图中任何一点都表明两种商

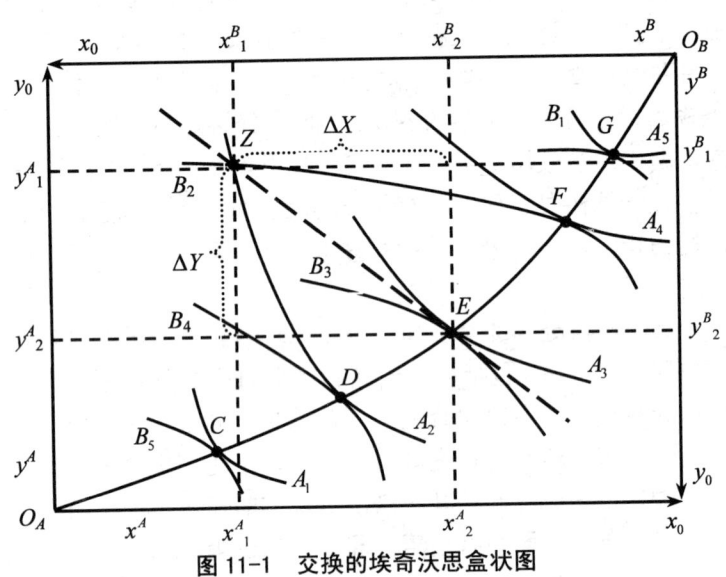

图 11-1 交换的埃奇沃思盒状图

品 X 和 Y 在两个消费者 A、B 之间的分配。如 Z 点表明：消费者 A 有 x_1^A 数量的 X 商品和 y_1^A 数量的 Y 商品；消费者 B 有 x_1^B 数量的 X 商品和 y_1^B 数量的 Y 商品。

假定 C 点是消费者 A 和 B 对商品 X、Y 的最初的分配组合。由于在 Z 点无差异曲线 A_2 和 B_2 相交，故无差异曲线 A_2 和 B_2 在 Z 点上的商品 X 对商品 Y 的边际替代率 MRS_{XY} 不等（由两条无差异曲线在 Z 点的斜率不同可知）。若消费者 A 用 $\triangle Y$ 数量的 Y 商品交换消费者 B 的 $\triangle X$ 数量的 X 商品，即 A、B 二者对 X 和 Y 商品的分配由最初的 Z 点通过对 X、Y

---

① 埃奇沃斯盒状图的名字取自英国数理经济学家埃奇沃思（Francis Y·Edgeworth）（1845—1926），是一种用来解释两个经济主体如何在自愿交易中获利的图示方法。

商品的交换移动至 E 点，则消费者 A 的效用水平由无差异曲线 A_2 增加到 A_3，而消费者 B 的效用水平也由无差异曲线 B_2 增加到 B_3。消费者 A 和 B 的效用都从商品的交换中提高了。

假若消费者 A、B 通过 X 和 Y 商品的交换从 Z 点沿着无差异曲线 A_2 移动到 D 点，或者从 Z 点沿着无差异曲线 B_2 移动到 F 点，这样的商品交换结果是：一位消费者的效用增加而另一位消费者的效用不变。若两位消费者的商品交换从 Z 点移动到 D 点和 F 点之间的某处，则两者的效用或多或少都增加了。

交换的埃奇沃思盒状图中，曲线 $O_A CDEFGO_B$ 被称为交换契约曲线（contract curve for exchange），它是两位消费者的无差异曲线切点的轨迹，所以这些切点处两位消费者的无差异曲线的斜率相等。也就是说，交换契约曲线上，消费者 A 和 B 的商品边际替代率 MRS_{XY} 都相等。用 MRS_{XY}^A 表示消费者 A 的 X 商品对 Y 商品的边际替代率，MRS_{XY}^B 表示消费者 B 的 X 商品对 Y 商品的边际替代率，那么，交换（也就是商品的分配）的一般均衡的条件是：

$$MRS_{XY}^A = MRS_{XY}^B \tag{11-1}$$

这时，消费者 A 和 B 通过商品交换由任何不在契约曲线上的一点到达契约曲线上，可使两位消费者的效用水平都得到提高，或者至少一者的效用提高而另一者的效用并未减少。这就是说，只要消费者追求效用最大化，最终总会处于交换契约曲线上的某一点来分配既定数量的商品。

需要指出的是，如果最初表示收入分配的产量分配点已经处于契约曲线上，那么，交换就只能是以一方效用的增加、另一方效用的减少为前提（假定交换是沿着契约曲线进行的），或者是双方的效用减少（如果交换偏离了契约曲线）。

2. 预算约束与商品价格

在完全竞争条件下，消费者的效用最大化行为会保证实现上述式（11-1）所表述的条件。消费者的效用最大化选择是受其预算线约束的。预算线由两个因素构成，一是消费者的收入，二是两种商品的价格比 $\dfrac{P_X}{P_Y}$。现在我们用消费者最初分配到的商品数量，即 X 和 Y 的数量来表示他们的收入。如图 11-1 所示，假定最初商品的分配点是 Z 点，消费者 A 得到 x_1^A 数量的 X 商品和 y_1^A 数量的 Y 商品，消费者 B 得到余下的 $x_0 - x_1^A = x_1^B$ 数量的 X 商品和 $y_0 - y_1^A = y_1^B$ 数量的 Y 商品，他们各自占有的商品数量分别乘以其价格便是他们各自的预算收入。这样，消费者 A 和 B 的收入 I^A 和 I^B 就可写为：

$$I^A = P_X \cdot x_1^A + P_Y \cdot y_1^A \tag{11-2}$$
$$I^B = P_X \cdot x_1^B + P_Y \cdot y_1^B \tag{11-3}$$

图 11-1 中，消费者最初的商品占有量是由分配点 Z 决定的，它位于契约曲线以外，消费者如改变其分配点会使双方的总效用都增加。假定过 C 点与 A_3 和 B_3 相切的直线正好通过 Z 点。如果消费者 A 用 $\triangle Y$ 数量的 Y 商品交换消费者 B 的 $\triangle X$ 数量的 X 商品，就可达到新的商品分配点 E[①]。这时，A、B 双方的效用将在由 Z 点所决定的收入限制下的最高水

[①] 只要两位消费者追求效用最大化，必然会通过交换达到交换的契约线上的某点，我们假定这一点就是 E 点。

平。直线 EZ 为双方共同的预算线，其斜率 $\dfrac{\Delta Y}{\Delta X}$，恰好就是价格比 $\dfrac{P_X}{P_Y}$。

用消费者 A 的例子来说明上述结果。假定消费者 A 达到效用最大化所最终消费的 X 和 Y 的数量分别为 x_2^A 和 y_2^A，于是其预算线可写为：

$$I^A = P_X \cdot x_2^A + P_Y \cdot y_2^A \tag{11-4}$$

但是消费者的收入是由其最初占有商品数量决定的。将消费者 A 的预算约束式（11-2）代入式（11-4），可得：

$$P_X \cdot x_1^A + P_Y \cdot y_1^A = P_X \cdot x_2^A + P_Y \cdot y_2^A$$

移项整理后可得：

$$P_X \cdot \left(x_2^A - x_1^A\right) = P_Y \cdot \left(y_1^A - y_2^A\right) \tag{11-5}$$

式中，$x_2^A - x_1^A$ 恰为图中的 $\triangle X$，$y_1^A - y_2^A$ 恰为图中的 $\triangle Y$，于是式（11-5）可写为：

$$P_X \cdot \Delta X = P_Y \cdot \Delta Y \tag{11-6}$$

即：

$$\dfrac{P_X}{P_Y} = \dfrac{\Delta Y}{\Delta X} \tag{11-7}$$

式（11-7）表明，当收入分配的最初状况是由图 11-1 中的 Z 点所示时，消费者 A 和 B 的效用最大化动机将促使他们用 $\triangle X$ 和 $\triangle Y$ 相交换，而这一比率 $\dfrac{\Delta Y}{\Delta X}$ 恰好就是商品的价格比 $\dfrac{P_X}{P_Y}$，也就是说直线 EZ 的斜率恰好是两种商品的价格比，所以 EZ 线也就是预算线，它确定了两种商品的价格比。如果最初的收入分配点不在 Z 点，也不在 EZ 线上，预算线的斜率就可能变化，这意味着两种商品的价格比会发生变化；消费者需要交换的商品量（ΔX 和 ΔY）也会发生变化，消费者最终分配商品的点也不再是 E 点，而是契约曲线上的其他点。

可见，最初用产量表示的收入分配决定了两种商品的价格比 $\dfrac{P_X}{P_Y}$，而 $\dfrac{P_X}{P_Y}$ 又是两个消费者通过交换达到契约曲线上最终分配点的调节机制。因此，消费者交换的一般均衡条件为：

$$MRS_{XY}^A = MRS_{XY}^B = \dfrac{P_X}{P_Y} \tag{11-8}$$

式（11-8）有两个基本含义：一是两个消费者都在其收入预算的约束下达到了效用最大化；二是两种商品 X_0 和 Y_0 全部被 A 和 B 消费，市场出清。

如果将式（11-8）推广到具有 m 种商品和 n 个消费者的体系，则交换的一般均衡条件可表述为：对于任何两个消费者来说，任何两种商品之间的边际替代率都必须等于这两种商品的价格比。

三、生产的一般均衡分析

生产的一般均衡(general equilibrium of production)是指在技术和社会生产资源总量既定的情况下,厂商之间通过生产资源的配置达到产量最大的均衡状况。下面我们以厂商使用两种生产要素生产两种商品为例分析这一均衡的过程和条件。

1. 生产的均衡过程和条件

假定一个经济体系只使用劳动 L 和资本 K 两种生产要素,只生产 X 和 Y 两种商品,而且劳动和资本的总数量分别为 L_0 和 K_0。其中 L_X、L_Y 分别表示分配给生产 X 和生产 Y 的劳动投入量,K_X 和 K_Y 分别表示分配给生产 X 和生产 Y 的资本投入量。同交换的一般均衡分析一样,仍然借用埃奇沃思盒状图来分析生产的一般均衡(即产量最大化)的过程和条件。

如图 11-2 所示,生产的埃奇沃思盒状图显示了生产要素(劳动和资本)在生产 X 商品和 Y 商品之间的分配情况。该盒状图的长表示劳动的既定数量 L_0,宽表示资本的既定数量 K_0。左下角为生产 X 的资源分配原点,右上角为生产 Y 的资源分配原点。$x_1 \sim x_5$ 是一组生产 X 的等产量曲线,凸向原点 O_X;$y_1 \sim y_5$ 是一组生产 Y 的等产量曲线,凸向原点 O_Y。图中任何一点都表明两种要素 L 和 K 在所生产的两种商品 X 和 Y 之间的分配。

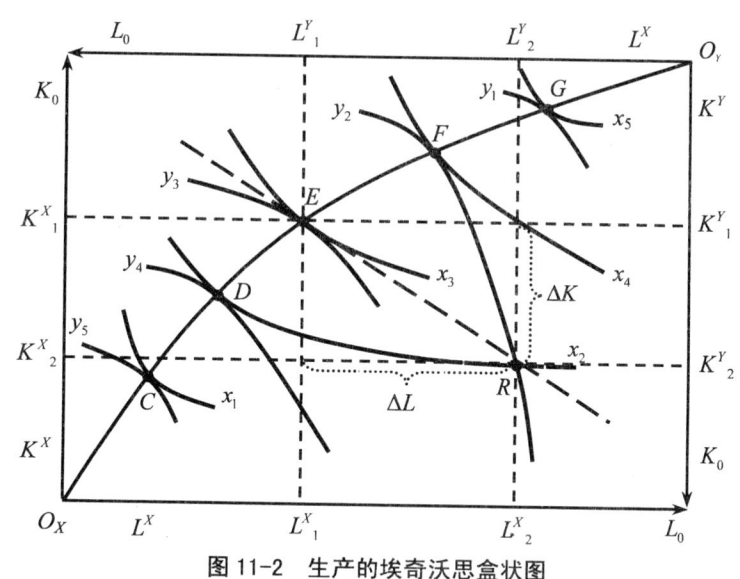

图 11-2 生产的埃奇沃思盒状图

若生产 X 和 Y 商品对既定资源劳动 L 和资本 K 的分配在 R 点,此时,厂商使用 L_2^X 数量的劳动和 K_2^X 数量的资本来生产 x_2 产量的 X 商品;使用 $L_0 - L_2^X = L_2^Y$ 数量的劳动和 $K_0 - K_2^X = K_2^Y$ 数量的资本来生产 y_2 产量的 Y 商品。由于等产量曲线 x_2 的斜率与等产量曲线 y_2 的斜率不相等,所以生产 X 商品的劳动对资本的边际技术替代率并不等于生产 Y 商品的劳动对资本的边际替代率。如果生产两种商品的要素分配沿等产量曲线 x_2 或 Y_2 从 R 点移动到 D 点和 F 点,通过要素的重新配置,增加了一种商品的产量而没有减少另一种商品的产量;若重新分配要素从 R 点移动到 D 点和 F 点之间,则两种商品的产量或多或少都会增加。可见,R 点不是生产商品 X 和 Y 的最佳要素投入配置。若从生产 X 商品中取出部分劳动 $\triangle L$ 用于生产 Y 商品,从生产 Y 商品中取出部分资本 $\triangle K$ 用于生产 X 商品,则两种商品生产的资源配置从 R 点移动到 E 点,X 商品的产量从 x_2 增加到 x_3,Y 商品的产量从 y_2

增加到 y_3。

生产的盒状图中，曲线 $O_XCDEFGO_Y$ 被称为生产契约曲线（contract curve for production），它是两种商品的等产量曲线切点的轨迹，所以这些切点处两种商品的等产量曲线的斜率相等。也就是说，生产契约曲线上，两种要素的边际技术替代率 $MRTS_{LK}$ 都相等。用 $MRTS_{LK}^X$ 表示生产 X 商品时劳动 L 对资本 K 的边际技术替代率，用 $MRTS_{LK}^Y$ 表示生产 Y 商品时劳动 L 对资本 K 的边际技术替代率，那么，生产（也就是要素的分配）的一般均衡条件是：

$$MRTS_{LK}^X = MRTS_{LK}^Y \tag{11-9}$$

这样，既定资源条件下，生产 X 商品的厂商和生产 Y 商品的厂商通过交换一定量的生产要素，可由任何不在契约曲线上的一点到达契约曲线上，这就使两种商品的产量都得到提高，或者至少一种商品的产量提高而另一种商品的产量并未减少。这就是说，只要生产者追求产量最大化，最终总会处于契约曲线上。

2. 利润最大化与要素价格

然而，生产契约曲线上满足式（11-9）的点有无数个，究竟按哪一点来分配要素资源则取决于两种要素的价格之比 $\dfrac{w}{r}$。

在完全竞争条件下，厂商为了使其利润达到最大化，必须将其各要素的投入量调整到这样一种水平：要素的边际产品价值（VMP）等于要素的价格。要素的边际产品价值等于商品价格乘以要素的边际产量，这样，在只有两种商品和两种投入要素的完全竞争条件下，便有下式成立：

$$VMP_L = P \cdot MP_L = w \tag{11-10}$$
$$VMP_K = P \cdot MP_K = r \tag{11-11}$$

根据式（11-10）和式（11-11）可得：

$$\frac{P \cdot MP_L}{P \cdot MP_K} = \frac{w}{r}$$

消去价格 P，得：

$$\frac{MP_L}{MP_K} = \frac{w}{r}$$

根据边际技术替代率的定义公式：

$$MRTS_{LK} = -\frac{dK}{dL} = \frac{MP_L}{MP_K}$$

所以：

$$MRTS_{LK} = \frac{MP_L}{MP_K} = \frac{w}{r}$$

分别对于 X 商品和 Y 商品来说，就有：

$$MRTS_{LK}^X = \frac{MP_L^X}{MP_K^X} = \frac{w}{r}$$

$$MRTS_{LK}^{Y} = \frac{MP_{L}^{Y}}{MP_{K}^{Y}} = \frac{w}{r}$$

于是，我们得到了生产的一般均衡的条件为：

$$MRTS_{LK}^{X} = MRTS_{LK}^{Y} = \frac{w}{r} \tag{11-12}$$

3. 从生产契约曲线到生产可能性曲线

生产可能性曲线（production possibility curve）是指在既定资源的限制下，厂商生产 X 和 Y 商品的最大可能的产出组合点的轨迹。生产可能性曲线又称生产可能性边界（production possibility frontier）。根据图 11-2 中的生产契约曲线，可以推导出生产可能性曲线，如图 11-3 所示。

用 X 的产量做横轴，用 Y 的产量做纵轴，在坐标系中画出图 11-2 中的所有两组等产量曲线切点所表示的 X 和 Y 的产量组合点，如 D 点（x_2 数量的 X 商品与 y_4 数量的 Y 商品）、E 点（x_3 数量的 X 商品与 y_3 数量的 Y 商品）等，连接这些点便可得到一条生产可能性曲线。该曲线表示在劳动 L_0 和资本 K_0 限制下，该经济体系可能生产的各种 X 和 Y 的产量组合，因此被称为生产可能性曲线。凡是生产契约曲线上的点，都会位于生产可能性曲线上。

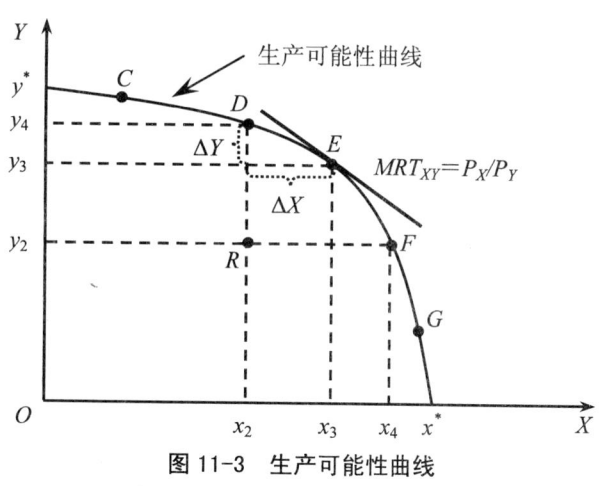

图 11-3 生产可能性曲线

因此，凡是生产可能性曲线上的产量组合点都表示资源是在充分利用基础上被分配的；凡是不能使资源有效利用的产量组合点都位于生产可能性曲线以内。如图 11-3 中的 R 点，其产量组合为 x_2 数量的 X 商品与 y_2 数量的 Y 商品，相当于图 11-2 中生产契约曲线以内的 R 点。

由于该曲线可明确表示出一种商品的增加必须减少另一种商品的数量（如 X 商品从 X_2 增加到 X_3 时，Y 商品从 Y_4 减少到 Y_3），所以又称产品转换曲线（product transformation curve）。生产可能性曲线的斜率也就被称为边际转换率（marginal rate of transformation，记为 MRT）。X 商品对 Y 商品的边际转换率可表示为：

$$MRT_{XY} = -\frac{\mathrm{d}Y}{\mathrm{d}X} \tag{11-13}$$

MRT_{XY} 就表示从 X 商品生产转移到 Y 商品生产时，X 商品的减少数量与 Y 商品的增加数量的比率。由于资源有限，如果 X 商品增加了，另一种商品 Y 的生产就会减少。例如，在图 11-3 中的 D 点，X 商品的产量为 x_2，生产这一产量的机会成本便是生产 $y^* - y_4$ 数量 Y 商品的成本，因为生产了 x_2 的 X 商品，就必须放弃 $y^* - y_4$ 数量的 Y 商品的生产。当产量组合点由图 11-3 中的 D 点转变为 E 点时，X 的产量增加了 $\triangle X$，而 Y 则减少了 $\triangle Y$ 的数量，这时，生产△X数量X商品的机会成本就可以看作是生产△Y数量Y商品的成本。当在生产可能性曲线上的商品组合变化趋于无穷小时，用 MC_X 和 MC_Y 分别表示此时生产X商品和Y商品的边际成本，就有：

$$|MC_X \cdot dX| = |MC_Y \cdot dY| \tag{11-14}$$

式中，因为 dX 与 dY 的符号相反，所以可将上式改写为：

$$-\frac{dY}{dX} = \frac{MC_X}{MC_Y}$$

所以：

$$MRT_{XY} = -\frac{dY}{dX} = \frac{MC_X}{MC_Y} \tag{11-15}$$

也就是说，X商品对Y商品的边际转换率也等于生产X商品的边际成本和生产Y商品的边际成本之比。

在完全竞争的商品市场上，厂商是价格的接受者，为追求利润最大化，厂商要调整自己的产量使其边际成本MC等于商品的既定价格P，于是有：$MC_X = P_X$，$MC_Y = P_Y$。由于边际成本之比就是边际商品的转换率，故从商品市场的角度看，厂商的利润最大化行为必然会使下式成立：

$$MRT_{XY} = \frac{P_X}{P_Y} \tag{11-16}$$

式（11-16）说明，产量组合的确定是由两种产品的价格之比来调节的。只要两种商品的价格比率确定了，厂商就根据利润最大化原则分别调整X和Y的产量，直到使其边际成本之比与其价格之比相等，即满足式（11-16）。反过来也可以说，一旦产量（商品）组合点已经确定在生产可能性曲线上的某一点，边际转换率就已确定，两种产品的价格比也就能确定。

生产可能性曲线凹向原点，这表明每增加单位X商品的生产必须放弃更多的Y商品。因为随着商品生产的增加，需要从Y商品的生产中抽出更多的劳动和资本要素以生产X商品。而在X商品与Y商品的生产中，要素替代比率并不是不变的，故随着X商品的增加，其边际成本不断上升，即要放弃更多的Y商品生产。

四、生产与交换的一般均衡

前面分别讨论了交换的均衡过程和条件，以及生产的均衡过程和条件。现在将生产均衡过程和交换均衡过程结合在一起，说明经济中的一般均衡过程及其基本条件。

1. 生产与交换的共同均衡

生产达到均衡并不能保证同时交换达到均衡；交换达到均衡也不能保证同时生产达到均衡。生产和交换的一般均衡是指生产与交换同时达到均衡。下面我们借助于生产可能性曲线和交换的埃奇沃思盒状图来分析生产和交换同时达到均衡的情况。

图 11-4 中的生产可能性曲线上每一点表示生产的一般均衡。埃奇沃思盒状图表示已生产出来的 X 商品和 Y 商品在消费者 A、B 之间的分配和交换，$O_A DEF O_B$ 为交换契约曲线，该曲线上每一点表示交换的一般均衡。

生产可能性曲线上的任一点都表示资源的有效利用和厂商利润最大化。

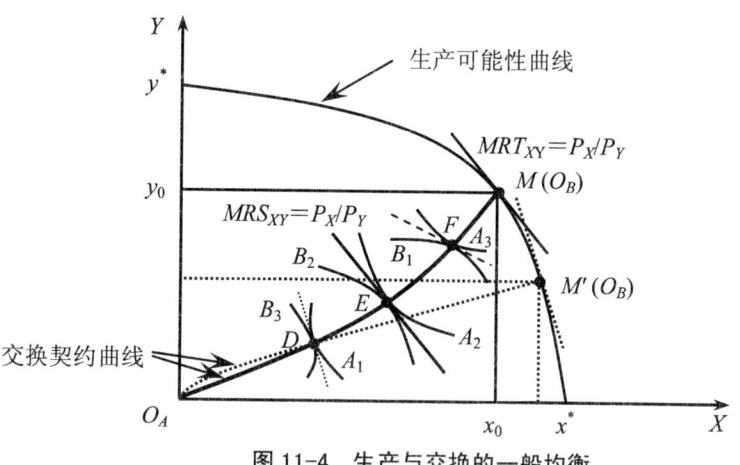

图 11-4 生产与交换的一般均衡

如图 11-4 所示，假定最初的生产均衡状态已经确定，在生产可能性曲线上的 M 点生产 x_0 数量的 X 商品和 y_0 数量的 Y 商品。消费者 A 和 B 只能在这一限量之内来分配和消费这些商品，并实现其效用最大化。$O_A x_0 M y_0$ 围成的矩形，恰好是分析交换的埃奇沃思盒状图。O_A 为消费者 A 分配商品的原点，O_B 为消费者 B 分配商品的原点，A_1、A_2、A_3 表示消费者 A 的无差异曲线，B_1、B_2、B_3 为消费者 B 的无差异曲线。

在生产可能性曲线上每一点为生产的一般均衡，而在交换契约曲线上每一点为交换的一般均衡。对于生产和交换的共同均衡必然是生产两种商品的边际转换率 MRT 和两种商品的边际替代率 MRS 相等，并且都等于两种商品的价格比。也就说，生产和交换的一般均衡条件是：

$$MRT_{XY} = \frac{P_X}{P_Y} = MRS_{XY}^A = MRS_{XY}^B \tag{11-17}$$

2. 一般均衡的过程和实现条件

经济中生产与交换若不符合式（11-17），经济就不是处于一般均衡状态。生产与交换相互适应、相互调整才能同时达到一般均衡。生产的均衡与交换的均衡相互适应、相互调整的过程就是一般均衡的过程。为了便于分析，我们假定生产就是以消费为前提去适应消费。

假定消费者 A、B 交换的均衡点在契约曲线上 D 点而不是在 E 点。显然，D 点切线斜率大于 M 点斜率。这意味着消费者为得到单位 X 商品需要放弃的 Y 商品较多，而生产者为增加单位 X 商品生产需要放弃的 Y 商品却较少。于是，社会将不得不生产更多的 X 商品而减少 Y 商品，使生产与交换同时处于均衡。这时社会将不会选择 M 进行生产而是在 M' 点进行生产，因为 M' 点斜率与 D 点斜率相等，符合式（11-17）的条件。

一般均衡的实现条件可以用交换的均衡条件与生产的均衡条件结合在一起表述。生产的一般均衡条件为：

$$MRTS_{LK}^X = MRTS_{LK}^Y$$

$$MRT_{XY} = \frac{P_X}{P_Y}$$

其中上式包含了资源有效利用的含义。因此，也就包含了前一个公式的内容。交换的一般均衡条件为：

$$MRS_{XY}^A = MRS_{XY}^B = \frac{P_X}{P_Y} \tag{11-18}$$

通过商品的 $\frac{P_X}{P_Y}$ 价格比，可以把一般均衡的实现条件写为：

$$MRT_{XY} = \frac{P_X}{P_Y} = MRS_{XY}^A = MRS_{XY}^B \tag{11-19}$$

假定只有两个厂商，使用劳动 L 和资本 K 两种生产要素，分别生产 X 和 Y 两种商品，并将全部商品分配给两个消费者 A 和 B。在这样的简单经济中，只要实现了式（11-17）表明的条件，就可以满足一般均衡的四个条件：消费者的效用达到最大；厂商的利润达到最大；所有市场全部出清；厂商的经济利润为零。

第二节 福利经济学

一、帕累托最优与竞争性均衡

福利经济学（welfare economics）研究一般均衡模型的条件即经济社会达到最优的条件，考察产品生产和商品交换的经济效率以及收入分配公平的条件，从而对一个经济的运行及其结果的好坏作出评价并得出应该如何改善社会福利的结论。显然，要使社会福利达到最大，必然要求商品生产的资源实现最佳配置，生产的商品在消费者之间实现最佳分配。

1. 帕累托最优及其条件

20 世纪初，意大利著名经济学家帕累托（Pareto）创立了"帕累托最优"的效用规则，奠定了现代福利经济学的基础。

（1）帕累托标准和帕累托改进

帕累托认为，个人从消费商品和劳务中获得的效用或福利是可以衡量的，而且不同个人所获得的效用量是可以相互比较的。对于 A、B 两种情况，如果至少有一人认为 A 优于 B，而没有人认为 A 劣于 B，则从社会的观点看有 A 优于 B。这种衡量社会福利能否被改善的标准，称为帕累托标准（Pareto criterion）。

当一个经济发生某种变化后，如果在其他人的福利都不变坏的情况下，有一些人或至少一个人的福利增加了，那么整个社会的福利就会改善。这种按照帕累托标准所作的改进叫帕累托改进（Pareto improvement）。

 案例 11.2　发生在空中的帕累托改进

　　航空公司总是希望航班上座率越高越好，然而他们也知道总有一小部分订了机票的旅客临时取消旅行计划。这就使他们开始尝试超额售票术，就是在一个合理估计的基础上，让售票数量稍大于航班实际座位数。不过，有时确实可能出现所有旅客都不打算改变行程，要按期出发的情形，航空公司必须决定究竟取消谁的座位才好。这里列举几种可能的决定方法。

　　在 20 世纪 60 年代，航空公司只是简单取消最后到达机场的乘客的座位，安排他们换乘后面的航班，而那些倒霉的乘客也不会因行程被迫改变而获得任何额外补偿。结果确认座位的过程演变成让人血压骤升的紧张时刻。

　　为了避免这种情况，第二种选择可能是由政府出面明令禁止超额售票术。但是这样一来，飞机可能被迫带着空座位飞行，而外面其实还有急于出发的旅客愿意购买这些机票。结果航空公司和买不到票的旅客都受到损失。

　　1968 年，美国经济学家尤利安·西蒙提出了第三种方案。西蒙这样写道："办法非常简单，超额售票术需要改进之处就是航空公司在售票的同时交给顾客一个信封和一份投标书，让顾客填写他们可以接受的延期飞行的最低赔偿金额。一旦飞机出现超载，公司可以选择其中数目最低者按数给予现金补偿，并优先售给下一班飞机的机票。各方受益，没有任何人受到损害。"

　　实际上，目前航空公司采用的超额售票术同西蒙的方案非常接近，区别在于通常干脆以免费机票现金补偿（有时提供相当数量的机票折扣）。人们远比估计的更加愿意接受这种安排。航空公司从中受益，因为他们可以继续超额售票，有助于实现航班满员飞行。事实上，免费机票本身可能属于根本卖不出去的部分，航空公司提供免费机票的边际成本接近于零。

　　这是一个发生于真实世界的帕累托改良。其中牵涉的各方均受益，至少不会受到损失。

　　资料来源：斯蒂格利茨.《经济学》小品和案例[M].北京：中国人民大学出版社，1998

　　帕累托最优（Pareto optimality）是指经济社会达到这样一种状态：不管经济发生何种变化，不再可能使一个人福利增加的同时而不使其他任何人的福利减少时，整个社会的福利就达到了最大。

 案例 11.3　帕累托最优标准——满意即最优

　　帕累托是 20 世纪初的意大利经济学家，他是新福利经济学派代表人物。以他的名字命名的"帕累托最优"是现代经济学中的一个重要概念，也是经济学的一个美好的理想境界。这一命题是判断福利优劣的新标准，其含义是：在其他条件不变的条件下，如果某一

经济变动改善了一些人的状况，同时又不使一些人蒙受损失，这个变动就增进了社会福利，称为帕累托改进；在其他条件不变的条件下，如果不减少一些人的经济福利，就不能改善另一些人的经济福利，就标志着社会经济福利达到了最大化的状态，实现了帕累托最优状态。

这个概念非常地费解，让我们举一个例子来说明。假如原来甲有一个苹果，乙有一个梨，他们是否就是帕累托最优呢？这取决于甲乙二人对苹果和梨的喜欢程度，如果甲喜欢苹果大于梨；乙喜欢梨大于苹果，这样就已经达到了最满意的结果，也就已经是"帕累托最优"了。如果是甲喜欢梨大于苹果，乙喜欢苹果大于梨，甲乙之间可以进行交换，交换后甲乙的效用都有所增加，这就是帕累托改进。我国学者盛洪在他著的《满意即最佳》里说过一句话："一个简单的标准就是，看这项交易是否双方同意，双方是否对交易结果感到满意。"而真是谁也不愿意改变的状态，就已经是"帕累托最优"了。

通俗地讲，"帕累托改进"是在不损害他人福利的前提下进一步改善自己的福利，用老百姓的俗话说就是"利己不能损人"。同样，只有在不损害生产者和经营者权利的前提下维护消费者的权益，才能在市场经济的各个主体之间达到"帕累托最优"的均衡状态。

市场经济有两个最本质的特征：其一是提高资源配置效率；其二是实现充分竞争。所谓的帕累托最优，通俗的解释就是在资源配置过程中，经济活动的各个方面，不但没有任何一方受到损害，而且社会福利要尽可能实现最大化，社会发展要达到最佳状态。西方经济学中的帕累托最优，实际上就是要求不断提高资源的配置效率。

资料来源：梁小民.微观经济学纵横谈

（2）经济效率或帕累托最优的边际条件

对于某种既定的资源状态，如果所有的帕累托改进都不存在，这种资源状态就达到了帕累托最优状态。满足帕累托最优状态就是具有经济效率的，否则就是缺乏经济效率的。

假定两种既定数量的产品在两个消费者之间的最优分配，如能使各自达到效用的最大化就是最优。交换的埃奇沃思盒状图中的交换契约曲线是消费者交换最理想点的轨迹，它表示两种产品 X、Y 在两个消费者 A、B 之间的所有最优分配的集合，即交换帕累托最优状态。也就是说，消费者交换的帕累托最优必须在交换契约曲线上，因此交换的帕累托最优条件是：

$$MRS_{XY}^A = MRS_{XY}^B$$

生产的最优可以利用生产的埃奇沃思盒状图来分析，生产契约曲线是厂商生产最理想点的轨迹，它表示厂商生产两种产品 X、Y 时劳动 L 和资本 K 两种要素的最优配置的集合，即要素配置的帕累托最优状态。也就是说，生产的帕累托最优必须在生产契约曲线上，因此生产的帕累托最优状态是：

$$MRTS_{LK}^X = MRTS_{LK}^Y$$

将生产契约曲线上所有不同的产量组合绘成生产可能性边界。那么，满足上式的所有产量组合都位于生产可能性边界线上，生产可能性边界上的所有点就意味着生产的帕累托最优。

帕累托生产和交换的同时最优是指在生产最优化下生产出来的产品组合恰好可以使交

换达到最优,即生产和交换同时实现最优化。一个经济中无论有多少要素,生产多少产品,多少消费者消费这些产品,生产的帕累托最优实现的条件是:对于任何消费者分配的任意两种产品的边际替代率必须等于生产这两种产品的边际转换率。在假定只有两个消费者 A 与 B 和只有两种商品 X 和 Y 的一个简单经济中,整个经济达到帕累托最优状态的条件是:

$$MRT_{XY} = MRS_{XY}^A = MRS_{XY}^B \qquad (11-20)$$

2. 竞争性均衡与经济效率

按照帕累托标准,如果一个经济中所有帕累托改进都已经实现,再无这种改进的余地,这种经济就是有效率的。一个经济是否有效率,简单地说,就是要看经济中所能做出的改进是否都已经做出了。帕累托最优是经济中的交换与生产同时达到最优的理想社会状态,完全竞争经济的一般均衡状态实现了帕累托最优。

(1) 帕累托最优的条件综述

交换的最优化、生产的最优化以及交换和生产的同时最优化是帕累托最优状态的具体含义。由此可见,帕累托最优及其条件可以概括如下:

交换的最优化,即所有消费者的效用或福利达到最大,其条件是:

$$MRS_{XY}^A = MRS_{XY}^B$$

生产的最优化,即生产要素的使用与分配最优化,其条件是:

$$MRTS_{LK}^X = MRTS_{LK}^Y$$

交换和生产的最优化,即资源充分利用下所生产出的产品组合在消费者中分配以后恰好使消费达到了最优化,其条件为:

$$MRT_{XY} = MRS_{XY}$$

当上述三个条件均得到满足时,则整个经济达到了帕累托最优状态。

(2) 帕累托最优实现的机制

在一般均衡理论的分析中已经说明,一般均衡状态包括交换的均衡、生产的均衡以及生产与交换的共同均衡。交换的均衡条件:$MRS_{XY}^A = MRS_{XY}^B = \dfrac{P_X}{P_Y}$;生产的均衡条件:$MRTS_{LK}^X = MRTS_{LK}^Y = \dfrac{w}{r}$;生产与交换的共同均衡条件:$MRT_{XY} = \dfrac{P_X}{P_Y} = MRS_{XY}^A = MRS_{XY}^B$。显然,在一般均衡的三个条件中,包含着帕累托最优的全部三个条件,所不同的是一般均衡条件多了两个价格比 $\dfrac{w}{r}$ 和 $\dfrac{P_X}{P_Y}$。因此,只要实现了一般均衡状态,就必然会达到帕累托最优状态。

(3) 福利经济学第一定理和第二定理

福利经济学第一定理是指任何完全竞争经济的一般均衡状态都是帕累托最优状态。同时,任何一个帕累托最优状态也都可由一套竞争价格来实现。

只要整个经济处于完全竞争状态,只要消费者追求最大效用或福利,厂商追求最大利润,商品的价格比就会起到调节机制的作用,自动将生产引导到与消费一致的均衡状态,从而使消费者对商品的边际替代率等于生产这些商品的边际产品转换率。将商品的产量组合（或产品结构）与消费者对产品的消费组合调整到相一致的水平，会引起对要素需求结构（要素投入组合）的变化，从而引起要素价格的变化，导致资源重新分配，厂商的利润最大化行为会保证资源的利用重新处于最佳状态。因此，要实现帕累托最优状态，整个经济就必须是完全竞争的。帕累托最优状态说明一个经济体系是有经济效率的，故经济分析将经济效率（economic efficiency）与帕累托最优等同。在一定条件下，一个在所有市场都存在着完全竞争的经济社会，价格机制推动市场运行，导致资源最佳配置，消费者福利达到最大。从这种意义上讲，亚当·斯密"看不见的手"的论断是正确的。第一定理的结论基于以下主要假设条件：市场是完全竞争的；不存在外部性；没有交易成本；市场信息是完全的；不存在规模经济等。

福利经济学第二定理是指只要偏好呈凸状，则每一帕累托有效配置可被证明为竞争均衡。每一种具有帕累托效率的资源配置都可以通过市场机制实现。它表明分配与效率是可以分开来考虑的，任何帕累托有效配置都能得到市场机制的支持，任何我们所希望的社会资源配置都可以通过给定一定的收入分配结构、所有权结构，而且通过市场达到。价格在这种市场机制中起到两种作用：一是配置作用，表明商品的相对稀缺性；二是分配作用，确定不同的交易者能够购买的各种商品的数量。第二定理认为，价格的这两种作用可以区别开来，即我们可以重新分配商品的赋有量来确定个人拥有多少财富，然后再利用价格来表明商品的相对稀缺性。它与第一定理的不同之处就在于它证明了政府可以在完全竞争的市场中有所行动，政府所应该做的就是改变个人在初始状态的要素禀赋。

二、社会福利及其政策标准

要研究社会福利的最大化问题，首先一个前提就是必须能够知道社会福利函数，即能够知道如何由个人的福利来推导社会的福利，由个人的偏好推导出社会的偏好。然而，对于社会福利函数的存在性以及公平问题，经济学家并不能达成共识。为扩大福利经济理论的适用性，一些经济学家提出了一些不同的社会福利标准，以便更实际地考虑如何提高社会的福利。

1. 效用可能性曲线

效用可能性曲线（utility possibility curve）表示在一简单经济中处于帕累托最优时两个消费者不同的效用组合，即在给定的效用水平上两者最大效用组合点的轨迹。效用可能性曲线又称效用可能性边界（utility possibility frontier）。

将图 11-5 中的消费者 A 与 B 的无差异曲线不同切点所表示的效用组合予以排列，则可以使交换契约线转换成效用契约曲线，这样就推导出一条表示两消费者 A、B 的效用可能性曲线。如图 11-5 所示，横轴表示消费者 A 的效用 U_A，纵轴表示消费者 B 的效用 U_B，在坐标系中画出图 11-1 中的所有两组等效用曲线切点所表示的 A 和 B 的效用组合点，如 D 点（消费者 A 和 B 的效用分别是 A_2 和 B_4）、E 点（消费者 A 和 B 的效用分别是 A_3 和 B_3）等，连接这些点便可得到一条效用可能性曲线。

效用可能性曲线将整个效用空间划分为三个互不相交的组成部分。在现有数量的产品组合条件下，效用可能性曲线以外所表示的效用水平不能达到；效用可能性曲线以内表明产品的分配方式没有使消费者的效用最大化（如图 11-5 中的 Z 点，其效用组合为消费者 A 和 B 的效用分别是 A_2 和 B_2，相当于图 11-1 中交换契约曲线以内的 Z 点）；只有效用可能性曲线上的点才能实现消费者的效用最大化。如果两位消费者对产品的分配在图 11-1 中的 E 点达到帕累托最优状态，故相应地在图 11-5 中的效用可能性曲线上的 E 点就是效用最大组合点。

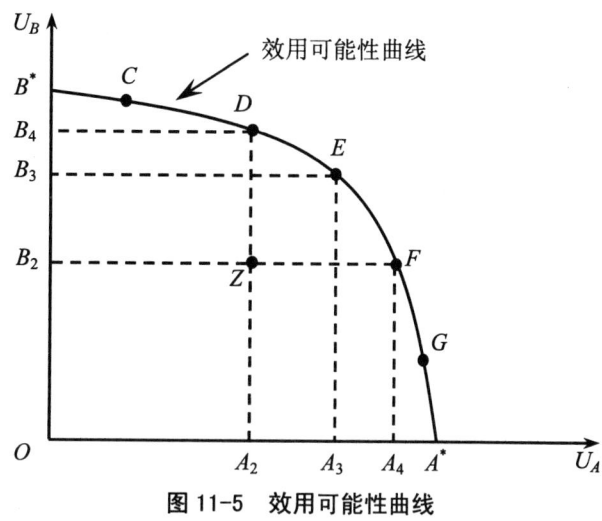

图 11-5　效用可能性曲线

完全竞争经济在一定的假定条件下可以满足帕累托最优的三个条件，可能达到帕累托最优状态。但是，帕累托最优的三个条件并不是对资源配置最优的完整描述，它仅仅说明社会福利最大化必须在效用可能性曲线上达到，但并没有说明究竟在效用可能性曲线上的哪一点或哪些点上达到。福利经济学的目的就是要在效用可能性曲线上寻找使社会福利达到最大化的点。

2. 社会福利函数与社会福利最大化

要研究社会福利的最大化问题，首先的前提是必须能够知道社会福利函数（social welfare function）。也就是说，应该能够由个人的福利来推导社会的福利，由个人的偏好来推导社会的偏好。但目前经济学家们并未就此达成共识，我们在这里作一些简单的分析。

（1）社会福利函数

在一个简单的经济社会，社会福利函数把社会福利看作是个人福利的总和，所以社会福利是所有个人福利总和的函数。以效用水平表示个人的福利，则社会福利就是个人福利的函数。假设社会中共有 n 人，社会福利函数 W 可以记作：

$$W = f(U_1, U_2, \cdots, U_n) \tag{11-21}$$

式中的 U_1，U_2，…，U_n 分别表示 n 个人的效用。为了简化分析，假定社会中共有 A、B 两个人，这时的社会福利函数可以写成：

$$W = f(U_A, U_B) \tag{11-22}$$

即使无从得知式（11-22）的具体函数关系，但仍可以得出一些基本的结论：如果两个人的效用都提高了，或者一个人的效用提高而另一个人的效用不变，社会福利必定是提高的；如果社会福利水平不变，那么当 U_A 提高的时候 U_B 必定是不断减少的。假定社会福利水平保持不变，同消费者的无差异曲线一样，根据式（11-22）绘制出的等福利曲线也是自左上方向右下方倾斜，所以等福利曲线（isowelfare curve）也称作社会无差异曲线（indifference curve of social）。同样，对于不同的社会福利水平 W_1、W_2、…、W_n，可以得到一系列的等福利曲线，如图 11-6 所示。

等福利曲线与效用可能性曲线的区别在于：效用可能性曲线是消费者在分配某一既定数量产品时可能得到的各种效用组合；而表示社会福利函数关系的等福利曲线则表示不同的效用组合可以达到的社会福利水平。

（2）社会福利最大化

在图 11-6 中，B^*A^* 是效用可能性曲线，W_1、W_2、W_3 表示不同福利水平的等福利曲线。由于等福利曲线是无数条，总会有一条等福利曲线与效用可能性曲线相切，在图 11-6 中是等福利曲线取 W_2 与效用可能性曲线

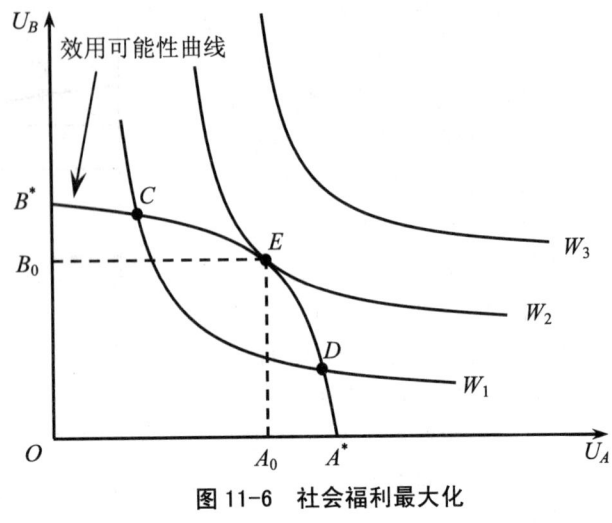

图 11-6　社会福利最大化

B^*A^* 相切于 E 点。可以看出，等福利曲线 W_1 与效用可能性曲线 B^*A^* 相交于 C 点和 D 点，因而是可以实现的，但 W_1 代表的社会福利水平较低；等福利曲线 W_3 代表的社会福利水平很高，但在既定的资源和技术条件下却是无法实现的；只有在等福利曲线 W_2 与效用可能性曲线 B^*A^* 相切的 E 点，经济实现了社会福利的最大化，并且由于 E 点同时位于效用可能性曲线上，即表明它又是满足帕累托最优的点，因此 E 点既是经济上有效率的，又实现了社会福利最大化，所以这一点被称作"限制条件下的最大满足点"。

3. 阿罗不可能定理和次佳理论

经济上有效率而又实现社会福利最大化的点，正是经济学所苦苦寻求的资源有效配置的最佳点，找到了它之后，资源配置的问题似乎已经得到圆满的解决。但社会福利函数根本无法准确地被估计出来。另外，在不同收入分配状态下满足帕累托最优化条件可以有许多相应的均衡位置，但其中却只有一个位置是福利最大化位置，即达到福利最大化均衡的充要条件是帕累托最优化条件和理想的收入分配，而理想的收入分配完全是一个价值判断问题，同样是难以确定的。

（1）阿罗不可能定理

社会福利函数的形成是一种社会选择过程：在已知社会所有成员的个人偏好次序的情况下，通过一定的程序，把各种各样的个人偏好次序归结为单一的社会偏好次序。民主制度的社会选择方式有投票和市场机制两种，经济决策往往采用市场的方法，政治决策则多采用投票的方式。

但阿罗认为，投票的方式并不能把个人偏好次序综合为社会偏好次序。采用投票方式往往会出现一种循环选择情况，无法确定社会偏好的顺序。下表是表示投票结果的例子，假定 A、B、C 三人对 x、y、z 三种备选方案进行投票，以选择他们各自对这三种备选方案的偏好次序。A、B、C 三人的个人偏好如下：

　　A 的偏好：$x > y > z$；
　　B 的偏好：$y > z > x$；

C 的偏好：$z>x>y$。

此时，如果只在两种备选方案中进行选择，其中一种方案必定能赢得多数票而获胜。但是如果是在三种方案中进行选择，投票的结果则是循环的，见表 11-1 所示。如果对 x 和 y 投票，结果是 $x>y$；如果对 y 和 z 投票，结果是 $y>z$；如果对 x 和 z 投票，则结果是 $z>x$。显然投票的结果是不相容的。在随后的投票中，任何最初被决定的选择都有可能被另一种选择所击败，没有达到任何均衡的结果。这一现象被称作"投票悖论（paradox of vote）"。投票悖论说明，如果每个人的偏好不同，通过任意加总这些偏好而得到的结果可能是不相容的。

表 11-1 投票悖论举例

对 x 与 y 投票	对 y 与 z 投票	对 x 与 z 投票
a 投 x	a 投 y	a 投 x
b 投 y	b 投 y	b 投 z
c 投 x	c 投 z	c 投 z
$x>y$ 通过	$y>z$ 通过	$z>x$ 通过

需要指出的是，投票悖论只有在备选方案超过两种时才会发生，在只有一种或两种备选方案时，多数票规则可以获得一个均衡的结果。这就是现实中多数票规则是最常用规则的原因。

既然多数票规则往往导致投票循环，那么是否存在一种政治机制或社会决策规则，能够消除这种投票悖论现象呢？美国经济学家阿罗（Arrow）得出的结论是：如果个人偏好次序都有定义，那么把个人偏好加总成为表达社会偏好的最理想的方法，要么是强加的，要么是独裁的。也就是说，不可能存在一种这样的社会选择机制，不仅能够把个人对 N 种备选方案的偏好次序转换成社会偏好次序，同时又能准确地表达社会各个成员的个人偏好。这被称为阿罗不可能定理（Arrow's impossibility theorem）。因此，阿罗也得出以个人效用为基础的社会福利函数根本就不可能存在的结论。

阿罗的结论是对福利经济学的一个重大打击，因为福利经济学的任务是使社会福利最大化，但现在连社会福利函数都不能得到。

案例 11.4　阿罗不可能定理——少数服从多数原则的局限性

在我们的心目中，选举的意义恐怕就在于大家根据多数票原则，通过投票推举出最受我们爱戴或信赖的人。然而，通过选举能否达到这个目的呢？1972 年诺贝尔经济学奖获得者、美国经济学家阿罗采用数学中的公理化方法，于 1951 年深入研究了这个问题，并得出在大多数情况下是否定的结论，那就是鼎鼎大名的"阿罗不可能定理"。

假定有张三、李四、王五三个人，他们为自己最喜欢的明星发生了争执，他们在刘德华、张学友、郭富城三人谁更受观众欢迎的问题上争执不下，张三排的顺序是刘德华、张学友、郭富城。李四排的顺序是张学友、郭富城、刘德华。王五排的顺序是郭富城、刘德华、张学友。到底谁更受欢迎呢？没有一个大家都认可的结果。如果规定每人只投一票，三个明星将各得一票，无法分出胜负，如果将改为对每两个明星都采取三人投票然后依少数服从多数的原则决定次序，结果又会怎样呢？

首先看对刘德华和张学友的评价，由于张三和王五都把刘德华放在张学友的前边，二人都会选择刘德华而放弃张学友，只有李四认为张学友的魅力大于刘德华，依少数服从多数的原则，第一轮刘德华以二比一胜出；再看对张学友和郭富城的评价，张三和李四都认为应把张学友放在郭富城的前边，只有王五一人投郭富城的票。在第二轮角逐中，自然是张学友胜出；接着再来看对刘德华和郭富城的评价，李四和王五都认为还是郭富城更棒，只有张三认为应该把刘德华放在前边，第三轮当然是郭富城获胜。

通过这三轮投票，我们发现对刘德华的评价大于张学友，对张学友的评价大于郭富城，而对郭富城的评价又大于刘德华，很明显我们陷入了一个循环的境地，这就是"投票悖论"。也就是说，不管采用何种游戏规则，都无法通过投票得出符合游戏规则的结果。如果世界上仅限于选明星的事情就好办多了，问题在于一些关系到国家命运的事情的决定上，也往往会出现上述的"投票悖论"问题。对此很多人进行了探讨，但都没有拿出更有说服力的办法。

阿罗不可能定理打破了一些被人们认为是真理的观点，也让我们对公共选择和民主制度有了新的认识，因为我们所推崇的"少数服从多数"的社会选择方式不能满足"阿罗五个条件"。如市场存在着失灵一样，对公共选择原则也会导致民主的失效。因此多数票原则的合理性是有限度的。

资料来源：豆丁网（http://www.docin.com/p-350885665.html）

(2) 次佳理论

次佳理论（theory of the second best）认为，帕累托最优的所有条件不能被满足时，尽可能多地满足部分条件，不一定会增加社会福利，即不一定使社会福利达到次佳状态。比如，经济社会里某些市场存在着垄断组织，而这些垄断组织存在不能满足帕累托最优资源配置所要求的条件，政府当局有能力冲破一些垄断组织，尽量使经济社会满足帕累托最优，但结果不一定使社会福利增加。如图 11-7。

假若社会处在帕累托最优和社会福利最大的 M 点，该点是社会福利无差异曲线 W_3 与生产可能性边界 B^*A^* 相切点。如果存在垄断或联合等限制，用 M_P 线表示，社会最大福利无法达到 M_P 线的右上方，而次佳位置即 M_P 线与社会福利无差异曲线相切点 E，却要比满足部分帕累托最优的 C 点或 D 点所达到的社会福利要大。次佳理

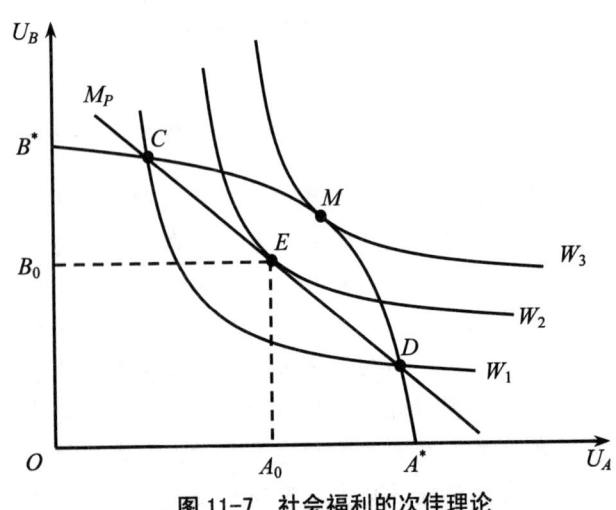

图 11-7 社会福利的次佳理论

论的结论对福利经济学的意义在于，假若一种经济的某些部分由于越轨或失误而未能满足前面所说的最佳资源配置所要求的各项条件，那就没有理由相信如果这种经济的其他部分被说服或被强制去满足这些条件后，福利将会增大。枝枝节节地去完成或满足最优资源配置所要求的各项条件，往往是难以奏效的。

4. 社会福利的政策标准

为扩大福利经济学的适用性，一些经济学家提出了一些不同的社会福利标准，以便更实际地考虑如何提高社会的福利。一项政策能否提高社会福利，主要有下列四种不同的标准。

（1）帕累托标准

前面所分析的帕累托标准基本为后来所有的经济学家所接受，即一项政策增进或改善了一些人的利益而没有损害或减少任何其他人的利益，则这项政策就会提高社会福利。但由于大多数政策在提高某些人福利的同时，很难设想不损害另一些人的福利，帕累托标准与经济现实有一定距离。

（2）补偿原则

卡尔多（Kaldor）和希克斯（Hicks）提出了补偿原则（compensation principle）来克服帕累托标准的严格限制。卡尔多认为，如果某种政策导致了物质生产率的提高而实现了收入的增长，即使有些人由于这种政策而受到损害，但若受损者能得到充分补偿，其他人的境况就会比以前要好，这一变动也意味着社会福利的增进。希克斯进一步补充这一理论，认为这种补偿并不需要受益者支付，因为每一次经济变革只会引起实际收入分配微小的变化，微小的损失并不需要及时补偿。从长期观察，变革会使生产效率得到更快的提高，因此受损者都会"自然而然地"得到补偿而且还有剩余。

（3）西托夫斯基标准

西托夫斯基（Scitovsky）提出了检验福利的"双重标准"——西托夫斯基标准（Scitovsky criterion），来批评卡尔多标准作为福利增进的唯一标准的缺陷。西托夫斯基提出，如果推行一项符合卡尔多—希克斯补偿原则的政策，变革可以增进社会福利，但是变革以后再回到原来状态的一项变革，也许还可以增进社会福利。例如，若增税是好事，但增税之后再把税率减少到原来的水平也许同样是好事。所以，增税到底是好是坏很难确定。为避免这种矛盾，西托夫斯基认为，只有当把从原境况到新境况的变动看作是一种改进，而把从新境况到原境况的变动看作不是一种改进时，这样一项社会政策才算是一种改进。也就是说，西托夫斯基的双重检验标准是：首先，要看新变革是否使每一个人都比原来的状况好；其次，新变革再回到原来状况是否不可能达到对每一个人都更好。若结果只出现前者而不出现后者，则变革就使社会福利改善了。

卡尔多—希克斯补偿原则的另一缺陷是，对受益者或受损者福利变化的衡量单位是货币，而货币对不同的人的边际效用不同。因此，补偿原则仍不能判定某一变化是否有利于改善社会福利。例如，一项政策使个人 B 获益 100 元而使个人 A 减少 60 元，按补偿原则，B 将其 100 元收入中的 60 元补偿给 A，则社会福利增加。但实际上，补偿并非一定进行，这样，卡尔多—希克斯补偿原则就建立在获益者 B 和受损者 A 的效用比较上，由于 A 与 B 对效用判断不同，故一项政策不一定使社会福利增加。

在西托夫斯基所提出的双重标准基础上，李特尔（Riedel）又做了补充，提出了三重标准：是否满足卡尔多—希克斯补偿原则；是否满足双重检验标准；收入再分配是否恰当。李特尔的"三重标准"认为，要使社会福利增加，除了实现效率的条件外，还必须满足收入分配上的条件，即实际收入的分配要比现在好，至少不比现在坏。

（4）伯格森社会福利函数

克服补偿原则中效用比较的难题是扩展个人间的效用比较，建立社会福利函数。社会福利函数理论是由美国经济学家伯格森（Bergson）和萨缪尔逊（Sumulson）等人提出的。社会福利函数把社会福利看成是所有个人福利的总和，把社会福利看作是影响每一个人福利的所有因素的函数。社会福利函数公式为：

$$W = f(Z_1, Z_2, \cdots, Z_n) \tag{11-23}$$

式中的 Z_1, Z_2, $\cdots$, Z_n 表示影响社会福利的各种因素，如社会成员消费的商品数量、收入水平以及其他影响福利的非经济因素等。正如式（11-21）所表述的，社会福利函数也可看作是各消费者效用的函数。然而，从上面对社会福利函数的分析中可知，建立社会福利函数十分困难，甚至是不可能的。

三、收入分配的不平等

要素所有者的收入分配理论阐明了要素价格的自动调节机制及其对资源的有效配置。但是，由要素市场决定的收入分配引起收入的不平等。

一个家庭的收入是一定时期内所得到的全部收入，是财产存量引起的收入流量。考察某一既定百分比家庭在总收入中得到的百分比可以衡量收入分配的不平等。例如，假设20%的穷人家庭只得到总收入的5%，而20%的富人家庭得到了45%的总收入，则充分体现出家庭收入的不平等。

1. 洛伦茨曲线

1905年，美国统计学家洛伦茨（Lorenz）提出了描述社会收入分配状况的洛伦茨曲线（Lorenz curve），它是累计的家庭百分比与相应累计收入百分比的组合点轨迹。我们使用表11-2中家庭累计收入份额的数据举例说明如下。把全社会的家庭分为五等份，从收入最低的 A 行到收入最高的 E 行排序，列出每等份家庭的收入百分比。例如，A 行数据中收入最低的20%家庭得到全社会总收入的5%；D 行数据中收入次高的20%家庭得到全社会总收入的25%。该表还表示家庭和收入累计的百分比，例如，B 行表示收入最低和次低的两个20%，即最低的40%家庭得到总收入的15%（最低20%家庭的5%加上次低20%家庭的10%）。依据表11-2中的数据就可以绘制出洛伦茨曲线，如图11-8中的 $OABCDE$ 曲线所示。

表 11-2　家庭累计收入份额的数据举例

行标	家庭		收入	
	百分比	累计百分比	百分比	累计百分比
A	收入最低的20%	20%	5%	5%
B	收入次低的20%	40%	10%	15%
C	收入中等的20%	60%	15%	30%
D	收入次高的20%	80%	25%	55%
E	收入最高的20%	100%	45%	100%

收入分配的不平等可以通过图 11-8 予以说明。如果收入平等地分配给每个家庭，就得到图中的绝对平均线（absolute equality line），即直线 OE。绝对平均线表明的是：累计家庭百分比得到与该百分比数值一样的累计收入百分比。例如，累计 1% 的家庭得到总收入的 1%，累计 20% 的家庭得到总收入的 20%，累计 60% 的家庭得到总收入的 60%。从这里可以看

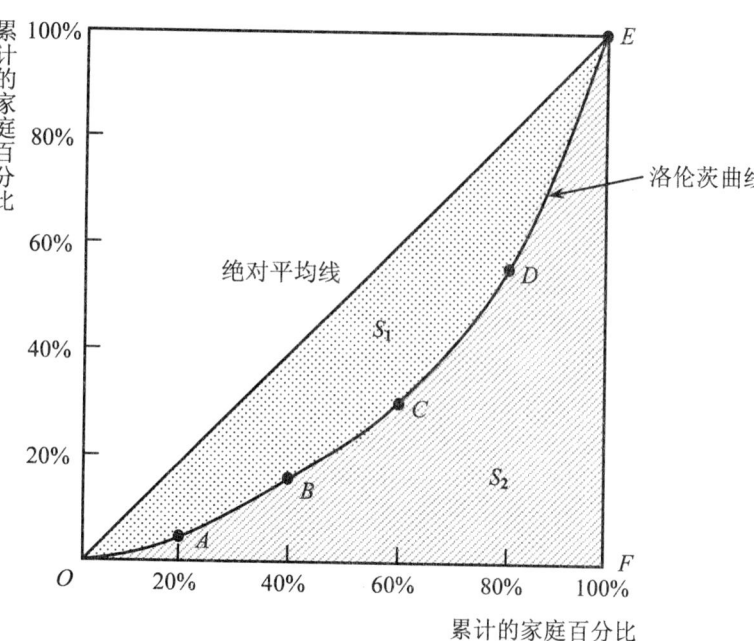

图 11-8　收入不平等与洛伦茨曲线

到，表示实际收入分配的洛伦茨曲线离绝对平均线越远，分配越不平等。当洛伦茨曲线与折线 OFE 重合时，分配绝对不平等。

2. 基尼系数

根据洛伦茨曲线可以导出表示收入不平等程度的基尼系数（Gini Coefficient）。用 S_1 表示图 11-8 中绝对平均线到洛伦茨曲线之间的面积，用 S_2 表示洛伦茨曲线右边的面积，基尼系数用 G 表示，则有：

$$G = \frac{S_1}{S_1 + S_2} \tag{11-24}$$

基尼系数取值范围为 0 到 1 之间。基尼系数越小，说明 S_1 的面积越小，洛伦茨曲线离绝对平均线越近，这个经济体的收入分配越平等。特别是若 $G=0$，则表示社会收入分配绝对平均，洛伦茨曲线就是绝对平均线。而基尼系数越大，说明 S_1 的面积越大，洛伦茨曲线离绝对平均线越远，该经济体的收入分配越不平等，贫富差距越大。特别是若 $G=1$，则

表示社会收入绝对不平等，全部收入都分配给一个人所有，其他人的收入为0。

值得注意的是，基尼系数说明的是一个经济体整体的收入不平等程度，但并不能说明该经济体内部总收入在各类家庭中的分配比例。也就是说，不同的洛伦茨曲线说明了总收入在不同收入水平的家庭中所占的比例，但此时基尼系数却有可能是相同的。如图 11-9 所示，$OABE$ 曲线和 $OCDE$ 曲线是两个经济体中不同的洛伦茨曲线，但两者与绝对平均线围成的面积是相同的，即此时两经济体的基尼系数相同。而 $OABE$ 曲线所描述的经济体内部

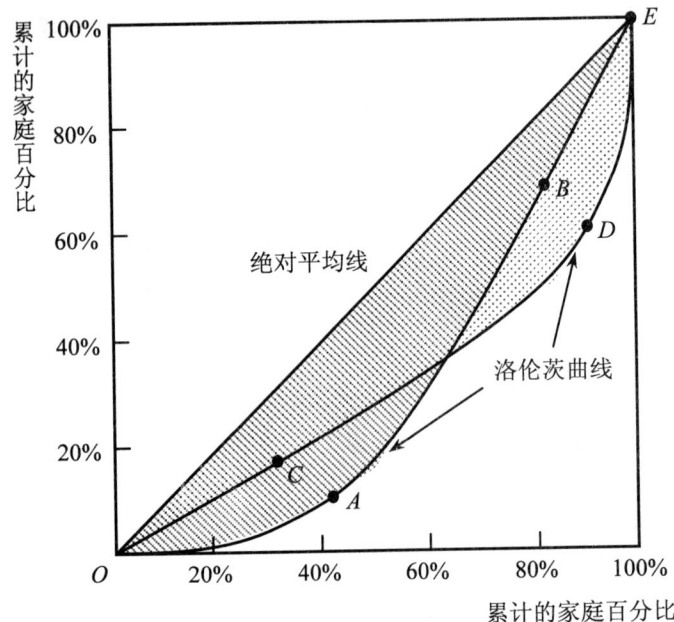

图 11-9　不同的洛伦茨曲线与相同的基尼系数

的家庭相比较而言，大多数收入状况较好，少数家庭收入很低；而 $OCDE$ 曲线所描述的经济体内部的家庭相比较而言，大多数收入状况一般，少数家庭收入很高。

案例 11.5　基尼系数

按照联合国有关组织规定，基尼系数的区段划分及经济含义如下：
（1）低于 0.2 表示收入绝对平均；
（2）在 0.2～0.3 范围表示比较平均；
（3）在 0.3～0.4 范围表示相对合理；
（4）在 0.4～0.5 范围表示收入差距较大；
（5）超过 0.5 表示收入差距悬殊。

通常把 0.4 作为收入分配差距的"警戒线"，根据黄金分割律，其准确值应为 0.382。一般发达国家的基尼指数在 0.24 到 0.36 之间，美国偏高，为 0.4。

改革开放以来，我国在经济增长的同时，贫富差距逐步拉大，综合各类居民收入来看，基尼系数越过警戒线已是不争的事实。我国基尼系数已跨过 0.4，达到了 0.474（2013 年国家统计局公布的数据）。

中国全国居民收入的基尼系数

年份	全国居民收入的基尼系数	备注
2003	0.479	
2004	0.473	
2005	0.485	印度 0.33
2006	0.487	
2007	0.484	
2008	0.491	墨西哥 0.48；世界银行测算的中国基尼系数为 0.474
2009	0.490	阿根廷 0.46；巴西 0.55；俄罗斯 0.40
2010	0.481	
2011	0.477	
2012	0.474	

将基尼系数 0.4 作为监控贫富差距的警戒线，应该说，是对许多国家实践经验的一种抽象与概括，具有一定的普遍意义。但是，各国、各地区的具体情况千差万别，居民的承受能力及社会价值观念都不尽相同，所以这种数量界限只能用作宏观调控的参照系，而不能成为禁锢和教条。目前，我国共计算三种基尼系数，即：农村居民基尼系数、城镇居民基尼系数和全国居民基尼系数。基尼系数 0.4 的国际警戒标准在我国基本适用。

资料来源：《我国基尼系数十年超越国际 0.4 警戒线》——新浪新闻中心，http://news.sina.com.cn/c/2013-01-19/064926072495.shtml

本章结束语

（1）一般均衡理论把各个市场的变化以及相互之间的影响联系起来，考虑各个市场共同达到均衡的过程和条件。实现一般均衡状态的两个前提是：市场完全竞争和资源具有稀缺性。满足一般均衡状态的四个条件：消费者的效用达到最大；厂商的利润达到最大；所有市场全部出清；厂商的经济利润为零。对一般均衡状态的分析，可以以交换的一般均衡与生产的一般均衡为基础，然后分析交换和生产同时达到均衡。

（2）交换的一般均衡是指在社会生产状况和收入分配状况既定条件下，消费者之间通过交换商品达到效用最大化的均衡状况。交换的埃奇沃思盒状图中，交换契约曲线上的点表示消费者在既定收入下达到了效用最大化。消费者交换的一般均衡条件为：

$$MRS_{XY}^A = MRS_{XY}^B = \frac{P_X}{P_Y}$$

（3）生产的一般均衡是指在技术和社会生产资源总量既定的情况下，厂商之间通过生产资源的配置达到产量最大的均衡状况。生产的埃奇沃思盒状图中，生产契约曲线上的点表示厂商利用既定数量的要素达到了产量最大化。究竟按生产契约曲线上哪一点来分配要素资源则取决于两种要素的价格比值。因此，生产的一般均衡条件为：

$$MRTS_{LK}^X = MRTS_{LK}^Y = \frac{w}{r}$$

生产可能性曲线又称生产可能性边界，是指在既定资源的限制下，厂商生产两种商品时最大可能的产出组合点的轨迹。在生产可能性曲线上每一点为生产的一般均衡，而在交换契约曲线上每一点为交换的一般均衡。对于生产和交换的共同均衡必然是生产两种商品的边际转换率 MRT 和两种商品的边际替代率 MRS 相等，并且都等于两种商品的价格比。即生产和交换的一般均衡条件是：$MRT_{XY} = \frac{P_X}{P_Y} = MRS_{XY}^A = MRS_{XY}^B$。生产与交换相互适应、相互调整才能同时达到一般均衡。生产的均衡与交换的均衡相互适应、相互调整的过程就是一般均衡的过程。

（4）福利经济学研究一般均衡模型的条件即经济社会达到最优的条件，从而对一个经济的运行及其结果的好坏作出评价并得出应该如何改善社会福利的结论。帕累托提出的"帕累托最优"的效用规则，奠定了现代福利经济学的基础。对于只有劳动 L 和资本 K 两种要素、X 和 Y 两种产品、A 和 B 两个消费者的经济来说，整个经济达到帕累托最优状态的条件是：$MRT_{XY} = MRS_{XY}^A = MRS_{XY}^B$。因此，帕累托最优是指经济中的交换与生产同时达到最优的理想社会状态，完全竞争经济的一般均衡状态实现了帕累托最优。

效用可能性曲线是指在给定的效用水平上两消费者最大效用组合点的轨迹，社会福利最大化必须在效用可能性曲线上达到。

（5）福利经济学第一定理是指任何完全竞争经济的一般均衡状态都是帕累托最优状态。同时，任何一个帕累托最优状态也都可由一套竞争价格来实现。福利经济学第二定理是指只要偏好呈凸状，则每一帕累托有效配置可被证明为竞争均衡。每一种具有帕累托效率的资源配置都可以通过市场机制实现。

（6）在一个简单的经济社会，社会福利函数是所有个人福利总和的函数。然而，社会福利函数难以估计，阿罗不可能定理的结论是：不可能把个人对 N 种备选方案的偏好次序转换成社会偏好次序的同时又能准确地表达社会各个成员的个人偏好，因此以个人效用为基础的社会福利函数根本就不可能存在。次佳理论认为，帕累托最优的所有条件不能被满足时，尽可能多地满足部分条件，不一定会增加社会福利，即不一定使社会福利达到次佳状态。一项政策能否提高社会福利，主要有下列四种不同的标准：帕累托标准、补偿原则、西托夫斯基标准和伯格森社会福利函数。

（7）由要素市场决定的收入分配引起收入的不平等。洛伦茨曲线是描述社会收入分配状况的曲线，它是累计的家庭百分比与相应累计收入百分比的组合点轨迹。根据洛伦茨曲线可以导出表示收入不平等程度的基尼系数。基尼系数越小，说明这个经济体的收入分配越平等；基尼系数越大，说明该经济体的收入分配越不平等，贫富差距越大。

关键词： 一般均衡　生产的一般均衡　交换的一般均衡　埃奇沃思盒状图　交换契约曲线　生产契约曲线　生产可能性曲线　边际转换率　福利经济学　帕累托最优　帕累托改进　效用可能性曲线　社会福利函数　阿罗不可能定理　次佳理论　洛伦茨曲线　基尼系数

复习思考题

1. 一般均衡的含义是什么？实现的条件是什么？
2. 为什么生产可能性曲线是凹向原点的？
3. 整个经济原来处于一般均衡状态，如果某种原因使商品 X 的市场供给增加，分析：
   （1）商品 X 的替代品市场和互补品市场有什么变化；
   （2）在生产要素市场上会有什么变化；
   （3）收入的分配会有什么变化。
4. 帕累托最优的实现机制是什么？
5. 假设在一个经济体中生产 X、Y 两种产品，x、y 分别表示两产品的产量。如果以产品空间定义的社会福利函数为 $W=(x+2)\cdot y$，在生产资源约束下，生产可能性曲线可表示为 $x+2\cdot y=10$，试求社会福利最大时两产品的产量。
6. 某洛伦茨曲线可写成如下函数：$\rho=r^{2/5}$。其中 ρ 和 r 分别表示累计的家庭百分比和累计收入的百分比，且 $0\leqslant r\leqslant 1$，求此时的基尼系数。

第十二章

垄断行为与管制

◇ 内容提要 ◇

在完善的市场经济制度下，市场作用充分发挥能达到最高的经济效率，而现实社会中由于存在着一些限制，影响市场机制发挥作用以致资源低效率配置，即市场失灵。信息不对称、外部性和公共产品妨碍市场价格机制的正常功能而又不能通过市场自身予以克服，是造成市场失灵的主要原因。接下来的第十二章到第十五章分别讨论导致市场失灵的这几个问题。

本章通过分析垄断市场的效率状况，发现垄断造成社会福利的损失，会导致生产不足、资源配置的低效，同时会产生社会分配的不公等方面的问题，总结了政府对垄断进行管制的四种方式：用反垄断法增强竞争，抑制垄断产生；政府机构的价格管制；某些行业规定为公共企业；实现公有制或者交给市场，不予干涉。

案例 12.1　垄断有利于 IT 行业的发展吗？

21 世纪初最大的计算机行业的新闻莫过于微软老板比尔·盖茨辞去首席执行官的职务，而由其好友巴尔默接任了。这一事件的背后是美国联邦司法部对微软垄断问题长达 10 年的调查与诉讼。1998 年 11 月 5 日，美国联邦地区法院法官杰克逊公布了长达 207 页的认定书，认为微软公司在个人电脑操作系统中独占了巨大的市场份额，Windows 的商业操作系统没有可替代品，并且存在打击和威胁竞争对手使其他企业难以进入该市场的行为。微软面临着被解体的危险。

反对垄断的人从传统的经济理论的角度出发，认为市场经济的活力在于竞争。具有垄断地位的企业，控制产品的产量和价格，排除了其他企业进入该行业的可能性。产量低于完全竞争时的水平，造成资源浪费和效率低下；价格高于完全竞争时的水平，剥削整个社会和消费者，造成社会福利损失和消费者剩余的减少。因此，美国国会在 1890 年就通过了著名的谢尔曼反垄断法，并在其后不断地修改和完善。其核心目标就是阻止垄断的形成，解散已经形成的垄断，限制一些无法避免的垄断企业的市场行为。

支持垄断的人认为，垄断企业可以凭借其雄厚的人力和物力进行科技创新，完全竞争市场条件下的企业没有力量，没有动力也没有必要开展技术创新，垄断或巨大的寡头企业才是创新的主要来源。同时垄断企业在国际竞争中更具竞争力。对某些行业来讲，如汽车、飞机等主要的竞争市场在国际而非国内，只有实力强大的企业才能够取得国际竞争优势，当这种国际竞争优势大于国内的垄断产生的诟病时，政府往往会支持垄断企业的产生。

围绕微软的争论实际也是对垄断问题争论的又一次集中爆发。美国司法部表现出对其垄断的忧虑，代表了 IT 行业和消费者的利益。但有些反对的人认为，微软代表了美国的新经济特征，如果对微软采取法律行为，对美国高技术经济发展是一个打击。无论怎样，微软在全世界面临的多次反垄断调查以及其不同的裁决结果，反映的都是对垄断这一市场结构以及市场行为的利弊存在争论，并且这一争论还将持续。

资料来源：梁小民．微观经济学纵横谈，第 149-152 页

第一节 垄断市场的效率评价

亚当·斯密在著名的《国富论》中提到：垄断者，通过经常保持市场存货的不足……以远远高于正常的价格出售他们的产品，从而无论在工资还是在利润方面都提高他们的报酬。由此可见，简单来讲，垄断会带来消费者福利的损失和垄断者福利的增加。

但类似微软公司的垄断厂商的存在到底会增进社会福利还是减少社会福利呢？这类公司是否需要政府管制呢？垄断是组织市场的一种好的方法吗？与完全竞争市场相比，通过对垄断市场的分析我们发现，垄断存在社会福利的损失，会导致生产不足、资源配置的低效，同时会产生社会分配的不公等方面的问题，以下我们具体来看。

一、垄断导致社会福利的损失

在此我们需要借助于福利经济学的相关概念来具体地加以衡量。社会总剩余衡量社会中买者和卖者的总经济福利，等于生产者剩余加上消费者剩余。生产者剩余等于其总销售收益减去其总成本，消费者剩余等于其愿意支付的总价值减去实际支付的总价值。其中生产者的总收益等于消费者的实际支付总价值。因此，总剩余就等于消费者对某商品的意愿支付价值减去垄断厂商的总成本。

由于需求曲线可以反映消费者对商品的支付意愿，边际成本曲线反映垄断者的成本。因此，可以在需求曲线与边际成本曲线相交之处找出社会有效率的产量。小于该竞争产量

水平,对消费者的价值大于提供物品的边际成本,因此,增加产量将增加总剩余。在这个产量之上,边际成本大于对消费者的价值,因此,减少产量增加了总剩余。

如果存在一个社会管理者管理垄断厂商,让厂商通过收取需求曲线与边际成本曲线相交时的价格来达到这种有效率的结果,这就与竞争企业一样,收取等于边际成本的价格,而与利润最大化的垄断者不同。因为这种价格将给消费者有关生产该物品成本的一种正确信号,消费者会购买效率产量。

而垄断厂商往往选择生产并销售边际收益与边际成本曲线相交的产量水平,该水平将小于选择需求曲线与边际成本曲线相交的产量。此外,还可以从垄断厂商的价格来看垄断的无效率。由于市场需求曲线描述了价格和商品数量的负相关关系,所以,无效率的低的产量就相当于无效率的高的价格。当垄断者收取高于边际成本的价格时,一些潜在消费者对商品的评价高于其边际成本,但低于垄断者的价格,这些消费者最后不购买商品。由于这些消费者对物品的评价大于生产这些物品的成本,这个结果是无效率的。因此,垄断定价使一些双方有益的交易无法进行。

图 12-1 中的阴影部分表示无谓损失 (deadweight loss)。需求曲线反映消费者的评价,边际成本曲线反映垄断生产者的成本。因此,需求曲线和边际成本曲线之间的无谓损失三角形面积等于垄断定价引起的总剩余损失。

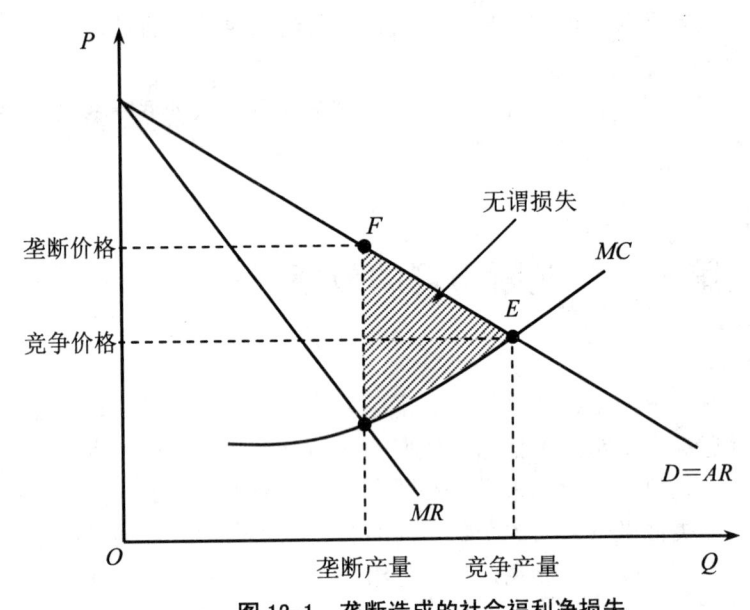

图 12-1 垄断造成的社会福利净损失

二、垄断导致生产不足,资源配置的低效率

在完全竞争条件下,每个厂商都在长期平均成本最低点上(它同时也是短期平均成本的最低点)经营(如图 12-2(a)所示)。而在完全垄断条件下(如图 12-2(b)所示),虽然厂商所用的生产规模是以最低平均成本达到长期均衡产量的,但这并不一定是长期平均成本的最低点。一般地说,如果垄断厂商扩大其长期均衡产量,它可以利用具有更低平均成本的生产规模,这一点在图 b 中得到了清楚的说明。垄断厂商的长期均衡产量为 Q_M,它低于与长期平均成本曲线最低点相对应的产量,即完全竞争时的产量 Q_C。所以说,社会的资源在完全竞争行业中比在完全垄断行业中得到了更有效的利用。同时,在垄断企业里,$P>MC$,在需求和成本条件都相同的情况下,完全竞争条件下,厂商为产品的定价为 P_C;

而在垄断厂商那里,产品的价格为 P_M。总之,与完全竞争行业相比,垄断行业的价格要高些,而产量则要低些。

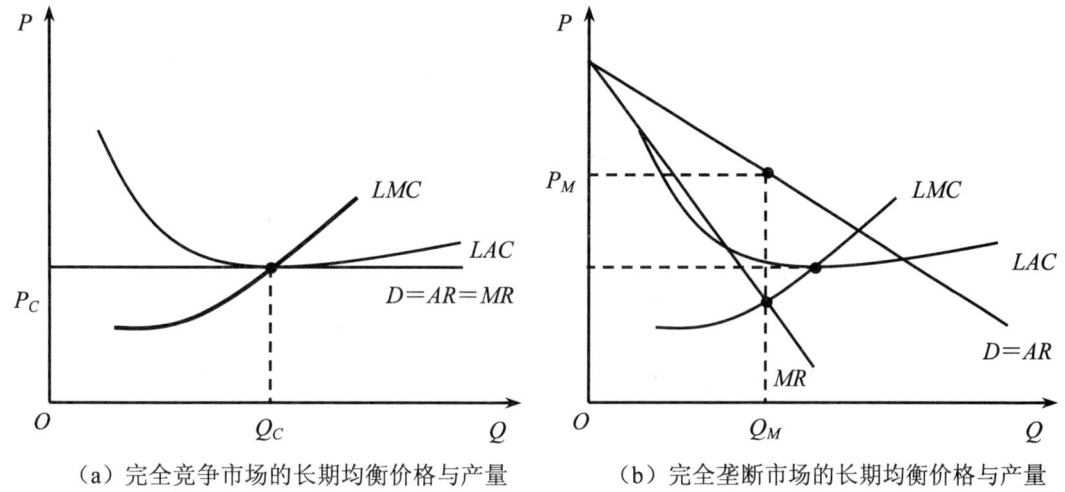

(a) 完全竞争市场的长期均衡价格与产量　　(b) 完全垄断市场的长期均衡价格与产量

图 12-2　完全垄断市场的资源利用的低效

三、收入分配的不公平

提到垄断行业,一方面,从消费者的角度对其十分痛恨,希望能够破除垄断引入竞争,以降低其所购买的产品的价格。但从另一方面看,在我们国家一直以来垄断性行业都是就业的大热门,进入垄断行业内的企业意味着较高的收入水平和福利待遇。垄断企业可以长期维持超额利润,而这一利润并非与投入相关。少数垄断资本家能保持垄断利润,是以全社会消费者收益的减少为代价的,所以是对消费者的剥削。

但是,能否因为垄断对收入分配的影响而说它不好呢?当消费者支付高于成本的价格时,他们受到了损害,但价格高于成本的余额成了垄断者的利润。一个阶层的所失,正是另一个阶层的所得。经济学家不想把这一结果说成是不好,因为这样做意味着必须作出这样的价值判断,即一个阶层(消费者)的福利比另一个阶层(垄断者)的福利更重要——这显然已经超出我们的研究领域。这并不是说每个人都不能对这种收入分配的好坏作出判断,而只是说经济学作为一门科学,不能证明一种收入分配比另一种好。在不同的场合,大多数人会对垄断的影响作出不同的价值判断。

此外,某些垄断行业若要维持自身垄断地位必然要争取获得政府的政策支持,这也导致了某些垄断厂商的大量"寻租"行为,导致腐败问题的产生。

 案例 12.2　铁路部门的垄断定价还能掌握多久?

近 20 年的中国季节性大迁徙——"春运",已成为中国特色。"春运"市场提供了世界上罕见的爆发性最大的商机。2001 年"春运",自 1 月 9 日开始至 2 月 17 日结束,共 40 天时间,全国运送客员约 16.6 亿人次,比 2000 年增长 2.7%。据国家有关部门的数字统计分析，在 16.6 亿人次中，公路将承担 14.9 亿人次的运力，铁路春运 1.34 亿人次，使用这两种交通工具者占中国春运预计总数的 90%以上。这是中国改革开放 20 年来最高峰值的一次"春运"。据广东省及"珠江三角洲"的资料显示：仅春运 40 天时间，竟能够创造一些客运"专业户"本年度至少 50%以上的营业总额；而 70%以上的参加者，在这 40 天"工作"中所创造的价值可抵本年度价值的 120%以上，甚至可以在未来这一年内什么都不用做也能够正常维持。这一切很大程度上要归功于涨价。

国家铁路部春运办有关人士解释，涨价是为了"削峰平谷"，以达到"均衡运输"的目的。但就以关键的广州铁路为例，2006 年 1 月 16 日涨价后的事实证明：广东铁路客运高峰更为尖锐，超过历史日最高峰，"均衡运输"就当然成了画饼充饥；对于中国大多数老百姓而言，出门坐火车是首选交通工具，无论火车票涨不涨价，该回家的还得回家，涨价根本无法削峰平谷，只能是让铁路部门狠狠赚一笔。据北京一家报纸报道，节前 15 天，北京西站和北京东站客票收入增长了 50%，收入近 3 亿元，只是在 15 天取得的。春节给了铁路部门一个极为厚重的大礼包。有舆论指责，这是"垄断行业大发横财"。

不过，中国老百姓这次不买账了。河北律师乔占祥首先就铁路调价方案向铁道部提出行政复议。这无疑是破天荒的。2006 年 2 月 12 日，中国消费者协会也致函铁道部，要求就涨价问题给个说法。当然，现在还不能过于乐观。但相比以往习惯于沉默的中国老百姓，今天终于有了维权的意识，"铁老大"再要"唯我独尊"，恐怕不那么容易了。

摘自 www1.tlu.edu.cn

第二节 对垄断的管制

案例 12.3　　发改委开史上最大反垄断罚单：6 家乳企被罚 6.69 亿元

继国内白酒行业龙头贵州茅台和五粮液因实施价格垄断被罚款 4.49 亿元后，中国政府掀起的反垄断旋风刮向奶粉行业。2013 年 8 月 7 日，合生元等 6 家被判定为价格垄断的奶粉企业收到了国家发改委开出的史上最大罚单——6.69 亿元。国家发改委发布公告称，依据《反垄断法》第四十六条的规定，决定对合生元、美赞臣、多美滋、富仕兰、雅培、恒天然等 6 家乳粉生产企业的价格垄断行为进行处罚，共处罚款 6.69 亿元。而惠氏、贝因美和明治 3 家乳企则被免于处罚。涉案奶粉企业在纷纷认领罚单的同时，其严格控制下游价格的市场管理方式也有望得到调整。

对这一处罚结果，受罚企业纷纷表示了接受。如美赞臣表示，对于处罚结果不准备辩驳，并称"中国仍然是美赞臣全球最重要的市场之一，公司将继续履行承诺，致力为社会做出积极贡献"。多美滋也发表声明表示，公司尊重国家发改委做出的反垄断处罚决定，并将积极做好整改工作。而合生元发布公告称，公司决定放弃申请行政复议和提出行政诉讼，及时支付上述罚款，并不断完善和持续提高公司内部控制水平，确保公司各项经营决策均符合中国法律。

自发改委宣布进行反垄断调查以来，接受调查的9个奶粉品牌已经全都宣称降价，降价产品中，单品最低降幅4%、最高20%，平均降幅超过10%。另外，多美滋、惠氏以及合生元3个品牌还给出了降价后一年内不涨价的承诺。

但接受反垄断调查的9家奶粉企业的认错态度并非一直如此"积极"，处罚金额据此也是大小不一。其中，合生元由于"违法行为严重、不能积极主动整改"，遭受的处罚力度最大，罚款金额达1.63亿元，为上一年度销售额的6%；而惠氏、贝因美、明治之所以能幸免于难，则均是因为"主动向反垄断执法机构报告达成垄断协议有关情况、提供重要证据，并积极主动整改"。《反垄断法》相关条款显示，经营者主动向反垄断执法机构报告达成垄断协议的有关情况并提供重要证据的，反垄断执法机构可以酌情减轻或者免除对该经营者的处罚。

为什么进口奶粉能维持这么高的价格？为什么进口奶粉涨价这么快？很重要的原因就是其存在典型的纵向价格垄断。"纵向价格垄断"的关键在于限定最低的转售价格，也就是奶粉商规定销售商不能以低于厂家制定的最低零售价销售。据了解，限定最低的转售价格早已经是奶粉行业的普遍现象。奶粉企业要根据最终的毛利来分点。在奶粉产品出厂之后，会经过许多销售渠道环节，一般来说，经销商会拿5到10个点，零售商会分得20个点。终端价格越高，毛利越高，奶粉企业拿到的点也就越高，所以奶粉企业会限定最低的转售价格，严禁经销商为扩大销量而私自降低价格。对此，发改委指出，这些行为不正当地维持了乳粉的销售高价，严重排除、限制同一乳粉品牌内的价格竞争，削弱了不同乳粉品牌间的价格竞争，破坏了公平有序的市场竞争秩序，损害了消费者利益。统计数据显示，"纵向价格垄断"在使涉案企业维持高价格的同时也获取了超高利润。其中，合生元2012年的整体毛利率达到65.9%，贝因美为64.65%，美赞臣也超过60%。

为了达成"纵向价格垄断"，维持价格稳定，企业往往会对经销商施加一系列的惩罚性和限制性措施，包括合同约定、直接罚款、变相罚款、扣减返利、限制供货、停止供货等。发改委的公告也指出，证据材料显示，涉案企业均对下游经营者进行了不同形式的转售价格维持，存在固定转售商品的价格或限定转售商品的最低价格的行为。

"这次就是热身而已，以后处罚力度会越来越大。"某乳品营销专家指出这次处罚落地的最大意义在于它的威慑和示范效应，"反垄断调查刚出来的时候很多人以为只是吓唬吓唬而已，甚至会跟以前一样不了了之，结果没想到处罚力度会这么大，也体现了国家有关部门'有法必依、执法必严'的决心，相关奶粉企业在以后都会有所忌惮。"

资料来源：中国新闻网（2013-8-8）http://finance.chinanews.com/stock/2013/08-08/5136412.shtml

通过上一节的分析我们知道，垄断会导致社会福利损失，无法有效地配置资源，产品产量小于有效产量，产品价格大于边际成本。因此，如案例12.3中所述的政府利用反垄断法对某些企业采取的大开罚单的方式，政府通常会采取以下几种方式对垄断进行管制：

第一，用反垄断法增强竞争，抑制垄断产生；

第二，政府机构的价格管制；

第三．某些行业规定为公共企业，实现公有制；

第四，交给市场，不予干涉。

一、用反垄断法增强竞争，抑制垄断产生

在美国，如果可口可乐公司和百事可乐公司想合并，那么，在合并实施之前肯定会受到美国联邦政府的严格审查。司法部的律师和经济学家会认为这两家大公司之间的合并会使美国可乐饮料市场的竞争性大大减弱，从而引起整个国家经济福利减少。如果是这样的话，司法部将在法庭上对合并提出诉讼，而且，如果判决同意，就不允许这两家公司合并。

政府对私人行业行使的这种权力来自反垄断法，即目的在于遏制垄断。美国第一个，也是最重要的反垄断法是国会在1890年通过的《谢尔曼反垄断法》，以减少当时被认为主宰经济的大而强的"托拉斯"的市场势力。1914年通过的《克莱顿法》加强了政府的权力，并使私人民事诉讼合法。正如美国最高法院曾经说过的，反垄断法是"最全面的经济自由宪章，其目的在于维护作为贸易规则的自由而不受干预的竞争"。利用《谢尔曼反垄断法》，美国政府曾成功地肢解了标准石油公司、美国烟草公司和AT&T（美国电报电话公司）这三个最有名的托拉斯。在欧盟成立后，竞争法也成为其体系中重要的法律，主要包括建立欧共体、欧洲煤钢共同体和欧洲原子能共同体等三个基础条约及相关文件，其法律效力凌驾于成员国的竞争法之上，后者不得与欧盟竞争法相抵触。在亚洲，日本政府为了赶超英美德等发达国家，集中财产参与国际竞争，先是鼓励和保护垄断。但是在第二次世界大战以后，凭借美国政府的干预，日本依照美国的反托拉斯法于1947年4月颁布了严厉的反垄断法《禁止私人垄断及确保公正交易法》，成功地肢解了三井、三菱、住友和安田四大财阀，并在以后多次对该法律进行了修改。除此以外，日本政府还为该法律的执行特别设立了公正交易委员会。各国反垄断法一个根本的原则就是：反对经济活动中的垄断行为，而不是反对企业的垄断地位。

我国的反垄断法是在第十届全国人民代表大会常务委员会第二十九次会议于2007年8月30日通过的，自2008年8月1日起施行。反垄断法给予政府促进竞争的各种方法，对企业达成垄断协议、滥用市场支配地位及具有或者可能排除竞争的集中等垄断行为从法律上允许政府的阻止行为。例如，法律赋予政府可以阻止可口可乐公司收购汇源公司的行为，也允许政府将垄断行业厂商分解。再如，政府1994年成立的联通公司，以及之后通信公司不断的业务拆分重组行为。在本节案例12.3中，政府基于反垄断法的基本要求，开展了对乳品行业的管制，一方面促进了国内乳品行业的健康发展，另一方面，各类乳品企业的纷纷降价无疑对消费者也是有利的。再如案例12.4中所述，商务部根据反垄断法的基本精神，阻止可口可乐公司试图收购汇源的行为。

案例 12.4　　商务部宣布可口可乐收购汇源案未通过中国审查

2008 年 9 月,可口可乐公司计划斥资 24 亿美元购买在香港上市的汇源果汁集团,但在 2009 年 3 月未通过中国商务部审查。在整个事件报道过程中,民众更加关注的是民族企业身份、国家果汁市场安全等问题。但商务部专家白明表示,汇源被收购并不涉及民族品牌事宜,卖企业并不等于卖国,只是在可口可乐并购汇源需过外资槛、反垄断槛和国家安全槛这 3 道槛。首先,集中完成后,可口可乐公司有能力将其在碳酸软饮料市场上的支配地位传导到果汁饮料市场,对现有果汁饮料企业产生排除、限制竞争效果,进而损害饮料消费者的合法权益。其次,品牌是影响饮料市场有效竞争的关键因素,集中完成后,可口可乐公司通过控制"美汁源"和"汇源"两个知名果汁品牌,对果汁市场控制力将明显增强,加之其在碳酸饮料市场已有的支配地位以及相应的传导效应,集中将使潜在竞争对手进入果汁饮料市场的障碍明显提高。最后,集中挤压了国内中小型果汁企业的生存空间,抑制了国内企业在果汁饮料市场参与竞争和自主创新的能力,给中国果汁饮料市场有效竞争格局造成不良影响,不利于中国果汁行业的持续健康发展。

资料来源:新浪财经频道:http://finance.sina.com.cn/focus/huiyuan_2009/相关报道

当然在实施反垄断法过程中也要注意一些公司的联合可能会导致的社会福利的增加。例如,一些企业的合并,可以减少行政人员,提升企业整体的运营效率。因此,如果反垄断法是为了增进社会福利,政府就必须能确定哪些合并是有益的,哪些不是。这就是说,政府必须能衡量并比较合并后出现的垄断可能获得的收益与原有竞争状态减少的社会成本。因此,政府能否进行准确的成本—收益分析成为该法律在实施中的关键点。这里最典型的案例便是美国政府对波音和麦道公司合并所采取的态度。

 案例 12.5　　波音和麦道公司的合并

波音公司是美国最大的飞机制造企业,在全球大型客机生产市场上处于支配地位。麦道公司是美国和世界上最大的军用飞机制造公司,同时也生产大型民用客机。欧洲空中客车公司提供的数据显示,截止到 1996 年 12 月,波音和麦道分别占有世界客机市场份额的 64%和 6%。1996 年 12 月 14 日,波音与麦道公司签署协议,麦道公司正式成为波音公司的子公司,这一合并计划立即在世界上引起轩然大波。

这是美国仅存的两个民用喷气式飞机制造商之间的合并,合并后的波音公司将成为世界上最大的民用及军用飞机制造商,而且是美国市场唯一的供应商,占美国国内市场的份额几乎达百分之百。在全世界的飞机制造业中,目前唯一可以与美国波音公司进行较量的是欧洲空中客车公司。空中客车在世界大型客机市场上大约占 1/3 的份额。美国波音公司和麦道公司的合并可以加强波音公司在世界市场的支配地位,同时也会对欧洲空中客车在大型客机市场上的竞争地位产生严重的不利影响。因此,对于波音和麦道公司的合并,美国和欧共体委员会持有不同态度。

部分美国民众认为波音公司与麦道公司的合并将导致美国飞机制造业走向垄断的极端。但美国司法部在一份声明中则表示,虽然波音公司与麦道公司的合并将进一步加强波音公司在飞机制造市场中的支配地位,但考虑到如果否决该合并计划不但将导致资源的浪费,危及到美国的就业岗位,而且将会严重损害到美国国防的利益,因此,同意并支持波音公司与麦道公司的合并。欧盟委员会则认为波音公司与麦道公司的合并将影响到世界范围内飞机制造业的竞争与发展,因此,对该合并表示强烈反对,并于1997年3月7日依据欧盟合并控制条例作出禁止该合并计划的决定。

该兼并案在美国和欧洲都引起了广泛的关注,它表明,反垄断在一定程度上已经国际化并和产业政策政治交织在一起。波音公司和麦道公司一开始就将此次交易定位为军用飞机制造业的合并(麦道公司主要生产军用飞机),双方能力互补,少有横向交叉。消息发布时,交易估值为133亿美元,预定用每0.65股的波音公司股票交换1股的麦道公司股票。但当时的美国公众对此持悲观态度,他们普遍认为合并交易要通过反垄断审查比登天还难。

美国政府不仅没有阻止波音兼并麦道,而且利用政府采购等措施促成了这一兼并活动。其主要原因是:首先,民用干线飞机制造业是全球性寡占垄断行业,虽然波音公司在美国国内市场保持垄断,但在全球市场上受到来自欧洲空中客车公司的越来越强劲的挑战。面对空中客车公司的激烈竞争,波音与麦道的合并有利于维护美国的航空工业大国地位。其次,尽管美国只有波音公司一家干线民用飞机制造企业,但由于存在来自势均力敌的欧洲空中客车的竞争,波音公司不可能在开放的美国和世界市场上形成绝对垄断地位。如果波音滥用市场地位提高价格,就相当于把市场拱手让给空中客车。美国政府在监管企业并购时,不仅仅根据国内市场占有率来判断是否垄断,还要考虑在整个市场范围内是否能够形成垄断。对全球寡占垄断行业,需要分析全球市场的条件,而不局限于本国市场范围。同时,还要考虑国家整体产业竞争力。因此,在执行反垄断法时,美国政府还是以国家利益为重,为了提高美国企业在全球的竞争力,支持大型企业的重组和并购。1997年7月25日,持有2.1亿股(占麦道总股份75.8%)的股东投票同意波音兼并麦道。同年8月4日,新的波音公司正式开始运行。至此,轰动一时的波音兼并麦道案尘埃落定。

资料来源: http://www.antitrust-dufe.org/2012/1116/2071.html

二、政府机构的价格管制

政府解决垄断问题的另一个方法是管制垄断者的行为,尤其是管制其产品的价格。例如,对自来水公司和电力公司等垄断性企业,政府不允许这些公司随意调整其产品的价格。

政府应该为这些垄断企业的产品确定多高的价格呢?这个问题并不像乍看起来那么容易。一些人的结论是,价格应该等于垄断者的边际成本,如图12-3所示,如果在无管制的条件下,垄断厂商根据 $MR=MC$ 的原则将确定其产品价格为 P_M,如果政府让垄断企业将其产品的价格定在 $P=MC$,厂商会将价格降到 P_A,消费者就可购买使总剩余最大化的垄断者产量 Q_A,而且,资源配置将是有效率的。

但要注意的是，我们分析问题不能仅仅从消费者的角度，使用边际成本定价作为一种管制制度可能会存在两个问题：第一，根据定义，这些垄断行业的平均总成本是递减的，我们知道当平均总成本递减时，边际成本要小于平均总成本。另外，这些垄断行业固定成本往往很高，边际成本相对固定成本也是微不足道的。如果管制者要确定等于边际成本的价格，价格就将低于企业的平均总成本，企业将亏损。

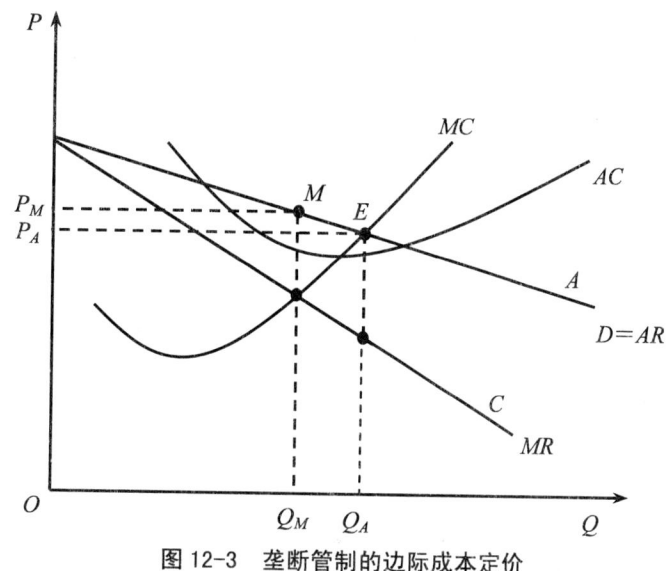

图 12-3　垄断管制的边际成本定价

如果让企业收取如此之低的价格，利润最大化的企业往往会离开该行业。

政府机构可以采取的解决垄断企业亏损问题的办法无非就是通过政府补贴。实际上，就是让政府承担边际成本定价固有的亏损。但政府支付的补贴需要通过税收增加收入，这又引起税收本身的无谓损失。

第二，它不能激励垄断者降低成本。竞争市场上的每个企业往往都会基于利润考虑努力降低成本。但如果一个受管制的垄断者知道，只要成本减少，政府就将降低其产品价格，垄断企业自身不会从降低成本中受益，企业也就没有降低成本的动力了。

还有一些人认为应该采取另外一种方式，即采用平均成本定价法更科学。即将价格定在与平均成本相等的水平上，如图 12-4 中的 P_B。这样，垄断厂商的最佳产量将为 Q_B，它虽然小于 Q_A，却大于未受管制的垄断产量 Q_M；其价格虽然高于 P_A，但低于未受管制的垄断价格，垄断利润消失了。

然而，上述方法存在着一个严重的问题，就是垄断者几乎没有降低成本的动机。相反，因为当成本上升时，管制者允许一个较高的价格，以便使垄断厂商仍然能获得正常的收益，所以，经理们总会产生虚报账目的动机，他们往往向他们自己和朋友们支付高于必要水平的工资，从而增加许多不必要的成本支出，这就会使平均成本曲线上移。既然管制者允许价格提高以补偿较高的成本，所以上述不必要的成本支出将不会减少厂商的正常利润。显然，这种情况在不受管制的垄断行业中是不会存在的。

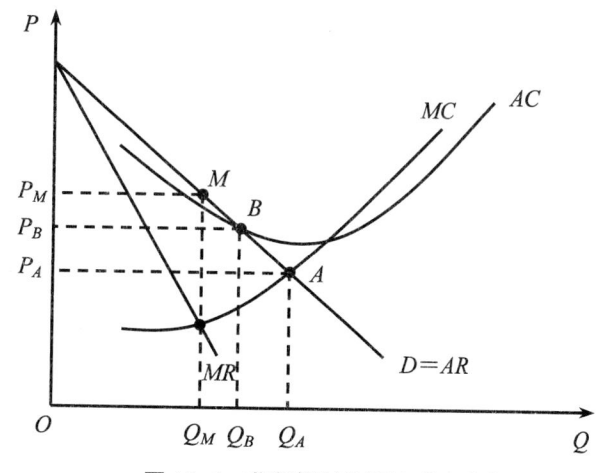

图 12-4　垄断管制的平均成本定价

三、某些行业规定为公共企业，实现公有制

政府用来解决垄断问题的第三种方式是公有制。这就是说，政府自己经营某些垄断企业本身，而不仅仅是对其进行管制。这种解决方法在欧洲国家是常见的，这些国家政府拥有并经营公用事业，如电话、供水和电力公司。在美国，政府经营邮政服务。在我国，公用事业如电话、供水、电力、邮政等服务公司普遍也是国有企业。

经济学家通常认为，把公有制的垄断企业私有化并明晰产权是解决垄断存在的问题的有效方式。其中的关键问题是所有权如何影响生产成本，只要私人所有者能以高利润的形式得到部分利益，他们就有成本最小化的激励。因为如果私人企业管理者在压低成本上不成功，企业所有者就会解雇他们。但如果经营垄断的政府官僚在降低成本方面不利，却不会对他们自身利益产生影响，损失的承担者是纳税人。总之，经济学家通常认为，作为一种保证企业良好经营的方法，投票机制不如利润动机可靠。

四、交给市场，不予干涉

事实上，以上每一项旨在减少垄断、引入竞争的方式都有其弊端。因此，某些经济学家认为，政府通常最好不要设法解决垄断问题，放任市场自由竞争。经济学家斯蒂格勒（George Stigler）曾由于自由市场经济的研究获得1982年诺贝尔经济学奖，下面是他在《财富经济学百科全书》中的一段论述：

"经济学中的一个著名定理认为，竞争性企业经济将从既定资源存量中产生最大可能的收入。没有一个现实经济完全满足这个定理的条件，而且，所有现实经济都与理想经济有差距——这种差距称为'市场失灵'。但是，按我的观点，美国经济'市场失灵'的程度远远小于植根于现实政治制度中经济政策不完善性所引起的'政治失灵'。"

斯蒂格勒的主要经济学贡献之一就是对社会管制政策的精辟批评，他力图论证"看不见的手"在当代仍可获得良好的效果，而政府的管制常常不能达到预期的效果。他主张实行自由市场制度，反对垄断和国家干预。他是被称为"管制经济学"的新的重要研究领域的主要创始人。正如弗里德曼赞誉斯蒂格勒为"以经济分析方法来研究法律与政治问题的开山祖师"。从某种程度上讲，对垄断的管制问题的研究的确也是使用经济学分析方法对法律与政治问题的研究，决定经济活动中政府的适当作用也的确需要有关政治学与经济学的判断。

 案例 12.6   充分竞争才是市场的最佳选择

以彩电市场为例，我国当前市场容量为 2000 万台左右，而生产能力则有 4000 万台左右，明显的供大于求注定了市场竞争将会日趋激烈。各个彩电企业又都是单独的利益主体，它们在市场竞争中当然会从争取更多的顾客和市场份额的动机出发，选择对自己有利的策略——竞相降价当为正常举措。但是，当一些企业在日趋激烈的价格竞争中感到盈利下跌，

难以招架时，该怎么办？它们可以设法扩大规模，也可相机转产，改变原有的投资方向。这便是市场经济条件下企业争取规模效益，或是灵活调头的发展之路。如果一个企业只想靠价格联盟来形成和保持垄断利益，坐享固定的市场份额，最终就会发现，在商品供大于求的背景下，去签一个自己和竞争对手们都不会认真遵守的协议（除非协议有超级监督力和强制力），不过是徒劳之举。

对于政府部门和行业协会来说，可问一声自己有无能力或有无必要让所有彩电企业都有饭吃，致使先进企业发挥不了长处，落后企业亦不会被淘汰。如果没有，又想通过建立价格联盟而为之，岂不白费气力？近年来，价格联盟一次次的不欢而散已经说明了此理，难道今后还要花费大量资源去做本来就不会成功的事，难道让每个政府部门都搞成一个"欧佩克"，不断去发起和监督限价、限产的卡特尔活动，从不成功，而又不肯罢手，犹如唐吉诃德同风车作战。竞争的市场是商品价格的最终决定因素。在供大于求的背景下，通过价格、品牌、服务、质量等方面的竞争，强势企业可以通过增加市场份额、兼并重组，不断扩大规模而成为市场经济下竞争产生的"巨舰"；弱势企业则需利用市场退出机制，或寻找新的投资点以扬长避短，或者被其他企业兼并、联合，成为"巨舰"的一部分。如此，才会有具有国际竞争力的大企业产生，所有消费者也才会从产品价格不断降低、质量服务日益完善中受益。国际和国内历史的经验表明，希望通过政府"拉郎配"的办法去组建大企业，或是"欧佩克"式的价格联盟保护垄断与落后均非好的办法。

摘自 www1.tlu.edu.cn

本章结束语

本章后部分主要对垄断市场结构进行评价并总结了对垄断管制的四种基本方法。垄断者利润最大化的产量水平低于使消费者与生产者剩余之和及总剩余最大化的产量。这就是说，当垄断者收取高于边际成本的价格时，垄断将引起无谓的福利损失。垄断将导致生产不足及资源配置的低效。同时，垄断还会导致收入分配的不公，产生一些社会问题。

政府可以用四种方式对垄断行为的无效率作出反应：可以用反垄断法使行业更有竞争性；可以管制垄断厂商价格；可以把垄断厂商变为政府经营；政府也可以无所作为，不予干预，放任市场机制自由调节。

关键词：垄断　效率损失　价格管制

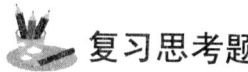

复习思考题

一、概念题

垄断　自然垄断　价格歧视　无谓福利损失

二、简答题

1. 导致市场上垄断厂商出现的原因有哪些？
2. 垄断厂商的短期均衡及长期均衡的形成及条件是什么？
3. 举出生活中关于价格歧视的例子，并分析垄断企业为何遵循这种定价策略。
4. 对垄断的管制方式有哪些？

三、计算题

1. 已知某垄断厂商的成本函数为 $TC=0.5Q^2+10Q$，市场上该产品的需求函数为 $P=90-0.5Q$，

（1）计算该厂商利润最大化时其产量水平和产品市场价格。

（2）假设国内市场价格超过 55 元时，国外相同产品将会进口到国内，计算当产品价格为 55 元时，垄断厂商可以销售出的产品数量及赚得的利润。

（3）假设政府现在根据边际成本定价法，要求垄断厂商国内该产品的最高价格不能超过 50 元，那么垄断厂商将提供的商品数量为多少？这时利润水平为多少？是否会出现该商品的短缺呢？

四、综合分析题

1. 垄断厂商实现三级价格歧视要求不同的消费群体对产品的需求弹性不同，那么你认为垄断厂商将如何为不同弹性大小的消费者群体制定产品的价格呢？现实生活中你能找到这类典型案例吗？说说看。

2. 垄断对社会福利造成的损失是如何表现的？在微软案例中，你认为是否应该适用反垄断法对其进行惩罚呢？

第十三章 信息不对称

◇ **内容提要** ◇

在完善的市场经济制度下,市场作用的充分发挥能达到最高的经济效率,而现实社会中由于存在着一些限制,影响市场机制发挥作用以致资源低效率配置,即市场失灵。信息不对称、外部性和公共产品妨碍市场价格机制的正常功能而又不能通过市场自身予以克服,是造成市场失灵的主要原因。我们的第十三章至第十五章分别讨论导致市场失灵的这几个问题。关于信息不对称、外部性和公共产品问题的理论,是20世纪70年代以来经济学中研究的最新理论之一。

完全竞争市场的分析中,假定消费者和厂商都掌握市场上的所有信息,也就是具有完全信息(complete information),这种条件下,厂商获得了最大利润,消费者得到了最大效用。而在现实经济中,决策者面对的信息都是不完全的,往往表现为信息不对称。信息不对称阻碍了市场机制的充分发挥作用,影响了决策者的最优选择。

案例 13.1　信息非对称——买的不如卖的精

俗话说"从南京到北京,买的不如卖的精",这其中的道理就是信息不对称。非对称信息,是指市场上买卖双方所掌握的信息是不对称的,一方掌握的信息多一点,一方掌握的信息少一些。

中国古代有所谓"金玉其外,败絮其中"的故事,讲的是商人卖的货物表里不一,由此申引比喻某些人徒有其表。在商品中,有一大类商品是内外有别的,而且商品的内容很难在购买时加以检验。如瓶装的酒类,盒装的香烟,录音带、录像带等。人们或者看不到商品包装内部的样子(如香烟、鸡蛋等),或者看得到、却无法用眼睛辨别产品质量的好坏

（如录音带、录像带）。显然，对于这类产品，买者和卖者了解的信息是不一样的。卖者比买者更清楚产品实际的质量情况。这时卖者很容易依仗买者对产品内部情况的不了解欺骗买者。如此看来，消费者的地位相当脆弱，对于掌握了"信息不对称"武器的骗子似乎毫无招架之术。

由于信息不对称，价格对经济的调节就会失灵。比如，某商品降价消费者也未必增加购买量，消费者还以为是假冒伪劣商品；某商品即使是假冒伪劣商品，提高价格，消费者还以为只有真货价格才高。这就是市场失灵造成的市场的无效率。

为消除信息不对称，精明的商家想了很多办法。在大商场某一生产鸭绒制品的公司开设了一个透明车间，当场为顾客填充鸭绒被，消除了生产者和消费者之间的信息不对称。

摘自 www.people.com.cn

第一节 信息不对称概述

当市场的一方无法观察到另一方的行为，或者无法获知另一方行动的信息时，就产生了信息不对称的情形。信息不对称（asymmetric information）就是指市场上买方与卖方所掌握的信息不对等，其中的一方比另一方掌握更多的信息。信息的不对称是许多商业活动的特点。

在一些市场上，卖方所掌握的信息多于买方。例如，产品的生产者对自己产品的质量和性能比消费者知道得多；雇员们对他们自己的技术和能力的了解也大大超过他们的雇主。有些市场买方所掌握的信息多于卖方。例如，医疗保险的投保人肯定比保险公司更了解自己身体状况和发病的可能性。因此信息在市场参与者之间的分布是不均匀的，即信息不对称。

在交易中，如果一方了解自己的一些特征（如产品的质量、身体的好坏），而另一方不了解，这种信息不对称结构叫作隐藏特征。例如，购买汽车的消费者不知道汽车是否存在安全隐患。由于交易的一方能采取行为影响对方，而对方不能直接辨别，这种信息不对称结构叫作隐藏行为。例如，保险公司不可能每时每刻地监督每个购买车辆保险的人的行为；买了医疗保险的人病已痊愈而迟迟不肯出院，保险公司也无法看见。

信息不对称会妨碍市场的有效运转，影响资源的优化配置。下面将考虑信息不对称所导致的逆向选择、道德风险、委托—代理问题等，并探讨解决这些问题的方法。

第二节 逆向选择与解决

市场上的交易双方在信息不对称的情况下,信息少的一方选择信息多的一方进行交易,就是逆向选择(adverse selection)。逆向选择会导致高质量产品在市场上被低质量产品驱逐出去。

一、逆向选择的产生

我们借助阿克洛夫(Akerlof)的旧车市场模型来说明这一问题。设想这样一种情形:在一个市场上有高质量的和低质量的两种旧车出卖,如果买卖双方都知道哪一辆车是高质量的,哪一辆是低质量的,即他们对于旧车市场的信息是对称的,那么就会出现两个分离的市场。分别如图13-1的Ⅰ图和Ⅱ图所示,高质量旧车的需求曲线和供给曲线分别是D_S和S_S,低质量旧车的需求曲线和供给曲线分别是D_F和S_F。旧车市场形成了两个均衡价格。例如,每个市场的成交量都是500辆,高质量的旧车将以8000元的价格成交,低质量的旧车将以4000元的价格成交。这样,旧车市场既不存在过剩的供给,也不存在过剩的需求。

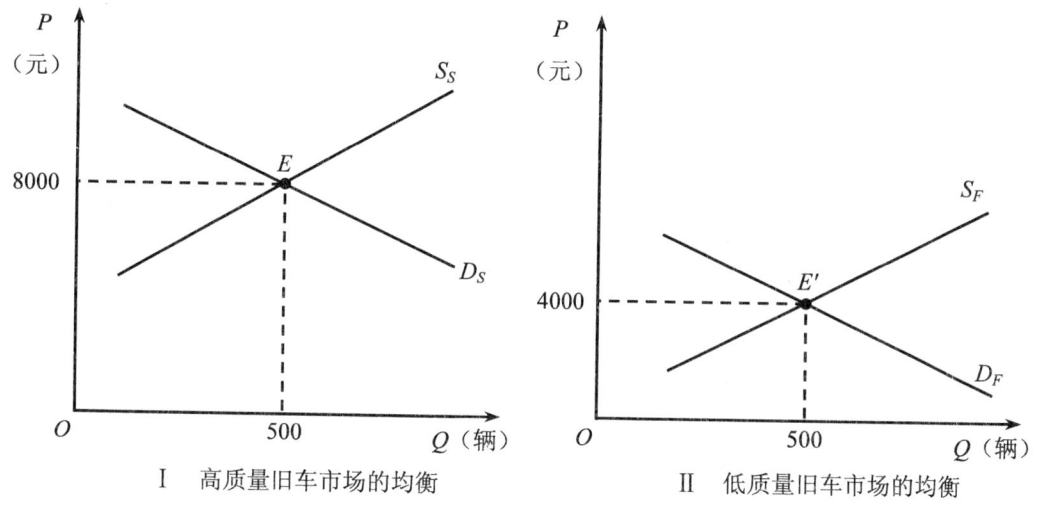

Ⅰ 高质量旧车市场的均衡　　Ⅱ 低质量旧车市场的均衡

图13-1　信息对称时的旧车市场

但是,实际上买卖双方关于旧车质量的信息是不对称的。旧车的卖方对车的质量比买方要知道得多,比如,车主可以隐瞒实际的行驶里程。如果买方无法分辨旧车的质量,只知道在待出售的旧车中有一半是高质量的,另一半是低质量的,买到高质量车和低质量车的概率各为0.5,这样买者就会把所有的车都看作是"中等"质量的。在这种情况下,假定买方在整个旧车市场的需求曲线为D,高质量旧车和低质量旧车的供给曲线分别是S_0和

S_1,买方将只愿意支付车的预期价值 6000（=0.5×8000+0.5×4000）元,买者在旧车市场上的需求曲线变成了 D'。如图 13-2 所示,结果将有较少的高质量车（250 辆）和较多低质量的车（750 辆）出售。

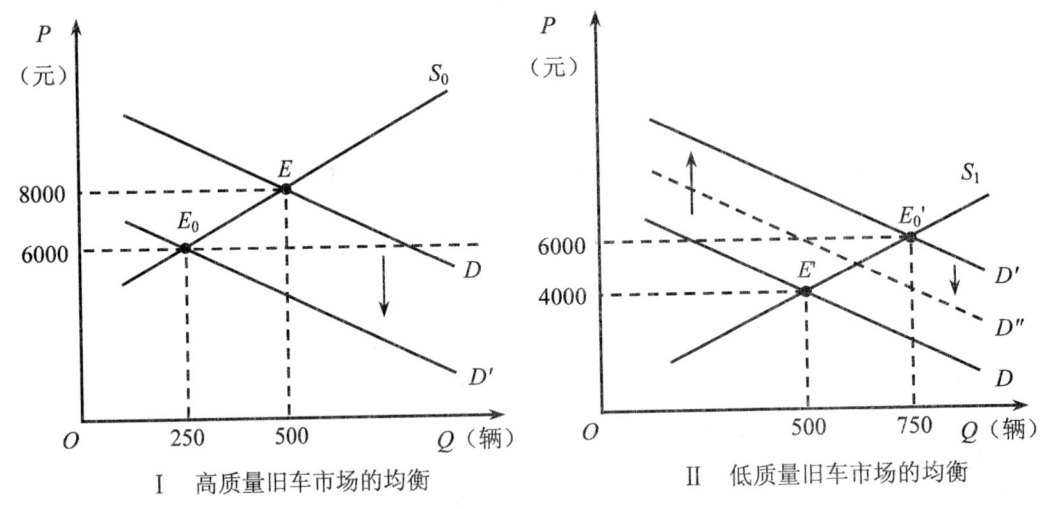

图 13-2　信息不对称时旧车市场上需求曲线的变动

当消费者明白市场上大多数（约 3/4）出售的车都是低质量的车时,他们的需求就会进一步发生转移,如图 13-2 中的 II 图所示,新的需求曲线可能移动到虚线 D''。这意味着平均来说,轿车是中低质量的。结果会导致高质量的旧车的供给进一步减少,从而使消费者需求又会发生进一步变动,虚线继续往下移动。这一结果持续下去,直到低质量旧车全部卖完。这时由于价格过低,任何高质量的旧车都不会进入市场出售。可见,由于信息不对称,在有低劣品存在的市场,逆向选择造成了劣品驱逐良品的后果。

我们再来看一下人才招聘过程中的逆向选择分析。一般而言,在信息对称的情况下,级别不同的企业会招聘到能力不同的人才,优秀的企业容易招聘到能力高的人才;同样,能力不同的人才会落户到不同级别的企业,高能力人才容易受聘到优秀企业。但由于信息的不对称,最终会导致逆向选择。

在人才招聘过程中,企业只能通过人才递交的简历表和对人才进行笔试、面试来获取对方的相关信息,但对其实际工作能力、工作热情和长期打算却不甚了解,而且已获取信息又面临着虚假成分的威胁。相对而言,人才对自己的学历、业务水平、偏好、信用等信息却十分清楚,而且对所应聘企业及其职位亦认识深刻。企业并不知道应聘人才的真实能力,只知道应聘人才的平均能力及其分布。在这种情况下,招聘企业只能根据应聘人才的平均能力来确定聘用的人才和给予其待遇。假定人才有两种类型:Q=4000（高能力）和 Q=1000（低能力）,企业遇到两类人才的概率为 1/2。如果信息是对称的,企业会在不同的工资水平上雇佣到相应的人才。但由于信息不对称,企业就只能按照平均能力 2500 出资,并希望能雇到高能力人才。但在此工资下,高能力人才将退出应聘过程,招聘市场上只留下能力程度较低的人才。这样人才的平均能力就会下降,理性的招聘企业知道这一情况以后,便会降低给予应聘人才的待遇。结果造成更多的较高能力的应聘人才退出招聘市场,如此循环下去，形成"劣币驱逐良币"现象，即低能力人才对高能力人才的驱逐。这便是人才应聘过程中的逆向选择。逆向选择的结果，低能力人才获胜。

这种劣品驱逐良品的逆向选择现象还存在于保险、金融以及就业市场等地方，最典型的是人寿保险市场。保险的买卖双方所掌握的信息是不对称的。每一个希望购买医疗保险的人最了解自己的健康状况，而保险公司并不了解每个投保人的健康状况，只知道他们的平均健康状况，保险公司只能根据每个人的平均健康状况或者说平均患病率收取保险费。在保险公司按照平均健康状况收取保险费的情况下，谁会购买保险？当然是那些身体不太健康的人。对那些身体健康的人来说保费又太高；保险公司为了减少支出、增加收入，将提高保险费，按照这些不太健康人的平均健康状况收取保险费。保险费上涨后，只有那些患病率较高的人仍然愿意购买保险，这将导致保险公司进一步提高保险费，这又赶走了一批较健康的人，最终只有那些患有严重疾病或绝症的人才购买保险，而他们正是保险公司所最不想要的顾客。这是保险公司对买主进行逆向选择，其结果是：提高价格来进行逆向选择将赶走健康状况好的顾客。因此，如果交易双方的信息是不对称的，当信息多的一方进行自我选择往往会损害信息少的一方时，信息少的一方就会进行逆向选择。

随着个人购买家庭轿车的数量逐渐增多，汽车保险业务近年增长得很快。可是由于车多路窄，新手又多，汽车交通事故比原来增加很多。这些购买了汽车保险的人由于有了保险，开起车来跟开坦克似的，横冲直撞，反正汽车坏了由保险公司负责修理。更有人经常酒后开车，把握不住；还有的是开车精力不集中，甚至打瞌睡。结果就是汽车交通事故频繁发生，致使保险公司收取的保险费不够赔付汽车修理公司的汽车修理费。要解决这一问题，唯一的办法是提高保费的额度，否则会一直亏损下去。保险公司最后的决议是提高保险费，但这一决策不仅没有收到预期的效果，反而使汽车保险的保费收入开始出现下降。这是他们的决策者们所始料不及的。他们不知道在经济行为中存在着逆向选择。这种逆向选择告诉我们，愿意购买保险的人常常是最具有风险的人，而收取较高保险价格会阻止具有较低风险的人购买保险。你保险公司的保费收得高，我的出险率低，你进一步提高保险价格，我干脆不买保险了。这种逆向选择效应的根源在于保险公司所掌握的信息是不完全的。

尽管保险公司也知道，在它的顾客中有些肯定比其他人具有更低的风险，但它不能确切知道谁是风险低的人。也就是说，保险公司知道个人之间肯定存在差别，应该努力把他们划分为较好的和较差的风险类别，并征收不同的保险费。但是它做不到，因为它不知道哪些人是高风险的，哪些人是低风险的。凡是那些积极买保险的人都是容易出险的人，因为他们容易出事故，所以常常渴望购买保险，以便出险之后由保险公司为他们付费。而出险概率较低的人则往往犹豫不决，如果保险价格提高了，反而会把他们首先拒之门外。这就是典型的逆向选择效应。提高保险价格导致那些事故倾向较小的人退出了保险市场，而高风险顾客比例的上升直接影响的是保险赔付的上升。

二、逆向选择的解决办法——信号传递

信息不对称问题在许多领域都存在，但是并不一定都导致逆向选择问题，而且通过某

些有效的制度安排或有效措施的实施可以消除逆向选择问题，其中一个重要的机制就是信号传递。信号传递（market signaling）是市场上信息多的一方通过某种方式将信号传递给信息少的一方，即向市场发送信号。

仍以上述的旧车市场为例，劣品充斥市场是因为购买者并不确知旧车的质量，因而只愿出较低的价格购买旧车，从而导致卖者只愿拿劣品出售。如果出售者能够向购买者发送某些有关产品质量的信号，使购买者能够确知其旧车的质量，就不会产生旧车市场的逆向选择问题。例如，向旧车购买者提供有关旧车的质量证明书，一旦买者在某一期间使用的旧车出现问题，卖者将负责赔偿或保修，这种措施将有助于消除旧车市场的逆向选择问题。

市场上信息多的一方向信息少的一方发送信号并不仅仅限于旧车市场，在其他具有隐藏特征的市场上也存在。像电视机、空调、小轿车和冰箱这样的耐用品市场上，有许多厂商在进行生产，品牌众多。如果消费者不知道哪些品牌更为可靠，较好的品牌就不可能以较高的价格出售。因此，生产质量较高、较可靠的产品的厂商就会愿意让消费者意识到这一点，通过提供质量保证或售后服务的方法来使消费者明白他们出售的产品是可靠的。因此，消费者就能把一项内容广泛的保证书看作是高质量的信号，并为提供保证书的产品支付更高的价格。一些著名商品的品牌本身也是一种信号，因为名牌是靠长期稳定过硬的质量建立起来的，在消费者心里名牌代表优质，为此他们愿意支付一定溢价来取得质量的保证。

人才市场上的逆向选择问题也可以得到解决。

首先，建立健全人才识别机制。要解决人才招聘过程中的逆向选择问题，关键是要建立一套健全的人才识别机制，将不同能力的人才区分开来。在人力资源招聘过程中一味地压低工资是无效的，这样只会加剧高能力人才流失。企业在进行人才招聘时应建立一个反映人才能力与企业职位要求吻合程度的综合认知体系。该体系应包括应聘人才的自然情况、受教育程度、以往职位和工作业绩、诚信、人际关系等一系列因素，并根据职位要求分别设定不同的权重，综合评分。把综合评分分成相应的档次，对每一档次的应聘者作进一步的甄别和筛选，尽可能地搜集、过滤相关信息，最终研究聘用人选。

其次，建立健全人才信息资料库。如果把引起逆向选择的非对称信息由私人信息转变成共同知识，即拥有信息优势的一方将其信息传递给信息劣势的一方，交易就可以得到改善。因此，把人才的私人信息通过信息传递转变为共同信息，将有助于消除人才招聘过程中应聘人才的逆向选择。为此，政府、企业和人才市场联手，对人才建立全面的资料库，及时记录人才的学历、业务水平、信用等情况，甚至可以将人才的相关信息上网。这样就可以将人才的私人信息转变为共同信息，从而使得企业在招聘人才时，既可以节省招聘成本，又可以降低招聘风险，有效地防止人才在应聘过程的逆向选择。

我们再研究广告和品牌战略的应用。例如，在一个竞争市场上，作为新进入者，除了要有可靠的产品质量，让消费者信得过，更重要的是要让消费者能够认知它、了解它、喜爱它。这就需要通过一定的方式向消费者传递信息。广告是生产厂商在垄断竞争市场上向消费者传递信息的主要途径。有了品牌形象设计，为了让消费者知道关于新产品的质量、品位、价格、产品特点和市场定位，公司就开始在媒体上大做广告。这样，新产品就可以以市场上挑战者的姿态，得到消费者的认同。

广告是在有差别的产品市场上向顾客传递各种可供选择信息的手段。这部分内容跟前面的市场理论也密切相关。在没有差别的完全竞争市场上，广告的作用不明显；在完全垄断市场上，根本就不需要广告；在寡头市场上，偶尔也会有广告出现；而真正的广告竞争主要是集中在垄断竞争这种不完全竞争市场上，只有在这样的市场上，广告才能发挥作用。广告的这种作用主要是把自己同竞争对手区别开来，让消费者了解、认知和信赖。广告的作用究竟有多大，许多做广告的企业本身也不清楚。为了竞争的需要，企业还要每年做详细的广告投放计划。为了强调广告的不同作用，经济学家特意把广告区分为信息性广告和劝说性广告。信息性广告是向消费者提供关于商品质量、性能、价格、款式和购买地点等方便消费者购买的信息。劝说性广告则是向消费者掩盖其他信息，目的是蛊惑消费者，使他们在没有多少差别的商品之间相信存在着差别，差别就是同类商品之间有着不同的"品牌"。消费者你只相信我的品牌就行了。

一个品牌价值几何？由于品牌的定位不同，可能赋予品牌不同的文化内涵。例如，在纯净水市场，同样是水，也都是两个氢原子和一个氧原子结合起来的一种纯净物质，由于不同的包装和不同的品牌，就有了不同的社会消费文化内涵。于是品牌就成了完全同类商品之间的主要的和唯一的区别。品牌的定位是人为设计的，品牌战略是人为制定的。同样是水，品牌定位不同，价格会有很大差别；同样是酒，二锅头卖 4 元，茅台酒卖 800 元。品牌不同，差别是巨大的。

虽然伪劣品的生产者难以创造出这种信号，但是模仿这些信号的成本却并不高。因此，市场上充斥着大量的、假冒的名牌产品，这会使真正名牌产品生产者的信号成为一种"负信号"——尽量避免购买这种品牌产品，甚至导致生产真正优质产品的厂商退出市场。在这种情况下，名牌厂商的一种有效对策是传送"二次信号"，比如，可以在产品上增加某种很难仿制的防伪标志，也可以是名牌厂商与名牌商店的结合。当然，名牌商店能将售价定在比一般商店高的水平，这也使消费者愿意支付一定的溢价来取得质量的保证。

假冒、伪劣产品充斥的市场也可以由中间商或经纪人来重建秩序。中间商或经纪人利用自己的专长来鉴别优质产品和劣质产品，他们的信誉可以通过以合理的价格出售商品而建立起来。只要他们能赢得消费者的信赖，由于信息不对称而失灵的市场就能够重新运转起来。经纪人得到的报酬称为佣金或介绍费，卖主愿意支付佣金是因为它比优质产品在不对称信息市场上直接出售所遭受的价值损失要小；消费者愿意支付佣金是因为它比消费者直接在不对称信息市场上搜寻优质产品的成本要低。一个具有比较全面信息的中间人的介入使市场运转的效率大大提高了。在某些情况下，这些中间人的角色是由某个机构来承担的，比如，同业商会、政府机构或民间组织可以对某类产品进行等级评定，使之成为传送给消费者的信号。

如果信息不对称所产生的问题很严重，以至于破坏市场的运作时，政府有必要进行干预，或通过法律解决问题。例如，在老年人健康保险或与此相类似的雇员医疗保险领域出现的市场失灵通常需要政府干预，即由政府、企业和个人共同出资对个人实行集体保险。由于这种保险对每一个员工都是强制性的，保险公司要赔付的就是平均风险，集体收费比单个人低得多，所以就没有逆向选择问题。药品市场因信息不对称而产生的假药充斥市场的问题更需要政府出面干预，或者对假药生产者或出售者绳之以法。

第三节 道德风险与解决

信息不对称的另一种情形是隐藏行为,即由于交易的一方采取行为影响另一方,而另一方无从判断或辨别。隐藏行为往往导致道德风险。道德风险是 20 世纪 80 年代西方经济学家提出的一个经济哲学范畴的概念,即"从事经济活动的人在最大限度地增进自身效用的同时做出不利于他人的行动"。或者说是:当签约一方不完全承担风险后果时所采取的自身效用最大化的自私行为。道德风险亦称道德危机。

案例 13.2   银行取出假钞 敲响防范道德风险警钟

河北省邯郸市市民雷先生称从农行和平路一网点取了 15 万元现金,封条没打开就去工行存款,工作人员却发现里面有 1 张面值 100 元的假钞,随即依法没收。雷先生觉得奇怪,更觉得委屈。奇怪的是银行里怎么会流出假钞?而委屈的是,当他拿着存款行开具的没收假钞的证明和封条回到取款行要求赔偿时,却遭到"离柜出门概不负责"的拒绝。

而银行似乎也有满肚子委屈。银行内部有诸多条条框框的规章制度杜绝假钞,从收款到出库都是层层把关,也不可能出现假钞。但是,凡事都不是绝对的。这事儿用不着专家和专业的法律工作者分析,原因简单地只有一个,就是人的问题,就是道德风险依然存在的问题。第一种可能,不排除取款人在途中做了手脚,用了"偷梁换柱"手法;另一种可能,就是银行工作人员不严格按照规定执行,致使假钞在眼皮底下溜过。同时,也不排除个别素质低下的银行工作人员从中做手脚。

银行流出假钞事件,不是个案,且屡屡发生,情节大致雷同。这充分说明,道德风险依然存在,防范道德风险仍然是我们面临的一项艰巨而长久的任务。首先,规章制度是必不可少的防范基础,贯彻落实是防范风险的必要措施,加强教育和严格的行为约束是防范道德风险的关键。目前,银行实行的柜员制似乎应该改革一下。"双人临柜"、"交叉复核"等传统的业务模式不应该全部废弃。

不管雷先生的官司是否打,能否打赢,也不管银行方面"离柜出门概不负责"的规定对与错,这都不是问题的关键。关键是,那张假钞从何而来?又是怎样混进成捆的真币当中?但愿假钞事件能给我们敲响防范道德风险的警钟,但愿类似事件不再发生。

资料来源:河北金融网

在经济活动中,道德风险问题相当普遍。获 2001 年度诺贝尔经济学奖的斯蒂格里茨在研究保险市场时,发现了一个经典的例子:美国一所大学学生自行车被盗比率约为 10%,有几个有经营头脑的学生发起了一个对自行车的保险,保费为保险标的 15%。按常理,这几个有经营头脑的学生应获得 5%左右的利润。但该保险运作一段时间后，这几个学生发现自行车被盗比率迅速提高到 15%以上。何以如此？这是因为对自行车投保后，学生们对自行车的安全防范措施明显减少。在这个例子中，投保的学生由于不完全承担自行车被盗的风险后果，因而采取了对自行车安全防范的不作为行为。而这种不作为的行为，就是道德风险。可以说，只要市场经济存在，道德风险就不可避免。

因制度设计而引起或驱赶个人违背一般社会道德规范而做出符合经济理性的举动，这在经济学上被称为道德陷阱。道德陷阱始终存在，一个投了保险的人在避免风险方面的积极性普遍有降低的可能性。不过从经济学家的观点来看，要解决的不是道德问题，而是动机问题。如果一个人对于他的行为后果只承担一部分责任，或者根本就不承担任何责任，那他的行为动机就被彻底改变了。在人身意外保险市场上，谁也不敢保证投保的人为了获得保险赔偿而不对自己的四肢或眼睛"下手"；在人寿保险上也是如此，一个购买了大额保险的老人如果知道万一他在保险期内去世，可以使子女得到一大笔补偿，他要动"死"的念头，谁也没办法。保险公司在制度设计上只是应当尽量避免那些可能出现道德陷阱的漏洞。

一、道德风险的产生

道德风险（moral hazard）是指在协议达成后，信息多的一方通过改变自己的行为，来损害对方的利益。因为在信息不对称的情况下，达成协议的另一方无法准确地核实对方是否按照协议办事。隐藏行为会破坏市场的运作，在严重的情况下，会使得某些服务的私人市场难以建立。

仍以保险市场为例说明道德风险问题。在个人没有购买家庭财产保险的情况下，个人会采取多种防范措施，如安装防盗门以防止家庭财产失窃，家庭财产失窃的概率较小，假定家庭财产损失的概率为 1‰。但是，在购买了全额保险之后，人们的行为可能会变得不合情理。由于家庭财产失窃后由保险公司负责赔偿，个人有可能不再采取防范性措施，如购买了家庭财产盗窃险的人不愿花钱加固门锁；买了汽车偷盗保险的车主不再愿意安装先进的防盗装置等。所有这些行为都是保险市场上的道德风险。

道德风险对保险公司带来什么不利影响呢？说到底，它们改变了损失发生的概率。例如，假定某保险公司为某一地区的 50 户家庭提供全额的财产保险，即家庭财产一旦遭受损失，保险公司将给予百分之百的赔偿。如果每户家庭的财产额为 10000 元，保险公司以家庭财产发生损失的概率平均为 1‰为依据，向每户家庭收取 10 元的保险费，共收取 500 元的保险费。假定家庭财产发生损失的概率平均确实为 1‰，所以这 50 个家庭的财产总额中将遭受 500（＝10000×50×1‰）元的损失。对于保险公司而言，收支相抵。但是，一旦每个家庭在购买了财产保险后出现道德风险，结果将使保险公司遭受损失。比如，这种隐藏行为使每个家庭财产损失的概率由 1‰提高到 3‰，那么保险公司要对这 50 户家庭支付 1500（＝10000×50×3‰）元赔偿费，这是保险公司在开办该业务时未曾预料到的，保险公司不得不付出比预计多得多的赔偿费支出。所以，在有道德风险的情况下，保险公司可能被迫提高他们的保险费或者甚至拒绝出售保险。

尤其是在固定报酬的生产或销售活动中最容易出现道德风险。例如，一个工人不管生产出的产品数量和质量如何，每个月总能拿到1000元的工资，这就使其丧失了劳动的积极性，很可能出现出工不出力的情况，降低产品的生产数量和质量。

人才雇佣过程中也存在道德风险问题。人才进入企业后仍存在着信息不对称。企业与人才确立委托—代理关系后，企业的效益是通过人才能力发挥来实现的。但是人才的能力发挥是无形的，对它的监督和控制是很困难的，企业无法判断出人才现在的努力程度和人才行为在多大程度上符合企业的利益等。而且根据"理性人"假设，人才往往倾向于做出有利于自身的决策。由此，导致人才雇佣过程中的"道德风险"问题。

最近几年，道德风险成为困扰审计工作的一大难题。由于存在着很多"数字腐败"现象，国际一些著名会计师事务所的公信力和职业操守受到人们的质疑。2001年底，能源巨头安然公司受到美国证券交易委员会的调查，安然公司不久就宣布申请破产保护。而负责安然审计事务的安达信事务所竟然销毁了大量与之相关的文件。至此，安然公司和安达信事务所进行财务信息造假、损害股东和投资者利益的财务丑闻便暴露无遗。安然的破产，也导致安达信这样一个有着90多年历史的世界级会计师事务所史无前例地退出了审计市场。

在近年来的中国证券市场，银广厦、东方电子、麦科特、蓝田股份等一批上市公司的舞弊性财务报告案被接连曝光，相关的湖北立华、深圳中天勤、华鹏、华伦等会计师事务所参与或帮助上市公司舞弊财务报告行为的披露，使会计师事务所的行业公信力面临巨大的挑战，可以说，经过20多年的发展，我国注册会计师行业正面临着有史以来最大的信任危机。要解决注册会计师道德风险问题，就必须首先了解注册会计师道德风险产生的客观现实原因，据此寻找会计师事务所道德风险的约束措施。

从中国与美国证券市场暴出的舞弊丑闻以及相关的新闻报道和司法调查结果来看，道德风险不论在新型市场还是在成熟市场环境中都普遍地存在，只不过中国证券市场中会计中介组织的道德风险外溢更为突出。

二、道德风险的解决办法

道德风险是在交易一方的隐藏行为无法觉察或监督的情况下所发生的，解决的办法只能是通过某些制度设计使具有信息优势的交易方约束自己的行动。也就是说，要求具有私人行动或私人信息的交易方的自利行为得到激励的引导，以符合或不违背缺乏信息的另一方的利益。

例如，保险公司解决道德风险问题，可以在保险单中加入共同保险或免赔额条款。共同保险是指一旦出现风险，投保人要承担保险金额的一部分。例如，一张健康保险单有20%的共同保险率，投保人如果花费了500元的医疗费，他必须支付其中的100（0.20×500）元。共同保险的基本特点是降低了持单人的医疗保险费，激励投保人采取更多的预防性保健措施。免赔额条款是指投保人必须承担某一限额内的损失。例如，一份医疗保险单可能规定投保人必须支付其一年医疗费的头800元。假如投保人持有一份有免配额规定的医疗保险单，他2013年的医疗费用是1000元，他就必须承担其中的800元。免赔额条款可以激励病人节约医疗费用。医疗保险公司根据参加医疗保险的人的实际就医情况，经常调整医疗保险费用，以便消除投保人的道德风险。即使由政府统筹解决个人的医疗保险问题，也要让个人承担相应的份额，否则个人的道德风险将会使任何形式的政府医疗保险方案难以维持。

人才聘用中道德风险问题有解决对策吗？人才的能力要通过对他的激励使其最大限度地发挥出来；同时，为平衡企业在信息博弈中的弱势地位，要通过对人才进行的约束来实现。激励和约束相互依存，缺一不可。

首先是激励机制建设。（1）对人才的经济利益激励。这主要包括绩效工资、奖金、期权、福利补贴等方面的内容，从而把人才可能的道德风险损失与其收益联系起来，让其承担相应风险。（2）对人才的精神激励。精神激励主要是通过满足人才自我实现等高层次需要来激励人才的。如现在企业中流行的参与决策管理，大大加强和提高了人才在企业运营和决策中的地位和作用，满足了人才高层次上的需要，激发了人才的工作热情。（3）对人才的企业文化激励。通过企业文化建设，提高人才对企业的忠诚度，激励人才的献身精神。

其次是约束机制建设。（1）内部约束主要包括公司的章程约束、合同约束等。如章程约束，公司章程是企业的宪法，是人才进入企业的第一道约束，而我国大部分企业的章程中并未对公司中的各种利益主体的行为进行界定。（2）外部约束主要有法律约束、道德约束、市场约束和舆论约束等。如市场约束，政府应加快人才市场建设，规范人才市场的准入制度，严厉人才在市场中违规的惩罚措施，提高不诚信的成本等，从经济成本、机会成本、名誉成本等方面对人才形成全面的约束。

委托—代理问题其实也是属于道德风险的范畴，不过下面我们把委托—代理问题单独拿出来考虑。

第四节 委托—代理问题与激励机制

当一方当事人（即委托人）雇佣另一方当事人（即代理人）代表委托人完成某些任务时，委托人的目标和代理人的目标并不一致，这就产生了委托—代理问题（principal-agent problem）。代理人的行为可能源于委托人的请求，而委托人不能直接监督代理人的行为。

一、委托—代理问题的内涵

委托—代理是一个法律概念，A 授权 B 代表 A 从事某种活动，A 和 B 之间就有了委托—代理关系，A 被称为委托人，B 被称为代理人。经济学拓宽了这一概念的内涵，在经济活动当中，具有信息优势的一方是代理人，而具有信息劣势的一方是委托人。比如，在公司管理经营中，股东作为委托人，并不能监督其代理人，即经理的一切行为，经理对他的行为的性质和影响拥有更全面的信息。当经理追求他自己的目标，并可能会造成股东的利润减少时，就产生了委托—代理问题。

委托—代理问题实际上是隐藏行为问题。委托—代理问题有三个重要特征：一是委托人利益的实现取决于代理人的行为；二是委托人的目标不同于代理人的目标；三是委托人和代理人行为的信息是不对称的，代理人的信息明显要多于委托人的信息。

委托—代理关系在经济生活中广泛存在。以企业为例，企业是一个复杂的实体，至少包括三种类型的成员：工人、管理者和所有者。现代企业理论把企业看作是一种团队生产方式。团队生产是指一种产品是由若干个集体内成员协同生产出来的，而且任何一个成员的行为都将影响其他成员的生产率。但是，企业成员之间的目标存在着差异，企业成员的目标实际上是在约束条件下的个人效用最大化。

谁在追求利润最大化？在企业内部，企业的所有者是企业行为的最终责任者，是企业行为的收益的获得者和代价的付出者。企业所有者是委托人，企业的雇员包括经理与工人都是代理人。利润最大化是资本所有者或者说是企业财产所有者的目标，而这一目标需要通过经理与工人等代理人的行为来实现。但是，代理人有自身的目标。管理者的效用可能取决于他的收入的高低、工作的条件和与工作相关的地位或声誉等。例如，假定管理者的威望同公司的收益或销售额相关，管理者就可能追求企业规模的扩张而不考虑它对成本的影响；工人可能追求工资收入的最大化，或者在工资收入既定的条件下追求闲暇的最大化，因而可能在工作时偷懒、怠工。企业主当然可以对经理与工人的努力程度进行监督，但监督本身是需要成本的。即使企业主可以做到在经理或工人的工作时间内监督他们，他仍然不完全知道经理或工人是否以百分之百的努力在工作，因为只有经理或工人本人才知道他自己工作努力的程度。正是由于企业所有者与经理或工人所追求的目标不同，并且他们所掌握的信息不对称，经理或工人可能追求他们自己的目标而以牺牲所有者的利益为代价。这样，委托—代理问题就出现了。企业出现委托—代理问题后，其后果不仅使企业所有者的利润受损，也使社会资源配置的效率受损，因为在不发生委托—代理问题的情况下，社会将生产出较高的产量。

二、委托—代理问题中激励

案例 13.3　期权激励是望梅止渴吗？

泰乐集团的股份制改造，使得公司的股权结构实现了多元化，几乎所有的管理人员都成为公司的股东，他们的收益将和公司的整体利益相一致。所有权是解决所有者和代理人之间委托—代理关系的一把钥匙。公司的董事长李勇的制度改革试图从根本上解决管理人员行为目标与公司利益相背离的问题。

李勇的另外一招是在公司引入期权机制。期权是通过赋予管理者以当前的价格购买未来公司股票的权利来激励管理者努力经营的机制。李勇决定对高层经理采用给予未来的股票购买权利激励他们努力工作。李勇在一次集团公司的高层管理工作会议上郑重提出：自从公司实行股份制改革以后，公司的各项业务开展已经有了明显的起色。这充分说明，泰乐集团能够顺应时代潮流，坚持改革创新，在与时俱进方面走在了时代的前面。"士为知己者死。"各位跟我打拼这么多年,我将尽我所能,为各位谋求利益。我最近查了字典,得知 MBO 就是我们搞的管理者收购。我们通过股份制改造,已经使公司上下各个层次的管理人员拥有了公司的股份。但是,我们不能就此止步,我们还要引入发达国家的期权机制,现在泰乐集团的公司股票净值大约在 4 元的水平,为了让大家的努力得到应有的回报,我决定,未来 5 年之内,给予各公司总经理以现在 4 元价格购买公司 300 万股票的期权,副总经理给予 200 万股票期权,部门经理给予 100 万股票期权。只要我们共同努力,5 年以后,总公司的股票也许能够升值到 6 元,到那时,各位都是百万富翁。

李勇的一席话,很像发自肺腑,感动得在座各位个个热泪盈眶!其实期权是李勇惯用的伎俩。但是股权购买权作为激励的工具在经济学上是很有道理的。公司经营得越好,经理们的报酬就越高,因此经理们就有动力使公司的市场价值达到最大。如果一个经理成功地将公司的价值提高了 1 亿元,那么他可能获得 100 万元的期权奖励。虽然只有 1%,也足以激励他领导公司走正确的发展道路。如果说李勇原来用"望梅止渴"的方法激励公司职员还是一种虚幻的"期权",那么现在对于经理们的股票期权则是可以兑现的激励。

自从李勇实行股票期权购买计划获得管理上的体制突破以后,泰乐集团的经营有了明显的改善。这说明期权确实是一种很有价值的激励机制。但是,经济学家们对股票期权的激励机制仍然存在争议,认为这种方式是以现有股东的所有权被稀释为代价的。特别是当美国的安然公司丑闻出现以后,很多人更认为"都是期权惹的祸"。不过,对安然公司我们应该有冷静的认识,安然公司的那帮老总们,为了得到个人的私利,不惜通过弄虚作假的会计信息,把公司做得虚胖浮肿,自己从中渔利,本身就已经突破了"诚信"的道德底线。俗话说得好:"家贼难防!"如果职业经理人没有诚实信用的道德约束,任何激励约束机制都是难以奏效的。

资料来源:张世贤.经济学演义

解决委托—代理问题的关键是激励。委托人需要确定某种适当的激励促使代理人采取某种适当的行为,比如,企业所有者在支付给生产要素的报酬上作出某些改进。下面分别就经理与工人两种类型的生产要素讨论委托人如何设计一种有激励意义的合约来解决委托—代理问题。

一种可供选择的方法是将管理者和所有者的利益协调起来。在一般情况下,管理者对他们的收入感兴趣,企业主(如股东)对企业的利润感兴趣。把这两个目标协调起来的一个方法就是使管理者的收入与企业的利润挂钩。管理者的收入取决于企业经营状况的体制被称为以业绩评定薪水体制。另一种方法是,委托人不仅把代理人的薪水水平同利润挂钩,而且还把公司股票作为衡量代理人薪水的标准,即公司把一定数量的股票或者期权作为管理者薪水的一部分。这种利润分享方式可能具有较强的激励特征。

利润分享的激励合约虽然能够提高管理者获取最大利润的动力,但是管理者也必须承担巨大的风险。这是因为,不确定性是现实世界的一个普遍特征,公司的利润有时受到非管理者所能控制的自然或其他客观因素的影响。例如,经理尽力地工作了一年,但因市场不景气,利润仍然很低。在激励合约下,经理的努力就不能得到适当的报酬。让代理人承担风险是有代价的。如果代理人是风险规避者,让他承担风险,就降低了他获取最大利润的动力。为使代理人接受合同,委托人需要补偿代理人因承担风险而遭受的损失。代理人承担的风险越大,这种补偿也就越大。反过来,代理人不承担任何风险的报酬制度是毫无激励作用的。最优激励机制必须权衡激励和风险这两个方面。

任何一个有效的激励合约必须满足两个约束条件:一是代理人参与工作所获得的效用至少等于他在其他选择中可能获得的效用,这是参与约束;二是委托人预期效用最大化的激励合约能够使代理人所获得的总效用最大化,这是激励相容约束。激励合约模型一般都比较复杂,因为它涉及委托人与代理人的双重优化,激励合约实际上是委托人与代理人之间以及企业之间博弈的结果。

本章结束语

市场上交易双方所掌握的信息不对等,其中一方比另一方掌握更多的信息,就产生了信息不对称。信息不对称导致了逆向选择、道德风险、委托—代理问题。信息不对称的情况下,信息少的一方选择信息多的一方进行交易,就是逆向选择,逆向选择会导致高质量产品在市场上被低质量产品驱逐出去。信号传递是市场上信息多的一方通过某种方式将信号传递给信息少的一方,即向市场发送信号,信号传递可以消除逆向选择。道德风险是指在协议达成后,信息多的一方通过改变自己的行为,来损害对方的利益。道德风险会破坏市场的运作,在严重的情况下使得某些服务的私人市场难以建立,解决的办法只能是通过某些制度设计使具有信息优势的交易方约束自己的行动。当一方当事人(即委托人)雇佣另一方当事人(即代理人)代表委托人完成某些任务时,委托人和代理人目标的不一致,这就产生了委托—代理问题。解决委托—代理问题的关键是激励,即如何设计一种有激励作用的合约。

关键词: 信息不对称　逆向选择　信号传递　道德风险　委托—代理

复习思考题

1. 解释下列概念:完全信息、信息不对称;逆向选择、信号传递、道德风险、委托—代理问题。
2. 市场上信息不对称的后果是什么?解决的方案有哪些?

第十四章
外部性

> ◇ **内容提要** ◇
>
> 当生产者或消费者向其他人（第三方）提供了效益，而市场价格机制又不能使他得到完全的回报时，外部性就会出现。外部性会引起私人成本与社会成本的差异，造成市场配置资源的价格机制失灵。

案例 14.1   街头卡拉、噪音扰民能通过合约解决吗？

当大家都忙于赚钱的时候，谁也没有顾及环境污染的问题。这种问题仅靠市场这只"看不见的手"是解决不了的。这种现象在经济学上被称为"外部性"。外部性是指一种行为对其他人福利的影响。

一种行为如果对他人的影响是有利的，这种外部性被称为"正外部性"，像机器人技术对社会的技术进步产生的影响就是正外部性。

一种行为如果对他人的影响是不利的，这种外部性被称为"负外部性"。上面所提到的工业生产所带来的环境污染是典型的负外部性。日常生活中也有这样的事情：小王家的狗在晚上总是狂吠不停，搅得四邻不安，是一种负外部性；小徐家的猫一到发情的时候就在半夜三更"叫春"，直接影响邻居们的休息，对邻居也同样具有负外部性；小郑是一个喜欢到歌舞厅里唱卡拉 OK 的人，他的歌唱行为也同样具有负外部性，因为小郑的演唱总是扯着嗓子、声嘶力竭、跑调儿，这种行为虽然可以自娱自乐，可是却把自己的欢乐建立在了别人的痛苦之上。但是小郑的可爱之处在于，他的自娱行为也并非都是负外部性，更多的时候他的行为是正外部性。譬如小郑喜欢在春节的时候放焰火。每年春节小郑都要买大量的焰火亲自燃放。什么天女散花、炮打月明，什么嫦娥奔月、后羿射日，什么火树银花、丝路花雨。小郑只要一放焰火，全小区的人其实都不用再花钱了，只需跟着观看，跟着欢呼，跟着高兴就可以了。小郑要是花 2000 元买焰火，如果有 1000 人观看，每人都觉得比自己花 100 元还值得，这就等于获得了 10 万元的利益。这种正外部性是具有非常高的效率的。"福兮，祸所倚；祸兮，福所伏。"正外部性和负外部性有时候是相互依存、相互转化的。

对于经济行为的外部性，有的可以通过私人协商的方法解决，有的则很难。当出现外部性问题的时候，我们可以用道德规范和社会约束来解决。比如，大家自觉遵守公共卫生秩序，不乱扔垃圾，法律也可以明令禁止乱扔垃圾，但是这些法律并没有严格实行过，大多数人还是一种自觉的道德约束，在公园不要乱扔烟头，特别是干燥天气登山的时候，更不能乱扔烟头，以防火灾的发生。在公共汽车上主动让座，教育孩子公共场所不要大声喧哗，不要嬉戏打闹等。通过道德规范把影响他人的外部性行为内在化。

资料来源：张世贤.经济学演义

第一节 外部性概述

一个经济行为主体参与经济活动时，会对社会其他成员造成影响，如果这些影响未被计入市场交易的成本与价格中，就产生了外部性（externality）。外部性又称外在性或外部效应，是指生产或消费某些商品时，会给没有生产或没有消费这些商品的其他厂商和个人带来损害或利益。外部性有两种类型：外部经济和外部不经济。

当一个经济行为主体采取的行动对他人产生了有利的影响，而自己却不能从中得到补偿时，便产生了外部经济（external economy）。例如，一个大戏院的建立可能给周围饮食店带来生意，但是这些饮食店却无需向大戏院付费；种花人家使周围邻居都享受了芳香和美丽，邻居并不会为此向他作出任何支付。外部经济给其他人带来了非补偿性利益，这时，私人收益和社会收益之间都存在差异，社会收益都大于私人收益。

相反，当一个经济行为主体采取的行动使他人付出了代价而他人又不能得到补偿时，就产生了外部不经济（external diseconomy）。例如，工厂排除的废水、废渣、废气对环境造成了污染，使居民或其他企业受到损害，而制造污染的厂商并未支付补偿费用；工地施工的噪音干扰了附近居民的生活，却并未承担噪音的全部成本。外部不经济的后果给其他人带来了非补偿性的成本，这时，私人成本就不足以反映社会成本。

第二节 外部性与资源配置无效率

 案例 14.2　　当火车驶过农田的时候外部性与市场失灵

20世纪初的一天，列车在绿草如茵的英格兰大地上飞驰。车上坐着英国经济学家 A.C. 庇古。他边欣赏风光，边对同伴说：列车在田间经过，机车喷出的火花（当时是蒸汽机车）飞到麦穗上，给农民造成了损失，但铁路公司并不用向农民赔偿。这正是市场经济的无能为力之处，称为"市场失灵"。

将近70年后，1971年，美国经济学家乔治·斯蒂格勒和阿尔钦同游日本。他们在高速列车（此时已是电气机车）上想起了庇古当年的感慨，就问列车员，铁路附近的农田是否受到列车的损害而减产。列车员说，恰恰相反，飞速驶过的列车把吃稻谷的飞鸟吓走了，农民反而受益。当然铁路公司也不能向农民收"赶鸟费"。这同样是市场经济无能为力的，也称为"市场失灵"。

同样一件事情在不同的时代与地点结果不同。两代经济学家的感慨也不同。但从经济学的角度看，火车通过农田无论结果如何，其实说明了同一件事：市场经济中外部性与市场失灵的关系。

外部性又称外部效应，指某种经济活动所产生的对无关者的影响。这就是说，这种活动的某些成本并不由从事这项活动的当事人（买卖双方）承担，而由与这项活动无关的第三方承担，这种成本被称为外在成本或社会成本。同样，这种活动的某些收益也不由从事这项活动的当事人获得，而由与这项活动无关的第三方获得，这种收益被称为外在收益或社会收益。在前一种情况下，称为负外部性；在后一种情况下，称为正外部性。

列车对农田的影响就是存在外部性的情况。在庇古所看到的情况下，铁路公司列车运行对农业生产带来的损失并不由铁路公司和客户承担，而由既不经营列车又不使用列车的农民承担，即存在负外部性，有外在成本或社会成本。类似这种情况的还有化工厂、造纸厂对河流或空气的污染，吸烟者对环境和非吸烟者的危害。

在斯蒂格勒和阿尔钦所看到的情况下，列车运行在客观上起到了"稻草人"的作用，给农业生产带来好处。但铁路公司并不能对此收费，利益由与列车运行无关的农民无偿获得。这就存在正外部性，有外在收益或社会收益。类似的例子如养蜂人到果园放蜂采蜜，同时免费为果园实现了授粉，果园主不用交费。大学培养出人才，这些人才对经济增长所做出的贡献由全社会分享。

根据经济学原理，每个人都为自己的利益最大化从事经济活动，通过价格的协调实现了社会资源配置的最优化。这就是市场机制可以实现经济效率的观点。但是，在存在外部性时，这种市场机制完善性的观点遇到了挑战。

在不存在外部性时，生产者为了利润最大化进行生产，消费者为了效用最大化进行消费。当价格调节使供求相等时，生产者实现了利润最大化，消费者也实现了效用最大化，即整个社会就实现了经济福利最大化。但当存在外部性时，情况就不是这样了。

当与某项经济活动相关的双方都实现了最大化时，却给第三方带来了成本和收益。由供求相等的价格决定的资源配置并不使整个社会经济福利达到最大化。因为在有负外部性的情况下，生产者的成本（私人成本）加外在成本（社会成本）大于消费者的收益，在有正外部性的情况下，消费者的收益（私人收益）加外在收益（社会收益）大于生产者的成本。这两种情况都是没有使社会经济福利达到最大化，或资源配置最优化。价格的自发调节并没有实现资源配置最优化就是经济学家所说的市场失灵。换句话说，在存在外部性的情况下，价格起不到应有的作用。正如有磁铁影响时，指南针无法指出正确的方向一样。

回到铁路公司的例子。在有外部性的情况下，由铁路公司和客户双方供求决定的价格，不能使资源配置最优化。这就是说，这时列车运行的次数并不能使社会经济福利最大化。在庇古所看到的负外部性情况下，通过税收提高运费，并把税收补贴给农民，减少运行会更好地消除不利影响。在斯蒂格勒和阿尔钦看到的正外部性情况下，通过补贴降低运费，增加运行会增加有利影响。当外部性引起市场失灵时，经济学家的任务就是设计出消除市场失灵的办法。

资料来源：圣才学习网

由于外部性并不反映在市场价格中，因此，无论是外部不经济还是外部经济都会导致资源的无效率配置。那么，外部性是如何使完全竞争条件下资源配置的最佳条件发生改变的呢？实际上，外部性是私人成本和社会成本、私人收益与社会收益之间存在差异的结果。

一、外部不经济与无效率

某种产品的社会成本是一个生产者支付的私人成本加上生产中给其他人造成的外部成本（external cost）。当存在外部不经济时，社会成本（social cost）高于私人成本（private cost），造成了产品的不正确定价，导致了资源配置的无效率。

假如造纸厂向河流中排放了污水，破坏了河流周围的生态环境，为治理环境社会需要投入。这种生产的外部不经济使生产纸的社会成本大于造纸厂商的私人成本。如图14-1所示，P表示产品（这里就是纸）价格，MC_P表示产品的私人成本，MC_S表示产品的社会成本。从图中可知，生产纸的社会成本在私人

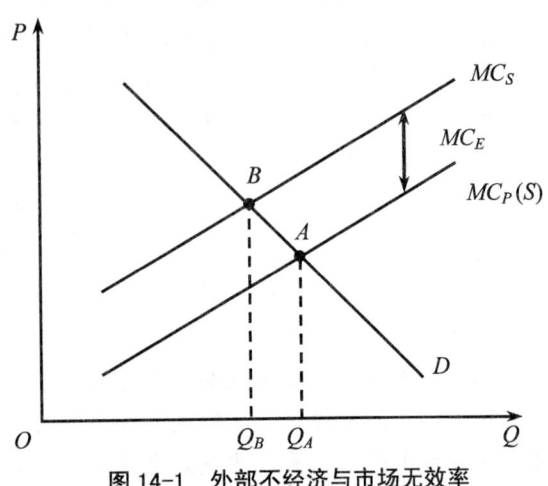

图14-1 外部不经济与市场无效率

成本（供给曲线）之上，是因为纸的生产者给社会带来了外在成本，两条曲线之差是边际外部成本 MC_E——污染环境的成本，即：

$$MC_S = MC_P + MC_E \tag{14-1}$$

从整个社会角度来看，纸的需求曲线与社会成本曲线的交点 B 决定了纸的最佳数量为 Q_B。但是私人成本曲线与需求曲线的交点 A 决定了市场的均衡量为 Q_A，这一产量大于社会的最佳数量。造成这种无效率的原因是市场均衡价格和均衡数量仅仅反映了生产的私人成本，而资源的有效配置要求市场的价格等于社会成本。不存在外部性时，边际社会成本等于边际私人成本，等于市场的价格：$MC_S = MC_P = P$；当存在外部不经济时，边际私人成本等于价格，但小于边际社会成本：$MC_S > MC_P = P$。这种情况下不符合价格等于边际社会成本的要求，造成了不合理的资源配置。

二、外部经济与无效率

当存在外部经济时，个人的经济活动将使社会从中受益，也就是有外部收益（external cost），从而使社会收益（social benefit）等于私人收益（private benefit）与外部收益之和。考虑一个修理房屋美化家园的例子。如图 14-2 所示，房屋修理的边际成本 MC 曲线是水平的，表明这一成本不受修理量的影响。需求曲线 D 可看作衡量修理对房主的边际私人收益 MR_P。房主将选择在他的需求曲线与边际成本曲线相交处，投资 Q_A 对房子进行修理。但是，正如边际外部

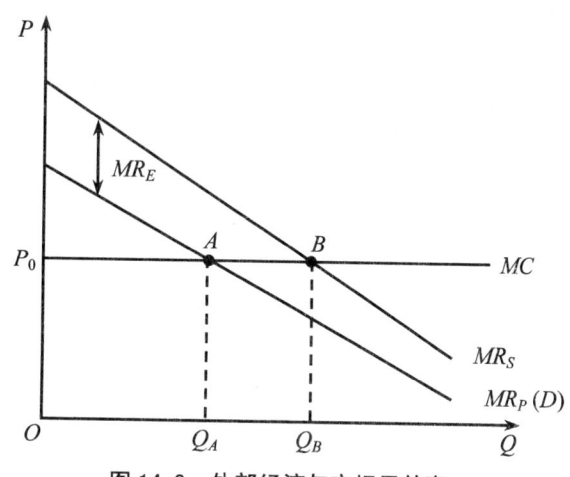

图 14-2 外部经济与市场无效率

收益曲线 MR_E 所示，修理给邻居带来外部收益。我们这里假定它是向右下方倾斜，即外部边际收益随修理工作量的扩大而下降。

边际社会收益是通过把每个产量水平上的边际收益和边际外部收益相加得到的，即：

$$MR_S = MR_P + MR_E \tag{14-2}$$

有效产出水平为处于 MR_S 和 MC 曲线相交之处的 Q_B，这时增加的边际社会收益等于这些修理的边际成本。由于房主没有得到他对修理和美化投资的所有收益，就出现了负效率。其结果实际价格 P_0 太高，这个价格水平下他对房屋修理的投资水平为 Q_A。

另一个比较常见的具有外部经济的例子就是厂商的研究与开发（R&D），研究与开发所带来的创新常常难以得到保护。例如，假定一家厂商设计了一种新的产品，如果该设计没有专利保护，则其他厂商将会模仿制造和销售，从而使得该厂商利润减少，甚至赔本。这样，进行研究与开发就没有什么回报，市场对此提供的资金就不足。

可见，如果某种产品的生产是外部经济的，则在完全竞争条件下该产品的产量就可能低于使社会达于最佳状况的数量，因为生产者不愿增产，原因仅仅是这可能使其他厂商的

成本得到降低。

第三节 外部性的矫正——政府管制[①]与可交易的污染许可证

由于外部性问题的存在，市场机制不能达到社会资源的优化配置，也就是说，市场机制对外部性问题无能为力。既然市场机制本身不能自动实现帕累托效率，就需要采取某种方法对市场机制的运行过程加以管制。

政府管制的目标是尽量消除负外部性导致的效率损失，而效率损失的大小又取决于负外部性的多少，进而取决于产生负外部性的行为水平的高低，因此，要实现政府管制的目标，不管采取什么管制手段，一个基本的着眼点必然是降低产生负外部性的行为水平或负外部性。要达到这个目的可以设计不同的管制手段，直接的或间接的。

直接的管制手段可以理解为政府直接规定被管制者的行为或施放负外部性的水平。在这方面采取的手段有制定标准、公布禁令、发放许可证等。间接的管制手段是通过一定的政策工具间接地引导被管制者朝政府预先达成的目标迈进。间接的管制手段是政府借助市场的力量，如征税、收费、押金返还制度等。

一、直接管制——颁发污染排放标准

涉及生态、环境等外部性问题，政府调节机构往往采取行政性手段。对高污染工业的生态布局，严格限制厂址的选择，指定生产者提供最优的产量组合。在公共资源领域和市场上，政府制定相关保护措施和制度，对资源的开发使用实施统一管理。例如，强行建立休渔期，限定捕捞作业区，规定鱼网型号；对某些生产者强令安装符合一定标准的除污、除尘、净化设备；在某些公共场所如机场、车站等实施类似不准吸烟等禁令和规则；对某些产品的生产制定必须执行的质量、规格、性能等标准。

出售污染权是现在经常用的一种解决污染问题的方法。如美国政府根据《1990年清洁空气法》为某些污染确定一个在一个地区安全排放的最高水平，然后以拍卖方式向单个厂商出售许可证，给予厂商在特定时期内在一个具体界限内污染的权利。这些许可证可在一个有组织的市场中自由交易，允许其价格随市场需求而波动。当对污染的需求上升时，污染成本也将上升，对减少污染的刺激作用也变得更强。

有些生产和消费的负外部性问题，政府机构可以采取"建议"、"希望"、"要求"、"警告"等方式来解决，因为这些外部性能够通过道德规范和社会予以纠正。例如，施工不要扰民，果皮要丢进垃圾箱等。对其管辖的企业或行政对象，政府应该经常鼓励其参与有益于维护环境或有益于社会的生产和消费活动。

污染排放标准，也叫环境标准，是政府通过调查研究，确定社会所能承受的各种环境

[①] 参考高红贵、万华炜的论文"外部性问题及其矫正方式研究"。

污染程度，然后规定各行各业所允许的排污量，凡排污量超过规定的限度，则给予经济的或法律上的惩罚。其根本目的是为了使污染企业排放的污染物数量控制在政府确定的最优污染程度。我们仍以钢铁厂为例，某钢铁厂每日污水的排放量要以排污标准为限，排污标准的设定往往是基于一定的健康指标。通常排污标准和惩罚相联系，超过标准排污者将受到惩罚。

图 14-3 横坐标 Q 表示某钢铁厂的经济活动水平，W 表示某钢铁厂在生产化工产品中污染物的排放量。纵坐标表示污染造成的边际成本或降低污染给社会带来的边际收益。MEC 代表边际外部成本。$MNPB$ 代表边际私人净效益。政府管制机构必须根据最优污染程度来确定最优污染标准。$MNPB$ 的边际收益曲线与 MEC 边际外部成本曲线的交点 E 是最优污染点。E 点之右，污染程度较严重，污

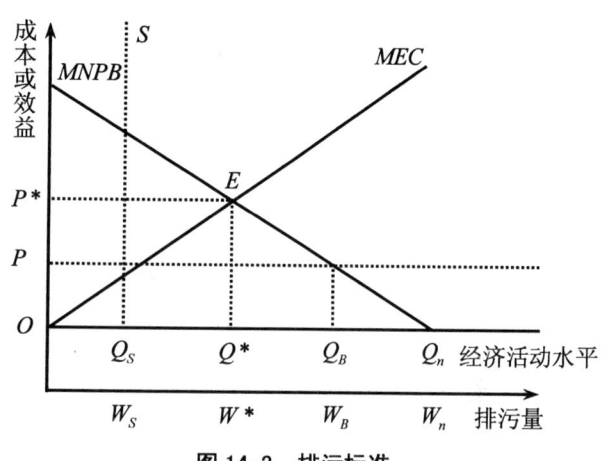

图 14-3　排污标准

染所造成的边际社会成本大于边际收益，只要降低污染就有利。因此，排污者只要超过了排污标准，政府将处以高额罚款。污染者的经济活动就尽量不超过这一点，非最优的外部效应就消除了，达到帕累托改进。

政府制定排污标准有限制进入的作用。很明显 E 是最优污染点，那么，企业就必须把排污量控制在此点。当然，企业也可以通过对技术的选择来改变投入品，以进行技术替代。当企业的排污量达到 W_B 时，它可以安装一个控制污染的设备，来减少排污量，这样企业因安装了控污设备而使排污量达到 W^* 点，从而符合排污标准。显然，这要以产品的价格即平均收益高于因安装污染控制设备而增加的平均成本为前提。所以，条件好的企业才能进入该行业，并是有利可图的；反之，对于那些条件差的企业，则不会进入。

二、间接管制——对污染的企业征税和收费

政府不管是直接管制还是间接管制，其根本目的都是为了使污染企业排放的污染物数量控制在政府确定的最优污染程度。从上面的分析，我们知道外部性的实质是社会成本与私人成本存在某种偏差。

利用课税或补贴的形式促进私人成本与社会成本相一致，是解决外在性的另一种方法。对产生外部不经济的行为进行课税，并对提供外部经济的行为进行补贴，让外部性由产生者自行负担或享受，这就是外部性内部化（internatization of externalities）。例如，政府向排放污水的造纸者征税，征税的幅度能够使其供给曲线向上移动，直到与社会成本曲线相一致，新的市场均衡使造纸者生产适当的产量。用于纠正外部不经济影响的税收被称为庇古税（pigouvian taxation），以纪念最早提出这种税收用法的经济学家庇古。

我们以污染企业（化工厂、造纸厂等）为例说明。对这些企业，政府所面临的问题是：

对污染的最佳控制程度是多少,如何确定最优污染标准和收费标准,才能使污染物的排放达到社会最佳水平。从理论上讲,污染程度为零是最优。但是,在一定的技术水平下,某些产业只要进行生产,就不可避免地造成污染,要想彻底消除污染,除非该产业的企业全部停产不可。因此,最优的污染程度只能是较轻的污染程度。那么用什么标准来衡量这一较轻的污染程度?对于一个企业而言,其产出的最优条件是边际私人成本等于边际收益;对整个社会而言,产出的最优条件是边际社会成本等于边际社会收益。由于污染也是一种产品,只不过是一种有害产品,所以其产出的最优条件也是边际社会成本等于边际社会收益。

政府还应当向那些造成生产或消费正外在效益的经济行为者提供相当于外在交易价值的补贴,以鼓励他们把经济活动扩大到社会最有效率的水平。例如,基础研究具有显著的外部经济效果,它有可能造成私人利益和社会利益的差异,如果没有政府或社会对此进行资源的供给和配置的支持,那么一个完全竞争的经济社会在基础研究方面投入的资源就有可能小于社会的最佳程度。再如,对于成本递减(规模报酬递增)的行业,政府给予补助金就可以促使其提供较大的产量,增进社会福利。

由于负外部性的产生是因为外部性施放者没有承担外部性的成本,导致其私人成本小于社会成本。政府如何通过管制使私人成本和社会成本达到一致?既然我们考虑以政府的力量来解决这一问题,那么,可以考虑强制性地向外部性施放者按照一定的标准收取费用(如按照每单位的产品或者每单位的污染物收取),使外部性内部化以提高其生产成本,从而达到控制其生产水平和产量的目的。

这一管制办法的理论基础就是英国福利经济学家庇古(Pigou)所提出的"庇古税"理论。庇古在其《福利经济学》(The Economics of Welfare, 1920)一书中提出,应当根据污染所造成的危害对排污者征税,用税收来弥补私人成本和社会成本之间的差距,使二者相等。这种税被称为"庇古税"。庇古税的特点是对排污者而不是受害者征税。今天,庇古税也被称为"排污收费"。这一管制办法的关键在于如何来确定合理的收费水平,使得外部性施放者的产出水平正好与最优负外部性产出水平相吻合。

排污费是按照平均每一单位污染量征收的。我们仍采用经济学的图表来分析。在图14-4中,横坐标W表示某钢铁厂生产钢铁排放的污染量,纵坐标表示污染造成的边际成本或降低污染花费的成本。MSC曲线表示污染造成的边际社会成本。MC曲线表示降低污染所花费的边际成本。对每一单位污染征收T_1数额的排污费可以使污染符合社会最优水平,即达到W_1的水平。在单位排污费为T_1的情况下,无论污染量超出W_1的标准,还是未达

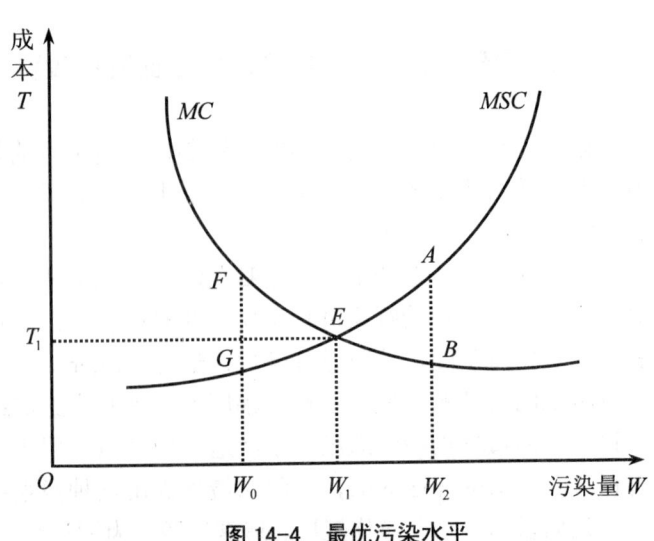

图14-4 最优污染水平

到 W_1 的标准，对于钢铁厂来说都是不利的。在污染量超出 W_1 标准的情况下，企业降低污染的边际成本低于排污费 T_1，企业减少污染是有利的。因为，每减少一单位污染，企业都可以减少 T_1 数额的支出，而增加的降低污染开支小于 T_1。

在污染量低于 W_1 标准的情况下，企业降低污染的边际成本高于排污费 T_1，企业增加污染是有利的。因为，每增加一单位污染，企业所节约的降低污染的开支都大于应交纳的排污费 T_1。因此，企业宁愿上交排污费，也不愿花费巨大的成本去减少污染。只有使污染量达到 W_1 时，才是企业的最优点。所以 T_1 数额排污费的征收使得企业的产出水平符合社会最优标准。

图 14-5 为庇古税的示意图。图中 MNPB 为企业的边际私人净效益，MEC 为边际外部成本。企业为利润最大化生产所有 MNPB>0 的产品，即把产量扩展到 Q_m。社会最优要求当 MEC>MNPB 时停止继续扩大生产，即生产 Q_s。税 t^* 使企业在 t^*>MNPB 时停止扩展生产，即把生产限制在社会最优产量 Q_s 的水平。换句话说，t^* 把 MNPB 向左下方移动到 MNPB-t^*。相应地，税使污染排放从 W_m 下降到 W_s。图中，税率恰好等于最优产量

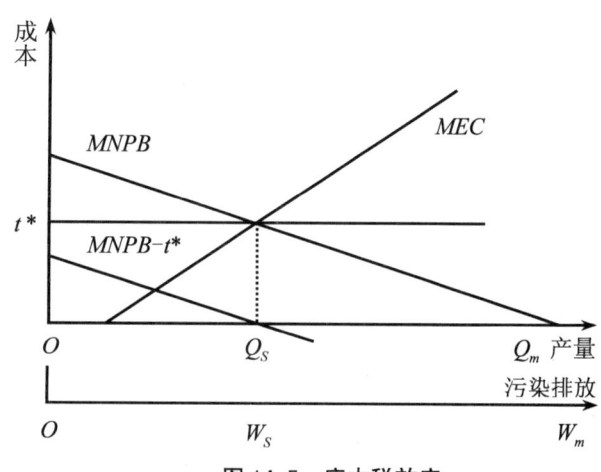

图 14-5 庇古税效应

Q_s 所对应的边际外部成本 MEC，即污染对外部产生的边际损害。这样，如果企业的产量超过 Q_s，所付的税款就会超过边际私人净效益。因此企业愿意把生产限制在 Q_s 水平，从而把污染排放限制在 W_s 水平。因此，t^* 是最优税收，它使最优污染量等于 MEC。很明显，最优庇古税是在最优污染水平等于边际外部成本（边际污染损害）时的排污收费。

最优庇古税的制定不仅需要知道边际外部成本的信息，而且还要知道边际私人净收益的信息。但是政府往往很难得到企业的这类信息。企业没有激励向政府提供这类信息来制定管制措施。

在现实的市场经济中，外部性普遍存在，其影响和作用却不是通过市场价格机制反映出来。外部性妨碍了市场价格机制的正常功能而又不能通过市场自身予以克服，导致了市场失灵。对于具有外部性特征的行业，政府有必要使用直接管制或指导、课税或补贴的办法来消除或部分消除外部效用。

直接管制是管制者（政府）通过立法强制规定污染者（被管制者）能干什么或者不能干什么。政府管制负外部性的直接手段主要有制定标准，指定末端处理排放物的技术标准或者指定排放减少量。最优标准的制定，管制机构需要了解被管制者的有关信息。间接管制手段一般不直接规定被管制者能干什么或者不能干什么，而是通过一定的政策工具间接地引导被管制者达到政府设定的目标。间接管制手段一般被认为在一定程度上借助了市场力量。

制定标准管制方式（直接管制）与收费管制方式（间接管制）在实施上存在同样的信

息约束，面临着相同的困难。标准管制方式和收费管制方式是各国使用较为普遍的外部性管制的方法，但各国使用的侧重点不同。究竟哪种方法更好？一国更适用哪种方法？这要根据条件而定。就一般性而言，在效果上收费管制方式比制定标准的办法更好些。因为与直接的标准管制相比，收费方式给了被管制者更多的选择权，是一种间接的管制方式。它不像标准管制那样强制性地控制被管制者的产出水平或负外部性排放水平，而只是规定了每单位产出（或负外部性）的收费标准，生产多少或者排放多少负外部性由被管制者自己决定。

三、可交易的污染许可证[①]

现在我们假设，尽管经济学家提出了建议，政府部门仍采用管制，并规定每个工厂每年要把排污量减少到 300 吨。在管制实施而且两个工厂都遵守之后的某一天，两个企业来到环境保护署提出一个建议：钢铁厂想增加其排污量 100 吨。造纸厂同意，如果钢铁厂付给它 500 万美元，它就减少等量的污染。政府部门应该允许两个工厂进行这种交易吗？

从经济效率的观点看，允许这种交易是一种好政策。这个交易必然使这两个厂所有者的状况变好，因为它们是自愿对此达成一致的。而且，这种交易没有任何外部影响，因为污染总量仍然是相同的。因此，通过允许造纸厂把自己的排污权出卖给钢铁厂可以提高社会福利。

同样的逻辑也适用于任何一种排污权从一个企业转移给另一个企业。如果政府部门允许进行这些交易，实际上它就创造了一种新的稀缺资源：污染许可证。交易这种许可证的市场将最终形成，而且，这种市场将由供求因素支配。"看不见的手"将保证这种新市场有效地配置排污权。只有以高成本才能减少污染的企业将愿意为污染许可证出最高的价格，那些以低成本可以减少污染的企业也愿意出卖它们所拥有的许可证。

允许污染许可证市场存在的一个优点是，从经济效率的观点看，污染许可证在企业之间的内部配置是无关紧要的。这个结论背后的逻辑与下面我们所要说的科斯定理背后的逻辑相似。那些可以最容易地减少污染的企业愿意出卖它们得到的许可证，而那些只有以高成本才能减少污染的企业愿意购买它们需要的许可证。只要存在一个污染权的自由市场，无论最初的配置如何，最后的配置将是有效率的。

虽然，用污染许可证减少污染看起来可能与庇古税完全不同，但实际上这两种政策有许多共同之处。在这两种情况下，企业都要为污染进行支付。在庇古税时，排污企业必须向政府交税。在污染许可证时，排污企业必须为购买许可证进行支付（即使已经拥有自己许可证的企业也必须为排污进行支付，排污的机会成本是它们在公开市场上出卖它们的许可证能得到的收入）。庇古税和污染许可证都通过使企业排污要付出成本而把污染的外部性内在化。

可以通过考虑污染市场来说明这两种政策的相似性。在图 14-6（a）中，政府部门用庇古税确定污染的价格。在这种情况下，污染权的供给曲线完全有弹性（因为企业纳税后

[①] 这部分内容参考曼昆《经济学原理》，北京大学出版社。

想污染多少就污染多少),而需求曲线的位置决定了污染量。在(b)幅中,政府部门通过发放污染许可证确定了污染量。在这种情况下,污染权的供给曲线是完全无弹性的(因为污染量是由许可证数量固定的),而需求曲线的位置决定了污染价格。因此,对任何一条既定的污染需求曲线,政府部门既可以通过用庇古税确定价格来达到需求曲线上的任意一点,也可以通过用污染许可证确定的数量来达到需求曲线上的任意一点。

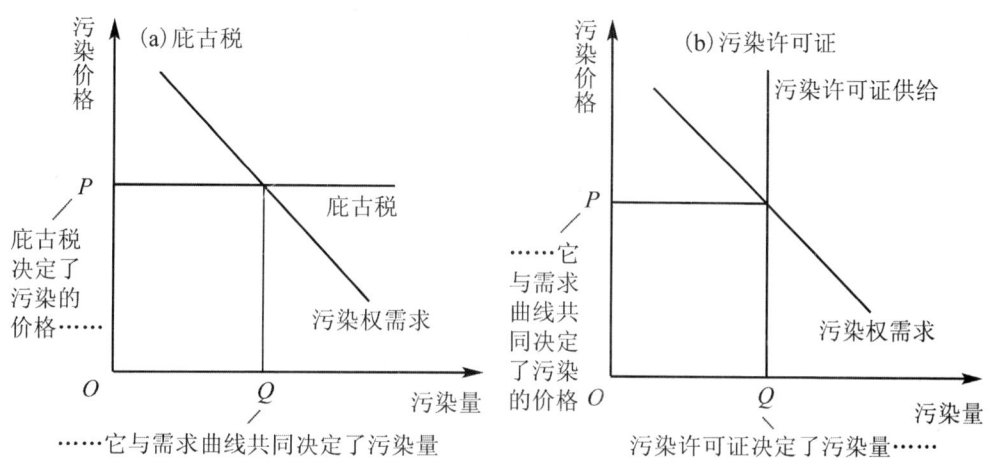

图14-6 矫正税和污染许可证的相似性

但是在某些情况下,出售污染许可证可能比实行庇古税更好。假设政府部门想使倒入河流的废物不超过600吨,但是,由于环境保护署并不知道污染的需求曲线,它无法确定征收多少税收才能达到这个目标。在这种情况下,它可以简单地拍卖600吨污染许可证。拍卖价格就得出了适当的庇古税规模。

第四节 产权与科斯定理

我们已经知道,政府的干预可以用来对付来自外部经济的无效率。税收方案、排放标准与费用以及可转让许可证等都可以起到作用,因为它们迫使经济行为主体考虑它产生的外部成本。但是政府干预的方法不是解决外部经济的唯一的办法,在产权明确化的基础上通过市场交易,无须政府干预就可以解决外部经济问题。

 案例14.3 解决外部性需要明晰产权

科斯定理是经济学家科斯提出通过产权制度的调整,将商品有害的外部性市场化和内部化。例如,一条河的上游和下游各有一个企业,上游企业有排污权,下游企业有河水不被污染的权利,下游企业要想使河水不受污染就必须与上游企业协商并要求支付费用,以得到清洁的水,这样上下游企业进行谈判,上游企业要想排污将给予下游企业一定的赔偿,上游企业会在花钱治污与赔偿之间进行选择。总之,只要产权界定清晰并可转让,那么市场交易和谈判就可以解决负外部性问题,私人边际成本与社会边际成本就会趋于一致。除此明确产权之外,还有使有害的外部性内部化办法。按照科斯定理,通过产权调整使有害的外部性内部化,将这两个企业合并成一家,合并为一家以后,必然减少上游对下游的污染,因为是一个企业,有着共同的利益得失,上游企业对下游企业的污染会减少到最小限度,即把上游生产的边际效益等于下游生产的边际成本。

还比如,一个湖泊里的鱼的数量是有限的,大家都来捕鱼,鱼越捕越少。对这种情况有什么解决办法?湖泊里捕鱼太多会使鱼的数量越来越少,这就是有害的外部性。解决这个问题可用明确产权的办法,即由某一个企业或个人来承包这个湖泊的捕鱼作业;也可用征税的办法,即对捕鱼者征税,并把税收用于投放鱼苗。也可以用法律手段明确规定休渔期禁止捕捞的时间。

摘自 www.bookschina.com

一、产权与科斯定理

产权(property rights)是指对资源的所有权和使用权,但又不仅仅是传统意义上的所有权和使用权,还包括其他许多法定权利,例如,按某种方式使用土地的权利、避免土地受污染的权利、对事故进行赔偿的权利、按照契约行事的权利等。或者说,产权是描述人们可以对他们的财产做什么的法律规则。

产权有两种,一种是公共产权(common property),另一种是私人产权(private property)。公共产权是由整个社会拥有的,任何个人都不可能使资源仅供自己使用或支配;私人产权是指资源由私人拥有、按现有的法律供自己使用支配的权利。私人产权是可以界定的,即产权的界限是明晰的。如果你拥有某种资源的产权,就意味着你享有下述三种权利:使用权、来自这种资源的收入享受权以及自由的转让权。以土地为例,拥有土地产权的人将有权决定如何使用这块地;享受这块土地所带来的所有收入,如地租等;你还有权将你拥有的产权转让给别人。

显然,你拥有自身劳动的产权,只要不是奴隶制经济,劳动的产权都是由法律界定并保护的,任何人都不能不经你的同意而使用你的劳动。当然,要经得你的同意,通常要支付给你相应的报酬。然而,河流的产权属于谁却是一个模糊的概念,以至于厂商可以将它当作一个方便的垃圾箱。如果这是一条某位富翁私家庄园内的河流,情况就不同了。厂商必须经得庄园主的同意方可向产权有属的河流排污,而为了征得同意,厂商需要给庄园主足够的补偿(等于污染给庄园主带来的效用损失)。

科斯(Coase)于 20 世纪 60 年代初对传统的庇古法则提出了修正。科斯认为,外部经济从根本上说是因为产权界定不够明确或界定不恰当而造成的,所以政府不必一定要用干预的方法来试图消除社会收益或成本与私人收益或成本之间的差异,政府只需界定并保护产权就可以了。著名的科斯定理(Coase Theorem)概括了这一思想。科斯定理表述如下:

只要法定权利可以自由交换，而且交易成本等于零，那么法定权利的最初配置状态对于资源配置效率而言就是无关紧要的。

科斯在1960年发表的《社会成本问题》一文中用"走失的牛损坏临近土地里的谷物所产生的问题"来解释他的结论。科斯以产权界定为原则，用两个相反的假设分析了牧场主是否有权利让牛群到农地里吃谷物及对社会经济效率的影响问题。假定牧场主与农场主在相邻的两块土地上经营，牧场主的牛群常到农地里吃谷物，牛吃谷物使牧场主收益增加而农场主受损。假定农场主拥有种谷物的土地的产权，那么牧场主必须为他的牛所犯的过失而向农场主支付赔偿，否则农场主可与他对簿公堂。现在，牛吃谷物成了牧场主的内部成本，他会好好管教他的牛，减少牛吃谷物的事件发生。相反，假定农场主在牧场主的地里种谷物，但牧场主拥有让牛吃谷物的权利。其结果，科斯仍然认为牛吃谷物的数量不会增加。这是因为，即使牧场主有权利让牛免费吃谷物，但农场主为了减少自己的谷物损失，可以按照损失的程度对牧场主进行补偿与协商，以使自己的损失最小。经过协商双方自愿约定，栏杆的位置选择最终确定在牛吃谷物的增值与谷物的损失相等的地方。这样，两块地的社会总收益达到最大。

上述两种假设情况下的举例分析，可以得出相同的经济效率结果。说明在产权明确界定的条件下，当各方能够无成本（交易费用为零）地讨价还价并对大家都有利时，不论产权是如何界定的，最终结果都将是有效率的。

二、产权分析

 案例14.4　　凶猛的老虎为什么斗不过牛？

产权虽然是一种社会权利，但是几乎所有的经济活动都不是一种单纯的社会问题，同时更多地表现为一种自然与社会的交错关系。因此产权也同样在自然界发挥着应有的作用。有了产权的保护，物品就可以发挥出最大的经济效应。譬如牛和老虎两种动物的命运就很能说明问题。

凶猛的老虎斗不过老实的黄牛是我们必须承认的现实。虽然在十二属相中，牛排在了虎的前面，确实比较"牛"！可是另一方面，在自然环境中，老虎要比牛"牛"得多，10头牛也不是一只老虎的对手。

在现实社会中，老虎的皮、肉和骨头等都有很高的经济价值，或者说是商业价值；但是，黄牛作为牛肉的重要来源，也同样有很高的商业价值。那么为什么老虎的商业价值威胁到自身物种的存在，而黄牛的商业价值却使黄牛获得了护身符呢？原因在于老虎是共有资源，而黄牛是私人物品。一个是有主的，一个是无主的。当然，动物园里养的老虎是有主的，饲养老虎能为动物园挣门票钱，这不属于我们讨论的对象，我们说的是野生的老虎。虽然国家有野生动物保护法，但是，野生老虎不属于任何人，没有人能从保护老虎的生存中得到激励和获得直接的好处，相反，那些猎杀者可以不付任何饲养的成本就能够得到收益。黄牛不一样，它生活在私人的牛棚里，养牛的人会尽可能维护牛群的安全，并把牛养得膘肥体壮，因为他可以卖个好价钱，并从养牛这种努力中得到收益。在市场机制中，牛羊猪等都是被驯养得非常温驯的家畜，由于自身的商业价值而得到了很好的生长和繁衍；而那些无主的野生动物（不仅是老虎，还有大象、狮子、狗熊、熊猫等各类野生动物）都一直面临灭顶之灾。

概括起来，这就是产权的重要性。在产权明确的前提下，物可以得到物主的保护，即使物主本身很弱小也不要紧，社会和法律会为物主提供产权保护。有了产权的保护，社会的经济秩序就可以建立起来。虽然宰杀的牛比猎杀的老虎要多得多，但是，市场仍然能够保证牛肉的供应。我们永远不会担心牛会灭种，牛群将永远繁衍下去，而老虎的命运可能就比较惨了点。

资料来源：张世贤.经济学演义

产权问题之所以重要，是因为在产权明确界定条件下，外部性成本可以内部化，资源的有效配置得以实现。如果只考虑资源的最优配置的话，将产权赋予交易的任何一方都没有什么差异，只要产权是明晰界定并受到法律的有效保护，双方之间的谈判和交易就会带来资源的最有效利用。产权界定在不同人身上只是带来收入分配上的不同，当农场主拥有产权时，牧场主须付出补偿；而当牧场主拥有产权时，农场主须付出补偿。在两种情况下，牛吃谷物的事件都下降到最高效率的水平（不一定是零），但是不同的人承担了成本或享受了收益。

科斯在《社会成本问题》中所论述的命题，充实并正式确立了他自己在1937年发表的《企业的性质》这篇论文中所提出的"交易费用"理论。交易费用（transaction cost）这一概念是指交易各方在达成协议和遵守协议过程中所发生的成本。科斯定理中所设定的交易费用为零，这种条件在现实生活中是不存在的，因此，科斯定理虽然引起了理论界的极大轰动，但是也存在激烈的争论。尽管如此，科斯所提出的通过明确界定产权关系可以提高经济效率，解决外在性给资源配置造成的困难，尤其是解决公共资源中出现的严重外在性问题以及对外在性理论的研究等方面都具有重要的理论意义。

第五节 自愿支付与合并

当受外部经济影响的方面相对较少并且产权能很好地界定时，社会可以谋求通过协商进行自愿支付或者合并企业的方法把外在效应内部化，经济效率可以在没有政府干预的情况下实现。在这里我们用造纸厂和渔民的例子来说明。

一、自愿支付

我们假定造纸厂排放的废水减少了渔民的利润。假定对废水污染的处理有两种选择：造纸厂安装一个废水过滤系统；渔民付费建造废水处理厂。在这些情况下造纸厂和渔民各自的利润如表 14-1 所示。

表 14-1 造纸厂和渔民的利润

采取的措施	造纸厂的利润（元）	渔民的利润（元）	总利润（元）
无过滤，无处理厂	500	100	600
有过滤，无处理厂	300	500	800
无过滤，有处理厂	500	200	700
有过滤，有处理厂	300	300	600

当然，使造纸厂和渔民的总利润最大化是最有效率的。在造纸厂安装过滤设备而渔民不建造处理厂时可以达到双方利润的最大化。让我们来看在不同的产权下，双方通过自由交易形成的解决办法。

假定造纸厂有向河中排放废水的产权，则渔民的利润是 100 元，造纸厂的利润是 500 元。通过建造一个处理厂，渔民的利润增加到 200 元，在这种不合作的情况下，双方的总利润是 700 元。渔民会愿意向造纸厂支付最多 300 元来安装过滤设备，因为有过滤时渔民的利润是 500 元，而不合作时渔民的利润只有 200 元。由于造纸厂安装过滤设备后只损失 200 元利润，因此只要它得到的补偿有余，它就会愿意安装过滤设备。在这种情况下，双方的总利润是 800 元，合作的收益是 100 元（渔民的 300 元的收益减去 200 元的过滤设备成本）。如果造纸厂和渔民同意平等分享这一收益，即渔民向造纸厂支付 250 元来安装过滤设备，则造纸厂的利润为 550 元，渔民的利润为 250 元，总利润还是 800 元。这种自由交易的办法达到了有效率的结果。在没有合作时，渔民获得 200 元的利润，造纸厂获得 500 元的利润，合作使双方都增加了 50 元的利润。

再假定渔民对"清洁河水"具有产权，它就可以要求造纸厂安装过滤设备，否则不可排放废水。造纸厂的利润为 300 元，渔民的利润为 500 元。由于没有一方能够通过自由交易使得境况变得更好，最好的结果是有效率的。

上述分析适用于产权明确界定的情况，表 14-2 列出了不同产权下造纸厂和渔民双方各自的利润。当各方都能够无成本地自由交易并对大家都有利时，无论产权是如何界定的，最终的结果是有经济效率的，这也就是科斯定理的实质。

表 14-2 不同产权下造纸厂和渔民的利润

产权分配	双方不合作		双方合作	
	造纸厂的利润	渔民的利润	造纸厂的利润	渔民的利润
造纸厂有废水排放权	500	200	550	250
渔民有清洁河水权	200	500	300	500

然而，科斯定理的有效性需要一个重要的前提：自由交易的谈判成本为零。在造纸厂和渔民的例子中，如果受到河流污染损害的有许多渔民，即使拥有"清洁河水"的产权，造纸厂和渔民之间的谈判与交易能带来有效率的结果吗？不会，因为问题在于如果有许许多多的渔民受损，那么造纸厂要一一与之谈判，以一定的代价来求得排放废水的许可，成本会很高。因此不能达成交易，从而不能产生有效率的结果。反之，如果造纸厂拥有排放废水的产权，众多的渔民不太可能联合起来与造纸厂谈判并集体支付费用来要求造纸厂安装过滤设备。如果个别几个渔民补偿造纸厂，那么得到污染水平降低收益的会是所有的渔民，于是每个人都寄希望于别人出面处理这件事并承担支出，那么最后的结果将是没有谈判和交易发生，这样的结果同样是低效率的。

可见，自由交易的谈判过程是非常消耗时间的，谈判的成本往往很高，在产权没有明确界定的时候尤其如此。在造纸厂与渔民的例子中，谈判必须在支付额为200～300元之间解决，如果双方对产权不清楚，渔民就可能只愿意支付100元，谈判过程就会破裂。即使在谈判成本很低的情况下，如果谈判双方都相信他们能够得到更多的收益，谈判过程仍然会破裂。一方提出大份额的要求，并且错误地认为对方会最终让步而拒绝还价，这种战略行为会导致低效率和不合作的结果。假定造纸厂有权排放废水，它声称除非得到300元的补偿，否则它不会安装过滤设备，而且它的开价是不可更改的。但是，渔民提出支付250元，并且相信造纸厂最终会同意这一公正的解决办法。在这种情况下，特别是如果一方或双方都想获得强硬谈判者的声誉时，协议可能永远达不成。

二、企业合并

企业合并是解决外部性、改进资源配置效率的另一种方法。我们以造纸厂和渔场为例来分析企业合并问题。造纸厂 A 生产了 Q_A 数量的纸，同时排放了 W 数量的污水流入河中，渔场 B 位于河的下游，受到造纸厂排出的污水的不利影响。如果通过某种产权的分配，使造纸厂和渔场同属于一个公司或业主，那么造纸给养鱼所增加的成本仍然是该公司的内部成本，合并就使得外部性内部化了。公司在决定造纸产量时，不能不考虑污染成本。为了使总利润最大化，公司必须考虑外部经济效应，协调造纸和养鱼两项业务的决策。

在造纸厂和渔场没有合并前，它们的决策取决于各自的边际成本与边际收益。假定造纸厂的成本函数为 $C_A = C_A(Q_A, W)$。其中，Q_A 表示造纸厂所生产的纸的数量，W 表示造纸厂所排放的污水的数量。渔场生产一定数量鱼的成本需要考虑造纸厂所排放的污水的数量 W，渔场的成本函数为 $C_B = C_B(Q_B, W)$。其中，Q_B 表示渔场所生产的鱼的数量。造纸厂与渔场的利润函数分别为：

$$\pi_A = P_A \cdot Q_A - C_A(Q_A, W) \tag{14-3}$$

$$\pi_B = P_B \cdot Q_B - C_B(Q_B, W) \tag{14-4}$$

假定污染使纸的生产成本下降，即 $\dfrac{dC_A}{dW} < 0$，使鱼的生产成本增加，即 $\dfrac{dC_B}{dW} > 0$。那么，造纸厂的利润最大化条件为：$\dfrac{d\pi_A}{dQ_A} = 0$ 且 $\dfrac{d\pi_A}{dW} = 0$，即：

$$\frac{\mathrm{d}}{\mathrm{d}Q_A}C_A(Q_A,W) = P_A$$

$$\frac{\mathrm{d}}{\mathrm{d}W}C_A(Q_A,W) = 0$$

(14-5)

渔场的利润最大化条件为：$\frac{\mathrm{d}\pi_B}{\mathrm{d}Q_B} = 0$，即：

$$\frac{\mathrm{d}}{\mathrm{d}Q_B}C_B(Q_B,W) = P_B \qquad (14-6)$$

当造纸厂和渔场这两个企业合并为一个企业时，合并企业将同时考虑污染对造纸厂和渔场的成本的影响。合并企业的总利润函数是：

$$\pi = P_A \cdot Q_A + P_B \cdot Q_B - C_A(Q_A,W) - C_B(Q_B,W) \qquad (14-7)$$

合并企业利润最大化条件就是：

$$\frac{\mathrm{d}}{\mathrm{d}Q_A}C_A(Q_A,W) = P_A$$

$$\frac{\mathrm{d}}{\mathrm{d}Q_B}C_B(Q_B,W) = P_B$$

$$\frac{\mathrm{d}}{\mathrm{d}W}C_A(Q_A,W) + \frac{\mathrm{d}}{\mathrm{d}W}C_B(Q_B,W) = 0$$

(14-8)

最后这个条件表明，当造纸厂和渔场边际成本之和等于零时，合并企业才不会再排放更多的污染物。事实上，现存的许多企业已经使相互影响生产的单位之间的外部性内部化了。例如，出于使果树花粉受精的目的，果园养蜜蜂是十分普遍的事情。

本章结束语

一个经济行为主体参与经济活动时，会对社会其他成员造成影响，如果这些影响未被计入市场交易的成本与价格中，就产生了外部性。外部性有两种类型：外部经济和外部不经济。外部性使私人成本和社会成本、私人收益与社会收益之间存在差异，导致资源的无效率配置，引起市场失灵。对于具有外部性特征的行业，政府有必要使用直接管制或指导、课税或补贴的办法来消除或部分消除外部效用。

产权指对资源的所有权和使用权，在产权明确化的基础上通过市场交易可以解决外部经济问题。科斯定理认为：只要法定权利可以自由交换，而且交易成本等于零，那么法定权利的最初配置状态对资源配置效率而言就是无关紧要的。于是，当受外部经济影响的方面相对较少并且产权能很好地界定时，社会可以谋求通过协商进行自愿支付或者合并企业的方法把外在效应内部化。

关键词：外部性　外部经济　外部不经济　产权　科斯定理

复习思考题

1. 解释下列概念:外部性、外部经济、外部不经济;外部成本、社会成本、私人成本;外部收益、社会收益、私人收益;产权、科斯定理、交易费用。

2. 什么是科斯定理?科斯定理对解决外部性问题的意义是什么?

第十五章 公共产品

> ◇ **内容提要** ◇
>
> 经济学不研究自由取用资源（如阳光、空气等），但是当一些无须付钱就可以取用的公共资源被过度利用时，整体社会福利受到损害，这就是公共产品导致的市场失灵问题。公共产品可以免费或部分免费取得时，市场就不能保证该产品生产和消费的适当数量，也无法通过市场供求机制来调节。

案例 15.1 基础理论知识是公共物品

如果一个数学家证明了一个新定理，该定理成为人类知识宝库的一部分，任何人都可以免费使用。由于知识是公共物品，以赢利为目的的企业就可以免费使用别人创造的知识，结果用于知识创造的资源就太少了。

在评价有关知识创造的适当政策时，重要的是要区分一般性知识与特殊的技术知识。特殊的技术知识，例如，一种高效电池的发明，可以申请专利。因此，发明者得到了他的好处。与此相比，数学家不能为定理申请专利；每个人都可以免费得到这种一般性知识。换句话说，专利制度使特殊的技术知识具有排他性，而一般性知识没有排他性。

以美国为例，政府努力以各种方式提供一般性知识这种公共物品。政府机构，例如，国家保健研究所和国家自然科学基金补贴医学、数学、物理学、化学等基础研究。一些人根据空间计划增加了社会知识宝库来证明政府为空间计划提供资金的正确性。的确，许多私人物品，包括防弹衣和快餐汤，都使用了最初由科学家和工程师在登月研究中开发出来的材料。当然，决定政府支持这些努力的合适水平是困难的，因为收益很难衡量。

摘自 www.bookschina.com

第一节　公共产品的概述

如果一个人消费某种物品而不会减少该物品的数量，并不排斥他人对该物品的消费，该物品就是公共产品（public goods）。如国防、司法、警察、防洪排涝等都是公共产品。

一、公共产品的特征

公共产品是相对于私人产品（private goods）而言的。我们日常生活所消费的物品或劳务，大多具有竞争性和可排他两种特性，这就是私人产品。竞争性指的是该产品让一个人消费之后，无法再让他人使用；而排他性指的是只有支付了这种产品的价格，才能使用这种产品，没有支付这种产品的价格就不能使用这种产品。如果一个面包被我吃了，你就再也不能吃到它了；一辆新车被你开了一年，那么别人再开时就不是新车了。这就是说，私人产品的消费是有竞争对手的。

与私人产品相对应，公共产品是指那些在消费上具有非竞争性与非排他性的产品，非竞争性与非排他性是公共产品两个重要的特征。

非竞争性（nonrivalry）是指，对于任一给定的公共产品产出水平，增加额外一个人消费该产品不会引起产品成本的任何增加，即消费者人数的增加所引起的产品边际成本等于零。公共产品这一特征不同于私人产品。当产品是私人产品时，增加一个消费者的消费就要增加产品的数量，从而增加产品生产的成本。公共产品一旦用既定的成本生产出来，增加消费者数量也不需要额外增加成本。典型的例子是海上的灯塔。灯塔一旦建起来，将为所有过往的船只指示航向，增加过往的船只的数量并不需要额外增加维持灯塔的成本。

对于非竞争性物品，在消费中，你的消费不影响我的消费，我的消费也不影响你的消费，人们不必为消费而相互竞争。如电视节目或国防保护的消费明显具有这一性质。专利保护过期后的知识，如经济学知识、数理化知识、计算机操作知识，医学知识等，也都具有这一性质。生态环境，从一定范围内，也具有这一性质。这一性质意味着，在某一公共物品的产量（X）给定的情况下，每个人都能"消费"这一总的产量。如果令 X_a 和 X_b 分别代表消费者 a 和 b 的消费量，则非竞争性意味着 $X_a=X_b=X$（增加消费者，不必增加产量。这意味着消费的边际成本等于零。按照经济学理论的定价规则，即边际成本定价，价格应该等于零）。

非排他性（nonexcludability）是指，公共产品很难禁止他人不付代价而消费该种产品。非排他性表明要采取收费的方式限制任何一个消费者对公共产品的消费是非常困难甚至是不可能的。任何一个消费者都可以免费消费公共产品。例如，国防就是一种公共产品，不管人们是否为此缴纳了赋税，他们都可以受到保护。

严格说来，从技术上讲，没有什么物品的消费是不能排他的，如电视节目可以通过采用有线电视技术或加密技术做到排他。但从经济上（即效率上）讲，有些物品消费的排他成本可能很高，以致排他是不可取的，从而在经济上表现为是不可排他的，如国防服务。

需要指出的是，公共产品与由公共开支生产的产品不是同一概念。公共产品通常是由政府提供的，但是并非所有由公共开支所生产的产品都是公共产品。有些公共开支所生产的产品并非就是公共产品。例如，一国的邮政可能是由公共开支维持的，或者至少部分费用是由公共开支维持的，但是邮政业务既不具有非竞争性，又不具有非排他性。政府用公共开支所生产的具有非竞争性与非排他性（包括局部非竞争性与局部非排他性）的产品才属于公共产品。也并非只有政府才提供公共产品，社会团体也同样可以提供公共产品。

就经济行为而言，也存在公共物品和私人物品之间的区别。私人物品是个人家庭所拥有的物品，在占有和使用上都存在排他性；公共物品往往不存在使用的排他性，譬如路灯，一个人使用并不排除他人也使用。这类物品还有街道、国防、文化知识、灯塔等。但是，在很多情况下，公共物品和私人物品并没有非常严格的区别，有时候还会随着客观条件的变化而发生变化。过去道路和桥梁都是政府出资修建，具有公共物品的性质，如果个人出资修建，也多具有捐资修筑、积德行善的性质。但是现在，随着我国各级地方政府组织路桥企业贷款修路，过路收费，收费还贷，一方面地方政府可以增加税收，另一方面，道路原来本是各级政府修建的公共物品，现在成了企业经营的私人物品，全国各地的路桥工程项目成了最有稳定收益，最能确保地方政府税收的"金桥工程"和"银路工程"。

更有甚者，如今的教育事业也开始了"产业化"的进程。产业化的结果必然是赢利化，否则很难做成一个产业。现在的中国，大学要收费，似乎天经地义；中学也要收费，没有谁认为不妥。就连普及教育的初中和小学也要变着法地收费。比如，可以压缩计划内招生，空出师资和教室等公共教育资源开高价收费班；向那些想上重点学校的学生家长收赞助费；还可以打造名牌学校收高价的插班生和自费生等。无论如何，传播知识的公共物品也变成了具有竞争性和排他性的私人物品。

好在"发展才是硬道理"，只要有利于经济社会的发展，事物本身究竟是公共物品，还是私人物品，经济学家们并不是很在乎，经济学所关注的是物品的经济效率。只是当有些本应属于公共物品的东西被化公为私，变成了少数人谋取私利的工具以后，往往会造成分配不公。公平与效率是经济生活中的一对矛盾，如果在追求效率的过程中，使社会失去了公平，经济学家往往会提出疑问，究竟谁获得了经济增长的好处？特别是公共物品被私人占有以后，就可能出现社会的两极分化，那么，经济社会发展的可持续性就是值得担心的事情了。

追根溯源，其实经济学家关于公共物品效率的讨论首先是从灯塔开始的。修建灯塔是为了方便过往船只避开有暗礁的水域，这种为船家提高收益的物品既无排他性，也无竞争性，所有过往船只都可以使用，确实是典型的公共物品。

 案例 15.2　　经济学家话灯塔——公共物品与市场失灵

经济学家对灯塔一直情有独钟。19 世纪英国经济学家 J.S.穆勒指出，虽然海中的船只可以从灯塔的指引中得益，但若要向他们收取费用，就办不到。除非政府用强迫抽税的方法,否则灯塔就会因无利可图,以致无人建造。稍后一点的另一位经济学家西奇维克发展了穆勒的观点,认为在像灯塔这种情况下,以市场收费来鼓励提供服务的观点是大错特错的,因为这些服务为社会需要而又无法收费。20世纪剑桥学派最后一位代表A.C.庇古则以灯塔说明了市场失灵。萨缪尔逊也有类似观点。

灯塔之所以为经济学家津津乐道,就在于它是一种不同于一般物品的公共物品。我们所用的一半物品属于私人物品,其特征是具有消费的排他性和竞争性。排他性是指可以有效地禁止别人消费;竞争性是指个人消费了,其他人就不能消费或要少消费。例如,一个苹果如果是你的,法律就保证了你的所有权。不得到你的允许,别人无法享用,这就是排他性。你吃了这个苹果,别人就无法吃,或者要少吃一个,这就是竞争性。但如灯塔,你无法排除没有为灯塔交钱的人利用它导航,这就是非排他性;同时一个人利用灯塔也不会减少其他人的利用,这就是非竞争性。像立法、国防、基础科学研究这类东西都属于公共物品。

具有排他性和竞争性的私人物品,消费者通过购买而获得,从而有市场价格,生产者提供这类物品有利可图,价格调节可以实现供求双方都有利的市场均衡。市场经济可以提供充分的私人物品。但公共物品具有非排他性和非竞争性,不用购买也可以消费。这种不用购买也可消费的行为被经济学家称为"搭便车"。因此,公共物品没有市场价格,生产者提供这种物品无利可图。市场经济无法提供充分的公共物品。这就是庇古所说的市场失灵,即市场机制在解决公共物品的搭便车问题时是无能为力的。

像立法、国防、基础科学研究这类公共物品是任何一个经济都不能缺少的,是社会维持正常运行和经济发展所必需的。所以,庇古从市场失灵中得出的一个重要结论就是需要政府干预。这也是经济学家谈论灯塔问题的第一个结论。政府解决公共物品的方法是向居民强制征税,并用这些税收来购买公共物品。对整个社会来说,公共物品并不是免费午餐,因为是使用公民缴纳的税收来购买并提供的。对那些交不起税的低收入者和逃税的违法者而言,他们是享受了免费午餐,但他们的午餐费实际是由别人代交的。这正如别人请你吃饭不用你拿钱,但这顿饭本身并不免费一样。

穆勒、西奇维克、庇古这些经济学家谈论灯塔是要说明市场失灵及市场经济离不开政府。即使是在亚当·斯密古典式自由市场经济中,市场也不是万能的,公共物品只能由政府来提供。当然,庇古等人并没有明确提出公共物品的概念,这个概念是由美国经济学家萨缪尔逊提出来的。萨缪尔逊指出,公共物品有利于整个社会,作为一种公共事业就不应该收费。维持这种公共事业的费用来自税收。

还有一些经济学家以此为基础说明了向不同收入的人征收不同的税收,即实行累进税制,是合理的。从某种意义上说,富人享受的公共物品多,从中获益大,应该多纳税。例如,对一个百万富翁来说,国防保护了他的性命与全部家产;对于一个一无所有的穷人来说,国防仅仅保护了他一条命而已。富人从国防中受益大,应该多纳税,这是税收的受益原则。从另一种意义上说,富人的财富来自社会,也应该多做贡献,请穷人吃一顿国防的免费午餐,这些是税收的能力原则。

但是,政府提供公共物品往往引起低效率,于是有一些经济学家从另一个角度谈论灯塔。产权理论的奠基人美国经济学家科斯在1974年发表的《经济学上的灯塔》中,根据对英国早期灯塔制度的研究反驳了私营灯塔无法收费的观点。他证明了，即使是灯塔这样的公共物品也是可以实现私有化成为私人物品的。这样就可以消除政府提供灯塔这类公共物品的低效率。中国香港的经济学家张五常也发表了这一观点。当然，并非所有公共物品都可以私有化，但对于那些在一定条件下可以具有排他性的公共物品（如设收费站的高速公路就有排他性），通过产权明确由私人提供也未必不是一种思路。

灯塔这种物品引起了经济学家关于公共物品的一系列争论。到现在为止，公共物品问题也没有得到完全解决，所以，有关灯塔的话题还会继续下去。

资料来源：摘自圣才学习网

二、纯公共产品与准公共产品

严格地讲，只有同时具备非竞争性与非排他性两种特征才是真正的公共产品。但是现实生活中同时具备这两种特征的公共产品并不多。国防通常被认为是同时具有这两种特征的公共产品，而有些产品只具有这两种特征的其中之一。

根据非竞争性与非排他性的程度，公共产品又被进一步划分为纯公共产品与准公共产品。纯公共产品具有完全的非竞争性与完全的非排他性。国防可以被视为一种纯公共产品。准公共产品只具有局部非竞争性与局部非排他性。例如，公路上的桥梁具有非竞争性，但却不具有非排他性。在交通不拥挤的时候，在桥上通行是非竞争的，因为桥上增加一辆车并不影响其他车辆的速度，即增加额外一辆车通过大桥所引起的边际成本等于零。但是通过设立收费关卡却可以排斥任何不交费的车辆通过大桥，即具有排他性。有线电视也是如此，只有交了费用的用户才可以接受到电视信号，但对于供应商来说，增加一个用户不会产生额外的成本。

与大桥和有线电视相反，在公共湖泊上捕鱼是非排他性的，但不是非竞争性的。只要湖泊是社会成员共有的，就不能排斥任何一个捕鱼者在湖中捕鱼，但是捕捞者的不断增加会减少湖内可供捕捞的鱼的数量，这无疑会增加每一个捕鱼者捕鱼的成本。现实中纯公共产品种类较少，准公共产品种类较多。

表 15-1 公共物品的分类

		排他性	
		有	无
竞争性	有	私人产品　如：衣服、鞋、帽	公共池塘资源　如：公园、公共游泳池、露天舞厅等
	无	俱乐部产品　如：高速公路、各种交费俱乐部、交费型社团等	纯粹公共物品　如：国家政策、国防、无线广播、电视等等

从表 15-1 中我们可以看到，私人物品的典型特点是：在消费中具有突出的排他性和竞争性的特点，由此我们可以说私人产品的总需求等于所有个体消费者的需求的总和。纯粹的公共产品同时具有非排他性和非竞争性的特点，公共池塘资源则是非排他而具有竞争性

的准公共产品，俱乐部产品则是没有竞争性而有排他性的准公共产品。与私人产品不同，不管是纯粹的公共物品还是两类准公共物品在消费总量上都不是全体个体消费量的总和。对于纯粹的公共物品来说单一消费者的消费量等于全体消费者的消费量。对于公共池塘资源来说，公共产品的供给总量等于自主进入公共池塘的个体消费者消费的总和。对于俱乐部产品而言，公共物品的供给总量等于具备成员资格的个体消费者的消费总量。图 15-1 给出了判断公共产品的步骤。

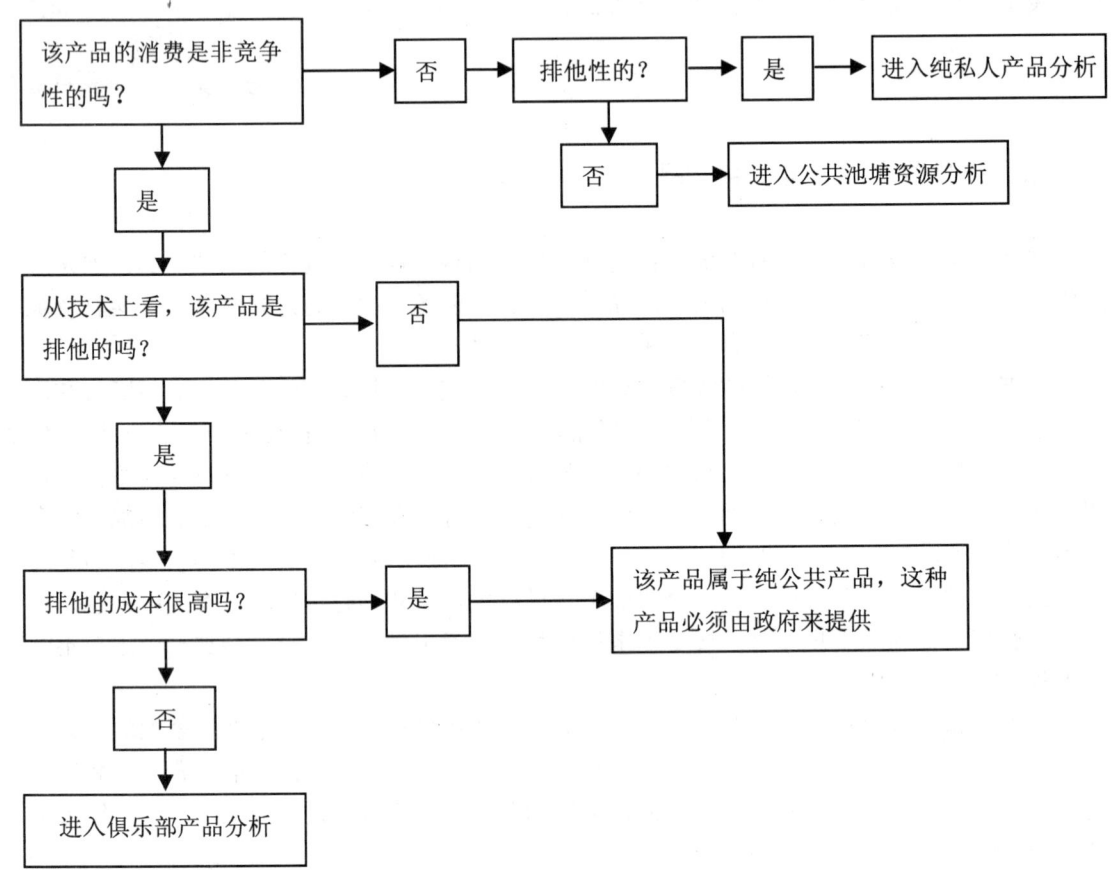

图 15-1 判断公共产品的步骤

三、公共物品的最佳供应量

因为私人物品的消费是竞争性的，所以私人物品的市场需求等于每个消费者的需求量的和。私人物品的市场需求曲线等于个人需求曲线的水平相加。私人物品的有效率的数量出现在市场需求曲线与市场供给曲线的交点。

由于给定数量的公共产品可以同时为许多人消费，故公共产品的需求曲线可由消费该公共产品的不同个人需求曲线的垂直加总来得到。如图 15-2 所示，横轴和纵轴分别表示公共产品的数量 Q_{PG} 和价格 P_{PG}，D_A 和 D_B 分别是 A、B 两消费者对公共产品的需求曲线。若市场中仅有这两个消费者，那么对该公共产品的市场需求曲线 D_{PG} 就是由 D_A 和 D_B 的垂直加总而得。

公共产品为两人的共同消费,但每个人对公共产品的需求函数不同,故对政府提供一定数量的公共产品,消费者愿意和可能支付的个别需求价格也是不同的,所有公共产品的消费者愿意和可能的个别需求价格的总和,构成了社会愿意和可能支付的公共产品的价格。例如,给定公共产品的市场供

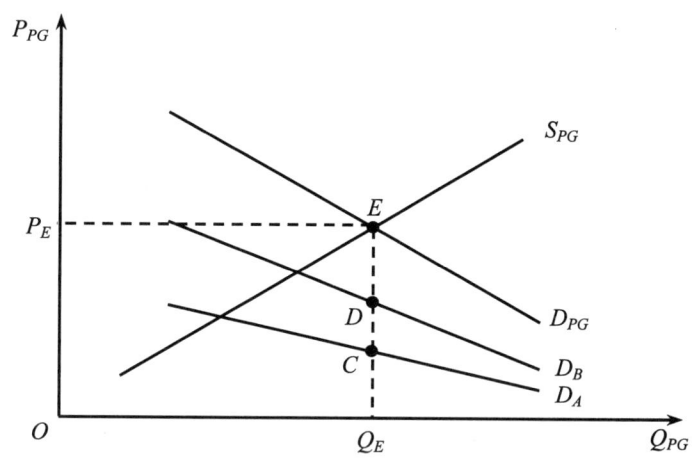

图 15-2　公共产品的需求曲线与均衡价格

给曲线 S_{PG},两消费者在 E 点达到了公共产品的最佳数量为 Q_E,该点决定了公共产品的均衡数量,从而决定着对社会资源分配于公共产品生产的最优配置。但公共产品的这一均衡数量低于完全竞争条件下的供给量,造成了市场的无效率。

政府通过征税或收费,或双管齐下,来为公共物品付费。最简单的方法可能是,向每个居民征收等于其边际利益的税额。这种方法虽然很简单,但至少存在两个问题:第一,一旦人们意识到他们所交纳的税额取决于政府所料想到的他们对该物品的评价程度,他们就会低报他们的真实评价。即纳税人不愿意提供他们对公共物品的真实评价的信息。第二,即使政府拥有边际评价的确切信息,各家庭的收入和纳税能力也是不同的。

公共物品一旦生产出来,人们就只能得到生产出来的那一产量。既然只生产出了一个产量,每个人的消费就都限于那一产量。相反,就私人物品而言,每个消费者都可以自由地购买他(她)所喜欢的一个数量。因此,从供应什么、供应多少和供应给谁方面来看,公共物品比私人物品复杂得多。这些决策可以通过公共选择来说明。

第二节　公共产品与市场失灵

 案例 15.3　　为什么会出现"公地悲剧"?

乱挖滥采,对煤炭资源是最严重的糟蹋。如果不尽快制止,统一开采,统一加工,中国能源的可持续发展问题就越发严重了。目前的这种混乱局面主要是"公地悲剧"所造成的,公共资源的使用问题对于中国来说比公海捕鱼问题要严重得多。如果不尽快制止,能源问题所带来的危害将是不可挽救的,公地悲剧来自于下面的一个寓言。

在北方的一个草原上,住着许多牧民,牧民都有自己的羊群。开始的时候,牧民都在

草原上放牧，羊在草场上吃草。那是一种"天苍苍，野茫茫，风吹草低见牛羊"的田园牧歌式生活。牧民们在公共的草原上放牧养羊，肥美的牧草养肥了羊群，也使牧民们过着相当幸福的生活。但是，时光在流逝，这里的人口在增加，草场上的羊也在增加。由于羊的数量不断增加，而土地是固定的，草场开始失去自我养护的能力。最后的结果大家都知道了，这里的草场上，土地变得寸草不生。由于共有土地上过度放牧导致草场的荒漠化，羊饿死了，人失去了生活的经济来源。这就是所谓的"公地悲剧"。

目前的资源乱挖滥采行为就相当于人民公社时期的社员们，家家户户养猪养羊，故意放到生产队里的麦田里去吃麦苗。结果是，"吃在外，省在家，卖的钱，自己花"。这是人民公社时期的公地悲剧。其实在世界各国几乎各个历史时期都出现过一定程度的"公地悲剧"。

是什么原因造成了这种公地悲剧呢？当然是过度放牧。草吃干净了，连草根也没有了，最后的结果就是荒漠化。避免草场的破坏需要所有牧羊人的集体行动，但是没有一个家庭愿意为了共有草场的繁茂而主动减少自己羊群的规模。正像没有一个小煤窑的主人为了保护煤炭资源自己主动减少煤炭开采是一样的。实际上，公地悲剧产生的原因在于它自身使用的负外部性。当家庭的羊群在共有土地上吃草的时候，降低了其他家庭可以得到的土地质量。由于人们在决定自己养多少只羊时，并不考虑这种过度放牧的负外部性。煤炭资源开发和环境污染同公共草地放牧具有相同的性质：当一个人享用公共资源时，他减少了其他人对这种资源的享用。由于这种负外部性，公共资源往往被过度使用。解决这样的问题有两种途径：一是可以通过政府管制，二是把共有资源变成私人物品。

资料来源：张世贤.经济学演义．北京：华夏出版社，2004

公共产品具有的非排他性和非竞争性这两个特点，对市场达到最高经济效率都构成了严重障碍。消费者不支付费用也可以消费公共产品，对公共产品也就不存在他所愿意支付的价格，适用于私人部门的选择原则——市场定价和资源配置等原理，未必适用于公共部门。

依据新古典理论，完全竞争的市场机制本身具有有效配置社会资源、使经济系统达到帕累托效率的功能。市场失灵（market failure）是指完全竞争的市场机制有效配置社会资源的功能的失灵（市场失灵的几种场合：不完全竞争，不完全信息，外部影响，公共物品）。

在公共物品的场合，完全竞争的市场机制会失灵。这种失灵可以表现在三个方面：

1. 有效率的产量难以确定。公共物品的有效率（即最佳）的产量的确定，需要知道每个消费者对公共物品的需求曲线。但实际上，由于公共物品的消费是不排他的，消费者往往隐瞒需求，免费乘车（free riding or free rider）。因此，难以根据市场供求确定一个有效率的产量。

2. 在利用上出现"拥挤（congestion）"。有些公共物品，由于在消费上是不排他的（亦即在收费上是困难的），所以在利用上往往出现过度。这种过度，实际上是因为价格机制的调节失灵所造成的需求过度（上面所提到的"公地悲剧"就属于"拥挤"现象）。

3. 定价机制失灵。公共物品消费的非竞争性意味着，增加消费不会增加生产成本或供给成本，即公共物品消费的边际成本等于零。既然边际成本等于零，那么，依据边际成本定价规则，价格也应等于零。也就是说，按照边际成本定价规则，公共物品不应该收费。公共物品的生产是有费用的，如果不收费，就不会有人生产。有需求，却没有生产和供给，这明显违背了"有需求就有供给"的市场规则。

一、免费搭车问题

由于公共产品具有非排他性，若公共产品由私人生产并在市场销售，其产量一定会偏低。因为公共产品很容易产生免费搭车问题。搭便车理论首先由美国经济学家曼柯·奥尔逊于1965年发表的《集体行动的逻辑：公共利益和团体理论》一书中提出的。其基本含义是不付成本而坐享他人之利。搭便车问题是一种发生在公共财产上的问题，是指经济中某个体消费的资源超出他的公允份额，或承担的生产成本少于他应承担的公允份额。

免费搭车（free rider）又叫搭便车，就是指某些个人不付费也可以同享公共产品的好处，完全依赖于他人付费。在这种情况下，愿意支付代价而消费的人必将大幅度减少。例如，假设同住一层楼的8户居民，其公共走廊并没有照明，出入十分不便。一旦有人付费安装电灯，其他人则可以不付任何费用而享受电灯所带来的好处。这就产生了免费搭车的问题：既然不付费也同样可以享受公共产品，那何必要自己支付公共产品的费用呢？如果每个人都不支付成本或支付很低的成本来享受公共产品，那么就没有公共产品可以提供出来。在上例中，公共走廊必定是一团漆黑。

免费搭车现象缘于公共物品生产和消费的非排他性和非竞争性。免费搭车行为往往导致公共物品供应不足。搭便车行为妨碍市场的自动调节过程。因此，一个成功的意识形态必须能够克服"搭便车"行为，这是各种意识形态的一个中心问题。在诺思看来，意识形态是一种行为方式，它通过提供给人们一种"世界观"而使行为决策更为经济。在日常生活中也常可找到搭便车的例子，例如，许多轮船公司不肯兴建灯塔，他们可以获得同样的服务，此种搭便车问题会影响公共政策的顺利制定及有效执行。德国的高福利政策也是搭便车问题的例子，高收入者支付的高额税收对同样享用高福利（医疗、教育）的低税收贡献者来说是被后者"搭了顺风车"。

显然，分散决策的市场机制在这里不起作用了。在这里公共产品具有很强的外部性。在存在外部性的情况下，市场机制产生了无效率。即使有些消费者不存在免费搭车的心理，愿意自己付费购买，他也只会根据这种公共产品给他个人所带来的私人利益，来决定自己所愿意支付的价格的高低，他不会根据社会利益来决定自己愿意支付的价格和需求量。因此，如果由私人生产并销售公共产品，必将与具有外部经济特征的私人产品相同，使产量小于社会福利最大的产量。

假设在一条街道有 25 名住户，并且本街道即将进行卫生设施改造，改造的费用为$2500。因此分摊到每个住户的改造费用为$100。虽然设施的改造会使得所有住户都可以受益，但当费用是自愿支付时，肯定会有一部分的住户拒绝交纳。这部分住户盘算着其他住户会分担改造费用，而此种卫生设施肯定会投入使用。解决方法是使得25名相互独立的住户作为一个整体支付这笔费用，即集体意志代表个人意志。在此情况下，住户可以通过投票决定是否进行设施改造。如果投票的结果认为应该进行改造，则所有住户都必须交纳费用。正是由于这个原因，一些公共服务，如国防、公共治安等，就必须由政府组织提供。当然，仅仅通过投票决定还没把问题解决。住户们还需要对费用的分摊比例进行讨论，因为一种平均分配费用的原则又显得无法公平地反映用户之间的差异。

我们再看一下 TCL 的成功案例。为了迅速普及和推广一个品牌，很多企业都选用与品牌相适应的明星来代言，这种"名人效应"从某一方面来讲，也是一种"搭便车"。TCL 为了打造"国产手机第一品牌"的国际化形象，花巨资 1000 万元聘请"韩国第一美女"金喜善，并力邀国际级导演张艺谋担当广告片的拍摄。金喜善美丽、高贵、大方，符合产品本身的特质，同时她的国际化背景和对中国年轻时尚群体的巨大感召力也是 TCL 品牌可以搭便车的重要因素。在金喜善出演的 TCL 手机品牌形象的广告中没有一句台词，金喜善只是利用自己的肢体语言和表情表达出她对 TCL 手机的喜爱和信赖。这部广告片在中央电视台的黄金时段进行了投放，取得了很好的传播效果，TCL 手机"中国手机新形象"的传播语传遍全国。应该说，邀请金喜善的策略对于迅速打响 TCL 手机品牌而言是正确而有效的。

在图书市场上同样存在搭便车的例子。比如，前几年有一本书《谁动了我的奶酪》畅销，市面上立即出现了《我该动谁的奶酪》、《谁也不能动我的奶酪》等一系列跟风书；又如《绝对隐私》一书，跟风的"隐私"一片，脱得光光追着让你看，哪有"隐私"可言。书倒是都畅销了，手法却耐人寻味。善于投机的企业总是可以充分利用外部性坐收渔翁之利。同时也正是由于便车的便利性的存在，行业的先导者在大张旗鼓地进入某个领域的时候，也应该尽量减少投机者利用自己的宣传声势所形成的便车的机会。"搭便车"与"反搭便车"的斗争就像一场猫与老鼠的战争，其中的妙义就在于在法律允许的范围内谁的手法更为天衣无缝，巧夺天工。

从博弈论的角度来分析，免费搭车问题是一个"囚犯困境"问题。为了说明这一点，假定一层楼只有两户人家 A 和 B，安装电灯的成本是 30 元，每户对路灯的评价是 20 元。由于他们对电灯的评价总和超过安装电灯的成本，安装电灯是有效率的。如果他们认为应该安装，那么他们就平均分摊安装成本 15 元，各户的净价值为 5 元（20 元-15 元）。如果他们都认为不应该安装，那么每户的净价值为 0 元。如果其中一户认为应该安装而另一户认为不应该安装，并假定认为安装的一户有义务独立承担全部成本，那么安装电灯的一户的净价值为-10 元，而另一户的净价值为 20 元。以上情况概括于表 15-2 的支付矩阵中。

表 15-2　免费搭车与囚徒困境

		户 B	
		安装	不安装
户 A	安装	5, 5	-10, 20
	不安装	20, -10	0, 0

显然，如果 A 决定安装则 B 决定免费搭车符合自身利益，如果 B 决定安装则 A 决定免费搭车符合自身利益。如果 A 选择不安装则 B 也会选择不安装。这样，他们都选择不安装（0，0）就是一种占优战略，但这种选择并不具有效率。

由于公共物品的非排他性和非竞争性，导致市场在公共物品供给上是无效率的，因此，公共物品的供给主要是由政府来提供的，但也有私人提供的。政府提供公共物品并不等于政府生产全部公共产品，单纯由政府生产和经营公共产品，由于多种原因往往缺乏效率。因此，政府的职能应该是提供公共产品，而不是生产公共产品。特别是对准公共产品，政府常常通过预算或政策安排给企业甚至私人企业进行生产。还有政府也可能通过对生产公共产品的企业进行补贴的方式来鼓励公共产品的生产。公共物品提供的方式主要有如下几种：

1. 政府提供。政府直接向公民提供各种公共物品，这是现实生活中最普遍的方式。如国防安全、公共道路、给排水等。

2. 政府与私营机构签订合同。国家与企业签订经营公共产品，这是最普通、范围最大的一种形式。适应这一形式的公共产品成本，主要是具有规模经济的自然垄断性产品，如大部分基础设施。如国家允许私人企业以建设——经营——转让（BOT）的方式参与公共基础设施及服务的提供，即政府允许私人企业投资建设公共基础设施，并通过若干年的特许独家经营，等到收回自己的投资并获得利润后，再由政府接手该公共基础设施。如广西的马江至梧州高速公路。

3. 政府授予私营机构经营权。政府将现有的公共基础设施以授予经营权的方式，委托给私人公司经营，如自来水公司、供电等。此外，还有很多的公共服务项目也是由这种方式经营的，如政府将城市卫生管理、绿地维护、市政设施维护等委托私人管理。

4. 政府给提供公共物品的私营机构提供补贴。例如，补助津贴、优惠贷款、减免税收等，政府提供财政补贴的主要领域是科学技术、基础研究、教育、卫生保健、住房、图书馆、博物馆等。

5. 私人提供。以广播节目为例。广播节目是公共物品，既无竞争性，也无排他性。但却由私人提供。如私人电台，或者私人办的节目。在中国的官办电台里，一些节目也承包给私人。提供广播节目的私人，如私人电台或承包官办电台的节目的个人或者企业，虽然不能从广播节目的消费者中收取费用，但却可以向广告发布者收取广告费。一些海上灯塔也是有私人经营的，经营者虽然没有办法向使用灯塔的船只收费，但却可以向港口收费，因为如果港口不交费，灯塔经营者就关闭灯塔，从而船只也就不能来你这个港口了。这与广告商愿意交付广告费是同样的道理。

二、公共选择与表决机制

公共产品的非竞争性还会给市场机制带来另一种困扰。公共产品一旦被提供出来，在消费时是没有竞争性的，把它提供给另一个人享用的边际成本为零。消费者从公共产品中都得到了一定的效用，而其消费的边际成本为零。从效率的角度（价格等于边际成本）来看，应该让所有的人都免费享用公共产品。如果这种产品是由私人来生产的，那么他将会破产。因此，公共产品的生产往往由公共部门通过投票的方式来决定。公共部门根据人们的投票结果作出决策，叫作公共选择（public choice）。

公共物品的生产，是一个集体决策问题。公共选择理论所要研究的就是集体决策问题。政府关于公共物品的供给和征税方面的决策，就是公共选择。公共选择问题也就是集体决策问题（collectively decisions）。

集体选择或决策的规则为投票规则。投票规则按 Buchanan 和 Tullock 的定义可以表示为作出一项决策或通过一项议案所要求的赞成者的人数占总投票人数的比例。那么，最佳投票规则是什么？社会选择，像生产活动一样，除了本身会带来利益以外，也会付出成本。而且，从这一意义上讲，社会选择本身就是一种生产活动，一种生产制度或制度规则以及某些行为方案的活动。社会选择的成本涉及两类，即决策成本和外部成本。前者包括收集和整理信息的成本、议价的成本、劝说实施的成本；后者是指由一部分人强加给另一部分人的成本，它可以是真实的经济损失，也可以是不利的收入再分配。这两类成本虽都是投票规则的函数，但随投票规则变化它们各自的变动趋势不同。决策成本随着作出一项选择所要求的赞成者人数的增加而增加，外部成本则随着作出一项选择所要求的赞成者人数的增加而减少。因此，我们不能说作出一项决策或通过一项议案所要求的赞成者的人数越多，投票规则就越好。投票规则的选择问题从本质上讲是一个决策成本和外部成本的交换问题。最佳投票规则应该是使社会选择的总成本最小的规则。

在私人部门中，人们对物品的偏好是通过他们所愿支付的价格来表达的。而在公共部门中，人们对物品的偏好是通过他们投票来表达的。投票的原则主要有两个：一致同意规则和多数票规则。一致同意规则是指候选人或方案须经全体投票人赞成才能当选或通过的规则。例如，地方政府须得到全体投票人一致通过才能在本地区建造一座桥梁。如果方案未能获得全体投票人一致同意，那么公共部门就需要修改这个方案，直到全体投票人一致同意为止。一致同意原则和完全竞争一样可以实现经济效率，因为按照这一规则通过的提案不会使任何一个人的福利受到损失。因此，凡是一致同意规则通过的方案都是最优的，它可以满足全体投票者的偏好，不存在任何把一些人的偏好强加于另一些人的因素。但是，一致同意规则的实现需要花费大量的时间和资源，社会机会成本较大。

多数规则是指候选人或方案只须经半数以上投票人赞成就能当选或通过的规则。多数规则可分为简单多数规则和比例多数规则。按照简单多数规则，只要赞成票过半数，提案即可通过；比例多数规则规定赞成票必须占应投票的一个相当大的比例，如必须占 2/3 或 3/4 才算有效。究竟采取哪一种多数取决于提案对人们的影响程度。

在采取多数规则作出公共选择时，多数人投票同意而少数人投票反对，则意味着增进了多数派的福利而使少数派福利受损，满足多数派的偏好而不能满足全体成员的偏好。在多数规则下作出的决策往往是投赞成票的多数给投反对票的少数强加了一笔负担。由于福利的大小在不同个人之间是不能比较的，这样多数规则下作出的方案不但不能达到经济效率，而且还难以确定社会总效用是增加了还是减少了，除非社会对受损者进行补偿，才不至如此。

第三节 公共决策与政府失灵

现实社会对市场机制的发挥存在着许多限制,这些限制或多或少可以借助政府的力量求得某种程度的缓和或解决。然而,由于现实经济社会的极其复杂,用来弥补市场经济缺陷的政府职能本身并不是完美无缺的,政府对市场的调节受到很多因素的限制。政府干预中的能力的限制以及所引发的不良作用,称之为政府失灵(government failure)。

一、政府失灵的原因

引发政府失灵的障碍,主要表现为政府决策的无效率和政府的寻租行为。

首先谈谈政府政策的低效率,即公共决策失误。政府为管理众人之事所做的任何决定,都具有公共产品的性质,即众人将同享其利或同受其弊。例如,在进行公共决策的投票表决时,参与投票活动是必须花费成本的,参加投票前需花时间看表决内容的材料,投票时也必须花费时间与交通费到投票点去投票。于是不愿过问政治的现象在现实社会中极为普遍,这种政治冷漠当然对政治决策的品质带来不利影响,故政府干预之结果也未必理想。另外,政府部门垄断着公共产品的供给,在生产公共产品时没有受到私人部门的竞争,再加上政府部门缺乏动力去实现成本的最小化和利润的最大化,使公共产品的生产缺乏效率。

由于公共决策主要就是政府决策,政府对经济生活干预的基本手段是制定和实施公共政策。公共选择理论认为,政府决策作为非市场决策有着不同于市场决策之处。在政府决策中,虽然单个选择者也是进行决策的单位,但是作出最终决策的通常是集体,而不是个人,以公共物品为决策对象,并通过有一定秩序的政治市场(即用选票来反映对某项政策的支持来实现)。因此相对于市场决策而言,政治决策是一个十分复杂的过程,具有相当程度的不确定性,存在着诸多困难、障碍或制约因素,使得政府难以制定并实施好的或合理的公共政策,导致公共决策失误。公共决策失误表现在以下几个方面:

1. 短缺或过剩。如果政府的干预方式是把价格固定在非均衡水平上,将导致生产短缺或者生产过剩。如果把价格固定在均衡水平之下,就会产生短缺。反之,则产生过剩。

2. 信息不足。政府不一定知道其政策的全部成本和收益,也不十分清楚其政策的后果,难以进行政策评价。

3. 官僚主义。政府决策过程中也许高度僵化和官僚主义严重,可能存在大量的重复劳动和繁文缛节。

4. 缺乏市场激励。政府干预消除了市场的力量,或冲抵了它们的作用,干预就可能消除某些有益的激励。

5. 政府政策的频繁变化。如果政府干预的政策措施变化得太频繁,行业的经济效率就会蒙受损失,因为企业难以规划生产经营活动。

其次是政府官员的寻租行为。政府官员与民意代表一样也具私心，不能指望它们无私地做到一切决策皆以全民利益为重。公共选择理论认为，一个人从私人部门进入公职后，其行为动机不可能从追逐私利转变为讲求公益。公共选择理论就以此为基础，讨论公共决策实际是在讨论"做什么"、"如何做"以及"为谁做"等问题。由于政府的许多决策都涉及利益分配，利益集团为了维护既得的经济利益或对既得利益进行再分配而对政府决策或政府官员施加影响，这种非生产性行为被称为寻租（rent seeking）。因此，政府决策所考虑的，不必是全民的利益，而可能只是某些团体的利益，甚至是决策人个人的利益。

公共选择理论认为寻租主要有三类，分别是通过政府管制的寻租、通过关税和进出口配额的寻租以及在政府订货中的寻租。

"寻租是投票人，尤其是其中的利益集团，通过各种合法或非法的努力，如游说和行贿等，促使政府帮助自己建立垄断地位，以获取高额垄断利润。"可见，寻租者所得到的利润并非是生产的结果，而是对现有生产成果的一种再分配，因此，寻租具有非生产性的特征。同时，寻租的前提是政府权力对市场交易活动的介入，政府权力的介入导致资源的无效配置和分配格局的扭曲，产生大量的社会成本：寻租活动中浪费的资源，经济寻租引起的政治寻租浪费的资源，寻租成功后所损失的社会效率。另一方面，寻租也会导致不同政府部门官员的争夺权力，影响政府的声誉和增加廉政成本。

二、政府失灵的防范和出路

要避免或降低政府失灵的影响，促进政府部门的经济效率，可以通过与私人部门合作或加强政府部门内部管理的方法。

政府部门需要向社会提供公共产品，但不是非自己生产不可，可以让私人承包公共产品的生产。政府部门用招标的方式，让私人部门投标承包公共产品的生产。由于私人部门相互之间存在竞争，政府部门就可以花费较小的成本生产出同样数量的公共产品。另外，政府部门还可以和私人部门一起生产同一种公共产品，以促进两个部门之间的竞争，提高政府部门的效率。

公众很可能并不希望把一些看起来业务有重复、实际上有利于竞争的公共部门加以合并。一个城市有几个给水排水机构总比只有一个好。公共部门的权力分散有利于减少垄断成分，增加竞争因素，提高效率。权力集中会带来规模不经济的坏处，但权力分散可以带来劳务质量高而价格低的好处。因此，可以把过于庞大的公共机构分解成几个比较小的、有独立预算的机构。这样，不但解决了公共产品的问题，还同时提高了政府部门的效率。

综上所述，在现行的民主制度下，没有一种选择机制可以称得上是最优选择机制或有效率的选择机制。既然政治市场上现行的选择机制是失灵的，那么出路何在？公共选择理论为此提出了两条思路：其一是市场化改革，其二，宪法制度改革。前一种思路主要是由公共选择理论中的芝加哥学派提出，后一种思路主要由公共选择理论中的弗吉尼亚学派提出。

所谓市场化改革是试图通过把经济市场的竞争机制引入政治市场来提高后者的运行效率。市场化改革的思路主要包括三方面的内容：（1）明晰和界定公共物品——公有地、公海、公共资源——的产权,借此消除在这些公共物品使用上的"逃票乘车"和掠夺性消费。(2)在公共部门之间引入竞争机制,重构政府官员的激励机制,按照市场经济原则来组织公共物品的生产。(3)重新设计公共物品的偏好显示机制,使投票人尽可能真实地显示其偏好。

所谓宪法改革,是试图通过建立一套经济和政治活动的宪法规则来对政府权力施加宪法约束,通过改革决策规则来改善政治。在公共选择理论家们看来,要克服政府干预行为的局限性及避免政府失灵,最关键的是要在宪法制度上做文章,布坎南认为,要改进政府的行政过程,首先必须改革规则,因此,"公共选择的观点直接导致人们注意和重视规则、宪法、宪法选择和对规则的选择"。布坎南等人着重从立宪的角度分析政府制定的规则和约束经济和政治活动的规则或限制条件,即他们并不直接提出具体的建议供政策制定者选择,而是为立宪改革提供一种指导或规范建议,为政策制定提出一系列所需的规则和程序,从而使政策方案更合理,减少或避免决策失误。

本章结束语

如果一个人消费某种物品而不会减少该物品的数量,并不排斥他人对该物品的消费,该物品就是公共产品。公共产品在消费上具有非竞争性与非排他性,根据非竞争性与非排他性的程度,公共产品可进一步划分为纯公共产品与准公共产品。由于给定数量的公共产品可以同时为许多人消费,故公共产品的需求曲线可通过由消费该公共产品的不同个人需求曲线的垂直加总来得到。

免费搭车是指某些个人不付费也可以同享公共产品的好处。由于公共产品具有非排他性,很容易产生免费搭车问题。因此,公共产品的生产往往由公共部门通过投票的方式来决定。现实社会对市场机制的发挥存在着许多限制,这些限制或多或少可以借助政府的力量求得某种程度的缓和或解决。然而,由于政府干预中的能力的限制以及所引发的不良作用,产生了政府失灵。

关键词: 公共产品 私人产品 免费搭车 政府失灵 寻租

复习思考题

1. 解释下列概念:公共产品、私人产品;免费搭车;公共选择;政府失灵、寻租。
2. 为什么公共产品的需求曲线是所有消费者需求曲线的垂直加总?
3. 为什么会产生免费搭车问题?公共选择理论寻求怎样的解决办法?

南开大学出版社网址：http://www.nkup.com.cn

投稿电话及邮箱：022-23504636　　QQ：1760493289
　　　　　　　　　　　　　　　　QQ：2046170045(对外合作)
邮购部：　　　　022-23507092
发行部：　　　　022-23508339　　Fax：022-23508542

南开教育云：http://www.nkcloud.org

App：南开书店 app

　　南开教育云由南开大学出版社、国家数字出版基地、天津市多媒体教育技术研究会共同开发，主要包括数字出版、数字书店、数字图书馆、数字课堂及数字虚拟校园等内容平台。数字书店提供图书、电子音像产品的在线销售；虚拟校园提供 360 校园实景；数字课堂提供网络多媒体课程及课件、远程双向互动教室和网络会议系统。在线购书可免费使用学习平台，视频教室等扩展功能。